처음 읽는 브뤼노 라투르

포스트
휴머니즘
총서 01

처음 읽는
브뤼노 라투르

아네르스 블록, 토르벤 엘고르 옌센 지음
황장진 옮김

사월의책

처음 읽는 브뤼노 라투르

1판 1쇄 발행 2017년 5월 30일
1판 3쇄 발행 2023년 11월 15일

지은이 아네르스 블록, 토르벤 엘고르 옌센
옮긴이 황장진
펴낸이 안희곤
펴낸곳 사월의책

편집 박동수
디자인 김현진

등록번호 2009년 8월 20일 제2012-000118호
주소 경기도 고양시 일산서구 중앙로 1388 동관 B113호
전화 031)912-9491 | 팩스 031)913-9491
이메일 aprilbooks@aprilbooks.net
홈페이지 www.aprilbooks.net
블로그 blog.naver.com/aprilbooks

ISBN 978-89-97186-69-3 03300

* 책값은 뒤표지에 있습니다.
* 이 도서의 국립중앙도서관 출판예정도서목록(CIP)은 서지정보유통지원시스템 홈페이지(http://seoji.nl.go.kr)와 국가자료공동목록시스템(http://www.nl.go.kr/kolisnet)에서 이용하실 수 있습니다.(CIP제어번호: CIP2017010249)
* 이 책은 한국출판문화산업진흥원의 출판콘텐츠 창작자금을 지원받아 제작되었습니다.

차 례

머리말_9

1장 브뤼노 라투르의 하이브리드 세계_15

프롤로그: "당신은 실재의 존재를 믿습니까?" | 브뤼노 라투르라는 행위자-연결망 | 브뤼노 라투르의 학문적 전기 | 라투르의 주제적 축: "사실은 제조된다" | 라투르의 존재론-형이상학적 축: 과정, 내재성, 매개 | 라투르 저작의 네 가지 궤적 | 라투르 수용에서 이 책의 위치 | 독자들을 위한 안내

2장 과학인류학_59

실험실 연구의 배경 | 사실의 생산 공장으로서 실험실 | 기입장치 | 논문, 진술 유형, 실험실들 간의 경쟁 | 실험실 외부: 기계, 동맹, "간계" | 전 세계적 테크노사이언스 | 행위자-연결망 이론 | 요약: 새로운 기원 이야기

3장 근대성의 철학_107

책의 방법: 인류학, 헌법 은유, 사고실험 | 근대 헌법의 궤적에서 | 홉스 대 보일: 근대 헌법의 기원 | 근대 헌법의 역동성 | 근대적 비판의 수행 | 우리는 결코 근대인이었던 적이 없다 | 급진적인 결론들 | 사물의 의회 | 요약과 토론

4장 정치생태학_151

들어가는 글: 새로운 정치생태학을 향하여 | 정치적 인식론과 이중의 대표 | 인식론에서 절합으로: 순환하는 사실들 | 현실정치에서 사물정치로: 객체지향적 민주주의 | 근대화할 것인가, 생태화할 것인가? | 비근대 헌법: 좋은 공동세계 | 사물의 의회 건설현장 | 결론: 생태학, 과학, 민주주의 사이에서

5장 결합의 사회학_199

들어가기: 라투르의 사회학적 양면성 | 사회에서 집합체로 | "사회는 아무것도 설명하지 않으며 오히려 설명되어야 한다" | 테크노 탐정으로서 사회학자 라투르 | 사회적 질서: 상호주관성에서 상호객관성으로 | 언명 체제: 법과 종교적 상징의 객관성 | 국지화와 세계화: 사회적 삶의 상이한 규모들 | 결론: 사회학의 쳇바퀴에서의 라투르

6장 결론: 브뤼노 라투르의 계몽의 기획_251

라투르: 현대 세계의 사상가 | 탈사회적, 세계화된, 경합되는 세계? | 라투르의 지적 기획에서의 이동들 | 라투르는 비판적 계몽의 기획을 갖는가? | 해석적 전략: "당신은 비근대성을 믿습니까?"

7장 브뤼노 라투르와의 인터뷰_289
들어가는 말 | 논쟁의 지도 그리기 | 코스모폴리틱스와 생태학 | 예술 전시와 공중 | 종교 | 사회학적 논쟁 | 글쓰기 | 존재 양식들

핵심용어 해설_323
주_337
참고문헌_354
찾아보기_369

머리말

브뤼노 라투르의 저작은 우리 시대의 핵심 문제들에 대한 급진적인 재검토를 가장 독창적이고 광범위하고 도발적으로 요구해왔다. 그의 폭넓은 사유는 과학과 기술의 내적 작동, 근대성의 역사, 세계화의 정치적 도전, 생태 위기의 도덕적 의미 등을 둘러싼 모든 난제를 면밀히 천착해왔으며 그 결과는 언제나 놀라웠다. 라투르는 혼종적이고 혼란스러우며 끊임없이 변화하는 우리 세계에 대한 가장 명민한 해석가들 가운데 하나다. 우리는 더 많은 독자들에게 그의 사상을 알려야 할 필요성을 느껴왔으며, 적어도 그런 취지에서 (이제까지의) 그의 저작 전체를 아우르는 최초의 입문서를 출간하기에 이르렀다.

라투르의 접근법을 몇 가지 단순한 특징들로 파악하기란 상당히 힘든 일이다. 그는 대학에서 신학과 철학, 인류학을 공부했지만 이후 프랑스의 엘리트 공학학교인 국립광업학교에서 오랫동안 사회학 교수로 재직했고, 현재는 프랑스 정치학의 중심지인 시앙스포(파리정치대학)에서 연구학장을 맡고 있다. 라투르의 이름은 1980년대에 동료인 미셸 칼롱, 존 로와 함께 발전시킨 행위자-연결망 이론(ANT)으로 널리 알려져 있다. 그러나 라투르의 공식 경력과 저작 목록을 훑어만 봐도 그의 지적 활동이 훨씬 더 넓은 영역에 걸쳐 있음을 알 수 있다. 라투르는 또한 1980년대에 영미 학계를 중심으로 발전한 STS(과학기술사회학 또는 과학기술학) 이론가로도 널리 알려져 있다. 그러나 라투르가 이 학제적 과학학 분야에서 중추적 인물로 인정받는 것은 분명하지만, 그는 과학과 기술의 영역을 훨씬 넘어서는 주제를 다뤄왔으며 그 이유만으로도 그의 이론적 위치는 STS와 확연히 구분된다.

이와 같이 라투르를 특정 학문 분과나 주제 분야, 이론적 경향의 범주에 넣는 것도 쉽지 않지만, 몇 가지 철학적 개념들로 그의 이론적 입장을 규정하려는 시도 역시 적절치 않다. 이런저런 풍문과는 달리, 라투르는 사회구성주의자도 탈근대주의자도 아니며 물론 상대주의자도 아니다. 그러나 라투르를 이와 미묘하게 다른 성격을 가진 용어들인 구성주의, 비근대주의, 관계주의와 연결시키는 것은 타당할 수도 있을 것이다. 하지만 앞의 용어들이 널리 알려져 있는 데 반해, 뒤의 용어들의 이론적 의미는 금세 드러나지 않는다. 라투르는 신학자 불트만, 사회학자 타르드, 철학자 화이트헤드에 이르기까지 다른 분야의 수많은 지식인들과 지속적인 대화를 나누면서 자신의 입장을 발전시켜왔다. 그가 영감을 얻은 이런 원천들만 봐도 라투르의 지적 기획이 얼마나 독창적이고 활기찬 것인지 알 수 있을 것이다. 요컨대 라투르를 온전히 이해하기 위해서는 그의 사유가 지닌 고유한 학제적 성격과 함께 그의 철학적, 경험적, 공적 개입들의 커다란 다양성을 받아들일 필요가 있다. 이 책에서 우리 저자들의 (인정하건대 야심찬) 목표는 라투르의 복잡한 지적 다원성을 그대로 유지하면서 그의 사상을 설명하고, 동시에 라투르의 하이브리드 세계를 항해할 독자들에게 길잡이가 될 수 있도록 그의 저작 전체를 잇는 공통 가닥들을 드러내 보이는 것이다.

이 책의 핵심 주장 가운데 하나는 라투르의 지적 작업 대부분을 관통하는 공통 가닥들이 **있다**는 것이다. 지난 35년간 그가 써온 십여 권의 책과 수많은 학술 논문을 잇는 그러한 연결고리들은 잘 드러나지 않기에 그것들을 발견하고 기술하는 데는 집요한 인내력이 필요하다. 그렇지만 간단히 말해 라투르가 (그와 다른 이들이 근대성 자체로 여기는) **자연**과 **문화** 간의 분리를 가장 급진적으로 탐구하고 해체하며 신중하게 재묘사한 **가장 중요한** 동시대 지식인이라는 점에는 의심의 여지가 없다. 특히 라투르의 그러한 탐구는 자연과학의 실천을 더욱 잘 이해하려는 지속적인 시도로 나타난다. 우리의 근대 사회는 자연과학의 실천을 통해서 자연을 인지하기 때문이다.

1970년대에 캘리포니아의 한 실험실에서 과학에 대한 인류학적 연구를 시작한 이래 라투르가 일관되게 추구해온 근본적인 관점은 "자연"을 과학적 실천의 **원인**이 아니라 **결과**로 간주해야 한다는 것이다. 과학적 사실은 인간적 이해관계와 비인간적 기술이 협상과 결합을 통해 일체로 작동하는 과정에서 구성된다. 이렇게 하여 자연과 문화(나아가 과학과 정치, 기술과 사회) 사이에 어떤 존재론적 차이가 있다는 것 자체가 의문시된다. 라투르는 과학과 사회의 밀접한 상호연결에 대한 정교하고 섬세한 연구를 통해 (그의 가장 유명한 이론적 구호를 빌리면) 우리가 결코 근대인이었던 적이 **없다**는 것을 실제로 보여준다. "자연"과 "사회"가 결코 분리된 영역이었던 적이 없고, 언제나 인간적, 비인간적 요소들의 하이브리드 연결망에서 서로 얽혀 있었다면, 이러한 용어들은 새롭게 정의될 필요가 있다. 1990년대 말 이래 라투르는 많은 책과 논문을 통해 이 두 영역을 생태적이고 협상이 지속되는 단일한 결합체의 일부로 재묘사해왔다. 이제 중심적인 문제는 이러하다. 과학이 창출한 확고부동한 진리라는 관념을 벗어나 있는 세계에서 우리는 어떻게 평화롭게 공존할 수 있는가? 우리가 결코 근대인이었던 적이 없다면, 우리는 무엇이었으며 또한 무엇이 되려고 노력해야 하는가?

지금까지의 내용은 이 책의 논의 구조를 매우 간략하게 개관한 것이라 할 수 있다. 우리의 논의 구조는 라투르의 저작 전체를 관통하는 주제적, 철학적 가닥에 기초한 것이며 이에 대해서는 도입부에 해당하는 1장에서 상세히 설명할 것이다. 한 가지 짚고 넘어갈 점은 그러한 연결고리를 분명히 파악하게 되기까지 우리가 독자이자 저자로서 상당한 학습 과정을 거쳐야 했다는 것이다. 라투르의 다면적인 세계로 들어가는 다양한 길이 있으며, 우리는 그 가운데 두 가지를 대표할 뿐이다.

토르벤 엘고르 옌센은 심리학을 전공했고 이후 학제적 과학학(STS) 분야를 다시 공부했다. 현재 덴마크 공과대학(DTU)에[1] 재직 중인 옌센은 (라투르와 마찬가지로!) 공학도를 대상으로 기술과 사회의 관계를 강의하고 있다. 사회학, 특히 환경사회학을 전공한 아네르스 블록은 사실 과학학과는 무관했으며 사회이론과 정치철학 연구를 통해 라투르의 저작을 접하게 되었다. 지금 우리가 라투르의 사유에 대한 학문적 관심과 열정을 공유하는 것은 분명하지만, 학문 이력에서 나타나듯이 우리는 매우 상이한 출발점에서 여기에 이르렀다. 옌센은 과학인류학(그리고 행위자-연결망 이론)에 관한 초기 저작을 통해 라투르를 처음 접했고, 현재 테크노사이언스 연결망의 구성을 핵심 연구 주제로 삼고 있다. 블록은 정치생태학과 결합의 사회학에 관한 라투르의 후기 저작에서 시작해 점차 초기 저작으로 거슬러 올라갔다. 이 책의 저술 작업은 두 연구자가 중간에서 만나게 된 상호 발견의 과정이었다. 이 책의 주제가 (자연과 문화의 하이브리드라는) "중간왕국"을 사유의 중심에 두는 사상가라는 점에서 우리가 서로를 만난 방식은 매우 적절했다고 하겠다.

우리의 희망은 이렇듯 상이하면서도 수렴하는 접근법을 통해 라투르의 사상을 풍부하고 촘촘하게 제시하고, 이를 통해 독자들에게 폭넓은 이론적, 철학적, 주제적 관심의 창을 열어놓는 것이다. 이 책은 상급 교육을 받은 독자를 염두에 두고 썼지만(물론 그렇지 않은 독자도 대환영이다) 특정 학문 분야의 전공자를 대상으로 하지는 **않았다**. 그랬다면 라투르 고유의 학제적 성격과는 거리가 먼 책이 되었을 것이다. 이런 맥락에서 우리는 기존의 라투르 해석에서 많이 나타나는 어떤 경향을 회피하려 했다는 것을 강조하고 싶다. 그것은 라투르의 저작을 **주로** 철학적 성격을 가진 것으로, 즉 일종의 과학철학이나 근대성의 철학, 혹은 형이상학으로 보는 경향이다.[2] 물론 그러한 철학적 탐구가 흥미로운 것은 사실이다. 그러나 라투르의 지적 세계가 흥미진진하고 독창적인 것은 바로 지식, 사실, 근대성이라는 핵심 문제들에서 철학이 지배적인 지위를 차지하던 전통과 **결별**하기 때문이며, 우리는 이 책을 통해 그러한 (단지 약간) 논쟁적인 주장을 펼쳐나갈 것이다.

학제적 성향에도 불구하고 우리의 접근법이 어느 정도 사회학과 인류학 쪽으로 기운다는 것은 인정하지 않을 수 없다. 그런 경향성을 드러냄으로써 우리가 강조하고 싶은 것은, 무엇보다 라투르가 끊임없이 역동하고 변화하는 하이브리드 세계를 탐구하기 위한 대안적 방법으로서 **경험적** 프로그램을 제시한다는 점이다. 따라서 우리는 다양한 분야의 독자들이 라투르가 제공하는 분석적 도구를 활용해서 직접 실험할 수 있도록 고무하고자 한다. 이 책의 궁극적 목표는 독자들에게 라투르 **자신**의 저작과 지적 세계를 **스스로** 항해할 수 있는 수단과 의지를 제공하는 것이다. 그런 점에서 이 책은 도달점이 아니라 중간 다리에 불과하다. 라투르의 사유는 도전적이며 때로는 접근하기 어려울 수 있다. 그렇지만 우리는 이 책을 통해 독자들이 라투르가 다루는 주제에 관심을 가지는 동시에, 그의 하이브리드 세계를 배회하다 **또한** 만나게 마련인 유쾌하고 영감 번뜩이는 경험을 맛볼 수 있기를 희망한다.

1장

브뤼노 라투르의

하이브리드 세계

나는 스스로를 “경험 철학자”로 정의하고 싶다. 이는 경험주의 철학자가 아니라 현장연구와 사례연구의 방법을 통해 고전적인 철학 문제를 이해하려는 사람을 말한다. (…) 스스로를 철학과 더 동일시할 때도 있고 인류학과 더 동일시할 때도 있지만 더 깊은 수준에서 나의 진정한 관심사는 형이상학이다.

(Latour, in Crease *et al*. 2003: 15f)

프롤로그: "당신은 실재의 존재를 믿습니까?"

1996년 6월 어느 더운 오후, 브라질 리우데자네이루 근교 테레조폴리스라는 열대 산악지대의 호숫가에서 중년의 서양 남성 두 명이 격의 없는 대화를 나누고 있다. 학술 토론회 참석 차 이곳에 온 이들은 국적과 분야는 다르지만 각자의 연구 업적으로 존경받는 학자들이다. 한 사람은 미국의 심리학자로 기성 자연과학 학계의 인정받는 일원이다. 또 한 사람은 전혀 다른 과학 문화에 속해 있다. 그는 프랑스의 철학자이자 과학인류학자이며 성장하고 있는 학제적 과학기술학(STS) 분야의 연구로 널리 알려진 인물이다. 심리학자는 익명이다. 인류학자가 바로 우리 관심의 초점이자 이 대화의 전달자인 브뤼노 라투르다(Latour 1999b: 1장).

두 사람의 대화 자체는 우호적이지만 전후 맥락은 극적이다. 심리학자의 모국인 미국에서는 "경성" 과학과 "연성" 과학, 즉 자연과학과 인문학 간의 관계를 놓고 치열한 논쟁이 벌어지는 중이다. 양측의 갈등은 나중에 "과학전쟁"이라 불리게 될 만큼 심각하다. 이 논전에는 이른바 "지식사회"에서 극적인 변화를 겪고 있는 과학, 정치, 사회 간의 관계라는 문제가 걸려 있다. 과학인류학자로서 라투르는 이 광범위한 변화를 분석할 뿐 아니라 스스로 그에 깊이 관여하고 있다. 그는 과학을 기본적으로 사회적인 문제로 간주한다. 그러나 그러한 접근법 때문에 일부 학계에서 의심의 대상이 되었다. 주류 과학철학자들과 목소리 큰 자연과학자들은 그러한 "사회구성주의적", "탈근대적" 관점을 회의적이고 우려 섞인 눈으로 바라본다.[1] 테레조폴리스의 호숫가에서 라투르와 마주한 미국 심리학자도 예외는 아니다.

이 만남에서 벌어진 두 사람의 기이한 대화는 이런 맥락을 떠나서는 이해하기 어렵다. 이는 궁극적으로 근대 세계의 토대 가운데 하나인 과학 지식의 지위에 관한 논쟁이다. 과학 지식이라는 것이, 계몽주의 이상의 세례를 받은 현대 하이테크 사회에서 흔히 생각하는 것처럼 그렇게 강력하고 객관적이며 보편적인가? 만약 그렇지 않다고 한다면 우리의 세계관, 자기인식, 그리고 우리를 둘러싼 세계와의 관계에 어떤 함의를 갖는가? 이런 생각에서 미국 심리학자는 라투르를 찾아가 조금 떨리는 목소리로 수수께끼 같은 질문을 던진다. "당신은 실재의 존재를 믿습니까?" 순진한 질문에 어리둥절해진 라투르가 답한다. "물론이죠. 무슨 말씀입니까? 실재라는 것이 우리가 믿을 필요가 있는 어떤 것이기라도 한 것입니까?"

라투르의 대답에 고무된 심리학자는 두 가지를 더 묻는다. 첫 번째 질문은 우리가 지금 과거보다 더 많이 알고 있는가 하는 것이다. 라투르는 그렇다고 답한다. "물론이죠. 천 배는 더 많이 알고 있죠!" 두 번째는 과학철학의 고전적 문제로 과학 지식은 누적되는가 하는 것이다. 다시 한번 라투르는 그렇다고 답하고는 다만 과학 분야에서는 불행히도 과거를 잊는 경향이 있다고 덧붙인다. 이제 심리학자는 기쁘고 마음이 놓인다. 그러나 라투르는 어안이 벙벙하다. 도대체 자신이 어찌했기에 그런 괴상하고 그릇된 질문을 받는 처지에 놓인 것인가? 과학을 역동적인 사회 활동으로서 연구하여 더 **실재적인** 과학의 상을 구현하려는 자신과 동료들의 노력이 어쩌다가 그런 근본적인 오해를 받게 된 것인가? 과학적 세계의 다양성과 복잡성을 근본적으로 존중해온 자신을 어떻게 그리도 쉽게 싸구려 반과학주의와 혼동할 수 있단 말인가?

1980년대 초 이래 사회과학과 인문학의 이론적 지평을 어느 정도 이해한다면, 이 대화가 "실재론자"와 "사회구성주의자", "근대주의자"와 "탈근대주의자", 자연과학과 사회과학의 정형화된 유형 간에 벌어지던 논쟁을 우스꽝스럽게 그려낸 캐리커처임을 알 수 있을 것이다. 『판도라의 희망』(*Pandora's Hope*, 1999b)에서 라투르는 자신의 이론적 입장을 명확히 하기 위한 기초로서 이 일화를 소개하고, 당시 진행 중이던 과학 논쟁에 대한 논평으로 이런 표어를 내건다. "우리는 전쟁을 하고 있는 것이 아니다!"

자신의 접근법을 명확히 하기 위해 라투르는 근대주의적 사고방식과 근본적으로 상이한 입장을 내놓아야 한다. 인식론과 존재론, 정치학과 심리학, 신학에 모두 관여하고 자연과 사회, 신을 모두 포괄함으로써 말이다. 그는 근대 과학철학이 만들어낸 이른바 "실재론"보다 이러한 입장이 훨씬 더 실재적이라고 본다. 바로 이 점에서 라투르는 근대 서구인들이 세계에 대한 일상적 해석에서 사용하는 일련의 범주화가 얼마나 무의미한 것일 수 있는지 명백히 보여주기 위해 위 일화를 이용한다. "실재의 존재를 믿습니까?"라는 질문이 어떻게 의미 있는 것으로 여겨질 수 있는지, 도대체 그런 질문이 어떻게 만들어지고 제기될 수 있는지를 이해하려면 근대 세계 속에 깊이 자리 잡고 있는 범주들을 먼저 이해해야 한다는 것이다. 그러고 나서 애초에 우리가 진정 근대적이었던 적이 결코 없다는 사실을 깨달음으로써 그런 범주들을 넘어서야 한다(Latour 1993).

브뤼노 라투르의 폭넓은 지적 기획을 다루는 이 책은 이 모든 이슈를 (그리고 그 이상을) 검토할 것이다. 이 일화를 먼저 꺼낸 것은 "사회구성주의", "탈근대주의", 나아가 "과학철학" 같은 몇 가지 간단하고 (지나치게) 단순화된 해석적 범주로 라투르를 이해하려는 잘못에 대해 경고하기 위해서다. 라투르의 사상을 이해하려면 익숙한 범주와 지적 습관을 다시 생각해보려는 근본적인 의지가 필요하며 독자들의 그러한 재구성 과정을 돕는 것이 입문서로서 이 책의 목적이다.

브뤼노 라투르라는 행위자-연결망

전기적 자료, 이론적 전통, 철학적 입장 등을 통해 브뤼노 라투르가 누구**인지** 범주적으로 정의하면서 이 책을 시작해볼 수도 있겠지만, 그런 방식은 라투르 자신의 사유방식과 시작부터 어긋날 것이다. 그의 광범위한 저작들에 공통되는 핵심 생각 가운데 하나는 어떠한 존재도 고립 상태에서는 무의미하며 다른 존재들과의 수많은 (그리고 가변적인) 관계들 속에서 의미를 획득한다는 것이다. 그러한 다수의 관계는 종종 행위자-연결망이라 불리며, 라투르의 이름과 긴밀히 연관된 이론적 전통인 **행위자-연결망 이론**(Actor-Network Theory, ANT)의 토대를 이룬다. 행위자-연결망은 인간과 물질적 객체로 구성된다는 의미에서 하이브리드이며, 모든 것은 (물론 라투르 자신도 포함해) 행위자-연결망 속에 존재한다. 세계에 대한 이러한 관계적, 하이브리드적 접근법은 폭넓은 함의를 갖는다. 특히 그러한 접근법이 과학이론, 방법론, 정치에 대해 갖는 핵심적인 함의를 포착하는 것이 이 책의 목표다.

브뤼노 라투르와 관련해 이 점은 설명이 필요 없을 만큼 자명하다. 라투르라는 개인을 그의 수많은 책이나 학문 이력, 동료, 토론자, 영감의 원천, 연구 분야와 분리한다는 것은 어불성설이다. 또한 그의 저작을 열성적이거나 무관심하거나 분개하는 수많은 독자들과 떼어놓고 생각하는 것도 불가능하다. 그런 독자들이 없었다면 "저명하고 날로 영향력이 커지는 프랑스의 과학인류학자이자 근대성의 철학자"에 대해 쓸 일도 없었을 것이다. 이 책의 저자들 역시 라투르의 열렬한 독자들 중 일부이며 그런 점에서 "브뤼노 라투르"라는 행위자-연결망의 작은 마디(node)이다. 또한 이 책은 관심 있는 독자들에게 라투르의 사상을 축약된 형태로 제시해 이 연결망을 확장하려는 시도이기도 하다. 브뤼노 라투르와 함께하면 세계는 언제나 새로운 연결로 가득하다.

그런데 이런 관점에서 보면 우리가 말하는 "브뤼노 라투르"가 (하나의 단일한 존재를 말하는 것인지, 아니면 복수의 관계를 가리키는 것인지는 고사하고) 도대체 무엇을 의미하는지 모호해진다. 1947년에 프랑스 부르고뉴주의 본 마을에서 포도농장 소유주의 아들로 태어난 그 라투르를 말하는 것인가? 디종과 투르에서 신학과 철학, 인류학을 공부한 그 라투르를 가리키는 것인가? 파리의 엘리트 공학학교인 국립광업학교에서 교수를 역임한 그 라투르인가? "혁신사회학"의 특정 버전을 개발하고 공학도에게 가르쳐온 그 라투르인가? 아니면 "브뤼노 라투르"라는 저자의 이름을 많은 나라로 확산시킨 수많은 책(1400년대부터 사용된 저기술 장치)을 말하는 것인가? 여러 언어로 번역돼 널리 인정받았지만 지적 반발 또한 불러일으켰던 그 책들을 가리키는 것인가? 만약 그렇다면 한 권인가, 여러 권인가, 아니면 전부인가? 그리고 라투르가 스스로를 어떤 곳에서는 "과학인류학자"로, 다른 곳에서는 "형이상학자"로, 또 다른 곳에서는 "사회학자"로 지칭하는 것에는 어떤 차이가 있는가?

이도 저도 아니라면 논문, 교과서, 참고문헌에서 갈수록 늘어나고 있는 "브뤼노 라투르", "행위자-연결망 이론", "(사회)구성주의"라는 단어와 관련된 다양한 이론적 입장을 말하는 것인가? 물론 브뤼노 라투르라는 이름은 이 모든 측면을 포괄하며, 따라서 당분간 우리가 말하는 라투르는 이 모두를 동시에 가리킨다. 우리는 이 혼란스러운 덩어리에 하나씩 칸막이를 쳐가며 복합적인 전체의 질서 있는 상을 만들어 나갈 것이다. 요컨대 브뤼노 라투르는 하나의 단일체나 복수의 존재가 아니라, 부분적으로 연결된 광범위한 연결망이다.

이 책은 라투르가 집필한 십여 권의 책과 수많은 학술 논문, 논평, 인터뷰, 전시회 카탈로그의 내용을 토대로 그의 저작과 사상을 소개한다. 우리는 이 광대한 지적 세계의 핵심을 모두 아우르기를 바라지만, 그런 작업에는 신중한 접근이 요구되고 많은 생략이 불가피하며 그에 따른 위험이 있기 마련이다. 여기서 생략되는 부분을 미리 짚고 넘어가자. 우선 학문 이력을 간략히 훑어보는 것 외에 라투르 개인에 대해서는 상세히 다루지 않는다. 이 책은 일대기나 지적 전기가 아니라, 우리 시대의 가장 폭넓고 독창적이며 도발적인 지적 기획에 대한 안내서이기 때문이다. 또한 우리는 그의 지적 세계에서 가장 흥미로운 측면이 인식론, 존재론, 형이상학의 고전적 물음에 관한 (다소 명시적인) 철학적 입장이라고 생각하지 않는다. 물론 라투르의 저작이 종종 그런 식으로 독해되고 있고 과학철학자로서의 라투르가 흥미롭지 않은 것은 아니지만, 동시대 사상가로서 그의 중요성은 오히려 철학적 인식론을 지적 주류의 자리에서 몰아내고 "경험 철학"이라 부를 만한 무언가로 대체했다는 점에 있다. 경험 철학을 다른 말로 인류학, 혹은 라투르의 용어로는 "대칭적 인류학", 나아가 "결합의 사회학", "정치생태학"이라 부를 수 있을 것이다. 라투르가 이 복합적 명칭들에 부여하는 의미를 명확히 설명하는 것이 이 책의 가장 중요한 목표다. 우리는 그 내적인 차이에도 불구하고 어떻게 그것들이 하나의 과제, 하나의 지적 기획의 요소들이 되는지 보여줄 것이다.

이 기획은 무엇으로 구성되는가? 엄밀히 말해 이 질문에 대한 답은 책을 끝까지 읽어야 명확해지겠지만, 책을 소개하는 동시에 책 전체를 안내하는 이 장에서 일차적인 답을 얻을 수 있을 것이다. 우선 다음 절에서는 라투르의 학문적 전기와 함께 초기에서 후기까지 그의 저작 전체를 아우르는 여러 가닥을 간략히 개관한다. 그 다음 절에서는 지난 300~400년간 (이른바) 근대 서구 사회에서의 과학과 정치의 관계에 대한 라투르의 전반적인 지적 작업을 살펴본다. 요컨대 "사실이 제조되는(fabricate) 것"[2]이라면, 과학, 정치, 사회, 기술, 자연, 근대성, 신 등 우리의 집합적 삶을 이루는 핵심적 구성요소에 대한 우리의 이해는 어떻게 될 것인가? 이 질문은 또한 그 다음 절에서 라투르의 사유와 관련된 주요 철학 흐름들, 특히 프랑스 철학(따라서 대륙 철학)의 맥락에 대한 논의로 이어진다. 이러한 잠정적인 개관에 이어 우리는 라투르를 또 다른 방식으로 해부한다. 이 책에서는 라투르의 저작을 네 "단계", 더 정확히 말해 네 가지 "전문적 정체성"으로 구분하는데, 그 다음 절에서 그 의도를 설명할 것이다. 또한 라투르의 가장 커다란 집단적 기획이자 그 자신의 지적 기획에서 여전히 구성적 역할을 하는 행위자-연결망 이론(ANT)과 과학기술학(STS)의 윤곽을 드러낼 것이다.

라투르 사상의 "단계" 및 기획에 대한 이러한 개관은 (이어지는 장들의 미리보기이자) 그의 저작에서 나타나는 유동적 이동과 결정적 변화에 대한 문제로 이어지지만, 이는 복잡한 논의이기에 이 책의 결론에서 상세히 다룬다. 아울러 과학학(그리고 다른 여러 학문 분과)에서 라투르의 기여에 대한 우리의 평가와 비판도 대부분 결론에서 다뤄진다. 이 장의 말미에서는 독자를 위한 실용적 안내를 제시하며, 이 책에서 선택된 것과 생략된 것, 책의 강점과 한계에 대해 논하고 우리의 희망을 피력할 것이다. 브뤼노 라투르는 초심자가 이해하기에 너무 어렵고 복잡한 것이 사실이다. 하지만 노력 없이 이룰 수 있는 것은 없고, 쉬운 길에는 반드시 대가가 따르기 마련이다. 이 책은 라투르를 이해하기 쉽게 소개하고자 했지만 독자의 노력이 없다면 무용지물일 것이다.

브뤼노 라투르의 학문적 전기[3]

먼저 오해하지 말아야 할 것이 있다. 라투르가 프랑스 포도농장 소유주의 아들이긴 하지만 보르도 북서부 메독 지역의 그 유명한 샤토 라투르 와인과는 무관하다는 점이다! 그의 집안은 부르고뉴 지역에서 메종 루이 라투르 와인을 제조, 판매하는 가족 사업을 운영하고 있는데, 메종 루이 라투르는 샤토 라투르만큼 유명하지는 않지만 꽤 훌륭한 와인이다.[4] 이 정보는 브뤼노 라투르의 개인 웹사이트에 나와 있는데 이 사이트는 그의 지적 세계를 간략히 살펴보고 싶은 이들에게 추천할 만하다.[5] 프랑스 엘리트 대학 교수의 이런 개인 정보가 웹사이트에 공개되어 있다는 사실에서 라투르의 작업이 얼마나 다채롭고 유쾌한지 알 수 있다. 이 웹사이트에서는 그의 학술적, 대중적 저작의 표준 목록뿐 아니라 풍부한 도해와 하이퍼링크에 기반한 온라인 저술(『파리: 보이지 않는 도시』; 본서의 5장 참조)도 찾아볼 수 있다. 또한 독일 카를스루에 소재 ZKM 미디어아트센터에서[6] 열린 "우상충돌"(*Iconoclash*, 2002)과 "사물을 공공적인 것으로 만들기"(*Making Things Public*, 2005)라는 제목의 테크노아트 전시회 사진들도 올라와 있다. 두 전시회 모두 라투르가 공동 기획자로 참여했다.

이상의 간략한 개관만으로도 동시대의 도전들, 특히 기술적 성격의 문제들에 대한 라투르의 접근법이 얼마나 창조적이며 그의 지적 개입이 얼마나 광범위한지 감지할 수 있을 것이다. 라투르의 학술적인 글을 읽다 보면 그러한 창조성이 문체에도 반영된다는 것을 알 수 있다. 라투르의 글은 역동적이고 유머가 넘치며 논쟁적이다. 또한 그는 다양한 장르와 내러티브 구조를 실험한다. 그래서 그의 글은 마치 인류학적 여행기(『실험실 생활』; 본서의 2장 참조), 법정 드라마(『젊은 과학의 전선』; 2장), 추리소설(『아라미스』; 5장), 고전적인 철학 논고(『비환원』; 3장) 같은 느낌을 준다. 실제로 라투르는 글쓰기 기법에 남다른 열정과 자부심을 갖고 있으며, 독자들이 라투르 책에서 라투르 와인에 버금가는 즐거움을 얻길 바란다고 말하기도 했다.[7]

라투르는 자신이 "전형적인 지방 부르주아" 환경에서 자랐다고 회고한다(인터뷰, Crawford 1993). 이런 지방적 환경 때문에 (결국에는) 와인 양조업이라는 가업을 떠나 학문의 길을 택했는지도 모른다. 라투르는 1960년대 후반 디종 소재 부르고뉴 대학에서 철학과 성서주석학을 공부했다. 이후 투르 대학에서 신학을 공부했고 1975년에 「주석학과 존재론: 부활의 텍스트 분석」[8]이라는 논문으로 철학 박사학위를 받았다. 라투르는 회고 인터뷰들에서 자신이 (저명한 프랑스 동료 학자들과 달리) 관료 엘리트 양성기관인 고등사범학교에 다니지 않았다는 사실을 특히 강조한다. 존재론과 신학을 결합한 그의 연구는 당시 지배적이었던 이론적 흐름, 특히 마르크스주의 및 구조주의와는 거리가 멀었다. 라투르가 (그보다 약간 일찍 태어났지만 거의 같은 시기에 활동했던 프랑스 사상가 미셸 푸코, 피에르 부르디외와 달리) 마르크스주의나 구조주의에 대해 상세히 비판한 적이 없었던 것은 아마 그런 이유에서일 것이다. 라투르는 그와 매우 다른 철학적, 신학적 전통에서 수학했고, 이후의 연구 작업도 칼 마르크스의 사회이론이나 페르디난드 소쉬르의 구조주의보다는 예컨대 알프레드 노스 화이트헤드의 기독교 형이상학에 훨씬 더 가까웠다. 라투르의 철학적 영감의 원천에 대해서는 나중에 다시 살펴볼 것이다.

앞서 언급했듯이 라투르는 인류학도 공부했다. 그렇지만 전통적인 대학 환경에서 공부한 것은 아니다. 그는 1970년대 초 군복무 기간에 서아프리카 코트디부아르에서 오스트롬(ORSTROM, 개발과 협력을 위한 프랑스 과학연구소)[9] 소속으로 활동하며 인류학을 접했다. 오스트롬은 과학과 기술의 교육과 전수를 통해 개발도상국의 경제 발전을 돕는 기관이다. 당시 코트디부아르 지부의 책임자는 이후 저명한 인류학자가 된 마르크 오제(Marc Augé)였다. 라투르는 오제로부터 인류학의 기본 원칙, 특히 과학적 방법으로서 장기 현장연구를 배웠고 여러 영감을 얻었다. 철학 박사학위를 받기 1년 전인 1974년에 이미 라투르는 (코트디부아르에서 작성했던) 프랑스의 기술 교육 및 훈련 전통에 대한 인류학적, 민족지적 보고서를 출간했다.

라투르가 이렇게 인류학, (서아프리카라는) 비서구 세계, 과학과 기술의 복합적 역사를 동시에 접한 것은 프랑스에서 신학과 철학을 연구했던 것보다 그의 학문 이력에 더 중요한 의미를 갖는다. 그 경험은 라투르가 1970년대 중반에 본격적으로 시작하는 과학과 기술의 인류학에 직접 연결된다. 과학과 기술의 인류학이라는 새로운 작업 역시 일상 활동에 대한 세밀한 민족지적 연구로 이루어진다. 다만 연구 주제가 가난한 아프리카 농부들에서 인정받는 구미 과학자 집단으로 달라졌을 뿐이다.

그 결과 라투르는 1979년에 사회학자 스티브 울가(Steve Woolgar)와 함께 자신의 첫 번째 저작이자 종합적이고 영향력 있는 연구서인 『실험실 생활: 과학적 사실의 사회적 구성』(*Laboratory Life: The Social Construction of Scientific Facts*)을 출간한다. 하지만 일이 이렇게 진행되기까지는 또 하나의 역사적 우연이 필요했다. 디종 시절부터 라투르와 알고 지내던 로저 기유맹(Roger Guillemin)이 세계적으로 저명한 신경내분비학 연구자가 되어 있었던 것이다. 라투르는 캘리포니아 라호야에 있는 기유맹의 실험실로 초대받았고, 풀브라이트 장학금을 받으며 그곳에서 2년간(1975-76) 현장연구를 수행했다. 라투르는 실험실의 모든 곳에 자유로이 접근할 수 있었고 이 특별한 기회를 이용해 막 떠오르던 학제적 과학학 분야에 매우 중요한 기여를 할 수 있었다. 또한 실험실 경험은 1980년대 초 행위자-연결망 이론으로 발전하게 되는 과학과 인류학에 관한 그의 이론적 사고의 토대가 되었다. (행위자-연결망 이론과 과학학의 역사는 이 장의 뒷부분에서 상세히 다룬다. 라투르의 과학과 기술의 인류학은 2장의 주제다.)

미국 생활을 마치고 프랑스로 돌아온 라투르는 파리 국립광업학교의 사회학 연구 및 교육 기관인 혁신사회학센터(CSI)에[10] 합류했고, 1982년에 교수로 임명되어 2006년까지 재직했다. 국립광업학교는 프랑스에서 전통적으로 유력한 직업인 엔지니어를 양성하는 엘리트 교육기관이다. 1967년 공학교육 개혁의 일환으로 설립된 혁신사회학센터는 1970-80년대에 교육의 초점이 과학, 기술, 혁신의 응용연구로 옮겨가는 정치적 변화의 소용돌이 한가운데 놓여 있었다(Fuller 2000 참조). 이런 상황은 라투르에게 과학과 기술의 발전에 따라 폭넓은 학제적 연구를 추구할 수 있는 풍부한 기회를 제공했다.

1980년 무렵 혁신사회학센터에서 라투르는 물리학과 경제학을 공부한 사회학자 미셸 칼롱(Michel Callon)과 긴밀히 협력하기 시작했고, 이들의 공동 작업은 행위자-연결망 이론(ANT)의 초기 정식화를 위한 토대를 마련했다. ANT는 원래 "번역의 사회학"으로 구상되었다. "번역"(translation)이라는 용어는 라투르와 칼롱이 기술혁신을 설명하기 위해 사용한 기본 개념이었다. 그들은 기술혁신을 다수의 이종적 요소를 소수의 강력한 대표자의 영향력 범위 안으로 번역해(강제하고 구부리고 회유하고 조직화해) 넣는 과정으로 묘사했다. 그러한 번역 과정은 행위자들의 특정한 관계 또는 연결망 속에서 발생하며, 행위자-연결망이라는 이름이 바로 여기에서 유래했다(2장 참조). 라투르와 칼롱은 실패로 돌아간 주요 기술혁신 프로젝트들에 대한 많은 사례연구를 통해 이론적 기본 원칙을 발전시켰다. 그들의 연구 대상은 전기자동차(Callon & Latour 1981), 글로벌 통신 시스템인 미니텔, 컴퓨터로 작동되는 파리 대중교통 시스템(Latour 1996a) 등 당시 프랑스의 정치적 맥락을 배경으로 한 프로젝트들이었다.

이러한 사례연구를 기반으로, 그리고 영국 사회학자 존 로(John Law)와의 긴밀한 협력을 통해(예를 들어 Callon, Law & Rip, eds. 1986) ANT는 차츰 과학기술학(STS)이라는 학제적 분야에서 중요한 연구 프로그램으로 인정받고 갈수록 영향력을 확대했다. STS 연구는 주로 영어권에서 이루어졌다. 그래서 ANT의 발전과 더불어 라투르의 저작은 모국인 프랑스보다 오히려 영국과 미국에서 더 많이 읽히고 참조되었으며, 그의 책과 논문들도 대부분 영어로 번역되었다.

ANT가 발전 단계에 있던 시기에 라투르는 과학사로 눈을 돌려, 프랑스의 과학 영웅인 루이 파스퇴르의 1860년대 미생물 연구에 대한 (지금은 널리 알려진) 책을 저술했다(Latour 1988b). 기존의 역사적 설명과 달리 라투르는 미생물 자체에 현저한 역할을 부여했고, 이를 통해 ("비인간 행위자"라는 공통된 용어로 지칭되는) 기술, 기계, 동물, 유기체 등에 초점을 맞추는 ANT의 입장을 보여주었다. 비인간 행위자에 대한 라투르의 관심은 영장류학자 셜리 스트럼(Shirley Strum)과의 장기적인 협력에서도 잘 나타난다. 라투르는 1980년대 후반부터 자신의 사회학 작업에 스트럼의 연구를 광범위하게 (그리고 도발적으로!) 이용했다(Strum & Latour 1987; 본서의 5장 참조).

1990년대에 라투르는 ANT의 철학적, 형이상학적 측면에 대한 연구를 계속했고, 특히 자신의 대표적인 철학서로 여겨지는 『우리는 결코 근대인이었던 적이 없다』(*We Have Never Been Modern*, 불어판 1991, 영어판 1993)를 출간했다. 이 책에서 라투르는 "근대주의적" 서구 사상의 역사를 탐구하기 위한 지적 프로그램을 명확히 제시하며 이를 "대칭적 인류학"이라 칭한다. 이 작업에서 시작된 실마리는 이후 두 권의 저서로 이어져 더욱 구체화된다. 하나는 앞서 언급한 『판도라의 희망』(1999b)으로, 이 책은 라투르의 과학철학을 집약한다. 다른 하나는 정치철학에 초점을 맞춘 『자연의 정치학』(*Politics of Nature*, 2004d)으로, 이 책에서 라투르는 1990년대 그의 중심 연구 주제인 현대의 환경 위협이라는 맥락에서 자신의 정치생태학 개념을 상세히 제시한다.

이 주제들은 모두 이어지는 장에서 논의된다. 『우리는 결코 근대인이었던 적이 없다』의 근대성 철학은 3장에서, 『자연의 정치학』의 정치생태학은 4장에서 다뤄진다. 5장은 번역의 사회학의 후신이라 할 수 있는 "결합의 사회학"을 소개하며, ANT에 대한 라투르 자신의 포괄적 개론서인 『사회적인 것의 재조립』(*Reassembling the Social*, 2005b)을 주로 다룬다. 이 책에서 ANT는 본격적인 사회학 연구 프로그램으로 등장한다.

2006년에 라투르는 25년간 몸담은 혁신사회학센터를 떠나 파리정치대학(시앙스포)의 교수로 임명되었다. 여기서 그는 조직사회학센터에 적을 두고 있으며 연구 부총장 직을 겸임하고 있다. 파리정치대학에서 라투르는 사회학자(이자 심리학자) 가브리엘 타르드(Gabriel Tarde)의 이름을 건 교수 자리에 재직 중이다. 타르드는 최근까지만 해도 프랑스 외부에는 거의 알려지지 않았다. 그는 프랑스에서 사회과학이 제도화되던 때인 1800년대 말에 활동한 인물로, 라투르는 타르드를 자신의 지적 역할모델이자 ANT의 숨은 선조라고 일컬었다(Latour 2002a).

라투르는 프랑스 밖에서 타르드에 대한 관심이 고조되는 데 큰 역할을 했다. 예를 들어 그는 "심리적 경제"를 다룬 타르드의 주요 저작(재간행 본)에 서문을 쓰기도 했다(Latour & Lépinay 2009). 특히 라투르는 타르드와 에밀 뒤르켐 사이에 있었던 유명한 논쟁에 깊은 관심을 보였다. 사회학이 막 형성되던 시기에 벌어진 이 논쟁에서 연하인 뒤르켐이 승리했고 이후 타르드보다 더 널리 알려지게 되었다(Candea 2010 참조). 라투르에게 이 논쟁은 사회학(그리고 인류학)의 미래를 가름하는 중요한 문제였다. 20세기에 사회학이 "뒤르켐화"되었다면, 라투르는 이제 21세기의 "타르드화"를 추구한다(5장 참조). 이를 위해 그는 2008년 3월 영국 케임브리지 대학의 코퍼스 크리스티 칼리지에서 벌어진 현대판 뒤르켐주의자들과의 논전에서 직접 타르드 역을 맡아 두 대가의 고전적 사회과학 논쟁을 부활시키는 데 주도적인 역할을 하기도 했다.[11]

여기서 라투르의 전형적인 모습을 볼 수 있다. 그는 훌륭한 지적 논쟁을 무엇보다도 즐기며 특히 과학과 정치의 미래에 관한 중요한 문제가 걸려 있을 경우에 더욱 그러하다. 그래서 라투르는 비록 자연과학과 전쟁을 하는 것은 아니지만 지적 반대자들에게, 그리고 동시대의 철학, 사회과학, 정치학의 핵심 논쟁들을 향해 "총탄을 퍼붓는 것을 마다하지 않는다"고 고백한다(Latour 1999b: 23).

라투르의 주제적 축: "사실은 제조된다"

지금까지 간략히 살펴본 것처럼 브뤼노 라투르의 이론적 기획을 몇 마디로 요약하는 것은 (반드시 오도적이지는 않더라도) 불완전하고 불만족스러울 수밖에 없을 것이다. 라투르는 역사적 시기(파스퇴르)와 지리적 공간(아프리카와 미국)이라는 면에서, 그리고 기존 학문 분과들과 철학적 물음들, 주제적 준거점들 사이에서, 그야말로 너무나 많이 옮겨 다닌다. 그러나 이 모든 이동의 이면에서 뚜렷한 패턴들이 발견된다.

라투르의 다면적인 개입들은 상대적으로 일관된 하나의 지적 기획으로 수렴한다. 이는 두 가지 축을 따라 추적할 수 있는데 하나는 주제적 축이고 다른 하나는 존재론-형이상학적 축이다. 주제적 축은 라투르가 평생 매료되었던 과학과 기술의 세계, 특히 과학의 가장 내밀한 중심이자 대단히 존중받고 거의 신성시되는 핵심이라 할 수 있는 과학적 사실과 그것이 생산되는 장소인 실험실에 중점을 둔다. 존재론-형이상학적 축은 좀 더 포착하기 어렵다. 사상사와의 연관이나 연결도 희미할뿐더러 그러한 관계조차 라투르의 저작에서는 극히 적게 언급되기 때문이다. 그 스스로 "내가 만드는 것은 책들이지, 철학이 아니다"라고 선언했듯이 라투르는 엄밀한 의미에서 철학적인 "체계 구축자"는 결코 아니다(인터뷰, Crease *et al*. 2003: 19). 그래서 그의 사상을 철학적, 이론적으로 지나치게 일관된 용어로 제시하는 것은 항상 위험을 수반한다. 그럼에도 불구하고 사상사에서 그에게 중요한 영감을 준 세 가지 원천을 추려보는 것은 유의미하다. 그것은 화이트헤드의 과정철학, 질 들뢰즈의 내재성 개념, 그리고 미셸 세르의 매개의 존재론이다(다음 절 참조). 물론 라투르는 이들 외에도 상당히 많은 사상가들과 관련된다. 그럼에도 세 사람만 고른 것은 라투르의 사상이 출현한 개념적 지형과 역사를 간략히 제시하기 위해서다. 게다가 이들은 라투르 스스로 자신에게 깊은 영감을 준 원천이라고 명시적으로 인정하는 인물들이다.

우선 주제적 축부터 살펴보자. 이는 복잡하고 낯설고 난해한 과학과 기술의 세계다. 다른 이들도 언급했듯이(Fraser 2006: 59) 라투르 필생의 기획은 과학적 사실이 생산되고(구성되고, 제조되고) 원래의 생산 장소를 넘어 분포되는 복잡한 방식에 대한 다면적이고 학제적인 탐구라 할 수 있다. 그의 기획은 과학적 사실을 사회적 범주로 "탈자연화"하려는 실제적이고 철학적인 시도다. 그는 사실이란 주어진 것도, 불가피한 것도, 보편적인 것도 아니라고 주장한다. 반대로 사실은 매우 특정한 생산의 역사를 가지며 이 역사는 철저한 경험적, 역사적 연구를 통해 분석될 수 있다는 것이다.

라투르의 학문적 전기를 보면 이런 기획이 드러난다. 그가 미국의 실험실에 들어간 것, 그리고 인류학적 방법으로 과학자들의 실제 작업을 기록한 것은 과학 행위의 탈자연화를 위한 주요한 수단이었다. 라투르가 회고하듯이 실험실에 대한 민족지적 연구가 있기 전에는, 과학자들의 작업에 대해서 과학자들 자신의 설명 외에는 알 길이 없었다(Crease *et al.* 2003: 20). 과학자들의 자기 묘사는 흔히 과학철학자 칼 포퍼의 "반증" 원칙처럼 과학적 행위의 적절성에 대한 극히 규범적인 철학적 관념과 결합하는 경향이 있다. 이와 대조적으로 라투르의 과학에 대한 관심은 철학적이라기보다는 인류학적이다. 즉 그의 목표는 과학적 사실이 어떻게 실험실의 실제적인 과제, 협상, 문헌적 기입으로부터 출현하는지를 가능한 한 세밀하게 묘사하는 것이다. 라투르와 여타 과학학 창시자들은 일찍부터 다음과 같은 급진적 모토를 내걸었다(이는 라투르의 후기 연구에도 지속적으로 영향을 미친다). "이 사원의 신성한 벽 안에서는 어떤 이상한 일도, 어떤 '과학적인' 일도 일어나지 않는다."(Latour 1983)[12] 실험실에서 사실이 제조된다. 그 이상도 그 이하도 아니다.

그러한 모토는 오랜 인식론적 전통과의 전면 대결, 그리고 유사과학이나 미신, "상식"으로부터 참된 과학 지식을 구분하겠다는 규범적 과학철학과의 전면 대결에서 나온 것이다. 과학과 기술의 인류학이 제기하는 근본적인 주장은 과학자와 엔지니어도 (실험실이 그들에게 독특한 물질적 도구를 제공하기는 하지만) 다른 모든 이와 마찬가지로 역사적이고 사회적이며 정치적인 "세계 구축자"라는 것이다(2장 참조). 그러한 "반(反)인식론적" 접근법은 라투르의 저작 전체를 관통하며(Bowker & Latour 1987 참조), 서구의 지배적인 사고방식에 도전하는 많은 이슈를 제기한다. 만약 "사실이 (절대적 의미에서 나머지 사회적 실재 위에 군림하는 것이 아니라) 제조되는 것"이라면, 우리는 무엇보다 과학과 인식론, 사회 간의 관계 전체를 재평가해야 하기 때문이다. 나아가 근대성의 문제와 그것의 비서구 세계와의 관계(3장), 과학적 대표 형태와 정치적 대표 형태 간의 관계(4장), 과학적 활동과 종교, 법, 예술 등 다른 유형의 사회적 실천들 간의 관계(5장) 같은 사회과학의 근본 문제들을 재검토해야 한다.

라투르의 지적 기획은 과학과 인식론의 지배를 넘어 "근대" 세계를 어떻게 재묘사할 것인가에 대한 지속적 탐구라 할 수 있다. 그래서 라투르는 과학 영역의 경계를 넘어 다른 주제들로 관심 영역을 확장해왔다.

그는 "나의 장기적인 기획은 언제나 과학은 물론이고 기술, 종교, 법 등 우리 문명을 형성하는 진리 생산의 장소들을 성공적으로 방문하고 기록하는 것이다"라고 밝힌 바 있다(인터뷰, Crease *et al*. 2003: 16). 따라서 라투르의 작업에는 언제나 유효한 지식의 구성이라는 문제가 걸려 있다. 즉 (시간, 공간, 행위성 같은 가장 기본적인 요소를 포함해) 세계를 인식하고 평가하고 변형시키는 방식을 우리는 어떻게 배울 수 있는가? 라투르가 자신을 "경험 철학자"나 일종의 "실험적 형이상학자"로 간주하는 것은 이런 의미에서이다. 일단 우리가 사실이 주어진 것이자 보편적인 것이라는 생각에서 벗어난다면, 실재는 그 다양성과 예측불가능성으로 우리를 항상 놀라게 할 것이다.

라투르의 존재론-형이상학적 축: 과정, 내재성, 매개

라투르의 지적 기획을 특징짓는 두 번째 축은 존재론-형이상학적 축이다. 앞서 언급했듯이 이에 대한 근거는 확고하지는 않다. 단지 이를 통해 라투르의 사유가 등장하는 이론적 지평의 몇 가지 중요한 측면을 관찰하길 희망할 뿐이다. 우선 언급할 점은 과학적 사실에 대한 라투르의 반인식론적 접근법이 세계가 근본적으로 구별되는 두 가지 유형의 요소, 예컨대 정신과 물질, 문화와 자연으로 구성된다고 보는 생각과 결별하려는 더 넓은 기획의 한 요소일 뿐이라는 것이다. 이러한 소위 반(反)이원론 기획은(Newton 2007: 28ff 참조) 라투르의 사유의 많은 층위에서 다양한 방식으로 표현된다. 이 책 전체에서 (과학적 지식과 비과학적 지식, 근대성과 비근대성, 이성과 권력, 자연과 사회 간의) 이원론을 재정의하거나 넘어서는 분석적 목록을 개발하려는 라투르의 지속적인 시도를 보게 될 것이다. 이러한 네 가지 이원론은 이어지는 네 개의 주요 장에서 핵심 주제로 다뤄진다.

그러나 라투르의 반이원론은 특정한 주제적, 분석적 기획에 한정되지 않고 더 깊은 존재론적, 심지어 형이상학적 기층에까지 이어진다. 존재론의 관점에서 볼 때, 그것은 주체와 객체, 사실과 가치, 자연물의 제1성질과 제2성질을 구분하는 근본적인 근대주의적, 철학적 이원론을 넘어서려는 시도로 나타난다.

이러한 존재론적 의미에서 라투르는 관습적 사고를 단호히 거부하는 비타협적인 수정주의자로 분류되어야 한다. 라투르가 보기에 (데카르트와 칸트에서 헤겔, 하이데거, 하버마스, 데리다에 이르는) 철학사의 대가들은 이원론의 오류를 심화시키는 데 기여했을 뿐이다! 이들 철학자의 사고는 주관적인 것과 객관적인 것, 언어와 세계가 철저히 구분된다는 확고한 신념에 기초한다. 그래서 그런 요소들이 어떻게 결합할 수 있는가라는 문제에 직면해서는 더욱 사변적인 (그리고 항상 덜 성공적인) 이론을 전개할 수밖에 없다는 것이다(Latour 1993: 55ff 참조).

보다 긍정적으로 말하면 라투르의 사유는 **일원론**이라는 형이상학적 전통의 복잡한 연쇄 안에 스스로를 기입한다고 할 수 있다. 이 연쇄에서 한 가지 공통된 준거점은 고트프리트 라이프니츠의 모나드(monad) 이론이다. 실제로 라투르가 지적 역할모델로 삼는 사상가들의 다수가 (직간접적으로) 라이프니츠에게서 영향을 받았다. 대표적으로 철학자 알프레드 노스 화이트헤드(1861-1947), 사회학자 가브리엘 타르드(1843-1904), 동시대 인물로는 프랑스 철학자 질 들뢰즈(1925-95), 미셸 세르

(1930-), 벨기에 철학자 이자벨 스텡거스(Isabelle Stengers, 1949-)가 있다. 이 가운데 세르는 특별히 강조할 필요가 있는데, 우리가 아는 한 라투르의 스승에 가장 가까운 인물이기 때문이다. 라투르가 세르의 전체 철학 작품을 주제로 그와 장시간 인터뷰를 했다는 사실도 그러한 짐작을 뒷받침한다(Serres & Latour 1995).

라이프니츠의 영향을 받은 일원론적 전통을 요약하는 것은 이 책의 범위를 벗어나는 일이다. 게다가 그러한 존재론적이고 형이상학적인 가정들의 느슨한 연결망 안에 라투르의 사유를 끼워 넣는 것도 무의미하다(그러나 Harman 2009 참조). 우리가 라투르에게 영감을 준 인물들을 나열한 것은 그의 지적 기획이 근본적인 사상사적 논쟁, 즉 이원론과 일원론, (데카르트 이후의) "데카르트주의"와 "생기론" 간의 갈등에 관여하고 있다는 사실을 상기시키기 위해서다.[13] 이제 그들이 라투르의 사상에 어떤 근본적인 영향을 주었는지를 드러내기 위해, 특히 전형적인 예를 보여주는 세 명의 철학자, 즉 화이트헤드, 들뢰즈, 세르에 대해 간략히 살펴보자.

알프레드 노스 화이트헤드

첫 번째로 살펴볼 준거점은 화이트헤드의 우주론적, 기독교적 "과정철학"이다. 화이트헤드의 철학이 내포하고 발전시키는 형이상학적 자연 개념은 자연과학의 전통적인 유물론을 뛰어넘는다(Van Der Veken 2000 참조). 라투르는 후기 저작에서 주체와 객체, 사회와 자연, 언어와 세계에 대한 존재론-형이상학적 이원론을 논박할 때 화이트헤드를 자주 언급한다(예를 들어 Latour 1997; 2004a). 화이트헤드의 영향은 개념적인 면에서도 분명히 나타난다. 예를 들어 라투르는 "사건"(event), "명제"(proposition), "파악"(prehension) 같은 화이트헤드의 다양한 기본 범주를 차용한다.

이러한 범주에는 자연 현상이 근본적으로 **과정**이라는 화이트헤드의 기본적인 생각이 담겨 있다. 자연이 시공간에 분포하는 개별적 물질 존재들로 구성된다는 (특정한) 자연과학의 주장과 달리, 화이트헤드는 자연이 **사건들**로 구성되며 시간, 공간, 경험은 사건을 통해 역동적으로 상호연관된다고 본다. 화이트헤드에게 실재란(곧 자연이란) 근본적으로 과정적이고 관계적이다. 실재는 "명제"라는 형태를 띠는 경험 속에서 감각, 가치, 인과관계로 가득한 현실적 사건으로서 우리에게 다가온다(Schinkel 2007: 713f 참조). 요컨대 화이트헤드의 자연 개념은 역동적 생성이라는 관념을 다룬다.

자연에 대한 화이트헤드의 과정철학적 접근에서 유래하는 많은 가닥이 라투르의 과학학과 정치생태학 안으로 흘러든다. 여기서는 그 가운데 가장 주목할 만한 두 가지를 강조하고자 한다. 첫째, 화이트헤드는 문화와 자연, 인간과 비인간, 사회와 과학 간의 역동적 관계에 대한 이해를 가로막는 (라투르도 그렇게 본) 많은 근대주의적 이분법의 한계를 극복하는 형이상학적 언어를 제공한다. 바로 그런 역동적 관계가 ANT의 중심적인 준거점을 구성한다. 계속 살펴보겠지만 라투르는 자신의 행위자-연결망을 일관되게 과정과 관계의 관점에서 제시한다. 그는 ("번역", "매개", "순환" 등과 같은) 역동적 관계들이 존재론적으로 일차적이며, "사회"와 "자연" 같은 정적인 존재들은 그러한 관계의 이차적 효과라고 본다.

둘째, 보다 구체적인 수준에서 라투르의 긍정적인 정치철학은 이른바 "자연의 이분화"(bifurcation of nature)에 대한 화이트헤드의 비판에서 강한 영감을 받은 것이다. 이분화 이론에 따르면 자연은 제1성질과 제2성질로 구성된다. 예를 들어 (경험주의의 아버지라 불리는) 존 로크는 사과가 (형태, 크기, 무게 등) 관찰자로부터 독립된 제1성질과 (색깔, 향기, 맛 등) 관찰자에 의존하는 주관적 성질 또는 제2성질로 구성된다고 믿었다. 화이트헤드는 자신의 책 『자연의 개념』(*The Concept of Nature*)에 등장하는 유명한 문구를 통해(라투르는 이 문구를 여러 차례 언급한다. 예를 들어 Latour 2005c) 감각에 주어지는 모든 것도 똑같이 자연의 일부라며 이분화 개념을 비판한다. "일몰의 붉은 빛도 과학자들이 그 현상을 설명하기 위해 이용하는 분자나 전파와 마찬가지로 자연의 일부다."(Whitehead [1920] 2007: 37)

그러한 반이원론적 자연 개념이 왜 라투르에게 호소력을 갖는지, 특히 라투르가 과학적 대표 형태와 정치적 대표 형태의 관계를 재사유하려 할 때 더욱 그러한지는 상당히 분명하다(4장 참조). 화이트헤드의 비(非)이분화적 자연 개념은 자연과학이 자연에 대한 참된 지식을 독점한다고 가정하지 않기 때문에, 과학을 민주주의와 보다 양립 가능한 것으로 만들려는 라투르의 기획에 도움이 되는 것이다.

질 들뢰즈

두 번째로 살펴볼 중요한 영감의 원천은 질 들뢰즈의 내재성 개념이다. "내재성의 평면"(plane of immanence)과 "리좀"(rhizome) 같은 들뢰즈의 핵심 개념은 라투르의 가장 일관된 형상인 (행위자-)연결망이 그 모습을 갖추는 데 중요한 이론적 영향을 끼쳤다.[14]

일반적으로 말해 내재성의 철학은 (신God, 역사History, 주체Subject, 자연Nature 같이) 절대적이고 근본적이며 "타자적인" 어떤 것의 형태로 널리 유포된 초월성의 관념에 공격을 제기한다. 초월성은 "내부"와 "외부", "신체"와 "정신", "자연"과 "문화" 등의 구분으로도 표현된다. 이러한 이원론과 달리 내재성 철학의 형이상학적 출발점은 오직 **하나의** 실체, **하나의** 존재 수준, 또는 들뢰즈의 용어로는 **하나의** 내재성의 평면만이 존재한다는 인식이다. 모든 경험과 행동, 변화는 이 단일한 평면 위에서 펼쳐진다. 따라서 내재성의 관념은 일원론과 연결되며, 라투르의 실험적 형이상학은 (대문자) **과학, 자연, 사회, 주체, 원인** 같은 (유사)초월적 실체 전체에 대한 지속적인 저항으로 이해할 수 있다. 그렇다고 라투르가 과학, 자연, 사회, 주체, 원인의 존재를 **부인**하는 것은 아니다. 단지 이러한 현상을 동일한 내재성의 평면 위에서 함께 펼쳐지는 역동적 관계를 통해 생산된 것으로 (그리고 일시적으로 안정된 것으로) 묘사하는 것이다.

여기서 또다시 역동적 관계(번역, 순환)가 일차적 중요성을 갖는다. 역동적 관계는 다양한 전위(displacement)와 혼합(또는 라투르의 핵심 개념인 하이브리드화)을 발생시키기 때문이다. 하이브리드화가 라투르의 존재론적 출발점이라면, 그의 논증 전략은 ("자연 아니면 사회" 같은 문구에서 그렇듯이) 존재론적으로 분리된 현상처럼 **보이는** 것들이 사실은 서로 이질적인 요소들의 존재론적 전위(하이브리드화)라는 것을 드러내 보이는 것이다(Holbraad 2004 참조). 그러한 요소들과 과정들은 관계적이고 역동적인 차이들이 펼쳐지는 하나의 다원적, 다차원적 평면 위에서 상호연관된다. 라투르는 이 내재성의 평면을 단순히 **연결망**이라고 부른다. 라투르가 사용하는 "연결망"이라는 말은 하수도 시스템이나 인터넷 허브 같은 안정된 하부구조적 네트워크의 관념과 무관하다. 라투르의 연결망은 들뢰즈와 가타리(Deleuze & Guattari 1987)의 소위 **리좀**과 유사한 불규칙적 하이브리드화 과정으로 구성된다(리좀은 원래 생강 같은 특정 식물에서 발견되는 수평적이고 가지처럼 뻗은 뿌리줄기를 가리키는 단어다). 라투르는 자신의 "연결망" 관념이 들뢰즈와 가타리의 내재적 리좀 이론에서 크게 영향받았음을 인정하며, 행위자-연결망 이론을 "행위소-리좀 존재론"으로 개칭해도 반대하지 않을 것이라고 말하기도 했다(Latour 1999a 참조).[15]

미셸 세르

세 번째로 살펴볼 미셸 세르는 가장 중요한 영감의 원천이라 할 수 있으며 라투르의 진정한 철학적 스승에 가장 가까운 사상가다. 세르의 접근법은 무척 독특하다. 그의 백과사전적인 저작은 철학, 과학, 문학, 신화 등 고대 이후 서구의 많은 주요 지식 체제들을 포괄하며 그 지식 체제들 간의 관계를 탐구한다. 은유적으로 말하자면 세르의 작업은 장거리 여행이라 할 수 있다. 그는 완전히 다른 시간과 공간에 속하기에 양립 불가능한 조각들로 여겨지는 관념들, 논리들, 현상들의 예기치 못한 연쇄 속으로 독자를 안내한다. 그러한 놀라운 유사성과 연속성에 대한 끊임없는 탐구 속에서 세르는 사상사의 "북서항로"를 항해하며 이질적으로 보이는 현상들, 시대들, 지식들을 연결한다. 예를 들어 『아틀라스』(*Atlas*, 1994)에서는 카오스 이론, 정치적 공중, 만화 캐릭터 '땡땡', 종교사, 고전역학, 쌍방향 컴퓨터 시스템, 천문학 등의 상이한 분야들이 서로 연결되고 부분적으로 중첩되는 관념들의 평원에 관한 대안적 위상학의 지도를 그린다(Boisvert 1996: 63f 참조).

세르의 대안적 위상학(또는 관계적 형이상학) 속에서는 이동, 연결, 매개 **자체**가 일차적 중요성을 가지며, 근대성의 엄격한 지적, 분과적, 장르적 구분의 경계는 철저히 무너진다. 세르의 초점은 명시적인 상호관계를 갖는 요소들(자아/타자, 자연/문화)이 아니라 "배제된 제3자"다. 중간자, 전달자, 천사, 기생자, 그리고 특히 고대 그리스의 여행자들의 신이자 경계를 넘나드는 자들의 신인 헤르메스가 그의 지적 세계의 거주자들이다.

넓게 보면 라투르 역시 매개, 이동, 배제된 제3자에 초점을 맞춘다는 점에서 세르의 지적 스타일을 계승하고 진전시킨다고 할 수 있다. 라투르의 저작에서 매개는 주로 **번역**, **순환**, **결합**으로, 배제된 제3자는 『우리는 결코 근대인이었던 적이 없다』에서 "중간왕국"으로 불린다(Bingham & Thrift 2000 참조; 본서의 3장 참조). 배제된 제3자를 가리키는 또 다른 용어는 **하이브리드**다. 라투르는 세르의 매개의 존재론이 시간적 시대, 공간적 영토, 분석적 범주의 기존 경계를 무너뜨리는 이동에 분석의 초점을 맞추고 있음을 주목한다. 그러므로 라투르가 세르로부터 "유사객체"(quasi-object) 개념(사회적 관계들을 연결하는 하이브리드)을 차용하는 것은 우연이 아니다(Latour 1982; 2장 참조). 라투르에 의하면(Bowker & Latour 1987: 731) 세르의 가장 중요한 공헌은 담화적 장르들을 지속적으로 혼합한다는 점이다. 그러한 방법을 통해 세르는 "메타언어"를 성공적으로 제거한다. 즉 과학, 종교, 문학, 신화가 동일한 (내재성의) 평면 위에 놓이게 되는 것이다. 과학적 지식 형태들을 탈자연화하려는 라투르의 필생의 노력도 이런 관점에서 보아야 한다.

다른 영감의 원천들

라투르의 영감의 원천을 선택적으로 개관하는 이 절을 마무리하면서 그 취지를 다시 강조하고자 한다. 요컨대 우리의 목적은 라투르의 사유가 어떻게 일원론적 내재성 이론이라고 부를 수 있는 광범위한 존재론-형이상학적 전통 내에 기입되는지를 보여주는 것이었다(또한 Harman 2009 참조). 라투르와 여기서 강조된 사상가들, 즉 화이트헤드, 들뢰즈, 그리고 특히 세르 사이의 정확한 개념적 관계에 대해서는 더 많은 논의가 있을 수 있다(또한 있어야 한다). 나아가 라투르에게 이들 외에도 여러 중요한 철학적, 지적 역할모델이 있다는 것에 주목해야 한다. 앞서 언급한 가브리엘 타르드, 이자벨 스텡거스뿐 아니라 니콜로 마키아벨리, 토머스 홉스, 프리드리히 니체, 카를 슈미트, 존 듀이 등 정치철학과 연관되는 사상가들도 라투르의 저작에서 핵심적 역할을 한다. 16세기 초 이탈리아의 정치적 갈등을 배경으로 하는 마키아벨리의 고전적 권력이론은 과학과 기술의 세계에서 일어나는 갈등과 전략적 동맹에 대한 라투르의 분석에 큰 영감을 주었다. 라투르는 또한 니체의 "권력의지"가 자신이 사회적, 기술적 변화의 핵심으로서 투쟁에 일관되게 초점을 맞추도록 영감을 주었다고 밝힌다(Crease *et al*. 2003). 그러나 앞으로 보겠지만(특히 4장에서) 그러한 정치철학적 영감의 원천은 라투르의 저작에서 점차 바뀌며 이후 화이트헤드 및 미국의 실용주의자 존 듀이와의 더 중요한 대화에 자리를 내준다.

지금까지 언급한 인물들 외에도 "고급" 철학 영역에 속하지 않는 많은 저자들이 라투르의 사유에서 중요한 역할을 한다. 학문 분야별로 보면 인류학에서는 마르크 오제와 필리프 데스콜라(Philippe Descola), 사회학에서는 해럴드 가핑클(Harold Garfinkel), (언어학의 한 분과인) 기호학에서는 알기르다스 그레마스(Algirdas J. Greimas)를 들 수 있다. 이 가운데 리투아니아 출신의 (불어권 학자인) 기호학자 그레마스는 특히 강조할 필요가 있다. 그는 라투르가 언어적 "양태들"(modalities)의 부가 혹은 제거를 통해 어떻게 과학적 진술이 강화되거나 약화되는지를 분석하는 데 매우 구체적인 영감을 주었다(2장 참조). 그레마스는 또한 라투르의 사회분석에서 핵심적 역할을 하는 **행위소**(actant)라는 용어를 만들었다. 행위소를 통해 라투르는 인간 행위자와 비인간 행위자를 하나의 개념적 평면 위에 나란히 놓을 수 있게 된다. 이런 측면에서 민속방법론을 창시한 미국 사회학자 가핑클의 역할 또한 강조되어야 한다. 가핑클은 실천적이고 국지적인 방법들을 통해 어떻게 의미와 질서가 생산되는지, 그리고 그러한 방법들이 어떻게 사회 참여자들의 협력, 불화, 자기 이해, 타인 설득 과정에서 사용되는지를 여러 사례연구를 통해 설명했다. 타인을 설득하고 질서화를 창출하는 과정에서 과학자와 엔지니어, 여타 "세계 구축자들"이 특정 자원을 동원하는 방식에 대한 라투르의 설명은 가핑클의 사회학과 많은 면에서 일치한다(5장 참조).[16]

라투르와 이러한 주요 사상가들의 관련성에 대해서는 다음 네 개의 장에서 그의 개별적 탐구 및 논의 영역들을 다루면서 다시 살펴볼 것이다. 한 가지 명확히 할 점은 라투르가 다양한 사상가에게서 영감을 받았지만 그들의 작업을 병치하고 재해석하며 나아가 새로운 지평을 개척함으로써 독창적인 이론을 전개한다는 것이다. 다음 절에서는 그러한 논의를 본격적으로 다루기에 앞서 우리가 어떤 근거에서 (주제적, 존재론-형이상학적 축이 그의 지적 기획 전체에서 이어지고 있음에도 불구하고) 라투르의 저작을 네 가지 "단계" 또는 전문적 정체성으로 구분하는지를 설명하고자 한다.

라투르 저작의 네 가지 궤적

위대한 지식인들을 다룰 때 비평가들은 그들의 저작을 "단계들"로 나누고, 해당 저작에서 이루어진 주요 "발전"에 대한 간결한 내러티브로 각 단계를 특징짓는 경향이 있다. 대표적인 예로 마르크스를 초기("정치적" 시기)와 후기("과학적" 시기)로 구분하는 것을 들 수 있다. 그러나 라투르의 저작에 대한 수용은 아직 초보적인 수준이고 (단계와 강조점에 대한) 명확한 범주화는 특히나 찾아보기 힘들다. 일부 비평가들은 1990년대 저작에서 그의 기본적인 연구 관심이 묘사적인 것에서 규범적인 것으로 이행한다고 주장한다(Crease *et al.* 2003 참조). 또한 국제정치 상황의 변화, 특히 냉전 종식이 『우리는 결코 근대인이었던 적이 없다』에서 라투르가 자신의 주장을 위치시키는 방식에 영향을 미쳤다는 평가도 있다(Elam 1999).

실제로 1990년대를 거치면서 라투르의 기본적인 분석적 접근법과 어휘가 전쟁의 은유에서 협상과 외교의 은유로 다소 변화하는 것으로 보인다(2장, 4장 참조). 또한 ANT와 "탈ANT"에 관한 논의도 제기되었는데, 이는 ANT가 1980년대에 처음 정식화된 이후 상당한 발전을 이루었다는 것이 인정되고 있음을 나타낸다(Gad & Bruun Jensen 2010 참조). 그러나 1990년대 이후 라투르의 생각이 어느 만큼 "탈ANT"적이라고 할 수 있을지는 분명치 않다. 이러한 모호한 상황에는 라투르 자신도 상당히 기여했다. 바로 이 주제에 대한 집단적인 자기성찰의 맥락에서(그 결과물은 『ANT와 이후』[*ANT and After*, 1999]로 출간된다) 라투르는 **행위자-연결망 이론**에서 잘못된 것은 딱 네 가지라고 지적한다(Latour 1999a). 바로 "행위자"라는 용어, "연결망"이라는 용어, "이론"이라는 용어, 그리고 하이픈(-)이다! 그런데 6년 후 『사회적인 것의 재조립: 행위자-연결망 이론 입문』(2005b)에서 라투르는 명시적으로 (그리고 반성적으로) 정확히 반대 입장을 취한다. 여기서 그는 그러한 개념들을 비판적으로 거부하는 대신 다시 각각의 용어를 옹호하고 그 의미를 명확히 하려고 한다.

위 사례는 라투르의 글쓰기 방식이 다소 애매하고 은유적인 용어법으로 특징지어진다는 인상을 준다. 실제로 그의 저작에서는 서로 다른 배경에서 발전된 개념들이 어느 정도 동의어로 사용되는 경우를 많이 볼 수 있다(Lewowicz 2003 참조). 대표적인 예가 **번역**이라는 개념이다. 라투르는 문맥에 따라 번역 개념을 **하이브리드화**, **매개**, **순환**, 또는 (최근에는) **결합**이라는 용어로 표현한다. 기본적인 의미는 모두 같지만 각 용어가 내포하는 함의는 조금씩 다르다. 같은 책 안에서 그리고 시간이 지남에 따라 이렇게 용어 사용법이 달라지기 때문에 라투르의 저작을 단계적으로 구분하는 것은 더욱 복잡한 일이 된다.

우리는 앞에서 제시된 해석들, 즉 묘사적인 것에서 규범적인 것으로의 이행, 국제정치적 맥락의 영향, ANT에서 탈ANT로의 이동 등이 모두 어느 정도는 유효하다고 믿는다. 그러나 이 책은 입문서이기 때문에 전체 저작을 명확히 구분되면서도 어느 정도 논리적으로 연결되는 장들로 "잘라야" 한다. 입문서로서의 목적과 특성을 감안하면, 위의 해석 틀 가운데 어느 것도 안정적 기반으로 삼을 만큼 적확하지는 않은 것 같다.

그래서 우리는 이와 다른 전략을 택했다. 우리는 라투르의 작업을 순전히 시기적 경계로 정의되는 "단계들"로 구분하기보다는 그의 다중적이고 이동하는 정체성들에 초점을 맞춘다. 말하자면 라투르의 여러 지적인 "얼굴들"에 주목하는 것이다. 대체로 이 정체성들(또는 버전들)은 변화하는 논의 배경과 영역에, 즉 라투르가 적극적으로 자신의 사유를 배치하고 그의 작업에 대한 수용 방식에 따라 라투르 자신이 배치되기도 하는 유동적인 맥락에 긴밀히 연결되어 있다.

21세기 초인 지금까지도 여전히 분과적 전문화가 지적 풍경의 지배적인 특징이다. 그러니 여러 분과의 경계를 가로질러 이동하는 라투르의 사유에서 종종 미묘한 차이가 나타난다는 것은 놀랄 일이 아니다. 앞서 보았듯이 라투르는 서로 다른 맥락에서 자신을 인류학자나 형이상학자, 또는 사회학자로 칭한다(그리고 그가 일차적으로 속한 분야는 STS다). 라투르는 이러한 정체성들을 통해 여러 학문적 논쟁을 넘나드는 자신의 개입을 (말하자면) "여과"한다. 다음 네 개의 장은 라투르의 그러한 자기 명명에 따라 각각의 특정한 전문적 정체성을 다룬다.

이러한 네 가지 전문적 정체성을 해석하고 재구성하기 위한 방편으로 우리는 라투르를 "과학인류학자", "근대성의 철학자", "정치생태학자", "결합의 사회학자"로 나누어 논한다. 이들 정체성 각각은 학문 분과와 주제 표식을 의도적으로 혼합한 것이다(재차 강조하건대 이는 라투르의 작업에 대한 우리 자신의 (재)구성이다). 한편에는 인류학, 철학, 정치이론, 사회학이라는 학문 전통들이 놓여 있고, 다른 한편에는 과학, 근대성, 생태학, 결합이라는 (가장 넓은 의미의) 주제들이 놓여 있다.[17]

정확히 이 네 가지 학문 분과가 중심에 오는 이유, 그리고 라투르의 개별 저작들이 그러한 학문 분과와 주제의 격자 속에 묶일 수 있는 근거는 앞에서 제시한 라투르의 학문적 전기에서 이미 어느 정도 나타났다. "과학인류학"이라는 용어는 『실험실 생활』(1979)과 『젊은 과학의 전선』(1987) 등 가장 초기의 저작들과 관련되며, "근대성의 철학"은 대표작 『우리는 결코 근대인이었던 적이 없다』(1993), "정치생태학"은 주로 『자연의 정치학』(2004d), "결합의 사회학"은 기본적으로 『사회적인 것의 재조립』(2005b)과 관련된다. 이와 같이 우리의 구분 체계에는 시기적 "단계"라는 요소가 있다. 과학인류학은 "초기", 근대성의 철학은 "중기", 정치생태학과 결합의 사회학은 "후기"(1990년대 중반 이후) 저작과 관련된다고 말할 수 있다. 그러나 이 책이 출판되는 시점에도 라투르가 여전히 다작 저자라는 사실을 감안하면, 그러한 명명도 잠정적일 수밖에 없다. 더구나 서로 다른 전문적 정체성들은 시간상으로 또는 내용상으로 명백히 구분된다기보다는 어느 정도 동시적이고 중첩된다. 그러한 정체성들은 논조, 주제적 준거점, 중심적 논의 영역의 변화를 나타내며, 결정적인 전환이라기보다는 유동적인 전이와 이동이라고 할 수 있다.

전문적 정체성 규정의 정확한 의미를 설명하고 확장하는 것은 이어지는 장들의 몫이지만, 우선 여기서 라투르가 논의하는 다양한 영역들과 그것들의 상호연계를 간략히 짚고 넘어가자. 과학인류학자로서(2장) 라투르는 현장연구 방법을 통해 과학 실험실에서 사실이 어떻게 구성되는지 상세히 설명하며, 그 과정에서 과학적 사실에 대한 전통적인 인식론적 설명을 포괄적으로 공격한다. 과학인류학은 이후 저작에서 라투르가 반복해서 의존하고 참조하는 이론적 토대의 역할을 한다.

이는 특히 라투르가 근대성의 공식적인 과학적, 정치적, 종교적 조직 원칙, 즉 소위 "근대 헌법"을 분석하는 근대성의 철학 작업에 적용된다(3장). 근대 헌법은 정치와 과학, 사회와 자연, 근대 문화와 전근대 문화 사이의 명확한 구분을 만들고 유지한다. 여기서 라투르의 핵심 주장은 "우리는 결코 근대인이었던 적이 없다"는 것, 즉 공식적 근대 헌법은 결코 유효했던 적이 없다는 것으로 요약된다. 나아가 그는 오늘날 생태 위기의 경고 신호가 증명하듯이 자연과 문화의 통제되지 않는 혼합체(또는 하이브리드)들이 증가하면서 근대 헌법이 점점 문제 있는 것으로 나타난다고 주장한다. 근대 헌법에 대한 대안으로 라투르는 "비근대"라고 부를 수 있는 문화적 자기이해와 실천을 제시한다. 이는 현대 세계를 "후기근대" 또는 "탈근대"로 규정하는 일반화된 관념에 명시적으로 반대하는 입장에서 정립된 것이다.

정치생태학을 통해서(4장) 라투르는 자신의 과학학과 근대성의 철학으로부터 정치이론적 함의를 이끌어내려 한다. 그는 인간과 비인간 환경의 문제적 관계를 새로운 "자연의 의회"라는 관점에서 재사유한다. 여기서 자연의 의회는 인간과 비인간의 하이브리드 집합체를 지칭한다. 하이브리드성에 일관되게 주목하는 라투르의 관점은 말하자면 이 등식의 양변 모두에 영향을 미친다. 한편에서 정치생태학은 정확히 보자면 초월적 **자연**과는 무관하며, 다른 한편에서 (사회학자들이 전통적으로 연구해온) 초월적 **사회**라는 관념도 버려야 한다는 것이다. 이러한 논지는 결합의 사회학에서도 계속된다(5장). 여기서 라투르는 여전히 ANT의 용어를 사용하면서 사회과학의 전면적인 재검토를 제안한다. 전통적 사회학이 오직 인간으로만 구성되는 사회를 연구하는 데 반해, 비근대 세계에서 사회학은 인간 "행위소"와 비인간 "행위소" 간의 이종적 연결(또는 결합)을 추적해야 한다는 것이다. 결합의 사회학이라는 용어는 여기서 유래한다. 이로써 분석의 순환고리가 완성되었다. 라투르는 과학 지식에 대한 인류학적 재묘사에서 시작하여 주체와 객체, 사회와 자연 간의 이분법을 넘어 인간과 비인간의 비근대적 집합체에 대한 전망을 제시하는 것이다. 우리 저자들은 라투르의 사유를 네 가지 전문적 정체성으로 분할하는 것이 그의 지적 기획이 갖는 이러한 명백한 연속성을 가리는 게 아니라 오히려 분명히 할 수 있기를 희망한다.

라투르의 저작을 이렇게 네 가지 부분적으로 중첩되는 학문적 정체성으로 분할하는 것은 ANT 자체의 배경이나 주요 특질, 역동적 발전을 별도로 설명할 수 없다는 단점이 있다. 그러나 라투르의 과학인류학에 관한 (2장의) 논의는 ANT의 본래 정식화가 지닌 "핵심"과 많은 면에서 일치한다. 물론 ANT가 공동 기획이었으며 지금도 그렇다는 사실을 제외한다면 말이다. 그래서 우리가 라투르의 공헌에만 초점을 맞추고 미셸 칼롱, 존 로 그리고 다른 이론가들의 구성적 역할을 과소평가한다는 인상을 줄 수도 있을 것이다(그럴 의도는 전혀 없다). 그러나 다른 한편 이 책에서 ANT에 대한 전체적 개관을 생략할 충분한 이유가 있다. 즉 **라투르의** 과학인류학에 초점을 맞춘다는 것을 분명히 함으로써 우리는 여러 ANT 판본 가운데 라투르의 이론만이 유일하거나 유효한 이론이라는 잘못된 인상을 주는 일을 피할 수 있는 것이다.

라투르의 본래 연구 분야인 과학학에도 같은 논리를 (더 강하게) 적용할 수 있다. 과학에 관한 라투르의 관점의 기본 원칙들이 현재 과학학에서 강력한 진지를 구축하고 있는 것은 사실이지만, 라투르가 이 다양한 분야의 모든 입장을 대변하는 것은 결코 아니다. 다음 절에서 라투르의 사상이 다양한 논의 맥락에서 어떻게 수용되는지를 심층적으로 살펴보자.

라투르 수용에서 이 책의 위치

라투르의 저작을 독해하고 논의하며 이용하는 다양한 맥락과 수많은 방식을 간단한 몇 마디로 요약하기란 쉽지 않다. 그렇지만 우선은 미국 기술철학자 돈 아이디(Don Ihde)가 말한 것처럼 라투르가 학제적 과학학 분야에서 "매우 논쟁적인 인물"로 떠올랐다는 사실이 그 적절한 출발점이 될 수 있을 것이다(Ihde 2003: 2). 이제 국제적으로 광범위하게 제도화되었고 독자적인 이론 패러다임, 저널, 교육 프로그램, 교과서, 학술회의 등을 갖춘 STS 분야에서 라투르의 저작은 널리 읽히고 인용되며 논의되고 있다. STS는 주로 영어권을 중심으로 발달했기 때문에, 프랑스에 지적 뿌리를 둔 라투르의 경우 그 자신도 지적했듯이 번역이 종종 문제가 되기도 한다(Bowker & Latour 1987). 그럼에도 불구하고 라투르의 ANT는 STS 분야에서 가장 강력한 이론 패러다임 가운데 하나로 자리 잡았으며, 과학 지식이 복잡한 (비)근대 지식사회에서 어떻게 활용되는지에 대한 탐구에 있어서 많은 철학자, 역사학자, 사회학자, 지리학자, 공학자를 결집시키고 있다(Guggenheim & Nowotny 2003 참조). 라투르가 다양한 분야에서 폭넓게 인용되고 있다는 사실은 국제적 연구 통계에서도 나타난다. 과학학뿐 아니라 연구정책, 사회학, 경영학, 사회의학, 지리학, 심리학 등 다양한 주제

영역에서 라투르의 작업이 이용되고 있다. 요컨대 라투르는 광범위하고 이종적인 독자층을 거느린다고 할 수 있다.

우리 저자들의 경험에 비추어볼 때 그리고 이 책에서 라투르의 저작을 어떻게 독해하고 해석하는지를 분명히 하기 위해서, 그의 독자층을 잠정적으로 두 개의 이념형 집단으로 나눠보는 것이 유용할 것이다.[18] 첫 번째 집단은 STS에 일정한 관심을 갖는 연구자와 실천가로 구성된다. 이들로 인해 STS의 영감을 받은 연구들이 계속 증가하고 있으며 이는 여러 면에서 학제적 연구와 "지식경제" 이슈들에 대한 정치적 관심이 고조되는 현상과 맥을 같이한다. 세계의 많은 지역에서 연구 기관들과 개인들의 STS에 대한 관심이 늘어나고 있음을 다양한 지표를 통해 알 수 있다.[19] 이러한 연구는 경험에 주안점을 두는 질적, 해석적 사회과학에서 주로 이루어지고, 주제 면에서는 기술, 문화, 조직, 정책, 시장, 의료 및 교육 관행 등에 초점을 맞춘다. 라투르는 그런 문맥에서 읽히고 논의되며 새로운 경험적 주제에 적극적으로 활용되는 주요 STS 사상가 가운데 한 사람이다. 이들 집단 내에서 제기되는 라투르에 대한 비판은 주로 상징적 상호작용론이나 페미니스트 기술비판론 등 넓게 봐서는 "양립 가능한" 이론적 입장에서 비롯한다.

두 번째 이념형 집단은 대체로 STS 학계 바깥에 있는 철학이나 사상사 연구자들 가운데서 발견된다. 이들은 라투르를 인식론적 의미에서 과학철학자로 독해하는 경향이 있다. 이러한 독해는 주로 (또는 전적으로) 『우리는 결코 근대인이었던 적이 없다』(1993)에 기초한다. 라투르를 수용하는 국제적 문헌들에서 (그리고 그를 호의적으로 비판하는 철학적 "실재론자" 또는 [라투르의 용어로] "근대주의자" 가운데서) 그런 경향이 나타난다.[20] 홍미롭게도 사회학자들 가운데서도 유사한 경향이 발견되는데, 그들은 라투르를 주로 과학철학자로 해석하고는 이론화 방식이 충분히 "사회학적"이지 않다는 이유로 거부한다. 가장 전형적인 예로 라투르의 과학사회학 전체를 맹렬히 비판하는 저명한 프랑스 사회학자 피에르 부르디외(Bourdieu 2004)를 들 수 있다(부르디외에 대해서는 결론에서 다시 살펴볼 것이다).

이 책의 저자들은 사회학과 인류학이라는 학문적 배경을 공유하며 일상적으로 질적, 경험적 연구를 수행하고 있다. 여러 측면에서 우리는 위 이념형 집단 가운데 두 번째(과학철학)보다는 첫 번째(경험적 STS)에 훨씬 가깝고, 우리의 라투르 해석은 상당 부분 경험적 STS 입장에 기초한다. 그러나 라투르에 대한 철학적 독해 자체가 그릇되고 오도되며 흥미롭지 않다고 보는 것은 결코 아니다. 다만 우리가 주장하는 것은 흥미 여부를 떠나 그러한 독해가 라투르의 "경험 철학"을 다소 일면적으로 제시할 위험이 있고, 더 나쁘게는 라투르의 저작에서 나타나는 경험적 측면을 이미 결정되고 안정화된 철학적 "입장"을 "예시"하는 데 불과한 것으로 환원할 위험이 있다는 것이다.

이제 프롤로그의 풍자로 돌아가 그것이 내포하는 진지한 논점을 살펴볼 수 있게 되었다. 즉 "사회구성주의", "탈근대주의", "과학철학" 같은 철학적 범주들을 라투르에게 사용할 때는 극히 주의해야 한다는 것이다. 우리가 볼 때 라투르 사상의 탁월성은 추상적인 이론적 (심지어 형이상학적) 탐구를 상이한 사회적 영역, 특히 테크노사이언스 세계의 구체적인 경험적 사례연구들과 촘촘하고 솔기 없이 결합시키는 바로 그 방법에 있다. 우리는 이 책에서 제시되는 사회학적, 인류학적 접근이 라투르의 하이브리드 세계에 대한 더욱 다채롭고 다면적이며 (이렇게 말해도 된다면!) 충실한 기술에 기여하기를 희망한다. 우리는 철학을 "메타언어"로 사용해 라투르(와 여타 학자들)의 지적 실천을 이해하고 여과하는 것을 피하려 한다. 또한 라투르를 분명하게 정의된 인식론적 "입장"의 대변자로 요약해버릴 생각도 전혀 없다. 대신 여기서 우리가 강조하고 싶은 것은 라투르가 다른 무엇보다도 "반(反)인식론자"라는 것이다!

독자들을 위한 안내

ANT를 소개하는 최근 저작에서(Latour 2005b) 라투르는 ANT에 실망하고 좌절한 런던정경대학 박사과정 학생에 관한 재미있는 (허구인 듯한) 이야기를 들려준다. 그 학생은 영국의 한 유수 기업의 경영 구조와 의사소통 채널에 대한 경험적 연구를 수행해왔다. 지금 단계에서는 자신의 경험적 관찰을 설명할 수 있는 이론적 틀만 있으면 된다. 그는 ANT가 "최신 유행"이라는 학내 풍문에 솔깃해 라투르와 ANT를 찾아온 것이다. 그가 연구하는 기업에는 돈, 컴퓨터 칩, 표준, 이사회 등 연결망들이 차고 넘친다. 학생이 ANT 분석으로 길을 제대로 찾아온 것처럼 보이는데 과연 그럴까?

그러나 라투르의 대답을 듣고 난 후 학생은 낙담한다. 라투르는 ANT가 무수히 다양한 영역에 "적용"될 수 있는 다른 사회이론들과는 다르다고 참을성 있게 설명한다. ANT는 무엇보다도 **부정적인** 주장이다. 즉 ANT는 요소들이 어떻게 서로 연관되는지를 연구하는 방법이지, 요소들이 맺는 관계의 성격이 무엇인지(자본주의적인지, 권력적인지, 기능적인지)를 규정하는 실질적인 이론이 아니라는 것이다. ANT는 연구자가 결합, 번역, 협상을 추적할 수 있도록 해주는 도구다. ANT가 금지하는 단 한 가지는 우리가 그러한 하이브리드 결합의 본성을 이미 알고 있다는 생각, 그것들이 고전적 연결망과 유사할 것이라고 여기는 믿음이다. 라투르의 설명을 듣고 나서 학생은 조금 심란한 상태로 연구실을 나간다. 이론적 기본 틀로 니클라스 루만(Niklas Luhmann)의 체계이론이 낫겠다고 생각하면서!

이제 독자들은 이 책에서 맞닥뜨릴 지형의 윤곽에 대해 어느 정도 정확한 인상을 갖게 되었을 것이고, 앞서 소개한 일화에서 학생이 가졌던 종류의 헛된 기대는 품지 않을 것이다. 여러 차례 강조했듯이 브뤼노 라투르의 하이브리드 세계로의 여정은 독자를 수많은 갈래로 이끌고, 공간과 시간, 주제적 문제, 분석적 범주, 형이상학적 추상의 모든 측면으로 데려갈 것이다. 라투르의 세계는 독창적이고 기이하며 아마도 처음에는 다소 낯설기도 할 것이다. 라투르의 세계에서는 다양하고 광범위한 지적 전통들과 영역들 간의 대화가 펼쳐진다. 여러 면에서 라투르의 세계는 **지식사회, 연결망, 근대성, 생태학, 기술혁신** 같은 유행하는 개념들로 요약되는 우리 시대의 가장 긴급한 분석적, 실천적 이슈들을 반영하며 또한 그에 대한 정교한 성찰을 담고 있다. 요컨대 많은 요소들이 라투르의 광범위한 분석적 연결망 안에서 결합되며, 따라서 이 독특한 이론적 지평을 찾아 나선 독자들에게는 인내심이 필수적인 덕목이다.

지금까지 우리는 독자들을 이 책과 라투르의 세계로 안전하게 이끌어줄 많은 주제와 연결을 제시했다. 우선 과학 지식의 구성이라는 라투르의 지속적인 핵심 주제를 살펴보았고, 또한 과정, 일원론적 내재성,

관계와 매개라는 그의 존재론-형이상학적 기반을 들여다보았다. 나아가 라투르의 저작들을 알맞게 나누기 위한 한 가지 방법으로 복잡한 분석적 내러티브의 윤곽을 제시했으며 이는 책의 전체 구조에도 반영된다. 이 내러티브는 먼저 실험실과 과학적 사실이라는 과학의 내적 핵심으로 우리를 이끈다(2장). 다음 목적지는 근대성의 근본적 좌표의 재정립이고(3장), 이는 **자연**(4장)과 **사회**(5장)의 재정립이기도 하다. 이러한 요소들은 궁극적으로 단일하고 이질적이며 비근대적인 집합체를 형성하게 된다. 이 책은 이런 식의 구조로 되어 있기 때문에 다른 책들과 마찬가지로 처음부터 끝까지 순차적으로 읽기를 권한다. 물론 특정 주제나 분야에 관심 있는 독자들은 관련된 장들만 읽는 것을 선호하겠지만, 그 경우에는 어떤 개념적, 분석적 세부 사항들이 다른 장에서 이미 다뤄졌을 수도 있다는 것을 염두에 둬야 한다.

라투르는 35년 이상을 자신의 사회과학 실험실에서 보내며 자연과학, 공학, 예술, 법, 종교, 정치의 지식 실천을 파고들었다. "실재"의 존재 여부는 라투르에게 결코 문제시되지 않았다. 과연 우리가 "실재의 존재를 믿지" 않는 사람을 생각조차 할 수 있겠는가?(Latour 1999b) 오히려 그는 실재에 대한 지각을 **확장**하고 실재의 다양성에 대한 존중을 확대하려 한다. 단지 (대문자) **"실재"**를 최종적이고 결정적인 진술로 인정하기를 거부할 뿐이다. 여기서 실재는 정치적이다. 실재들이 계속해서 창조되고 재창조되며 따라서 새로운 방식으로 실행될 가능성이 열려 있기 때문이다. 라투르는 비근대 세계에서 거주하기를 희망하며, 이어지는 장들에서 제시되는 과학인류학, 근대성의 철학, 정치생태학, 결합의 사회학은 모두 그러한 노력에 필수적인 도구들이다. 독자들이 반드시 라투르의 여정 전체를 따라가야 하는 것은 아니다. 특정한 요점, 개념, 분석에 초점을 맞출 수도 있고, 다른 주장들과 마찬가지로 라투르의 주장 역시 비판적으로 들여다봐야 할 필요가 있다. 우리는 독자들이 라투르의 역동적이고 폭넓은 사상을 스스로의 방법으로 실험해보도록 이 책이 고무할 수 있기를 희망한다.

라투르는 텍스트의 운명은 미래 사용자들의 손에 달려 있다고 말한 바 있다(2장 참조). 그 말은 이 책에도 적용된다. 본문을 건너뛰고 7장의 인터뷰를 읽으면서 라투르를 알아가려는 독자도 있을 것이다. 혹은 이 책을 제쳐두고 라투르 자신의 저작 하나를 펼쳐보는 독자도 있을 것이다(우리가 기꺼이 환영하는 이 책의 운명이다). 다른 예측불허의 방법들도 있겠지만 이 책을 어떻게 사용하든 결정은 독자들에게 맡긴다. 결국 안내서는 안내 이상은 하지 못하는 법이니까.

2장

과학인류학

이 장은 우리가 라투르의 "과학인류학"이라고 이름 붙인 그의 초기 저작 및 작업을 소개한다. 이 단계 또는 전문적 정체성에 해당하는 10여 년 동안 그는 세 권의 책을 출간했다. 캘리포니아의 실험실에서 이루어진 과학 작업에 대한 인류학적 연구인 『실험실 생활』(Latour & Woolgar 1986 [1979]), 프랑스의 미생물학자 루이 파스퇴르에 대한 역사적 분석인 『프랑스의 파스퇴르화』(1988b [1984]), 그리고 자신의 초기 연구를 요약하면서 과학, 기술, 사실에 대한 체계적이고 이론적인 설명을 제시하는 『젊은 과학의 전선』(*Science in Action*, 1987)이 그것이다. 이 단계를 "인류학"이라고 부르려면 라투르가 이 용어가 갖는 두 가지 의미에서 인류학 연구를 수행했다는 것을 분명히 해야 한다. 하나는 현장연구에 기초한 세밀한 묘사고, 다른 하나는 해당 분야의 전반적 성격과 논리에 대한 일반적 성찰이다. 라투르는 두 가지 모두를 최대한으로 수행한다. 그래서 비평가들은 『실험실 생활』을 과학적 실천에 대한 가장 철저하고 상세한 연구 가운데 하나로 꼽는다(Tilley 1981; Haraway 1980; Knorr Cetina 1995). 그리고 『젊은 과학의 전선』은 종합적이고 통합적인 과학사회학 연구 프로그램으로(Shapin 1988), 나아가 실재론, 사회구성주의, 해체론 같은 전통적인 주류 이론들과 어깨를 나란히 하는 (또는 대립하는) 독립적이고 독창적인 지식이론으로 간주된다(Ward 1996).

이 시기에 라투르의 초점은 과학적 사실이 무엇인가 하는 문제다.

인식론자들(지식이론을 전문으로 하는 철학자들)이 흔히 제시하는 답은 과학적 사실이란 객관적 세계에 대응하는 묘사나 관념이라는 것이다. 예를 들어 인식론자들은 "물은 수소 원자 둘과 산소 원자 하나로 이루어져 있다"는 언어적 진술이 저기 바깥에 존재하는 객관적이고 물질적인 세계의 본성을 정확히 반영하기 때문에 사실이라고 말한다. (지식의 대응이론이라 불리는) 과학적 사실에 대한 그러한 인식론적 정의는 서구 문화에 지극히 필수불가결한 것이어서, 사실에 대한 근본적으로 다른 이해나 정의를 상상하기가 어렵다. 그러나 라투르가 하는 것이 바로 그것이다. 그는 과학 실험실에서 연구자들이 수행하는 작업에 대한 철저한 인류학적 조사를 통하여 과학적 사실에 대한 인식론적 정의가 비현실적인 가정에 기초하고 있음이 드러난다고 주장한다. 무엇보다 과학이 한편에서는 순수 관념의 세계에서, 다른 한편에서는 객관적이고 물질적인 실재의 세계에서 작동한다고 생각하는 것은 극히 과도한 단순화다. 그리고 이러한 이중 세계의 가설이 틀린 것이라면 인식론자들의 핵심 개념인 대응 또한 심각한 오류일 수 있다. 그러나 만약 사실이 관념이 아니라면 그것은 무엇이며 무엇으로 구성되는가? 라투르의 대답은 참으로 놀랍다. 먼저 무질서의 상태를 상상해보자. 다음으로 어떤 행위자들이 (과학자라 치자) 다양한 자원과 물질을 동원하여 그것들이 점차 많은 질서 있는 패턴들을 확립하고 등록하며 반복할 수 있도록 해준다. 마지막으로 그렇게 국지적으로 구성된 질서들이 수많은 행위자와 도구의 적극적인 참여를 통해 다른 맥락들에 분포되고 안정된다. 이 과정에서 각각의 단계는 작업, 자원, 참여자를 필요로 하며 이들은 모두 이런저런 방식으로 편입되어야 한다. 이처럼 사실이라는 것은 언제나 수용적이지만은 않은 세계에 강제되는 질서이며, 행위자들과 물질적 객체들의 연결망 안에서만 그리고 그러한 연결망을 통해서만 존재한다. 마치 전기, 가스, 우편 서비스, 주차 규정이 대도시의 복합적이고 질서정연한 연결망 안에서만 그리고 그러한 연결망을 통해서만 존재하는 것과 마찬가지다.

요컨대 사실에 대한 라투르의 반(反)인식론적 이해는 논리(logic)보다는 **병참**(logistics)에 대한 이해라고 할 수 있다. 과학과 기술의 비밀은 어떤 높은 형태의 합리성이나, 과학 천재로 하여금 마치 마술처럼 눈 깜짝할 사이에 보편적 사실의 존재를 발견하게 하는 특이한 형태의 개념적 도약에 있는 것이 아니다. 그 비밀은 기계, 텍스트, 사람, 동물, 언어적 진술 등 무수히 상이한 종류의 물질을 끊임없이 연결시키는 과학자의 고통스럽고 창조적인 노력에 있다. 과학과 기술의 본성과 그것이 세계에 미치는 거대한 영향을 제대로 이해하려면 인류학적 접근이 필수적이라고 라투르는 말한다. 실험실의 과학자와 엔지니어를 따라 작업실 안으로 들어가서 어떻게 그들이 실제적인 실천 속에서 특정한 형태의 질서화(ordering) 또는 연결망(network)을 구성하고 분포시키는지를 들여다봐야 한다는 것이다.

이 장의 초점은 과학자와 엔지니어에 대한 라투르의 인류학적 연구다. 전반부에서는 주로 『실험실 생활』(Latour & Woolgar 1986)에 기초해 실험실에서 사실이 창출되는 과정에 대한 라투르의 분석을 살펴본다. 우리는 이 과정을 매우 상세히 설명할 것이다. 실험실에서 수행되는 실천에 대한 연구가 이후 그의 모든 작업에서 핵심적인 준거점이 되기 때문이다. 예를 들어 라투르는 과학학의 철학적 함의를 이끌어내기 위한 시도로서 근대성의 철학을 제시한다(3장 참조). 마찬가지로 이른바 "존재 및 언명 체제들"에 관한 최근의 저작에서는 상이한 체제들을 비교하기 위한 기초로서 실험실 연구를 이용한다(5장 참조).

후반부에서는 사실과 질서화가 실험실 **너머에서** 안정되고 분포되는 세 가지 예를 제시한다. 첫째는 기술과 **기계**에 대한 라투르의 분석이고, 둘째는 구성된 질서의 한 형태로 간주되는 **합리성**이다. 셋째는 소위 **계산 센터**의 확립으로, 이것은 과학과 기술이 어떻게 전 세계적인 현상이 되는지에 대한 라투르의 분석에서 핵심적 역할을 한다.

결론에서는 과학인류학 작업을 통해 라투르가 발전시킨 사실, 지식, 권력의 이론을 요약한다. 미셸 칼롱, 존 로와의 긴밀한 협력을 통해 발전된 이 이론은 이후 **행위자-연결망 이론**(ANT)으로 불리게 된다.

실험실 연구의 배경

1장에서 보았듯이 라투르는 서아프리카에 머물면서 한 가지 문제를 정식화한다. 약간 순진해 보이지만 사실상 인식론의 근본 원칙 가운데 하나에 직격탄을 날리는 그 질문은 바로 "만약 코트디부아르 농부에 대한 연구에서 사용된 현장연구 방법을 일급 과학자에게 적용한다면, 과학적 사고와 전과학적 사고 사이의 **거대한 분리**는 어떻게 될 것인가?" 하는 것이다(Latour & Woolgar 1986: 274). 이 질문 뒤에는 "아프리카적 정신상태"라는 개념으로 현상을 설명하려는 당시 인류학의 경향에 대한 강한 회의가 깔려 있다. 라투르는 인류학자 마르크 오제와의 대화, 그리고 아프리카 지도자들에 대한 자신의 연구를 통해서 그런 의구심을 갖게 되었다. 만약 프랑스인 교사가 아프리카 학생들이 "3차원적으로 사고하지 못한다"고 불평한다면, 그것은 학생들의 어떤 "정신적 결여" 때문이라기보다는 그 학생들이 모터나 공학적 도해를 사용한 경험이 없기 때문일 것이다. 이제 라투르의 당면 문제는 인식론적(인지적, 정신적) 요소들 대신 실제 환경들에 동등하게 초점을 맞추는 이러한 방법이 서구 과학에 대한 연구에도 적용될 수 있는가 하는 것이다. 2년 뒤에 라투르는 이 문제를 탐구할 특별한 기회를 얻는다. 그는 캘리포니아의 소크생물학연구소에서 신경내분비학 실험실을 이끌던 로저 기유맹을 만나게 된다. 기유맹은 연구소의 개방성을 자랑하며 라투르에게 자신의 실험실을 대상으로 2년간 "인식론적 연구"를 수행할 것을 제안한다(단, 스스로 연구비를 확보한다는 조건으로). 라투르는 제안을 받아들여 1975년 가을에 연구를 시작한다. 캘리포니아에 도착할 당시 그는 영어는 서툴지만 과학 지식이 확립되는 실제 환경에 대한 특별한 관심과 강한 인류학적 호기심을 가진 외국인이었다.

캘리포니아에서 라투르는 과학 실험실에 대해 인류학적 현장연구를 하는 일군의 젊은 연구자들을 만난다. 그들 가운데 스티브 울가, 마이크 린치(Mike Lynch), 카린 크노르 세티나(Karin Knorr Cetina), 샤론 트라윅(Sharon Traweek)은 나중에 라투르가 속하는 학파의 중요한 일원이 된다. 크노르 세티나는 그 시절을 회고하는 한 논문에서(Knorr Cetina 1995) 당시 실험실 연구가 사회과학자들이 과학 작업의 **핵심**에 명시적으로 관심을 가진 첫 번째 사례라고 밝히고 있다. 그 전만 해도 사회학자들이 실험실 자금이나 연구원 모집 유형 같은 외부적 상황을 조사한 사례는 있었지만, 자연과학 실험실에서 벌어지는 실제 작업 과정을 심도 있게 연구한 적은 한 번도 없었다. 이렇게 과학 작업의 핵심을 회피한 것은 전적으로 객관적이고 논리적이며 합리적인 것으로 생각되던 자연과학에 대한 일종의 경외심 때문이었을 것이다. 달리 말해 과학을 다른 것과 확연히 구분되는 사고 형태로 보는 인식론적 관점이 널리 받아들여졌고, 그 결과 (특정한 과학 지식이 오류로 밝혀지는 경우를 제외하고는) 통속적인 과학관에 인류학적, 사회학적 설명이 개입할 여지가 거의 없었던 것이다.

그러나 1970년대 들어 자연과학의 합리성을 존경하는 이러한 태도는 다소 줄어들었다. 이는 부분적으로 과학사학자 토머스 쿤의 획기적인 책 『과학혁명의 구조』(*The Structure of Scientific Revolutions*, 1962) 때문이었다. 이 책에서 그는 자연에 대한 과학적 시각이 **패러다임**이라는 특별한 사회적, 인지적 틀에 의해 결정된다고 주장한다. 패러다임은 무엇이 보여질 수 있는지, 심지어 어떤 질문이 제기될 수 있는지에 대한 미리 정해진 경계의 역할을 한다. 과학에 대한 쿤의 묘사는 인지적 틀에 초점을 맞춘다는 점에서 인식론적인 성격이 강하지만, 다른 한편으로 대응이론에 대해 심각한 의구심을 제기한다. 쿤 이후에는 과학이 이미 존재하고 미리 주어진 **자연**을 단지 반영하거나 발견할 뿐이라는 생각은 더 이상 유지하기 어려워진다. 이는 과학이 만들어내는 산물을 이해하기 위해서 과학의 내적 작동 과정을 탐구할 충분한 이유가 있으며, 결국 인류학자와 사회학자가 설명해야 할 무언가가 **있다**는 것을 말해준다. 린치, 크노르 세티나, 트라윅, 울가, 라투르의 실험실 연구는 과학의 내적 작동을 탐구하는 쿤의 관심의 연속선상에 있는 것으로 볼 수 있지만 그들이 사용하는 수단은 다르다. 쿤이 역사적 접근을 취한 것과 달리, 실험실 연구라는 새로운 물결은 실험실 작업의 기술적, 물질적, 언어적 과정에 대한 깊이 있는 상을 제시하기 위해, 인류학과 담화 분석에서 가져온 방법으로 현재 진행 중인 과학 논쟁과 지식을 분석한다.

사실의 생산 공장으로서 실험실

인류학적 관찰자가 실험실을 처음 방문해 맞닥뜨리는 수많은 인상을 묘사한 라투르의 글은 과학적 작업 과정을 살펴보는 우리의 여정을 시작하는 데 좋은 출발점을 제공해준다.

> 매일 아침 직원들이 도시락이 든 갈색 종이가방을 들고 실험실로 들어온다. 기술자들은 도착하자마자 검정을 준비하고 실험 테이블을 배치하며 화학약품을 측정하기 시작한다. 밤새 돌아간 계수기에서 데이터가 추출된다. 비서들은 타자기 앞에 앉아 출판 마감기한을 넘긴 원고를 다시 교정한다. 일찍 나온 이들을 포함해 스태프들이 하나씩 사무 구역으로 모여 오늘 할 일을 간략히 논의하고 잠시 후 작업대로 돌아간다. 관리인과 다른 직원들은 배달된 실험동물, 새 화학약품, 우편물 더미를 가져온다. (…) 10분마다 동료나 편집자, 관리자들로부터 스태프를 찾는 전화가 걸려 온다. 작업대에서는 대화와 토론, 논쟁이 벌어진다("그거 해보는 게 어때요?"). 칠판에 도표가 그려지고 컴퓨터는 프린트를 쏟아낸다. 책상에는 긴 데이터 시트들이 쌓여 있고 그 옆에는 동료들이 메모해놓은 논문들이 가득하다.

> 일과가 끝나기 전에 원고, 견본 인쇄물, 드라이아이스로 포장된 희귀하고 값비싼 화학물질 샘플이 한데 묶여 발송된다. (…) 극히 작은 사항이 분명해진다. 한두 개의 진술이 마치 일일 다우존스산업지수처럼 보고서의 신뢰도를 약간 상승시키는 (또는 하락시키는) 것 같다. (…) 이제 실험실은 텅 비고 관찰자만 혼자 남아 있다. 그는 약간 혼란스러운 마음으로 오늘 본 것을 조용히 숙고한다.
>
> (관찰자의 이야기; Latour & Woolgar 1986: 16-17)

상세한 분석으로 들어가기 전에 라투르는 이러한 묘사를 통해 현장, 행위자들, 물질들에 대한 만화경 같은 첫인상을 보여준다. 이제 과제는 무질서한 관찰 내용들을 하나의 일관된 설명으로 재구성하는 것이다. 그런데 어디에서 시작해야 하는가? 첫 단계는 무엇인가? 실험실 작업을 인식론적 과정으로 설명할 수 있다고 생각하는 사람이라면 연구자들의 지성, 과학적 방법, 합리성, 논리, 나아가 "3차원적으로 볼 수 있는" 능력에 초점을 맞출 것이다. 그러나 라투르가 캘리포니아에 온 이유는 바로 그런 종류의 설명에 대한 의구심 때문이다. 그 방법 대신 라투르는 실험실에서 발생하는 사건들의 실제적인 연쇄에 초점을 맞추기로 한다. 목표는 과학 논문의 출간으로 귀결되는 전체 생산 과정을 묘사하는 것이다.

이 과정은 기술자들이 실험동물을 준비하는 실험실 구역에서 시작한다. 작은 설치류 동물들의 몸에 여러 시험약품이 주입된다. 동물들은 특정 기구들에 고정되고 이 기구들에서 출력물들이 만들어진다. 출력물들은 기술자들의 손에 넘어가 정리되고 비교된 후 문서로 작성된다.

문서 더미가 과학자들의 방으로 옮겨진다. 이렇게 새로 도착한 내부 문서들이 책상 위에 놓인다. 이미 책상에는 외부에서 만들어진 문서들, 즉 과학 논문들이 잔뜩 쌓여 있다. 과학자들은 두 종류의 문서들을 서로 관련짓기 시작하고 새 논문을 위한 초안을 만든다. 초안은 깊이 있게 토론되고 여러 차례 수정된다. 마침내 논문은 교정을 거쳐 실험실 밖으로 보내진다.

과학적 생산 과정에 대한 이러한 묘사는 실험실이 어떻게 기능하는지를 일차적으로 살펴볼 수 있게 해준다. 과학을 논리적이거나 인지적인 성취로 보기보다는 실천적인 노력으로 기술하려는 목표를 향해 첫발을 내디딘 것이다. 그러나 연구자들이 정확히 어떻게 생쥐와 화학약품을 사용하여 하나의 과학적 사실을 "만들어낼" 수 있는지는 여전히 미스터리로 남아 있다. 진상에 더 가까이 다가가기 위해서 라투르는 실험실의 다양한 도구들로 관심을 돌린다.

기입장치

실험실에서 벌어지는 작업 과정의 연쇄를 순차적으로 추적하다가 라투르는 어떤 유형의 물질이 다른 물질로 변형되고, 참여자들의 관심과 주의가 그러한 변형의 흐름을 긴밀히 뒤따라간다는 것을 발견한다. 예를 들어 일단 어떤 기기에서 그래프를 출력하고 나면 기술자들의 집단적인 관심은 그 출력물을 향하며, 반면 투입물로서의 역할을 다한 실험동물과 화학약품은 이제 폐기물에 지나지 않게 된다. 라투르는 (물질적 실체가 투입물의 역할을 하고 종이 위의 표시나 그래프가 산출물이 되는) 그러한 상황을 과학적 생산의 연쇄에서 특별히 의미 있는 연결로 간주한다. 이러한 변형과 더불어 실험실의 실천적이고 물질적인 과정과, 과학자들이 논하는 현상 및 객체 사이에 일종의 다리가 만들어진다. 라투르는 이 과정을 **문헌적 기입**(literary inscription)이라 칭한다. 실험실에서 문헌적 기입은 특정한 도구 또는 "기입장치"를 경유하여 이루어진다.[1]

라투르의 정의에 따르면, 기입장치는 실체를 과학 문헌상의 시각적 표시로 변형할 수 있는 기술자, 기계, 기구의 결합이다(Latour 1987: 67). 작은 기계 형태의 기입장치도 있지만 신경내분비학 실험실에서 쓰이는 생물학적 검정(bioassay) 기기처럼 방 전체를 차지하는 기입장치도 있다. 생물학적 검정에서는 세포나 근육, 실험동물이 수축 반응을 기록하는 데 이용되는 감마계수기나 근운동기록기 같은 등록 기기에 연결된다. 먼저 준거 기준을 얻기 위해 효과가 알려진 실체를 유기체에 주입한다. 다음 단계로 효과가 알려지지 않은 실체를 주입하고 유기체의 반응을 다시 한번 측정한다. 두 가지 등록된 반응 사이에서 나타나는 **차이**가 생물학적 검정의 결과이다. 기술자들은 "똑같다"거나 "피크가 있다"고 기록할 것이다. 실제로 어떤 차이가 있다면 이는 아직 확인되지 않은 실체의 "활성"을 나타낸다(Latour & Woolgar 1986: 58-59).

이와 같이 기입의 과정과 장치에 대한 라투르와 울가의 설명은 아주 꼼꼼하고 "느리다." 여기 중요한 점이 있다. 지금까지의 묘사를 "과학자들이 도구를 통해 실체를 탐구한다"고 서둘러 요약해버린다면, 이는 (인식론적 설명이 그렇듯이) 실체가 마치 과학자들이 발견해주기만을 기다리고 있었던 것처럼 사물의 질서 속에 미리 주어져 있었다고 가정하는 것이다. 그러나 그런 식의 서술은 실제로 실험실에서 발생하는 사건들의 연쇄와 일치하지 않는다. 실험실에서 과학자들은 **먼저** 물질과 기입장치를 가지고 작업을 하고, **다음으로** 점차 안정되는 기입을 얻게 되며, **마지막으로** 새로운 실체의 존재를 결정한다. 과학자들 자신의 설명을 단순히 받아들이려 하지 않고 세부 사항을 살펴보는 데 익숙한 인류학적 관찰자는, 실체란 기입장치의 도움으로 힘겹게 구성되는 일종의 질서화라고 결론지을 수밖에 없다. 라투르와 울가는 핵심 요점을 다음과 같이 명확히 제시한다.

> 이러한 물질적 배치의 중요성은 그것 없이는 참여자들이 논의하는 "현상"이 아예 존재할 수 없다는 데 있다. 예를 들어 생물학적 검정 없이는 어떤 실체가 존재한다고 말할 수 없다. 생물학적 검정은 단순히 독립적으로 주어진 어떤 존재를 얻기 위한 수단에 불과한 것이 아니다. 생물학적 검정은 실체라는 구성물을 구성한다. (…) 단순히 현상이 특정한 물질적 계측에 의존한다는 것이 아니다. 오히려 현상은 실험실이라는 물질적 배치에 의해 철저히 구성된다. 참여자들이 객관적 존재로 묘사하는 인공적 실재는 사실은 기입장치의 사용에 의해 구성되어온 것이다. (…) 따라서 만약 실험실에서 어떤 장비들을 제거한다고 상상한다면 이는 적어도 실재의 한 객체가 논의에서 제거되는 상황을 수반하게 된다.
>
> (Latour & Woolgar 1986: 64)

위 글은 이후 **구성주의**(constructivism)라고 칭해지는 과학철학의 입

장을 보여준다.[2]

구성주의를 둘러싸고 그동안 많은 논쟁이 있었다(지금도 여전히 그렇다). 예를 들어 위 인용문에 대해 많은 비평가들은 원자, 사회 계급, 생화학적 결합은 모두 객관적인 현상이며 따라서 단순히 구성물일 수 없다고 비판할 것이다. 이에 대해 라투르는 그들이 잘못된 모순관계를 만들어낸다고 반박할 것이다. 실험실의 구성된 객체는 실제로 기계, 실험동물, 기입 등의 실재적, 물질적 배치를 구성한다는 점에서 객관적이다. 구성된 존재는 그것이 생화학적 물질이든, 건물이든, 교통 규칙이든 모두 실재적이다. 따라서 구성된 객체라는 것을 (구성주의 비판자들이 희화화하듯이) 무정형의 신기루나 덧없는 관념인 양 전제한 뒤에, 구성주의자가 과학을 그런 의미에서 구성된 객체의 문제로 보고 있다고 주장하는 것은 명백한 오류일 뿐이다. 라투르가 말하는 구성된 객체는 그런 것이 아니다. 실험실에서 힘들게 성취한 (그리고 아주 강력한) 결과물인 것이다.

그러나 회의론자들은 계속해서 이런 의문을 제기할 것이다. 라투르와 울가는 정말로 "저기 바깥에" "미리 결정된" 실재적 객체가 존재하지 않는다고 생각하는 것인가? 결국은 그러한 객체를 전제해야 실험실에서 무언가를 발견할 수 있는 것 아닌가? 물이 수소 원자 둘과 산소 원자 하나로 이루어져 있다는 것은 어쨌든 주어진 사실이지 않은가? 라투르와 울가는 이 질문들에도 답을 제시한다. 그러나 그 답을 이해하려면 다시 한번 이 인류학자들을 따라 실험실 안으로 좀 더 들어가서 신경내분비학자들의 작업 과정을 들여다보아야 한다.

논문, 진술 유형, 실험실들 간의 경쟁

실험실의 물질적 흐름을 탐구하다가 라투르는 문헌적 기입의 추가 가공 단계에 도달한다. 이 지점에서 그는 과학적 작업 과정의 또 다른 흥미로운 측면을 관찰하고 이를 **문서의 병렬**(juxtapositioning of documents)이라고 지칭한다. 연구자들은 책상에서 두 가지 유형의 문서를 서로 비교한다. 하나는 외부에서 온 문헌으로 대개는 과학 논문이며, 다른 하나는 실험실 내부에서 새로 생산된 텍스트다. 외부 관찰자로서 라투르는, 실험실 참여자들에게 궁극적으로 중요한 것은 논문임을 금방 알 수 있다. 실험실 참여자들은 끊임없이 텍스트들을 비교하고, 이를 기초로 새 논문의 초안을 작성하며, 그 초안을 다시 논의하고 수정하며 정식 논문으로 만들어 우편으로 발송하기 때문이다. 이제 라투르는 과학 작업의 또 다른 근본적인 측면과 직면한 것이다. 논문 자체는 거의 이해할 수 없지만 이 작업 과정을 설명해야 하는 라투르는 다행스럽게도 논문이나 논문에 대한 토론에서 발견되는 개별 **진술들**에 초점을 맞춤으로써 유효한 분석적 접근법을 찾아낸다. 모든 진술들이 동등하게 사실을 담은 것으로 여겨지지 않는다는 점에 주목하여 "사실성"(facticity)의 5단계 등급을 개발한 것이다.

5유형 진술

5유형 진술은 잘 알려져 있고 일반적으로 받아들여져서 모든 참여자가 공유하는 "암묵적 지식"의 형태로 배경 속에 숨어 있는 수많은 진술을 가리킨다. 이러한 지식은 참여자가 외부인에게 자신을 설명해야 할 때만 명시된다. 5유형 진술은 물질화된 형태로 발견되기도 한다. 라투르의 묘사에서 나타나듯이 실험실에서 사용되는 많은 기입장치는 신경내분비학과 여타 과학 분야에서 일반적으로 받아들여진 상당히 많은 양의 지식을 내포하고 있다.

4유형 진술

4유형 진술은 과학 교과서에서 많이 볼 수 있는 "A는 B와 특정한 관계를 맺고 있다" 같은 식의 진술을 가리킨다. 이러한 4유형 진술은 5유형 진술처럼 논쟁의 여지가 없는 사실로 보인다. 그러나 5유형 진술이 암묵적이거나 물질적으로 내포되어 있는 데 반해 4유형 진술은 명시적으로 드러나 있다. 라투르의 관찰에 따르면 이렇게 명시적인 진술은 실험실에서 드물게 발생한다.

3유형 진술

3유형 진술은 과학 논문 중 선행연구 문헌을 검토하는 부분에서 많이 발견된다. 4유형 진술과 마찬가지로 3유형 진술은 관계를 표현하지만("A는 B와 특정한 관계를 맺고 있다"), 그러한 관계가 문맥 안에 삽입되어 있거나 논평되어 있다. 예를 들면 "A가 B와 특정한 관계를 맺고 **있는지는 아직 알려져 있지 않다.**" 또는 "A가 B와 특정한 관계를 맺고 있다**고 연구자 X가 썼다**" 같은 식의 진술이다. 어떤 진술 안에서 논평이나 문맥화를 담당하는 일련의 단어들(앞의 예문에서 고딕체로 표시한 부분)을 라투르는 양태(modality)라고 지칭한다. 그러므로 양태는 다른 진술에 대한 진술이다. 4유형 진술에 양태를 부과함으로써 3유형 진술로 전환할 수도 있고,

반대로 3유형 진술에서 양태를 제거함으로써 4유형 진술로 전환할 수도 있다. 이러한 조작은 중요한 효과를 낸다. 예를 들어 "A의 구조는 B라고 보고되었다"라는 진술은 "A의 구조는 B이다"라는 단순한 진술과는 의미가 크게 다르다(Latour & Woolgar 1986: 78).

2유형 진술

2유형 진술은 확립된 사실이라기보다는 주장으로 나타난다. 2유형 진술의 양태는 해당 문제의 기본적 관계와 관련되는 일반적인 조건과 환경을 언급한다. 예를 들면 "많은 연구들이 A가 B라는 것을 시사한다" 또는 "C로 인해, A가 B라고 결론짓기는 여전히 어려울 것이라는 점을 고려해야 한다" 같은 식의 진술이다. 라투르에 따르면 2유형 진술은 실험실 내에서 끊임없이 순환하는 내부 문서와 초안에서 비교적 많이 등장한다.

1유형 진술

가장 사실적이지 않은 1유형 진술은 모호한 추측, 가정, 예비 가설의 형태를 띤다. 그러한 진술은 개인적 토론이나 논문 말미에서 나타난다. 라투르가 제시하는 예는 이렇다. "그것은 아편에 대해 관찰되고 말해지며 추측된 모든 것이 반드시 엔도르핀에도 적용될 수 있는 것은 아닐지도 모른다는 것을 의미할 수도 있다."

이러한 5단계 등급을 통해 이제 라투르는 연구자들이 책상이나 논문에서 내부 문헌과 외부 문헌을 비교할 때 어떤 일이 일어나는지를 보다 잘 설명할 수 있다. 내부 문서는 외부 텍스트를 지지하거나 반박하거나 인정하는 데 이용된다. 이 과정에서 어떤 연구 결과는 완전히 무시되고 그 연구의 진술은 순전히 추측으로 남는다(1유형). 그러나 대부분의 진술은 (결국 입증도 반증도 되지 않은 채) 거대한 스모그 구름처럼 붕 뜬 상태로 정체된다. 드물긴 하지만 어떤 진술이 완전히 말소되는 경우도 있다. 또 어떤 진술은 신속히 수용되고 되풀이 사용되어 마침내 더 이상 논박되지 않는 상태에 이르기도 한다(5유형). 라투르와 울가에 따르면 과학적 사실이란 정확히 이러한 것, 즉 어떠한 양태도 없이 과학 분야의 참여자들에 의해 널리 유통되는 진술이다.

요컨대 라투르와 울가는 실험실을 문헌적 기입의 공장으로 묘사한다. 변형 과정의 연쇄를 거치면서 실험동물과 화학물질은 기입으로 전환되고, 실험실은 기입의 조작을 통해 특정 진술들을 강화하거나 약화시킨다. 그러한 과정에서 실험실은 다른 실험실들과의 경쟁에 참여한다. 반대로 과학적 사실이란 어느 누구도 더 이상 반증하려 들지 않는 특정한 진술이다. 이러한 진술은 실험실, 교과서, 새로운 기입장치 등의 전체 연결망 구석구석에 기입되고 분포되어 있다. 그래서 실제로 어느 누구도 물이 수소 원자 둘과 산소 원자 하나로 이루어져 있다는 것을 논박할 수 없다. 이 현상은 실험실, 과학 논문, 물리학 및 화학 교육, 일반적으로 인정된 지식, 삽화, 인기 교과서 등의 연결망 내부에 존재하기 때문이다. 이처럼 과학적 사실은 개별 화학자들의 마음 바깥이자 실험실 바깥이라는 의미에서 "저기 바깥에" 존재한다. 그러나 과학적 사실은 특정한 연결망 안에서만 그리고 그러한 연결망을 통해서만 존재한다. 이 연결망이 바로 우리가 흔히 "과학"이라 부르는 것이다.

실험실 외부: 기계, 동맹, "간계"

과학적 사실이 일종의 구성된 질서이고 그 구성 과정이 실험실 내부에서 그리고 실험실들 사이에서 이루어지는 것이라면, 이제 남은 문제는 사실들이 어떻게 전 세계에 널리 전파되는가 하는 것이다. 달리 말해 전문 과학자들의 협소한 영역에서 인정되는 몇몇 논문 및 진술과, 전 세계 인구 대부분의 일상적 삶에 침투하는 극히 다양한 과학 지식 및 기술 혁신 사이를 연결하는 것은 정확히 무엇인가?

라투르는 이 문제를 『젊은 과학의 전선』(1987)에서 상세히 논한다. 그는 전파라는 문제를 특정 질서화를 퍼뜨리려 하는 **사실 구축자**(fact-builder)와 이에 대항하는 회의론자, 반대자, 불신자 사이의 투쟁으로 묘사한다. 실험실 바깥 세계에서 사실 구축자는 크나큰 도전과 직면하고 때로는 극복할 수 없는 난제에 부딪친다. 그러나 실험실 작업이든 신기술 개발이든 목표는 어떤 의미에서 동일하다. 어느 경우에나 사실 구축자는 그 수신자가 해체하기보다는 기꺼이 받아들이고 더욱 발전시키려 할 만한 무언가를 안정적으로 확립하려 하는 것이다. 라투르는 그러한 안정된 관계의 체제를 사이버네틱스 용어를 써서 "블랙박스"라고 지칭한다. 사이버네틱스 학자들은 기계 장치나 명령 체계를 도해로 나타낼 때 너무 복잡해서 세부 사항을 완전히 묘사할 수 없으면 블랙박스로 표시한다. 이런 단순화는 메커니즘의 효과가 잘 알려져 있을 때, 다시 말해 저자와 독자 모두가 특정 입력이 특정 출력을 낳는다는 것을 잘 알고 있을 때에만 가능하다.

이제부터 라투르가 실례로 자주 사용하는 디젤 엔진에 얽힌 일화를 통해 이러한 점진적 질서화(또는 "블랙박스화") 과정을 좀 더 자세히 살펴보자(Latour 1987: 104-107).

루돌프 디젤(Rudolf Diesel)은 1887년에 출간한 책에서 프랑스 물리학자 카르노(Carnot)의 열역학 원리들에 기초하여 완전기관의 아이디어를 내놓았다. 그가 생각해낸 것은 온도 상승 없이 연소를 일으키는 것으로, 디젤은 새로운 방법으로 연료를 주입하고 연소시키면 이를 실현할 수 있다고 주장했다. 1894년에 디젤은 이 혁신적인 아이디어로 특허를 획득한다. 실제 작동 가능성에 대한 부정적인 시각 등 논란이 없지는 않았지만 이제 하나의 사실이 종이 위에 존재하게 된 것이다. 저명한 물리학자 켈빈 경(Lord Kelvin) 등 다른 동료 과학자들도 디젤의 아이디어를 공개적으로 인정했다.

디젤의 다음 목표는 시제품을 만드는 것이었다. 그는 기계 제조업체인 MAN과 합작에 들어가 이후 4년 동안 MAN의 엔지니어들과 함께 실제로 작동하는 단 한 대의 시제품을 만들기 위해 분투했다. MAN은 제작에 필요한 기계 장비도 있었고 30여 년간 피스톤과 밸브를 만들어온 경험도 있었지만 그럼에도 불구하고 엔지니어들은 무수한 난관에 봉착했다. 예를 들어 그들은 공기와 연료의 적절한 배합을 맞추는 데 어려움을 겪었고 단지 그것 때문에 기계의 디자인을 여러 차례 수정해야 했다. 라투르는 디젤의 아이디어가 MAN, 시제품, 엔지니어, 새로운 공기주입 시스템 등 다른 요소들의 긴 연쇄와 결합하면서 점차 실현되어 간다는 것을 관찰한다. 또한 그는 이 과정에서 원래 아이디어가 크게 변형된다는 것에 주목한다. 기계의 관건인 기술적 원리가 이제 일정한 온도가 아니라 일정한 압력을 유지하는 것으로 바뀐 것이다.

개발 과정이 계속되면서 기계는 더 많은 변형을 겪었고, 1897년에 디젤은 기계를 시중에 내놓았다. 이제 제조업체들이 제조권 및 제조법을 사들여 자신들의 디젤 기관을 만들 수 있게 된 것이다. 그러나 그렇게 만든 기계가 계속 고장을 일으키고 작동을 멈추자 많은 제조권 보유자들이 환불을 요구했다. 1899년에 디젤은 신경쇠약에 시달리고 파산에 이르렀다. 라투르는 이 시기에 원래 아이디어와 결합된 요소들의 연쇄가 길어진 것이 아니라 오히려 짧아졌다고 평가한다. 디젤의 기계가 점진적으로 덜 실재적인 상태가 된 것이다.

시간이 흐르면서 요소들의 연쇄는 다시 확장되었다. MAN의 엔지니어들이 독자적으로 기계를 계속 개발했고, 디젤이 보유한 특허의 만기가 지나자 MAN은 기계를 시장에 내놓기로 했다. 1912년경부터는 기계가 안정되고 퍼져 나가서 전 세계 산업 현장에 설치되기 시작했다. 그러나 문제는 정확히 **무엇**이 퍼져 나가고 있는가 하는 것이다. 1912년에 열린 토론회에서 디젤은 기계는 분명히 자신의 것이며 다른 사람들은 그것을 발전시켰을 뿐이라고 주장했다. 다른 참가자들은 디젤의 아이디어와, 수백 명의 엔지니어들의 노력 덕택에 결국 작동하게 된 실제 엔진 간의 유사성은 뚜렷하지 않다고 반박했다. 디젤이 한 것이라곤 다른 많은 행위자들의 업적에 이름을 제공한 데 불과하다는 것이다. 이듬해 디젤은 영국으로 선박 여행을 가던 중 물에 빠져 사망했다.

디젤의 일화는 사실 구축자가 직면하는 근본적 딜레마를 생생하게 보여준다. 사실 구축자가 자신의 아이디어를 실현하려면 타인들을 고무해 도움을 얻어야 하지만, 한편으로 그는 타인들이 원형을 알아볼 수도 없을 만큼 아이디어를 변형하는 것은 막아야 한다(Latour 1987: 108). 타인들의 도움 없이는 한낱 종이 위의 아이디어에 지나지 않겠지만, 협력자들의 손에서 원래의 아이디어가 변질되는 것을 막지 못한다면 전체 과정에 대한 통제력을 상실하고 돈과 권리, 권력과 자원은 모두 타인들에게 넘어갈 것이다. 이 딜레마에 대한 해결책을 라투르는 **번역**의 전략에서 발견한다.

번역

라투르는 번역 개념을 미셸 세르에게서 빌려온다. 번역(translation)은 신호를 전달하면서 동시에 왜곡하기도 하는 특정 종류의 매개를 묘사하기 위해 세르가 사용하는 개념이다. 번역은 이동과 전이의 과정이며 따라서 질서와 무질서를 모두 포함하는 패턴을 만들어낸다(Brown 2002). 이런 점에서 과학에 대한 라투르의 인류학적 분석은 이미 수많은 번역의 사례를 담고 있다. 문헌적 기입은 실체를 텍스트로 번역한다. 양태를 덧붙임으로써 원래의 진술은 부분적으로 왜곡된 형태로 새로운 텍스트 안으로 전달된다. 실제로 ANT가 **번역의 사회학**으로도 칭해질 만큼 번역은 이 이론에서 핵심적인 개념이다.

사실 구축자가 맞닥뜨리는 도전을 묘사하는 지금의 맥락에서, 번역은 사실 구축자가 사실 구축 과정에 참여하는 다른 행위자들의 이해관계를 해석하고 파악하며 자신을 그들의 이해관계에 연관시키는 방식을 지칭한다. 여기서 가능한 모든 전략들이 등장한다.

첫 번째 전략은 사실 구축자가 단순히 **다른 행위자들의 기획에 가담하는 것**이다. 예를 들어 디젤은 자신의 아이디어를 MAN에 그냥 넘겨

줄 수도 있었을 것이다. 이런 방식으로 사실 구축자는 타인들을 기획의 일부로 거의 확실히 등록할 수는 있겠지만 동시에 자신의 아이디어에 대한 통제력을 잃을 수 있다.

두 번째 전략은 **타인들에게 자신의 기획에 참여하라고 요청하는** 것이다. 예를 들어 디젤은 광고를 통해 자발적인 조력자들을 모을 수도 있었을 것이다. 이런 방식으로 기획에 대한 통제력을 유지할 수는 있겠지만 타인들의 이해관계를 획득하고 유지하는 것이 문제가 될 수 있다.

세 번째로 더 영민한 전략은 기획을 **작은 우회로에 불과한 것으로** 묘사하는 것이다. 예를 들어 디젤은 디젤 엔진이 실현되면 MAN에 더 나은 기계가 생길 것이고, 따라서 자신의 기획에 엔지니어들을 몇 년간 빌려 주는 것이 회사에 득이 되는 일이라고 얘기하며 MAN을 설득할 수도 있었을 것이다. 이 전략은 양측의 이해관계를 매끈하게 결합한다. 그러나 중심적인 문제는 여전히 남는다. 기획이 완성되고 나면 그에 대한 권리를 누가 갖게 될 것인가? 더구나 여러 사실 구축자들 가운데 하나에 불과한 디젤은 MAN의 참여를 요청하는 다른 많은 흥미로운 기획들과 경쟁해야 한다. 어쨌든 MAN이 목표 실현을 위해 다른 수단에 의지하는 것을 막을 길은 없다.

네 번째로 이런 고질적인 난제들에 대한 잠재적 해결책으로 라투르는 **이해관계와 목표를 재구성하는** 전략을 제시한다. 잠재적 협력자들은 분명한 목표와 뚜렷한 방향을 가지고 있을 것이고 자신들이 목표 실현에 필요한 모든 수단을 가지고 있다고 믿을 것이다. 그러나 사실 구축자는 그러한 인식을 바꿀 수 있다. 예를 들어 MAN은 자사가 가진 현재의 연구 개발력을 통해 더 나은 기계를 만든다는 목표를 이룰 수 있다고 믿을 것이다. 그러나 디젤은 **자신의** 기계가 시장에 나와 있는 다른 어떤 기계보다 월등히 우수할 것이며, 만약 경쟁사가 디젤 기관을 먼저 생산하게 되면 MAN은 고객을 잃을 것이라고 주장할 것이다. 그러한 주장을 통해 디젤은 MAN이 목표를 약간 그러나 뚜렷하게 변경하도록, 즉 "더 좋은 기계"에서 (디젤이 제공할) "제일 좋은 기계"로 바꾸도록 영향을 미칠 수 있다.

이보다 더 정교화된 전략은 기존 사회 집단을 재정의하거나 특정 기술에 대해 다른 목표를 가진 **새로운 사회 집단**을 형성하는 것이다. 이 전략의 예로서 라투르는 조지 이스트먼(George Eastman)의 코닥 카메라 도입에 따른 놀라운 사회적 재구성을 언급한다. 그 전까지 사진 촬영은 전문 사진가들만의 관심사였다. 이 특정한 사회 집단에게는 높은 수준의 기술이 요구되었으며, 그들은 집에 고가의 전문적인 암실을 설치하고 직접 사진 건판을 현상하는 일을 마다하지 않았다. 코닥 카메라의 발명으로 이스트먼은 아마추어 사진가라는 완전히 새로운 사회 집단을 정의하는 데 성공했다. 이 집단은 사진 기술에 관한 새로운 목표를 기꺼이 받아들였다. 예컨대 기술의 질이 조금 떨어지더라도 현상을 (아마추어) 사진가가 직접 하지 않고 다른 사람들이 쉽고 빠르게 해줄 수 있으면 된다는 것이다.[3]

이와 같이 라투르는 디젤과 이스트먼을 비롯한 생생한 혁신 사례들을 통해 사실 구축자가 타인들을 기획에 참여시키고 통제하기 위해 사용하는 점점 더 정교해지는 전략들의 목록을 작성한다. 여기서 이 전체 목록을 상세히 설명하지는 않고[4] 라투르가 **힘의 간계[기계화]**(machination of forces)라고 부르는 가장 높은 수준의 전략을 집중적으로 살펴볼 것이다. "간계"는 두 가지 함의를 갖는다. 하나는 어떤 것을 기계 같은 장치로 바꾸는 것이며, 다른 하나는 분산된 행위자들을 현명하고 교묘하게 결합해내는 것이다. 이러한 간계는 협력자들이 기획에 관심을 갖도록 하는 사실 구축자의 기존 전략을 더욱 확장한다. 사실 구축자는 언제나 참여자들이 관심을 잃고 다른 데로 가버릴 위험에 직면한다. 이런 상황에서 이해 당사자들을 **묶어두는 것**이 간계의 전략이 의미하는 것이다. 이는 더 많은 (그리고 예상치 않았던) 동맹자들을 끌어들임으로써 가능해진다.

디젤의 사례를 다시 한번 생각해보자. 디젤은 MAN의 엔지니어들과 함께 시제품을 만들기 시작한다. 처음에는 모든 참여자들이 어떤 종류의 연료라도 일정한 온도에서 연소시키는 기계를 만들 수 있을 것이라고 믿으며, 그러한 기계라면 광범위한 분야에 쓰일 수 있어서 대규모 시장에서 관심을 끌 것이라고 생각한다. 그러나 연료 연소가 제대로 되지 않자 디젤은 프로젝트를 더 이상 함께할 수 없다는 것을 인정할 수밖에 없다. 이제 그는 동맹들 사이에서 선택을 해야 한다. MAN과 계속 함께할 것인가? 전체 엔진 시장보다는 특정 부문의 시장을 겨냥할 것인가? 연료를 한 종류로 제한할 것인가? 실용적인 해법은 (나중에 성공적이지 않은 것으로 드러나지만) 석유와 공기를 혼합하는 새로운 고압주입 장치를 개발하는 것이다. 그러한 디자인으로는 한 종류의 연료밖에 사용할 수 없고 기계의 크기와 제작 비용은 늘어날 수밖에 없다. 결과적으로 기능성은 제한되고 잠재 시장 규모는 작아질 것이다. 그러나 새로운 주입 장치는 여러 상이한 힘들을 한 단위로 결합할 수 있다는 장점이 있다. 공기, 석유, 압력, 연소가 한데 묶이고 이 요소들의 작용이 예측 가능해진다. 따라서 MAN과 시장의 행동 또한 보다 더 예측 가능해지게 된다. 이 주입 장치는 디젤의 아이디어를 실현하는 데 필요한 많은 요소들과 이해관계들을 말 그대로 결집시키기 때문에 디젤의 문제를 해결한다. 이 주입 장치는 특정한 힘들을 결합해서 하나의 단위로 작동하게 하는 **기계**이며, 또한 상이한 행위자들의 이해관계를 엮어내는 **간계**(술책)이기도 하다.

엔지니어와 발명가들이 기계를 제작해 문제를 해결한다는 진술은 액면 그대로는 진부하게 들릴지도 모르겠다. 누구나 다 아는 얘기다. 그러나 라투르가 사회적 이해관계와 동맹에 대한 분석의 일환으로 기술적 "세부 사항"에 초점을 맞추는 것은 커다란 의미를 갖는다. 라투르는 자신의 분석을 마키아벨리의 분석에 대비한다. 탁월한 고전적 권력이론가인 마키아벨리는 동맹들 간의 일련의 전략적 선택을 통해 도시국가와 군주들이 강화되는 과정을 상세히 묘사한다. 마키아벨리의 분석에서 행위자들은 누구를 믿을 수 있고 누구를 버려야 하는지, 누가 신뢰할 만한 대변인이고 어떻게 새로운 동맹을 형성할 수 있는지를 끊임없이 생각한다. "그러나 마키아벨리가 생각하지 못한 것은 이러한 동맹이 인간과 '사물' 간의 경계를 가로지를 수 있다는 것이다."(Latour 1987: 125) 바로 이 지점에서 테크노사이언스(techno-science, 기술과 과학)가 특별히 흥미로워진다. 과학자와 엔지니어도 여느 행위자와 마찬가지로 동맹을 형성한다. 그러나 다른 행위자들과 달리, 과학자와 엔지니어는 동맹 구성의 목록에 광범위한 비인간 자원들을 포함할 만큼 현명하다. 그렇게 함으로써 협상의 여지가 더 많아지고, 이는 경우에 따라서 놀랍도록 강력한 동맹의 건설로 이어진다.

여기에 과학기술학(STS) 방법론에 관한 중요한 시사점이 있다. 라투르는 과학기술학 연구자들이 자신들이 연구하는 행위자들에 걸맞게 현명하고 광범위한 목록을 개발해야 한다고 주장한다. 그 과정에 관련되는 물질, 인공물, 행위자가 **어떤 유형이든지 간에** 동맹 형성의 모든 측면에서 테크노사이언스의 행위자들을 따라가야 한다는 것이다.

확산이론과의 결별

앞 절에서 라투르가 어떻게 실험실 작업에 대한 언뜻 순진해 보이는 인류학적 묘사를 발판으로 삼아 인식론자들의 대응이론과 급진적으로 단절하는지를 보았다. 그는 실험실 작업을 충분히 세밀하게 관찰하면 사실이란 구성되는 것임이 드러난다고 주장한다. **자연**은 실험실에서 벌어지는 작업의 결과물이지 실험실 작업의 전제조건이 아니라는 것이다. 동맹, 기계, **간계**에 대한 분석을 통해 이제 라투르는 또 하나의 지배적인 인식론적 관념과 단절하기 위한 토대를 준비한다. 이번에 그 "상대"는 대응이론이 아니라 **확산이론**(diffusion theory)이다.

확산이론은 기술에 대한 잘 알려진 여러 묘사 방식을 일반적으로 일컫는 라투르의 용어다.[5] 기본적으로 확산이론은 뛰어난 개인이 기술을 창조하고 나머지 사회로 (약간 지연되며) 확산되는 눈부신 발명의 결과로 기술 발전을 묘사한다. 라투르는 이러한 확산 모델이 여러 측면에서 비현실적이고 이상주의적이며 문제투성이라고 본다. 첫째, 확산이론은 사실이 그 자체에 내재된 관성을 통해 이동한다고 가정한다. 라투르는 그러한 가정이 디젤 엔진 같은 기술적이고 과학적인 장치들의 실현과 전파에 기여하는 다수의 행위자들을 간과한다고 비판한다. 둘째, 확산이론은 사실이 퍼져 나가는 과정에서 **원래 형태**를 유지한다고 가정한다. 그러나 사실과 기술은 구성된 존재이며 퍼져 나가는 전체 과정에서 점차 변형된다는 것이 라투르의 주장이다. 셋째, 라투르가 특히 비판하는 것은 **발명가**가 결정적인 역할을 한다는 가정이다. 확산 모델은 천재 발명가를 "추상적으로" 또는 "이론적으로" 모든 것을 해내는 신화적 인물로 묘사하지만, 실제로 작동 가능한 블랙박스를 구성하는 작업 전체에서 이런 발명가는 아주 작은 역할을 할 뿐이라는 것이다. **아이디어** 개념이 여기서 중요한 역할을 한다. 디젤의 이야기를 확산 모델로 풀어보면 디젤이 번뜩이는 아이디어를 가졌고 그것이 스스로의 힘으로 바깥 세계로 확산되었다는 것이 기본 골격이 될 것이다. 그러나 라투르의 버전에 따르면 디젤은 카르노의 열역학을 더 발전시켰고, 혼자서 작업하지도 않았으며, 기계의 디자인 역시 계속해서 변경되었고, 기계는 오직 다수의 다른 행위자들 덕택에 퍼져 나갈 수 있었다는 점이 드러난다.

또 다른 문제는 디젤 기관 같은 기술의 형성과 전파 과정에서 발생하는 상당한 지연을 어떻게 설명할 것인가 하는 것이다. 라투르의 번역 모델이 제시하는 설명은 명쾌하다. 사실이 실현되고 분포되는 것은 오직 안정된 동맹에 관심을 갖고 이에 관여하는 행위자들의 수가 점점 더 늘어나기 때문이며, 그렇게 되기까지는 시간이 걸린다는 것이다. 반대로 확산이론의 옹호자들은 "훌륭한" 아이디어가 스스로의 힘으로 퍼져 나가는 자연적인 과정을 무엇이 **가로막는지** 설명해야 한다. 그들은 그 설명을 **사회**에서 구한다. 아이디어의 흐름을 용인하는 사회 집단이 있는 반면 저항하는 사회 집단도 있다는 것이다. 따라서 사회는 아이디어가 이동하는 매체로 간주된다. 라투르는 이런 관점에 매우 비판적이다.

기계가 전파되면 자연스러운 과정이고 **그렇지 않으면** 어떤 사회 집단의 저항 때문이라는 식이니 이 모델로는 설명하지 못할 일이 없기 때문이다. 확산이론가들은 이런 설명 도구를 통해 일종의 분석적 **비대칭**을 끌어들인다. 일이 잘못될 때는 사회적 요소를 가져와서 설명하고, 일이 잘 돌아갈 때는 그저 아이디어에 내재된 탁월함 때문이라고 가정하는 것이다. 라투르는 (과학사회학자 데이비드 블루어의 연구에 의지해) 분석적 대칭의 원칙을 지켜야 한다고 주장한다. 성공과 실패, 실현과 비실현, 전파와 붕괴를 **동일한** 유형의 요소들로 설명해야 한다는 것이다. 실제로 라투르의 번역 모델은 바로 그러한 대칭적 분석을 시도한다.[6]

지금까지 보았듯이 기계와 **간계**에 대한 라투르의 분석은 실험실 연구의 연장선상에 있다. 실험실 연구를 통해 라투르는 어떻게 문헌적 기입이 기입장치를 거쳐 구성되는지, 어떻게 진술이 힘겹게 사실로 확립되는지, 그리고 어떻게 이러한 요소들이 새로운 기입장치라는 형태로 실험실에 편입되는지를 분석한다. 디젤(및 다른 여러 사례들)에 대한 분석을 통해 라투르는 어떻게 새로운 기술적 간계가 많은 인간 및 비인간 동맹자들의 관심을 끌어들이고 그를 유지하기 위한 투쟁을 거쳐 꼼꼼하게 실현되는지를 분석한다.

이미 앞에서 지적한 것처럼 라투르는 반인식론적 기획을 일관되게 추구한다. 외부적이고 미리 주어진 어떤 것으로서 **자연**이라는 관념(대응이론)과 내재적인 힘을 가진 아이디어라는 관념(확산이론)에 도전하고, 이는 구성과 번역 과정에 대한 상세한 분석으로 대체된다. 그러면서 라투르는 지식, 진리, 효과성, 권력을 자각적이고 지속적으로 혼합한다. 동맹자들을 결집하고 유지하는 것은 사실을 확립하거나 효과적인 기계를 구성하는 것과 다르지 않다. 라투르는 이 각각의 경우에 마키아벨리의 전투적인 은유를 똑같이 사용할 수 있다. 단지 다른 것은 동맹과 전략의 유형일 뿐이다. 과학과 기술 간의 이런 본질적인 유사성(하이브리드적 물질성, 동맹에 대한 의존성, 힘겹게 얻어지는 안정성)을 강조하기 위해서 라투르는 이 두 가지 모두를 함께 가리키는 **테크노사이언스**(techno-science)[7]라는 용어를 빈번히 사용한다.

전 세계적 테크노사이언스

실험실 연구로 시작하고 기계의 분석으로 이어져온 라투르의 분석 프로그램은 이제 새로운 주제와 함께 더욱 확장된다. 그것은 테크노사이언스가 사실과 기계를 구성하는 데 그치지 않고 전 세계적 연결망까지 만들어낸다는 점에 있다.

1980년대 초에 라투르와 동료들은 서구의 테크노사이언스가 어떻게 역사적으로 전 지구로 퍼져 나가게 되었는지에 관심을 갖기 시작한다. 그들이 밝히려는 것은 성공적인 사실 구축자들이 어떻게 안정되고 충성스러우며 믿을 만한 "대리자들"(delegates)을 구성해내는가, 그리고 그것이 어떻게 중심과 주변 사이를 순환하는 대리자들의 거대한 흐름으로부터 다양한 이득을 얻는 테크노사이언스의 중심으로 발전하는가 하는 문제다.[8]

『프랑스의 파스퇴르화』(*The Pasteurization of France*, 1988b [1984])에서 라투르는 미생물이 어떻게 질병을 일으키는지에 대한 이론을 창안한 프랑스 과학사의 위대한 영웅 루이 파스퇴르(1822-1895)에 관한 방대한 분석을 제시한다. 파스퇴르는 공공 보건에 크게 기여한 백신을 개발했고, 병원성 미생물(예컨대 자연 상태의 우유와 와인에서 발견되는)을 죽이는 방법(저온살균법[pasteurization])을 발명했다. 파스퇴르의 업적에 대해서는 위인전기 같은 내러티브가 지배적이다. 그의 위대한 지성과 과학적 방법 덕에 독창적인 아이디어와 해결책을 개발했고 그것이 나머지 사회로 퍼져나갔다는 식이다. 물론 라투르는 그런 확산론적 설명에 비판적이다. 대신 그는 파스퇴르의 지난한 동맹 형성 과정에 초점을 맞춘다. 이는 파스퇴르가 하나의 중심부인 실험실과 "프랑스의 파스퇴르화"에 연관되는 여타 다양한 참여자들 사이에서 지속적인 연결을 확립하기 위해 필요한 과정이었다. 이러한 참여자들 중에는 회의적인 의료업 종사자들, 질병의 원인에 대해 다른 이론을 가진 연구자들, 그리고 소위 위생 운동가들이 있었다. 위생 운동가들은 보건 관료, 도시 행정가, "라이프스타일 상담가" 등 다양한 구성원으로 이루어진 집단으로, 감염의 근원과 예방법에 대한 (대부분) 증명되지 않은 아이디어들을 가지고 있었다. 다른 주목할 만한 행위자들로는 다양한 조건에서 다르게 행동하는 과학적 도구들, 실험들, 그리고 (당연히) 미생물들 자체도 있었다. 라투르는 파스퇴르의 최종적인 성공을 그러한 이종적 행위자들 간의 연결망을 건설하고 안정시키는 일련의 번역의 효과로 묘사한다.

파스퇴르가 푸이 르포르라는 작은 마을의 한 농장에서 공개적으로 자신이 개발한 백신을 시연할 때 중요한 사건이 발생했다. 벽으로 막힌 구역 안에서 탄저병 포자로 오염된 사료를 양들에게 먹이고 그 가운데 절반에게는 백신을 투여했는데, 며칠 뒤 백신을 맞은 양들은 건강하게 뛰어다니고 백신을 맞지 않은 양들은 죽은 채 널브러져 있었던 것이다.

확산론자라면 이를 두고 실험실에서 발견된 본질적인 자연 법칙이 현장에서 그대로 증명되었다고 해석할 것이다. 그러나 라투르는 이 일화를 실험실 연결망의 연장, 확장, 번역의 결과로 설명한다. 먼저 농장에서 채취한 박테리아를 실험실로 가져와서 박테리아 성질을 약화시키고 백신을 개발한 후 실험실의 동물에게 실험한다. 다음으로 농장의 동물들을 실험 집단과 통제 집단으로 나눔으로써 농장을 실험실의 확장으로 재배치한다. 그리고 파스퇴르의 조수들뿐 아니라 특별히 초대된 한 무리의 언론인과 정치인들이 동물들을 조심스레 관찰한다. 마지막으로 결과가 기록되고, 이제 파스퇴르 실험실의 괄목할 만한 성공은 외부 세계로 전해진다. 요컨대 광범위한 연결망으로 인해 실험실의 결과가 원거리 농장의 새로운 행위자들에게로 번역되고, 나아가 농장의 결과에 대한 신뢰가 중심부인 실험실로 귀속되는 것이다. 따라서 푸이 르포르 농장에서의 "마술적" 결과는 논리보다는 병참의 성과라고 할 수 있다.

라투르의 책에서 가장 중요한 요점은, "프랑스의 파스퇴르화"를 설명할 수 있는 것은 개인의 천재성이 아니라 번역이라는 것이다. 파스퇴르와 그의 조수들이 중심적인 역할을 담당한 것은 사실이지만, 그들이 성과를 거둘 수 있었던 것은 동원되고 설득된 일련의 공동 행위자들이 연결망의 확장에 기여한 덕분이다. 책의 결론에서 라투르는 어떻게 "파스퇴르"라는 연결망이 프랑스 전역으로 확장되었을 뿐 아니라, (열대 의학을 통해) 하나의 국가로서 프랑스의 식민지적 야심과 연결되었는지를 묘사한다.

파스퇴르에 관한 라투르의 책은 "파스퇴르"가 국가적인 (나중에는 세계적인) 연결망의 중심이 되는 단일 사례의 역사적 분석이다. 그러나 『젊은 과학의 전선』의 마지막 장(1987: 6장)과 중요한 후속 논문(1990)에서 라투르는 서구의 테크노사이언스가 지속적인 세계적 연결망들을 많이 형성해낼 수 있었던 이유에 대한 더욱 일반적인 설명을 제시한다. 여기서 그는 다시 **기입**에 초점을 맞춘다.

라투르는 언뜻 보기에 간단한 질문을 던진다. 두 당사자들 사이에서 진술 S를 둘러싼 갈등이 벌어질 때 누가 이기게 되는가? 라투르의 일반적인 답은 누구든 그 지점에서 가장 많은 수의 규율 있고 충성스러운 동맹자들을 끌어 모으는 측이 승리한다는 것이다(Latour 1990). 그러나 더 구체적인 답은 **기입**이 반대편을 설득하기 위한 물리적 장치로 자주 사용된다는 것이다. 얼마나 많은 논쟁들이 사진, 보고서, 도표와 숫자로 가득한 논문의 제시와 함께 종결되는지 생각해보라. 이런 방식으로 논쟁을 종결하는 것은 근대 서구인에게는 당연하고 자연스러운 것으로 인식되지만, 그렇게 되기까지는 아주 길고 흥미로운 역사가 있었다. 라투르는 이렇게 기입과 현상 간의 더욱 지속적인 연결을 확립할 수 있도록 한 일련의 테크노사이언스적 혁신 사례들을 묘사한다.

르네상스 시대 **원근화법**의 발전은 3차원 물체와 그 평면상의 묘사 간의 분명한 상관관계를 확립했고(Latour 1990: 27-31), 따라서 그러한 그림의 도움으로 불러들일 수 있는 동맹자들은 더욱 신뢰할 만해졌다.

인쇄기의 발명은 텍스트의 대량 (재)생산을 실현함으로써 많은 결정적인 효과를 낳았다. 첫째, 이제 기입은 진술이 퍼져 나가는 매체가 되었고 따라서 기입의 힘과 범위를 가속화했다. 둘째, 텍스트의 정확한 재생산은 오류 역시 충실히 재생산한다는 것을 의미했다. 이제 독자는 예를 들어 천문학 도표에서 오류를 발견했을 때 (원칙적으로) 수정 사항을 저자에게 보낼 수 있게 되었다. 그래서 이를 반영한 기입을 작성하고 이후 시간의 흐름에 따라 많은 원천들로부터 지식과 정확성을 축적하는 것이 가능해졌다. 그럼으로써 특정 기입의 권위가 증가되는데, 이는 단순히 더욱 많은 동맹자들을 소환할 수 있다는 이유에서다.[9]

라투르는 또한 소위 **도량형학**(즉 안정적인 측정 표준의 확립)의 중요성을 강조한다. 도량형학은 엄밀한 정의를 확립하는 것만이 아니라 도구들의 연결망 속에서 이러한 정의를 물질화하는 것을 의미한다. 표준화된 측정 단위 없이는 특정 진술을 위한 신뢰할 만한 동맹이 되는 기입을 작성할 수 없을 것이며, 이는 측정 도구들이 표준에 맞도록 일관되게 제조, 조정, 유지되지 않아도 그러할 것이다.

다양한 도구, 원근법, 인쇄기, 안정적인 측정 표준, 그리고 다른 많은 실천적 혁신들이 신뢰할 만한 기입들의 흐름을 형성하는 상황을 생각해보자. 라투르는 그러한 기입들을 **조합될 수 있는 불변의 가동물**(immutable and combinable mobiles)이라고 칭한다. 또한 이러한 기입들의 흐름이 모두 특정한 위치로 다시 흘러들어간다고 생각해보자. 라투르는 이 위치를 **계산 센터**(center of calculation, 계산의 중심)라고 부른다. 기상관측소가 그 한 가지 예다. 기상관측소는 해외 협력기관들, 위성들, 수천 개의 지상 측정기지들로부터 매일 날씨에 관한 기입들을 모은다. 기입들이 기상관측소로 흘러들어옴에 따라 "날씨" 자체보다는 문서 작업에 초점을 맞추는 것이 가능해진다. 라투르에 따르면 여기에는 다음과 같은 이점이 있다.

1. 기입들은 옮겨 다닐 수 있다(예를 들어 한 부서에서 다른 부서로). 알다

시피 날씨 자체는 그러지 못한다.

2. 기입들은 그 형태를 일관되게 유지한다. 기입들은 바뀔 수도 없고 직원들의 손가락 사이로 사라져 버리지도 않는다.
3. 기입들은 평평해서 사람들이 "지배"할 수 있다. 예를 들어 사람들은 기입들을 손에 쥐거나 몸을 굽혀서 보거나 손으로 그 일부를 가리킬 수 있다.
4. 기입들은 규모의 수정이 가능하다. 그래서 저기압 등고선을 표준 크기의 문서에 표시할 수도 있고 더 큰 종이 위에 확대해서 표시할 수도 있다.
5. 기입들은 적은 비용으로 재생산되고 유통될 수 있다.
6. 기입들은 다른 기입들과 조합될 수 있다. 예를 들어 올해 강수량 측정치를 작년 강수량과 나란히 표시할 수 있다.
7. 기입들은 각기 다른 기입들과 포개어 그려질 수 있다. 예를 들어 강수량은 고도 변화, 작황 유형, 국민총생산 등 관련 변수를 나타내는 지도 위에 함께 표시될 수 있다.
8. 기입들은 쓰여진 텍스트의 일부가 될 수 있고 텍스트는 기입들에 대해 직접 논평할 수 있다. 그러므로 기상관측소는 라투르가 실험실 연구에서 묘사한 그런 종류의 작업을 수행할 수 있다. 즉 기상관측소는 내부와 외부의 기입들을 모으고 이를 통해 날씨에 대한 진술들의 "사실성"을 다루게 된다.
9. 가장 큰 이점은 2차원적 기입들이 기하학과 연결될 수 있다는 것이다. 그리하여 기입상의 점들의 수를 셀 수 있고 곡선의 길이를 자로 잴 수 있다. 두 경우 모두에서 **수치**가 나온다. 이 수치는 다

른 수치들과 조합될 수 있으며, 이로써 새로운 기입과 조합의 연쇄적 가능성이 열린다.[10]

불변의 가동물과 계산 센터에 대한 분석을 통해 라투르는 테크노사이언스가 어떻게 특정한 질서화(이 경우에는 전 세계적 질서화)를 확립하고 퍼뜨릴 수 있는지를 묘사한다. 그는 기상관측소뿐 아니라 루이 16세의 베르사유 궁전에서 튀코 브라헤의 우라니보르 천문관측소, 오늘날의 뉴욕증권거래소에 이르기까지 광범위한 사례들에 대해 논의한다. 이 모든 사례에서 테크노사이언스적 계산 센터는 갈수록 정교해지는 "연쇄적 폭포들"로 기입들을 요약하고 압축함으로써 동맹의 수를 늘리고 설득력을 강화하며 (계산 센터가 중심 마디 역할을 하는) 연결망을 지배할 기회를 더욱더 확대하게 된다.

앞서 보았듯이 라투르의 작업은 언제나 인식론자들 그리고 인식론적 설명 모델들과 대결한다. 이번에는 인식론자들이 우세해 보일 수도 있다. 테크노사이언스 확산의 역사는 (인식론자들의 주장처럼) 다른 "정신 상태들"과 비교하여 서구의 과학적, 이론적, 추상적 사고가 지닌 우월성의 역사와 다름 없어 보인다.

라투르의 해석은 이와 판이하다. 계산 센터에 대한 분석의 요지는 추상의 어떠한 형태도 실천적, 구체적, 유형적(tangible) 노력으로 얻은 결과라는 것이다. 서구 테크노사이언스가 동원하는 힘은 가히 인상적이다. 그러나 그 뒤에 숨겨진 비밀은 동맹자들을 하나의 단일한 위치로 소환하고 결합할 수 있게 하는 실천적 혁신이다. 과학자와 엔지니어는 당연히 이 기획에 기여할 만한 새로운 장치에 관심을 가지는 경향이 있다.

> 새로운 사진, 새로운 세포배양용 염료, 새로운 반응 용지, 더 민감한 생체반응측정기, 새로운 도서 분류 체계, 새로운 대수함수 표기법, 표본을 더 오래 보존할 수 있는 새로운 난방 시스템. 과학의 역사는 이러한 혁신들의 역사다.
>
> (Latour 1990: 20)

따라서 라투르는 서구 테크노사이언스의 지배적 지위에 대한 설명을 이러한 무수한 유형적 혁신들이 아닌 다른 곳에서 찾으려는 관념을 거부한다. 소위 "이론적" 작업(인식론 특유의 주제로 생각되는 "추상"과 "형식주의")조차도 라투르는 실천적 조합과 동맹 동원의 문제로 설명한다. 형식주의(혹은 이론)는 이전의 기입들을 조합, 병렬, 결집시키는 또 다른 연쇄작용에 다름 아닌 것이다. 어떤 이론이 많은 기입을 단일한 진술로 한 편의 논문에 결집시킬 수 있을 때, 우리는 이를 두고 효과적이거나 강력하다고 말한다. 이는 바로 많은 동맹자를 한 곳에 결집시킬 수 있는 그 이론의 능력을 묘사하는 것이다.

이와 같이 라투르에게 이론이란 전혀 불가사의한 것이 아니다. 이론은 동맹자들을 결집하려는 다른 모든 활동에 대해 사용되는 것과 정확히 동일한 용어들로 묘사될 수 있다. 같은 맥락에서 라투르는 인식론자들이 **이론적**이라는 형용사를 **경험적**이라는 형용사의 반대말로 사용함으로써 상황을 불가사의한 것으로 만든다고 비판한다. 그런 용어들을 통해 이론이 설명하는 대상과 별개로 이해되는, 이론들만의 분리된 세계라는 이미지를 만들어낸다는 것이다. 이는 마치 못, 판자, 목수, 집을 고려하지 않는 망치의 역사, 혹은 은행 제도에 무관심한 수표의 역사를 상상하는 것과 마찬가지로 터무니없다(Latour 1987: 242).

이론, 형식주의, 추상(그리고 불변의 가동물과 계산 센터를 통해 형성되는 그 유형적 기초)에 대한 라투르의 묘사는 지식이 무엇인지에 관해 독특한 설명을 제시한다. 이 설명은 많은 표준화된 인식들과는 상당히 다르다.[11]

가장 극명하게 대조되는 입장은 (앞에서 언급한) 대응이론이다. 이 입장의 옹호자들은 지식이 자연적으로 주어진 실재를 반영할 때 진리이고 그렇지 않으면 허위라고 규정한다. 이런 유형의 **과학적 실재론**과 달리 라투르는 진리가 (그리고 실재성이) 단계적으로 지난하게 구성되는 과정을 묘사한다. 이는 진리와 실재성이 정도의 문제라는 것을 함의한다. 하나의 이론은 주어진 시간에 그 이론이 결집할 수 있는 동맹자들의 특정한 집합으로 구성되는 것이다(그리고 이 동맹은 시간이 지나면서 강화되거나 약화된다).

라투르는 또한 **탈근대주의**(postmodernism)와 단호히 선을 긋는다. 탈근대주의자들은 지식을 텍스트로, 인간 담화자의 가변적인 수사적 실천의 결과로 간주한다. 그러나 라투르는 지식을 대화라기보다는 물질적, 기호적 투쟁으로 묘사하며, 어떤 "담화"가 승리하는지를 결정함에 있어서 비인간적 요소들이 담당하는 중요한 역할을 강조한다.

마지막으로 라투르는 자신을 **사회구성주의**와 구분한다. 사회구성주의자들은 지식을 인간 집단 또는 공동체의 사회적 상호작용과 조직화의 결과로 간주한다. 이러한 입장은 실재를 사회적이고 상징적인 의미 창조의 과정으로 본다. 그러나 라투르는 우리가 "자연적" 요소들 위에 의미의 층들을 부가하는 "사회적" 요소들을 다루고 있는 것이 아니라고 주장한다. 라투르가 묘사하는 기입과 계산 과정은 끊임없이 인간적("사회적") 요소와 비인간적("자연적") 요소를 혼합하는 관계와 결합의 연쇄 작용으로 구성된다.

요컨대 라투르는 과학적 실재론자도, 탈근대주의자도, 사회구성주의자도 아니다. 과학인류학자로서 라투르의 입장을 가장 잘 묘사할 수 있는 용어는 아직까지는 **구성주의**일 것 같다. 구성주의는 실제로 라투르가 선호하는 용어이며, 이는 라투르와 울가가 1986년에 낸 『실험실 생활』의 재판 부제에서도 알 수 있다. 이 책의 초판(1979)은 "과학적 사실의 사회적 구성"이라는 부제를 달고 있었으나, 1986년 재판에서는 "사회적"이라는 단어가 빠지고 "과학적 사실의 구성"으로 바뀌었다. 나중에 보겠지만 구성주의는 라투르가 후기 저작에서 자신을 이론적으로 묘사할 때에도 가장 선호하는 용어로 등장한다. 물론 이 용어의 의미와 함의는 새로운 맥락에서 진화하고 확대된다(특히 4장 참조).

행위자-연결망 이론

이 장에서 우리는 라투르가 제시한 과학인류학의 중심적인 구성요소들, 즉 과학적 사실의 구성, 기계, 계산 센터에 대해 살펴보았다. 또한 과학인류학 작업에 들어 있는 반인식론적 장르라고 칭할 만한 것을 라투르가 어떻게 발전시키는지를 보았다. 그는 테크노사이언스를 설명하면서 일반적인 인식론적 가정들과 묘사 형식들을 배제한다. 즉 강한 신념과 일관성을 가지고 대응이론, 확산이론, 분리된 "이론적" 세계라는 관념을 모두 거부하는 것이다.

사실의 구성에 대한 라투르의 이야기들은 현존(presence) 또는 유형성(tangibility)의 효과라고 할 만한 특별한 효과를 낳는다. 이에 따르면 **저기 바깥에** 객관적이고 미리 주어진 자연, 과학 실험실의 기입장치로부터 독립된 자연은 존재하지 않는다. 또한 사회 안으로 흘러들어가서, 작동하는 기계들 속에서 스스로를 물질화하는 불변의 **근본적인** 관념도 존재하지 않는다. 마지막으로 기입들의 실천적인 작동으로부터 분리된 **상층의** 이론적 세계 역시 존재하지 않는다. 그와 대조적으로 라투르는 모든 형태의 존재를 그 모든 것이 동시에 사건의 일부가 되는 중간 영역으로 끌어들인다. 여기서 엔지니어와 과학자는 동맹자들의 관심을 끌고 유지하기 위해 가용한 모든 것을 동원한다. 따라서 과학과 기술의 인류학자는 왜 어떤 구성체들은 사라지고 다른 구성체들은 상대적으로 안정되는지를 이해하기 위해 그들과 마찬가지로 폭넓은 경험적 감수성을 개발해야 한다.

라투르의 과학인류학이 많은 사상가로부터 영감을 받은 것은 사실이다. 앞에서 이미 마키아벨리, 세르, 인류학자 마르크 오제뿐 아니라, 알기르다스 그레마스의 기호학 등 다른 중요한 영감의 원천들도 언급한 바 있다. 그러나 과학인류학(그리고 그가 개발한 장르)에서 라투르의 구성주의적 작업의 가장 주목할 만한 측면은 그것이 점차 독자적인 이론적 전통으로 변형되었다는 점이다(이를 안정화된 사실 또는 기계라고 말할 수도 있겠다). 시간이 지나면서 이 상대적으로 안정된 구성체는 **행위자-연결망 이론**(ANT)으로 알려지게 된다.

ANT는 흔히 과학기술사회학에 기반한 물질적 기호학으로 정의되며, 1980년대 초에 파리(국립광업학교 혁신사회학센터)에서 동료였던 브뤼노 라투르, 미셸 칼롱, 존 로에 의해 개발되었다. ANT의 형성 과정은 그 자체로 복잡한 이야기라서 여기서 다 설명할 수는 없다. 게다가 디젤과 MAN의 일화를 생각해볼 때 ANT 개발의 공을 라투르와 여타 참여자들 사이에서 배분하려는 생각은 아예 하지 않는 것이 나을 듯하다. 그렇지만 ANT의 핵심 개념과 원칙을 개략적으로 살펴볼 필요는 있다.[12] 왜냐하면 여러 맥락에서 ANT는 라투르가 테크노사이언스 분석에서 발전시킨 반인식론적 장르에 대한 일종의 요약 혹은 체계화로서 출발한 것이기 때문이다.

ANT의 요소들 가운데 라투르의 분석에서 가장 생생하게 부각되는 것, 즉 **번역**에서부터 시작하자.[13] 라투르는 실험실 내부와 외부의 사실 구축자들이 어떻게 이해관계를 변형하거나 번역함으로써 동맹자들을 자신들의 프로젝트에 연결시키는지를 분석한다. 마찬가지로 다른 행위자-연결망 이론가들도 동맹자들의 관심을 끌고 그들을 동원하고 유지하기 위해 사용되는 다양한 전략과 기술, 텍스트와 물질에 초점을 맞춘다(Callon 1986, 1998; Law 1986, 1994, 2002; Elgaard Jensen 2008 참조).

ANT는 "사회적" 행위자나 관계만 분석하는 것이 아니라 연결망의 안정화나 불안정화에 기여하는 모든 요소와 관계에도 관심을 가진다. 이러한 넓은 분석적 범위는 라투르의 작업에도 반영된다. 그는 실험실 과학자들뿐 아니라 그들의 기입 및 기입장치에도 관심을 가진다. 다시 말해 디젤뿐 아니라 특허, 고객, 연료주입 장치에도 관심을 갖는 것이다. ANT에서 이러한 분석적 넓이는 **행위자**(actor)라는 기호학적 개념을 통해 명문화된다. 행위자는 **행위소**(actant, 그레마스의 기호학 이론에서 유래한 개념)라고도 불린다. 기호학에서 행위자나 행위소는 내러티브 속에서 역할을 담당하는 모든 존재를 의미한다. 즉 연결망 속의 다른 행위소들이 인정하고 고려하고 혹은 영향을 받는 존재를 말한다. 예컨대 루돌프 디젤, 실험용 생쥐, 저기압 기상 시스템은 각자 행위소로서 자격을 갖는다.

따라서 행위소라는 용어는 오직 인간만이 행위하며 나머지 모든 것은 단지 인간 행위를 위한 물질이나 도구에 불과하다고 보는 사회과학 이론들에 대한 일종의 도발이기도 하다. 그러한 이론들과 반대로 ANT는 행위소(행위자)가 "가변적인 기하학적 구조"를 가진다고 주장한다. 즉 어떤 연결망이 최종적으로 "행위자 효과"를 발생시킬지는 미리 결정될 수 없다는 것이다. ANT는 인간 및 비인간 행위소들이 끊임없이 서로 연관되고 포개지는 번역 과정을 드러냄으로써 이 주장을 뒷받침한다. 효과는 (순수하게) 사회적인 행위자가 아니라 **이종적인** 연결망에 의해서 생성된다. 예를 들어 백신은 파스퇴르라는 개인이 아니라 "파스퇴르"라는 연결망 때문에 실현된 것이다. ANT는 행위소(그리고 그 성격과 관계)에 대한 이처럼 의도적으로 열린 접근법을 확장함으로써 이른바 **일반화된 대칭의 원칙**(generalized principle of symmetry)을 제시한다.[14] 이 원칙은 분석가에게 연구 대상인 기획, 사건, 논쟁에서 참여자들의 모든 관계와 연결을 추적할 것을 요구하는, 일종의 대략적 방법으로서의 역할을 한다. 또한 분석가는 기획의 결과를 내부의 특정한 관계 속에서 설명해야 하며 외부 요소를 동원한 설명은 배제해야 한다. 따라서 ANT 분석에서는 **자연**이나 **사회**가 원인이라거나 그것들이 사전에 존재하고 결과를 결정한다는 주장은 처음부터 포기된다(Callon 1986; Law 1994).

ANT는 테크노사이언스에 대한 위인전기적 묘사와 단절한다. 즉 테크노사이언스 기획의 성공에 대한 인정이나 실패에 대한 책임은 뛰어난 인물이 아니라 이종적 연결망에 귀속된다. 이런 입장임에도 불구하고 어떤 페미니스트 이론가들은 ANT를 소위 "관리주의"(강력한 관리자나 기업가, 혹은 사실 구축자의 관점에서 사물을 보는 경향)라고 비판해왔다(Star 1991; Haraway 1994). 미국 사회학자 수전 라이 스타(Susan Leigh Star)는 맥도날드의 패스트푸드 제조 과정에 관련된 개인적 체험을 예로 들어 ANT의 관리주의적 관점을 드러내 보이려 했다. 알다시피 맥도날드는 완전히 표준화된 햄버거를 빠른 속도로 만들어낸다. 그러나 스타에게는 양파 알레르기가 있었다. 양파 없는 햄버거를 주문하면 30분을 기다려야 한다. 그러니 표준적인 햄버거를 주문해서 플라스틱 포크로 양파를 손수 빼내는 편이 낫다. 이 작은 일화는 한쪽 (맥도날드라는 사실 구축자의) 관점에서 볼 때 효과적이고 안정되어 보이는 연결망이 다른 (스타라는 고객의) 관점에서는 심한 곤경의 원인일 수 있다는 것을 보여주기 위한 것이다. 이 이야기는 효과적인 표준이라는 것이 상대적으로 눈에 띄지 않는 주변적 존재가 감당해야 하는 많은 숨겨진 노고(경우에 따라서는 숨겨진 고통)라는 "대가"를 필요로 할 수도 있다는 것을 보여준다. 스타는 ANT가 사실 구축자의 관점과 일방적으로 결탁한다고 비판한다.

이러한 비판에 대해 라투르는 두 가지 상이한 방향으로 대응한다. 첫째, 그는 사실 구축자에 초점을 맞춘 것은 우선순위의 문제였다고 주장한다. 1970년대만 해도 과학 실천의 작업 내부에서 벌어지는 논쟁이나 토론에 관한 사회학적 분석은 거의 없었다. 그래서 테크노사이언스의 "블랙박스"를 안정시키려는 투쟁에 초점을 맞추는 것이 STS를 하나의 학문 분야로 확립시키는 데 필요했고 유용했다는 것이다(Crease *et al*. 2003). 둘째, 라투르는 그러한 비판을 사실상 부분적으로 수용한 것으로 보인다. 그가 선호하는 정치적 은유가 점차 전쟁에 관한 것에서 "실험적 민주주의"에 관한 것으로 바뀌었다는 점에서 그러하다(4장 참조). 다른 행위자-연결망 이론가들도 비슷하게 양면적인 반응을 보여 왔다.[15]

특정한 분석적 관점과 그에 내재한 편향의 가능성과 상관 없이, ANT는 행위자, 연결망, 번역의 개념을 통해 특정한 **존재론**을 정의한다고 요약할 수 있겠다. 이 존재론은 철저하게 **관계적인** 존재론이다. ANT는 모든 행위소가 전적으로 그 자신의 연결망 관계들에 의해 정의된다고 주장한다. 연결망 외에는 아무것도 없다. 본질도, 근본적 요인도, 맥락도 없다. 따라서 ANT는 세계를 다수의 점들과 연결들로 이루어진 것으로 묘사한다(그 외에 다른 것은 없다). 이러한 관점은 다음과 같은 특이한 위상학을 낳는다.

> 표면이 아니라 가닥들(또는 들뢰즈의 리좀들)이 있는 것이다. (…) 2차원의 표면이나 3차원의 영역 대신, 자신들이 가진 연결들의 수만큼이나 많은 차원들을 가진 점들이라는 관점에서 생각해야 한다. [현대 사회는] 그것이 섬유, 실, 철사, 끈, 밧줄, 모세관 같은 성격을 갖는다는 것을 인정하지 않고서는 묘사할 수 없으며, 이러한 성격은 수준, 층위, 영토, 영역, 범주, 구조, 체계라는 관념으로는 결코 포착할 수 없다.
>
> (Latour 1996b: 370)

이러한 독자적인 위상학을 통해서 그리고 ANT의 핵심 개념들을 소개함으로써, 우리는 이제 이 이론의 윤곽을 어느 정도 드러냈다. 또한 우리는 라투르의 과학인류학 작업을 요약할 수 있는 한 가지 방식을 갖게 되었다. 요컨대 라투르는 행위소들이 어떻게 다양한 번역 과정을 통해 우리가 사실, 기계, 이론이라고 부르는 종류의 연결망들을 건설하고 안정시킬 수 있는지를 설명해주며, 동시에 이러한 현상들을 이루고 있는 광범위한 이종적 물질성의 주요한 부분들을 추적한다는 것이다.

요약: 새로운 기원 이야기

이 장의 서두에서 『실험실 생활』의 후기에 나오는 라투르의 설명을 토대로 그 책이 쓰인 배경 이야기를 소개한 바 있다(Latour & Woolgar 1986). 서아프리카에 머물면서 라투르는 당시 비교인류학의 인식론적 설명에 회의를 품게 되었다. 아프리카 학생들이 프랑스 기술자들이 정한 목표에 미치지 못하는 이유를 실천적, 물질적 환경으로 충분히 설명할 수 있다는 것이 그의 직관이었다. 인식론적 설명이나 아프리카적 정신상태를 끌어들일 이유가 전혀 없다는 것이다. 그 이후 라투르와 오제는 한 가지 질문을 제기했고 그것이 라투르가 캘리포니아에서 탐구하는 주제가 된다. "만약 코트디부아르 농부에 대한 연구에서 사용된 현장연구의 방법을 일급 과학자에게 적용한다면, 과학적 사고와 전과학적 사고 사이의 **거대한 분리**는 어떻게 될 것인가?"

우리는 이제 답을 알고 있다. 과학적 사고와 전과학적 사고 간의 예리한 구분은 증발해버리고 만다. 단단한 사실, 효과적인 기계, 강력한 이론은 인식론적 탁월함 때문이 아니라 광범위한 이종적 연결망, 전략적 번역 과정, 실험실과 계산 센터의 구성 때문에 가능한 것이다. 서구 세계와 "나머지 세계" 사이에 거대한 차이가 있다는 것은 사실이지만 그 차이는 서구 세계가 더 길고 광범위한 행위자-연결망을 구성했다는 것뿐이다.

이러한 논의를 통해 우리는 라투르의 과학인류학이라는 단계 혹은 전문적 정체성에 대해 과도할 만큼 정연한 요약에 이르렀다. 라투르는 아프리카에서 분명한 의문을 품었고 캘리포니아에서 분명한 답을 찾았다. 그러나 최근 프랑크푸르트에서 했던 연설에서 그는 자신의 과학인류학에 영감을 준 또 다른 원천이 있음을 시사했다(Latour 2008a). 그 연설에서 라투르는 디종에서 시작해 코트디부아르에서 완성한 자신의 성서주석학 박사 논문을 언급한다. 이 논문은 기독교 복음서를 탈신화화하려는 체계적인 시도로 잘 알려진 독일 신학자 루돌프 불트만(Rudolf Bultmann)을 다룬다. 불트만의 목표는 예수 자신이 실제로 했던 진짜 말을 확인하고, 그 본래적 진실을 복음서에 등장하는 일련의 혼란스러운 반복과 해석으로부터 구분해내는 것이었다. 불트만의 분석을 가톨릭 신앙 전체(라투르 자신의 신앙을 포함해)에 대한 정교한 해체로 볼 수도 있었지만 라투르의 독해는 완전히 반대였다. 복음서 속의 수많은 해석을 "소음"이 아니라 오히려 복음서의 "진리 효과"를 생산하는 것으로 보아야 한다는 것이다. 그러나 해석이 그러한 효과를 내려면 "음조를 잘 맞춰야" 한다. 즉 단순한 반복이 아니라 원본의 의도를 어느 정도 진전시키는 것이어야 한다. 라투르는 불트만의 성서주석학이 "나의 첫 번째 번역 연결망이었고 나의 사유에 결정적인 영향을 끼쳤다"고 말한다(Latour 2010a).

> 내가 불트만에게서 얻은 것은 (…) 이런 것이다. 캘리포니아의 생물학 실험실에 들어갔을 때 (…) 나는 과학적 실천이라는 거대한 복잡성 속에서 주석학적 차원을 발견해낼 준비가 되어 있었다. 그러니 과학의 문헌적 측면에, 시각화 도구들에, 거의 분간할 수 없는 흔적들을 해석하려는 집합적인 작업에, 내가 기입이라고 부르는 것들에 마음이 사로잡힐 수밖에 없었다. 성서주석학 작업과 마찬가지로, 여기에서도 진리는 중간 단계의 수를 줄이는 것이 아니라 매개의 수를 늘리는 것을 통해 획득될 수 있었다.
>
> (Latour 2010a)

종교와 과학은 명확히 같은 것이 아니다. 그러나 라투르가 강조하듯이 모든 "언명 체제들"에는 어떤 번역이 진리 효과의 생산에 기여하는 데 필요하고 충분한지를 둘러싼 그 나름의 투쟁이 있는 것이다.[16] 그렇지만 라투르의 그러한 "분석적 접근법"이 (물론 여러 가지 흥미로운 방식으로 재생산되고 번역되며 진전되지만) 성서주석학에 관한 논의에서 출현했다는 것은 변함없는 사실이다.

따라서 우리는 라투르의 과학인류학을 통해 그가 아프리카와 인류학을 처음 만났을 때의 울림을 담고 있는, 라투르의 근본적인 **질문**을 확인할 수 있을 것이다. 또한 그가 프랑스에서 종교 연구를 했을 때의 울림을 담고 있는, 이 질문에 대한 근본적인 **접근법**을 확인할 수도 있을 것이다. 그러나 무엇보다도 라투르의 과학인류학은 서구 근대성의 세계 속에 뿌리박고 있는 이종적이고 광범위한 테크노사이언스적 번역 연결망을 관통하는 여행으로 우리를 데려간다.

3장

근대성의 철학

2장에서 보았듯이 과학에 대한 라투르의 관심을 협소하게 국지적이거나 "미시 민족지적인" 것으로 보는 것만큼 잘못된 해석도 없을 것이다. 연구를 시작한 이래로 라투르는 언제나 거대한 지적 주제를 추구해왔다. 단순히 실험실 생활에 호기심을 가진 것이 아니다. 그의 관심은 서구적 합리성과 비서구적 합리성 간의 관계에 대한 더 커다란 질문들을 향해 있다. 그래서 특정한 과학적 실천들에 대한 그의 분석은 언제나 과학적 사실들의 일반적인 성격이 무엇이고, 그것들이 어떤 방식으로 확산되며, 어떻게 계산 센터 및 여타 전 지구적 기획의 구축에 관여하는지에 대한 논의와 연결된다. 나아가 라투르는 (칼롱 및 로와 더불어) 과학인류학 연구의 정점이라 할 수 있는 행위자-연결망 이론(ANT)을 발전시키고, 이를 『비환원』(*Irreductions*, 1988b) 같은 저작에서 일관되고 본격적인 철학적 기획으로 제시한다.

이 장에서는 『우리는 결코 근대인이었던 적이 없다』(1993)라는 책에서 라투르가 다루기 시작하는 **다음** 단계의 큰 주제를 살펴볼 것이다.[1] 이 책은 과학학 연구의 기본 통찰로부터 철학적 함의를 이끌어내려는 또 다른 시도이며, 여기서 라투르는 **근대성**이라는 개념과 씨름하기 시작한다.

무엇이 우리 사회를 **근대**로 만드는가? 그리고 무엇이 우리를 근대인으로 만드는가? 이 질문들에 대한 (역사가와 사회학자, 여타 사회과학자들의)

가장 공통적인 대답은 우리의 통치 체제가 자의적인 야만성이 아니라 잘 확립된 대의민주주의로 이루어져 있다는 것이다. 또한 우리가 신앙과 미신이 아니라 과학적 원칙들에 의존하고, 산업화된 사회에 살고 있으며, 개인의 권리를 인정한다는 것이다. 나아가 대부분의 사람들은 근대성을 진보에 대한 일종의 희망 및 믿음과 결부시킨다. 우리는 야만성과 자의성을 뛰어넘을 수 있고, 객관적 자연에 대한 이해를 증진시킬 수 있으며, 만인의 선을 위한 질서를 창조할 수 있다는 것이다.

말할 필요도 없이 비판적인 분석가들과 비평가들은 근대성에 대한 그런 순전히 긍정적인 해석을 거부해왔다. 그들은 근대성이 단순히 진보를 약속하는 것이 아니라고 주장한다. 근대성은 제3세계의 식민화와 착취, 세계 전쟁과 대량살상 무기, 과거에는 상상할 수 없었던 대규모의 오염과 자연 파괴를 불러왔기 때문이다. 따라서 관점에 따라 근대성은 축복으로도 재앙으로도 볼 수 있다. 또한 다양한 중간 입장들, 예를 들어 조심스러운 낙관주의("우리는 아마 괜찮을 거야")나 온건한 우려("우리가 곧 행동하지 않는다면…") 가운데 하나를 주장할 비평가들도 있을 것이다.

이러한 의견들의 합창에서 공통된 음표는 근대성이란 **현존하는** 무언가라는 암묵적인 가정이다. 근대가 언제 시작했는지 그리고 지속될지 여부는 물론 논의의 여지가 있다. 그러나 바로 여기, 바로 지금 (민주적이고 산업화되고 과학적이고 하이테크화된 서구 사회에서) 우리가 근대성 **안에** 있다는 것은 의심의 여지가 없다.

그러나 라투르는 이런 주장을 완전히 거부한다. 책 제목이 시사하듯 그는 우리가 결코 근대인이었던 적이 **없다**고 주장한다. 근대성이란 마치 "좋았던 옛날" 또는 "유년기의 여름" 같은 것이다. 결코 정확했던

적이 없고 지금 어느 때보다도 갱신이 필요한, 우리 자신의 문화에 대한 시대착오적 관점인 것이다.[2]

이 장에서는 라투르가 제시하는 근대성의 철학을 살펴본다. 근대성의 철학은 적어도 두 가지 면에서 중요한 기여를 한다. 첫째, 라투르는 과학인류학과 폭넓은 과학사에서 얻은 통찰을 이용해 근대성에 대한 특수한 정의를 발전시킨다. 그는 근대성이 1600년대에 확립되기 시작한 **자연**과 **사회**의 **분리**에서 유래한다고 주장한다. 자연과학은 이러한 분리를 확립시키는 하나의 (그러나 유일하지는 않은) 본질적인 구성요소다. 둘째, 라투르는 현재의 과학적, 기술적, 정치적 문화에 대한 더욱 실재적이고 구성적인 시각을 제시하려 한다. 이러한 맥락에서 그는 동시대 세계에서 일어나는 주요 문제들에 우리가 어떻게 대응해야 하는가에 대하여 우려와 낙관이 섞인 전망을 제시한다. 요컨대 근대성의 철학은 우리 시대에 대한 진단도 담고 있다. 라투르의 기획은 모든 해악의 뿌리, 곧 스스로를 근대인이라고 여기는 우리의 뿌리 깊은 잘못된 믿음에 대한 철학적 조명을 통해 "근대적" 문화의 현재적 문제점들을 검토하고자 하는 것이다.

책의 방법: 인류학, 헌법 은유, 사고실험

『우리는 결코 근대인이었던 적이 없다』는 몇 가지 매우 포괄적인 질문들을 제기한다. 근대인들은 어떠한 정신적 지평 위에 놓여 있는가? 우리는 자연을 어떻게 이해하는가? 우리는 사회를 어떻게 이해하는가? 과학과 정치의 관계는 어떠한

가? 이러한 문제들을 파악하기 위해 라투르는 "모든 것을 한꺼번에 다루는 데 매우 능숙한" 인류학에서 영감을 얻는다(Latour 1993: 14). 인류학자들은 멀리 떨어져 있는 문화를 묘사할 때 서로 다른 다양한 요소들을 연결시키는 재주가 있다. 한 예로 라투르는 인류학자 필리프 데스콜라(Philippe Descola)가 아마존 지역에 거주하는 아추아르 부족에 대해 묘사한 내용을 인용한다. 모든 뛰어난 인류학자들과 마찬가지로 데스콜라는 "인간, 신, 비인간 사이의 권력 분배, 합의에 이르는 절차, 종교와 권력의 연관관계, 조상, 우주론, 소유권, 동식물 분류 체계 등 작동하고 있는 모든 힘들의 정의"를 단 한 편의 글에서 논한다(Latour 1993: 14).

라투르도 같은 것을 하려 한다. 서로 다른 많은 것들을 동시에 논함으로써 근대성을 정의하고자 하는 것이다. 라투르에 따르면 모든 집합체는 하늘과 땅, 몸과 마음, 재산과 법률, 신과 조상 등을 동원한다(Latour 1993: 107). 우리는 모두 동일한 고대적인 인류학적 원형 안에서 작동하지만, 그 방식은 집합체마다 다르다. 그렇다면 근대인들을 특징짓는 것은 무엇인가?

이 질문에 답하기 위해 라투르는 하나의 사고실험 또는 하나의 은유를 도입하고 이것을 책 전체에서 사용한다. 그는 근대적 사고와 행동의 규칙을 확립하는 일종의 **헌법**(constitution)을 발견하거나 조립하는 것이 가능하다고 가정한다. 라투르는 이러한 근대 헌법이 정치적 헌법과 비슷하다고 생각한다. 그것은 권력의 분립, 권리 및 보장을 규정하는 일종의 관습법의 역할을 한다. 그러나 근대 헌법은 정치에 관한 것만은 아니다. 그것은 자연, 과학, 종교 그리고 그 이상의 것들에 대한 우리의 전반적인 관점을 규정한다. 데스콜라가 아추아르 부족의 삶의 근저에 있는 일종의 헌법을 조립했던 것과 마찬가지로, 『우리는 결코 근대인이었던 적이 없다』에서 라투르는 근대인의 헌법을 발견하고 상술하며 조립하려 한다. 그의 기획은 아찔할 정도로 야심차다. 1600년대 중반부터 현재까지 서구 세계 전체에서 **모든 것**(정치, 종교, 과학 등)이 어떻게 배치되어 왔는지를 요약하는 것이 그의 의도다. 그러므로 라투르의 분석이 폭넓게 선택된 사상들과 이론들에 기초하고, 근대성에 대한 그의 성격 규정이 상당히 추상적인 용어로 제시되는 것은 어쩌면 당연한 일이다.

근대 헌법의 궤적에서

"모든 것"에 관해 서술하려 한다면 어디서 시작해야 하는가? 근대성의 근저에 있는 헌법을 들여다보려면 어디로 향해야 하는가? 라투르는 동시대 프랑스 신문을 샅샅이 읽는 데서 시작한다. 지면을 훑어나가던 그에게 문득 기사 하나하나가 복잡하게 얽힌 사건들의 놀라운 관계망을 드러내고 있다는 생각이 든다.

예를 들어 오존층 구멍에 관한 기사에서 독자는 처음에 대기 화학자들과 그들의 극지방 대기 측정에 관한 이야기를 읽는다. 이어서 대규모 다국적 기업 경영진들이 내린 결정에 관한 소식이 나온다. 공장들이 생산 공정을 바꾸려 한다는 이야기와 화학물질, 냉장고, 가스 유형, 소비 패턴에 관련된 내용이 이어진다. 조금 더 읽어 내려가면 국가 지도자들의 논의, 국제 협약, 미래 세대의 권리, 환경운동 시위에 관한 소식이 전개된다.

> 한 편의 신문 기사에서 화학적 반응과 정치적 반응이 한데 섞인다. 극히 난해한 과학과 추악한 정치, 가장 멀리 떨어진 하늘과 리옹 외곽 지역의 공장, 지구적 규모의 위험과 임박한 지방선거 또는 다음 이사회 모임이 하나의 가닥으로 연결된다.
>
> (Latour 1993: 1)

이 신문 기사에서 흥미로운 측면은 정확히 무엇인가? 라투르는 이런 기사들에서 놀라운 역설을 발견한다. 한편으로 모든 종류의 요소들과 행위자들을 한데 엮는 동시대 이슈들이 이어지고 있다. 그러한 상호연결된 혹은 하이브리드적인 현상의 예로 라투르는 에이즈, 컴퓨터 칩, 냉동배아, 아마존 산불을 든다. 다른 한편으로 우리는 세계를 완전히 상이한 방식들로 범주화하는 잘 확립된 전통을 가지고 있다. 즉 우리는 지식과 이해관계, 정의와 권력, 사회적인 것과 자연적인 것을 구분해야 한다고 생각하는 경향이 있다. 달리 말해 세계가 그러한 분명한 범주들로 구분될 수 있고 구분되어야 한다고 믿는 경향이 있다. 그러나 여기서 역설은 우리가 분리되어야 한다고 생각하는 모든 것들이 이러한 개개의 현상들 속에서 뒤섞이고 있다는 것이다.

라투르는 여기에 무언가가 있다고 믿으며 이를 **근대 헌법**이라고 부른다. 우리 근대인들은 과학적인 것, 경제적인 것, 정치적인 것, 문화적인 것, 국지적인 것, 지구적인 것 등과 같은 순수한 범주들의 존재에 대한 믿음을 유지하는 유형의 사람들이다. 게다가 이러한 믿음은 매일 문화와 자연의 경계를 휘젓고, 갈수록 확장되며, 좀처럼 통제되지 않는 하이브리드들이 우리를 둘러싸고 있다는 사실에도 **불구하고** 유지된다. 라

〈그림 3.1〉 정화와 번역 (출처: Latour 1993: 11; 그림 1.1.)

투르는 그러한 근대적 실천을 〈그림 3.1〉에서 보여준다.

그림은 두 가지 상이한 종류의 실천을 보여주고 있다. 그림의 아래쪽에는 소위 **번역 작업**(work of translation)이 있다. 이는 혼합체와 새로운 유형의 존재, 즉 자연과 문화의 하이브리드를 만들어내는 실천에 해당한다. 과학학 연구는 이러한 번역 작업을 규명하는 데 기여하며, 번역 작업의 결과는 신문 기사에 등장하는 지속적인 하이브리드들의 흐름 속에 등록된다. 그림의 위쪽에는 소위 **정화 작업**(work of purification)이 있다. 이는 자연과 문화를 두 개의 독자적인 존재론적 영역으로 분리하려는 지속적인 실천적, 담론적 노력으로 이루어진다.

라투르의 도해는 쉽게 이해되지도 않고 직관적으로 수긍하기도 어렵다. 사실 여러 가지 방식으로 잘못 해석될 소지도 있다. 예를 들어 번역이 근대성의 진짜 엔진이며 반면 정화는 일종의 부수적 현상, 심지어 "허위의식"의 표현이라는 인상을 줄 수도 있다. 그러나 이는 잘못된 해석이다. 라투르가 주장하는 것은 근대인의 비밀이 (그리고 근대 사회가 지닌 기이한 역동성의 진짜 이유가) 정화와 번역 간의 일종의 시너지 또는 상호 강화에 있다는 것이다. 이러한 명백한 역설, 즉 한편에는 정화된 존재론적 영역들이 있고 다른 한편에는 이 영역들을 통합하는 하이브리드의 생산이 있다는 역설은 따라서 **생산적인** 역설이다.

이처럼 역설적이고 생산적인 근대의 전체적 배치를 이해하려면, 17세기 유럽에서 자연과학의 부상과 더불어 근대 헌법이 점진적으로 확립되어가는 과정에 대한 라투르의 논의를 살펴보아야 한다.

홉스 대 보일: 근대 헌법의 기원

1985년에 과학사학자 스티븐 섀핀(Steven Shapin)과 사이먼 섀퍼(Simon Schaffer)는 『리바이어던과 공기펌프: 홉스, 보일, 그리고 실험적 삶』(*Leviathan and the Air-Pump: Hobbes, Boyle, and the Experimental Life*)이라는 책을 출간했다. 이 책은 1600년대 중반에 벌어진 토머스 홉스와 로버트 보일 간의 갈등에 대한 사회학적 분석이다. 그 이후로 홉스는 정치철학자로, 보일은 자연과학자로 간주되어왔다. 그러나 책의 주요 논점 중 하나는 보일이 정치철학자**이기도** 했고 홉스 역시 자연철학자**이기도** 했다는 것이다. 그들이 활발하게 논쟁을 벌이던 때만 해도 자연과 문화는 아직 구분되는 존재론적 영역이나 학문 분야로 정의되지 않았다. 이러한 분리가 일어난 것은 그 이후였으며, 이는 주로 홉스와 보일의 상호 갈등에서 비롯된 절차와 논증 그리고 실천적 배치 때문이었다. 적어도 이것이 『리바이어던과 공기펌프』에 대한 라투르의 해석이다. 그는 이 책을 자연/문화 구분이 어떻게 발명되었는지에 대한 설명으로 독해한다. 그에게 섀핀과 섀퍼의 책은 근대 헌법의 기원에 관한 이야기이며 여기서 홉스와 보일은 헌법의 아버지의 역할을 하는 것이다.

라투르의 용어로 말하자면 이 논쟁에서 홉스와 보일은 인류학적 원형이 어떻게 배치되어야 하는지에 대하여 각자의 의견을 제시한 것이라 할 수 있다. 그들은 각기 자연과 문화, 종교와 정부, 그리고 상호 관련되는 일련의 다른 요소들을 어떻게 위치시킬 것인가에 대한 포괄적인 관점을 가지고 있었다.

홉스는 만인에 대한 만인의 투쟁인 자연상태가 사회계약에 의해 모든 시민을 대변하는 리바이어던(주권자)으로 대체되어야 한다는 사상을 펼친 것으로 잘 알려져 있다.[3] 당시 영국은 수십 년 동안 시민 전쟁에 시달렸고 이로 인해 홉스는 **통일**이라는 개념에 강하게 사로잡혀 있었다(Latour 1993: 18-20). 홉스에게 주권자는 시민들로부터 "권위를 부여받은" 사회 통일의 최우선적이고 강력한 화신이어야 한다. 이러한 사상은 여러 영역에서 함의를 가진다. 무엇보다도 이는 사회에서 종교의 역할이 축소되는 것을 의미한다. 모든 시민들은 지상의 신, 곧 주권자에게 복종해야 하는 것이다. 이와 동시에 홉스의 시각은 참된 지식의 확립이라는 문제에 대해서도 함의를 가진다. 여기서도 목적은 사회 통일이 무너지는 것을 막는 데 있다. 문제는 끊임없이 나타나는 자칭 지식의 권위자들을 어떻게 통제할 것인가 하는 것이다. 홉스에게 이 문제를 적절하게 해결하는 유일한 방법은 수학적 증명이다. 수학적 증명은 그 자체로 합리적이고 논리적이기 때문에 모든 사람을 곧바로 납득시킬 수 있다고 홉스는 주장한다. 주권자와 마찬가지로 수학적 증명 역시 모든 사람이 복종해야 하는 강력한 힘이라는 것이다.

이 이야기의 또 다른 주인공인 로버트 보일은 권위와 권위적 지식의 확립이라는 문제에 대해 확연히 다른 관점을 보인다. 과학사나 물리학 개론서에서 보일은 주로 가스 압력 실험과 진공상태 증명으로 잘 알려져 있다. 그러나 그의 실험이 1660년대에 흥미를 불러일으켰던 점은 보일이 지식 생산을 위한 주요 수단으로 수학적 증명을 사용하지 않는다는 점이었다. 보일은 지식 확립을 위해 일련의 다른 요소들을 사용한다. 공기펌프 등 (당시의 기준으로는) 값비싼 첨단 장치를 사용하고, 실험실을 설립하며, 런던의 명망 있는 신사들의 클럽인 왕립학회 회원들을 초대해 실험 현장을 지켜보도록 한 것이다. 실험실에서 보일은 실제로 발생하는 일(소위 "사실의 문제")에 대한 기록을, 연구 중인 현상에 대한 다양한 해석("의견의 문제")으로부터 조심스럽게 분리한다. 그럼으로써 목격자들의 개인적 관심과 종교적 선입견은 실험실 밖으로 유예되고, 실험실 안은 순수한 객관적 관찰의 세계가 된다.

홉스는 보일의 정교한 실험실 배치를 그리 좋아하지 않았다. 아니 사실은 격분했다! 홉스는 통일에 기초한 사회 안전과 영구 평화를 추구했으며, 유령이나 혼령, 자칭 종교 지도자 등 지식과 진리에 접근할 수 있는 특권을 가지고 있다고 주장하는 모든 종류의 권위에 더 이상 호소하지 말 것을 모든 시민들에게 요구했다. 그래서 홉스에게는 보일과 그의 실험실 역시 그런 의심스러운 권위를 만들어내려는 위험한 시도로 보였다. 홉스가 보기에 보일은 지식이 수학적 증명의 형태를 가져야 한다는 요건에 따르지 않고, 폐쇄된 신사 집단과 값비싼 실험 도구들을 통해 자기 나름의 사실을 자유로이 제조할 수 있는 배타적인 공간을 창출하려 하는 것이다. 보일이 **자기 나름**의 방식으로 권위 있는 지식을 생산할 수 있다는 것이 일반적으로 받아들여지면, 결국 또 다른 자칭 권위자들에게도 문을 열어주게 되고 그래서 힘들게 얻은 취약한 정치적 통일이 해체되는 사태를 피할 수 없다는 것이다.

보일과 홉스 가운데 누가 옳은가? 대부분의 현대인들은 역사가 보일에게 승리를 안겨주었다고 말할 것이다. 이 논쟁 이후 보일의 지식 생산 방식이 널리 받아들여졌고 이제 그는 실험 과학의 아버지로 여겨지기 때문이다. 그러나 라투르에 따르면 이 이야기 혹은 갈등에서 가장 흥미로운 부분은 보일과 홉스가 근대 문화의 근본이 되는 언어적, 실천적 배치를 함께 발명했다는 점이다. 그 키워드는 **대표**(representation)다. 한편으로 보일은 과학자들이 자연을 대표해 발언하도록 하는 절차와 구조를 발명했다. 적절한 도구, 실험실, 증인, 그리고 "사실의 문제"와 "의견의 문제" 간의 구분이 주어진다면, 과학자는 자연의 권위적인 대변자로 등장할 것이다. 다른 한편으로 홉스는 시민들이 어떻게 적절한 사회계약을 통해 권위 있는 정치적 "신체"로 하여금 자신들의 이해관계를 대표하도록 하는지를 묘사할 수 있는 용어를 발명했다. 라투르는 과학적 대표와 정치적 대표라는 보일과 홉스의 이러한 발명을 분리해서 생각해서는 안 된다고 지적한다. 여기서 우리가 목도하는 것은 권력의 분립이자 자연과 정치의 근본적인 분리이며, 이 두 가지 분리는 하나의 동일한 근대 헌법에 함께 기여한다는 것이다. 보일은 (다른 것이 아닌 오직) 자연을 대표한다고 주장할 것이다. "사실의 문제"에 대한 그의 관점이 모든 정치적인 것을 실험실 밖으로 제쳐놓기 때문이다. 홉스는 (다른 것이 아닌 오직) 정치적 대표를 위한 처방을 제시한다고 주장할 것이다. 사회계약과 이해관계, 권력에 대한 그의 관점이 모두 인간 주체에 관한 것이기 때문이다. 이러한 분리는 명백하고 뚜렷하다. 한편에 자연이 있고 다른 한편에 사회적인 것과 정치적인 것이 있다.

그러나 홉스와 보일이 말하는 것과 행하는 것은 다르다. 라투르는 설사 우리가 자연과 정치를 두 개의 분리된 영역으로 생각하는 근대적 습관을 유지할지라도, 홉스와 보일이 (오존층의 구멍에 관한 신문 기사에 나오는 피조물들과 같은) 기이한 하이브리드들을 생산한다는 것은 너무나 분명한 사실이라고 지적한다. 보일은 자연이라는 **이미 주어진 장** 안에 자신을 위치시키는 것이 아니다. 오히려 그는 자신이 자연(그리고 실험실 안의 장소)이라고 정의하는 것과 정치, 태도, 의견, 문화(그리고 실험실 밖의 장소)라고 정의하는 것 사이의 **경계를 만들어내는** 절차, 개념, 도구를 적극적으로 구성하고 있는 것이다.

같은 맥락에서 홉스의 리바이어던도 사회라는 이미 구성된 현상을 단순히 장악하는 것이 아니다. 모든 시민들의 이해관계가 하나의 주권자에게로 흘러들어가고 그를 통해 대표되기 위해서는 일련의 요소들과 자원들이 광범위하게 동원되어야 한다. 이를 넓은 의미에서 "국가 기구"라고 부를 수도 있을 것이다. 그러나 섀핀과 섀퍼의 책은 홉스의 주권자가 사회의 대표자로 행동하는 것을 가능케 하는 사회적, 물질적, 기술적, 관료적 요소들의 정교한 혼합에 대해서는 거의 언급하지 않는다.

라투르에 따르면 이러한 누락은 사회가 어떻게 구성되는지를 탐구하는 대신, 사회를 이미 존재하는 실체로 가정하는 그들의 사회학적 출발점으로 인한 결과이다.[4]

그러나 라투르는 "순수한" 자연의 대표와 "순수한" 사회의 대표 모두가 지난한 구성 작업의 결과라고 주장한다. 역설적이게도 이러한 구성 작업은 인간적 존재들과 비인간적 존재들을 광범위하게 혼합하고 연결하며 하이브리드화하는 작업이다.

이제 앞에서 언급한 근대 헌법의 요소들이 모두 갖추어졌다. 보일을 통해 우리는 자연을 특별하고 분리된 영역으로 정화하는 절차를 얻었다. 홉스를 통해 우리는 어떻게 개별적 이해관계들이 결합되어 하나의 사회를 형성하는지에 대한 기본적인 개념을 얻었다. 그러나 홉스와 보일 모두를 통해 새로운 자연-문화 하이브리드들이 무수히 많이 생겨나지만, 그것들은 자연과 사회의 정화된 대표들로부터 분리되어 있다.

근대 헌법의 역동성

이제 중요한 문제는 근대인들이 (실제로는 하이브리드들을 생산함에도 불구하고) 자연의 대표와 사회의 대표를 분리함으로써 얻는 **이득**이 무엇인가 하는 것이다. 어쨌든 근대인들이 자신들의 생활 방식을 확산시키는 데 상당히 성공했다는 것은 분명하다. 라투르는 소위 **전근대** 문화들과의 비교를 통해서 이 질문에 대한 답을 구한다. 인류학 연구들에 기초하여 라투르는 전근대 문화들은 자연적인 것, 사회적인 것, 신성한 것을 혼합하는 하이브리드들에 각별한 주의를 기울이는 경향이 있다고 주장한다. 이러한 강박적인 주의로 인해 전근대인들은 기존 질서가 붕괴되는 것을 두려워하고 세계에 대해 극도로 조심스러운 태도를 취한다. 그러나 근대인들은 그러한 조심성을 완전히 제쳐놓는다. 보일은 실험실에서 낯선 하이브리드들을 동원하면서도 이를 잠재적으로 위험한 시도로 보지 않는다. 보일과 그의 많은 근대적 계승자들은 실험실의 과학자들이 "순수한" 자연을 발견할 뿐 그 이상도 그 이하도 아니라고 믿는다. 근대 헌법은 순수한 **자연**과 순수한 **사회**가 **별개의 것**으로 제시되고 대표될 수 있도록 보장하며, 이러한 정화 행위로 인해 근대인들은 하이브리드들이 자연적 질서나 사회적 질서를 교란할 수 있다는 생각을 하지 못하게 된다. 하이브리드들을 가시화하는 [전근대] 문화는 다른 한편 스스로 자제하기도 한다. 그러나 하이브리드들을 시야에서 감추는 (그리고 정화만을 가시화하는) [근대] 문화는 자유 의식과 부주의한 태도를 조장함으로써 실제로는 점점 더 많은 하이브리드들의 생산과 동원을 가능케 한다.

라투르의 주장을 이해하기 위해서는 그의 과학인류학 연구에서 나타났던 중요한 논점을 되새겨야 한다. 근대적 실험실들은 (불변의 가동물 같은 것들을 통해) 안정된 질서와 효과를 구성하기 위하여 자연적, 기술적, 사회적 존재들의 상상 가능한 모든 결합을 실험할 수 있도록 한다. 나아가 실험실들은 실험실에서 만들어진 하이브리드 구성체들이 분포되고 번역되는 연결망들 속에서 작동하며 이러한 연결망들은 (계산 센터를 포함하여) 갈수록 확장된다. 그와 같이 확장되는 연결망들은 홉스가 이론화한 종류의 국가건설 기획과 긴밀히 연결되면서 한층 더 발전하는데, 이러한 국가건설 기획은 거의 모든 테크노사이언스 구성체들을 기꺼이 수용하고 이용하려 한다. 따라서 근대인들은 한편에서는 주어진 사회 질서와 무관하게 자신들의 실험실에서 자유롭게 실험하는 자신감 넘치는 자연의 대변자들을 생산하고, 다른 한편에서는 자신의 운명을 스스로 개척할 수 있다고 전적으로 확신하는 까닭에 새로운 테크노사이언스 구성체들을 두려움 없이 수용하는 사회를 생산한다. 라투르는 이 두 가지의 **결합**이 우리가 근대성이라고 인식하는 통제 불가능한 역동성의 원천이라고 주장한다. 따라서 근대성의 역동성을 (그리고 그와 연관된 생산성의 관념과 권리, 형태를) 이해하기 위해서는 테크노사이언스 산물들의 끊임없는 분출을 수용할 준비가 된 집합체 내에 과학 실험실들을 확립하는 과정에 주목해야 한다.[5]

근대적 비판의 수행

근대 헌법이 갖는 비교 우위는 하이브리드들의 지나치게 활발한 생산만이 아니다. 근대 헌법은 또한 **비판**의 수행을 위한 전례없이 폭넓은 기회의 스펙트럼을 확립한다고 라투르는 주장한다. 일반적으로 비판은 한 행위자가 정의하고 적용하는 준거점을 상대방(비판 대상)이 충족하지 못할 때 가능하다. 그런 면에서 **자연**의 정화는 근대적 비판의 분명한 첫 번째 원천을 제공한다. 자연이라는 준거점을 통하여 근대인들은 인간적 편견과 추측으로 사물의 순수한 인과율을 혼란스럽게 만드는 지식 또는 실천의 모든 형태를 비판하고 폭로하며 비난할 수 있는 것이다. 라투르는 이것이 17세기에 시작된 소위 "1차 계몽주의"에 내재된 비판의 원동력이라고 주장한다. 다른 한편에서는 정반대 형태의 정화, 즉 **사회**의 정화가 또 다른 비판의 원천을 제공한다. (사회학이나 경제학 같은) 사회 법칙에 대한 확립된 지식을 준거점으로 삼음으로써, 근대인들은 자연과학에 영향을 미칠 수 있는 이데올로기적 왜곡을 포함해 모든 종류의 이데올로기적 왜곡을 비판할 수 있게 된다. 이러한 비판적 충동이 1800년대에 발생한 소위 "2차 계몽주의"의 원동력이다.

여기까지는 문제가 없다. 근대인들은 이제 자연적 실재론과 사회학적 실재론 모두에 호소할 수 있다. 그런데 이 가능성들이 한층 더 커지게 된다. 근대인들은 인간이 스스로 사회를 형성할 수 있다고 주장하기에 이르는데, 이는 결국 근대인들이 사회의 법칙에 종속되지 않는다는 것을 의미한다. 마찬가지로 근대인들은 과학과 기술을 통해 자연을 조작할 수 있다고 주장하기에 이르는데, 이는 근대인들이 자연의 법칙에도 종속되지 않는다는 것을 의미한다. 그러한 "사회구성주의적" 입장은 근대 헌법이 확립한 담론 공간 속에서 충분히 성립될 수 있다.[6] 한 지점에서 **자연**과 **사회**는 **초월적**이다. 즉 그것들은 부재하는 외부적 힘이며 우리는 그것들을 분명히 알아보지 못하는 이들을 비판할 수 있다. 그러나 다음 지점에서 **자연**과 **사회**는 **내재적**인 것으로 묘사된다. 즉 그것들은 우리 자신이 만들어내는 힘이며 우리는 이 사실을 간과하거나 과소평가하는 이들을 또다시 비판할 수 있다. 나아가 라투르는 이와 유사한 논리를 근대적인 **신**의 개념에도 적용할 수 있다고 주장한다. 마찬가지로 **신**은 부재하면서도(초월적이고 멀리 떨어져 있으면서도) 동시에 인간 개개인의 마음에 직접 이야기한다는 점에서 지극히 현전한다(내재적이다).

확고해 보이는 이러한 준거점들로 인해, 곧 **자연**과 **사회** 그리고 **신**

이 어떤 때는 내재적인 것으로 어떤 때는 초월적인 것으로 묘사될 수 있는 까닭에, 근대인들은 비판을 위한 선택지와 입장 변환의 여지가 너무나도 풍부해서 자연스럽게 스스로를 난공불락이라고 느끼게 된다. 적어도 근대인들은 그러한 비판적 자원을 갖지 못한 다른 모든 문화들에 비해 자신들이 훨씬 우월하다고 느낄 수밖에 없는 것이다. 라투르는 백인들이 한 입으로 두 말 한다는 미국 원주민들의 비난을 전적으로 수긍한다. 하지만 그러한 비난이 근대인들이 비판을 계속하는 것을 막지는 못했다.

그러나 라투르는 우리는 결코 근대인이었던 적이 없다고 주장한다. 다시 말해 실제로는 세계가 근대 헌법의 계율에 따라 기능했던 적이 없다는 것이다.

우리는 결코 근대인이었던 적이 없다

우리가 결코 근대인이었던 적이 없다고 라투르가 주장하는 근거를 이해하기 위해서 그의 또 다른 영감의 원천인 프랑스 역사학자 프랑수아 퓌레(François Furet)를 살펴볼 필요가 있다. 프랑스혁명 전문가인 퓌레는 자신의 연구를 통해 프랑스혁명에 대한 해석 논쟁을 다시 불러일으켰다(Betros 1999). 기존 학자들, 특히 마르크스주의자들이 프랑스혁명을 생산 양식의 변화에 따른 결과로 해석한 반면, 퓌레는 과정으로서의 혁명과 역사적 행위 양상으로서의 혁명을 분명히 구분해야 한다고 주장한다. 당시 프랑스 혁명가들은 자신들이 참여하고 있는 사건을 이해하기 위해 혁명이라는 개념을 사용했다. 즉 "혁명"은 발생하고 있는 사건에 대한 그들 자신의 정의였던 것이다. 그런데 이 정의는 수행적인(performative) 것이기도 했다. 혁명가들은 그 용어를 사용함으로써 그렇지 않았다면 가질 수 없었을 용기와 낙관주의를 고취할 수 있었던 것이다.

그러나 퓌레는 역사적 사건에 대해 주도적인 참여자들이 가졌던 해석의 틀을 역사가가 그대로 채택하는 것은 심각한 잘못이라고 비판한다. 역사가는 어느 정도 거리를 둬야 하며 적어도 대안적인 해석들에 열려 있어야 한다는 것이다. 퓌레는 자신의 분석을 통해 그러한 태도를 보여준다. 예를 들어 그는 마르크스주의자들의 가정과 달리, 1789년 당시 봉건적인 지배계급에 대항해 승리를 거두었던 "부르주아"가 실제로는 존재하지 않았다는 것을 보여주었다(Betros 1999). 라투르는 이러한 관점이 근대인들에게도 적용될 수 있다고 본다. 근대인들이 스스로를 근대적이라고 믿음으로써 어떻게 더 많은 기회를 얻게 되었는가를 이해해야 한다는 것이다. 근대 헌법이 어떻게 근대인들로 하여금 대규모로 하이브리드들을 동원할 수 있도록 해주는지, 또한 근대 헌법이 어떻게 근대인들에게 수많은 비판의 원천을 제공하는지를 라투르가 분석하는 것은 이를 이해하기 위한 시도이다. 하지만 근대인들의 자기 이해를 그대로 채택하는 것은 잘못일 것이다. 대신 우리는 근대인들의 자기 이해로부터 일탈하는 방식으로 세계를 형성시키는 사건들, 실천들, 이론들을 검토할 필요가 있다. 그처럼 근대성과 상충되는 질서화 양식들을 들여다봄으로써 우리는 한때 난공불락으로 보이던 근대적 질서가 왜 이제 심각한 취약성을 드러내는지를 설명할 수 있게 된다. 퓌레는 혁명을 여러 가능한 해석들 가운데 하나로 볼 수 있게 됨에 따라 혁명이 자명한 사실로서의 지위를 상실했기 때문에 "프랑스혁명은 끝났다"고 선언했다(Furet 1981: 1). 마찬가지로 라투르도 이제 근대성에 대한 유의미한 대안들이 있다는 (그리고 항상 있어 왔다는) 것이 갈수록 분명해지고 있기 때문에 우리는 결코 근대인이었던 적이 없다고 선언한다.

라투르에 따르면 근대 헌법에 대한 대안들은 여러 가지 상이한 방식으로 등장하고 가시화되고 있다. 라투르는 그 가운데 첫 번째로 자신이 속한 분야인 **과학학**을 강조한다. 과학인류학자를 비롯한 과학학 연구자들은 과학적 실험실들에서 펼쳐지는 실천을 탐구할 때 인간적 요소들과 비인간적 요소들을 끊임없이 연결하고 하이브리드화하는 연결망의 형성을 묘사한다. 실제적이고 물질적인 과학의 실천에 집요하게 분석의 초점을 맞춤으로써 과학인류학자들은 그러한 하이브리드화 작업을 가시화해낸다. 이러한 묘사는 공식적이고 정화되어 있는 근대주의적인 서사, 즉 실험실은 **자연**을 발견할 뿐이고 **사회**는 실험실 바깥에서만 발견되는 것이라는 주장과 어울리지 않는다. 따라서 과학에 대한 구성주의적 묘사는 **자연**과 **사회**를 갈수록 더 명확히 분리하는 것이 진보를 위한 "처방"이라는 근대인들의 굳건한 믿음을 위협하게 된다.

그와 달리 연결망 분석은 과학적 사실과 기술적 인공물의 구성을 가능케 하는 것이 바로 현재 진행 중인 하이브리드화라는 결론에 이른다. 라투르에 따르면 과학학이라는 작은 분야는 근대 헌법이 비가시화하는 하이브리드들을 가시화한다는 점에서 비근대적인 실천이다. 지난 30년 동안의 과학인류학 연구의 결과로, 순수한 **자연**은 실험실에서만 발견될 수 있는 초월적 조건이라는 근대주의적 주장은 이제 점점 더 설 자리를 잃어가고 있다.

근대주의적 자기 이해를 약화시킨 두 번째 중요한 기여로 라투르는 뤽 볼탕스키(Luc Boltanski)와 로랑 테브노(Laurent Thévenot)의 **비판에 대한 사회학**을 꼽는다(Boltanski & Thévenot 2006 [1991]; Latour 1993: 43-45 참조). 앞에서 보았듯이 근대 헌법은 비판의 수행을 위한 다양한 기회를 제공한다. 예를 들어 근대인들은 **자연**과 **사회**의 법칙이라는 자신들의 정화된 대표를 이용해 "전근대인들"의 모호한 혼합체와 환상을 드러내고 비판한다. 많은 사회과학자들은 그러한 근대적 비판에 참여하는 것을 자신의 주요한 임무로 여길 것이다. 그러나 볼탕스키와 테브노는 완전히 다른 질문을 제기한다. 볼탕스키와 테브노의 분석에 따르면 비판이란 **정당화 체제들**이라고 불리는 역사적으로 받아들여진 일련의 도덕적 어휘들에 기초해 특정 맥락의 참여자들이 행사하는 능력이다.[7] 볼탕스키와 테브노는 참여자들이 언제나 자신들의 행위를 정당화하고 다른 이들의 행위를 비판하기 위한 다양한 선택지를 가지고 있다는 것을 실제로 보여준다. 예를 들어 어떤 사람이 무상으로 헌혈을 한다면, 헌혈자 자신은 (시민적 논리에 기초해) 이를 연민의 행위로 정당화하는 반면 비판자들은 (시장 논리에 기초해) 헌혈자의 순진함을 비난할 것이다. 만약 그가 자신의 혈액을 돈을 받고 팔기로 결정한다면, 그는 (시장의 관점에서) 자신의 행위를 현실적인 것으로 정당화하는 반면 비판자들은 (시민적 관점에서) 그를 탐욕스럽다고 비난할 것이다(Jagd 2007).[8]

라투르가 여기서 주목하는 점은 헌혈자와 비판자가 이용할 수 있는 비판과 정당화의 유연한 원천들이 근대인들이 가진 비판의 자원들과 유사하다는 것이다. 사실 라투르는 비판에 대한 자신의 분석이 볼탕스키와 테브노로부터 강한 영감을 받았다는 것을 숨기지 않는다. 라투르에 따르면 이들의 분석이 지닌 중요성은 풍부한 경험적 연구를 통해 참여자들이 거의 모든 지점에서 다양한 비판과 정당화의 체제들을 이용할 수 있다는 것을 극명하게 보여주었다는 데 있다. 이처럼 풍부한 비판의 원천들을 가시화함으로써 볼탕스키와 테브노는 비판이 최종 결정권을 갖는 확실한 방법이라는 근대주의의 자기 확신적인 가정의 토대를 약화시킨다. 이는 근대 헌법이 실제로 일어나고 있는 일들에 대한 정확하고 완전한 묘사가 아니라, 단지 세계를 조직하는 하나의 특정한 시도에 불과하다는 점을 다시 한번 보여준다고 라투르는 말한다.

마지막 세 번째로 라투르는 근대인들의 성공의 가장 분명한 표현(하이브리드들의 대규모 등장)이 이제 역설적으로 근대인들의 기획을 침식하기 시작한다고 주장한다. 여기서 다시 자연과 문화가 마구 뒤섞이는 기사들을 보고 있는 현대 신문 독자의 예로 돌아가자. 라투르는 보일과 몇몇 실험실의 문제에 "불과했던" 때에는 상황이 완전히 달랐다고 말한다. 당시만 해도 자연의 대표와 사회의 대표를 선명히 분리시켜 놓는 것이 가능했다. 그러나 오늘날 우리는 "냉동 배아, 전문가 시스템, 디지털 기기, 센서 장착 로봇, 이종교배 옥수수, 데이터 은행, 향정신성 의약품, 무선 수심측정기가 부착된 고래, 유전자 합성장치, 청중 분석장치 등등" 그야말로 본격적인 침투의 한복판에 놓여 있다(Latour 1993: 49-50). 라투르의 표현대로 이 모든 괴물들은 **자연**이나 **문화** 가운데 어느 한 가지로 분류하기가 어렵다. "마치 이제는 하이브리드들을 구획해줄 재판관이나 비평가들의 수가 충분치 않은 것 같다. 정화 체계는 우리의 사법 체계만큼이나 꽉 막혀 있는 상태에 이르렀다."(Latour 1993: 50)

이러한 하이브리드들의 정체 상태는 근대 헌법을 두 가지 이유에서 약화시킨다. 첫째, 궁극적으로 모든 것을 순수한 자연과 순수한 문화로 구분해야 하고, 구분할 수 있으며, 구분할 것이라는 근대적 믿음을 공유하는 것이 갈수록 어려워진다. 하이브리드들의 축적과 가시화가 일종의 존재론적 도전을 제기한다고 할 수도 있다. 근대인들의 기대와는 반대로 세계는 갈수록 덜 정화되는 것 같아 보인다. 둘째, 실험실에서 하이브리드들이 생산되고 증식되는 것에 대해 걱정할 필요가 없다는 근대적 믿음을 유지하기가 갈수록 어려워진다. 앞서 보았듯이 이러한 믿음은 실험실은 자연을 발견할 뿐이고 사람이 (오직 사람만이) 사회를 만든다는 가정에서 나오는 것이다. 그러나 하이브리드들이 범람함에 따라서, 하이브리드들이 전혀 능동적 역할을 하지 않는다는 "사회적 질서"의 관점은 갈수록 지탱하기 어려워진다. 이런 근거에서 라투르는 근대 헌법이 가능케 한 하이브리드들의 과도하게 활발한 생산은 서서히 그러나 꾸준히 자신의 토대를 침식하고 있다고 주장한다.

급진적인 결론들

라투르는 이렇게 말하는 듯하다.

근대 헌법과 함께 우리는 여기까지 왔다. 그런데 근대 헌법은 우리의 실천을 제대로 설명한 적이 없고 이제는 갈수록 더 받아들여질 수 없는 것이 되고 있다. 우리는 어떠한 결론을 내려야 하는가? 원칙적으로 답은 간단하다. 우리는 하이브리드를 위한 공간을 마련해줘야 한다. 즉 하이브리드에 대해 대화하고, 하이브리드를 등록하고, 하이브리드에 대응하고, 하이브리드가 정화 작업과 맺는 관계를 들여다볼 수 있어야 한다.

그러나 문제는 하이브리드의 비가시성이 우리의 근대적 사고방식에 깊이 내재해 있다는 것이다. 따라서 하이브리드를 인식하는 것은 근대성의 정신적 지평 전체를 바꾸는 급진적인 결론들로 이어진다. 이 장의 후반부에서 우리는 그러한 급진적인 결론들, 특히 근대인들이 시간을 이해하는 방식 및 근대 문화와 전근대 문화의 차이를 이해하는 방식을 바꾸려는 라투르의 시도를 상세히 검토할 것이다. 하지만 그 전에 어떻게 하이브리드의 지도를 그릴 수 있는지에 대한 라투르의 생각을 세밀하게 살펴볼 필요가 있다.

라투르는 하이브리드의 지도를 그리기 위한 틀로서, 보일이 실험실에서 구성하는 진공의 다섯 가지 버전들을 표시한 도표를 제시한다(그림 3.2).

도표의 꼭대기에는 "자연의 극"에서 "주체/사회의 극"으로 이어지는 수평축이 있다. 이는 근대 헌법이 확립하고자 하는 정화된 이분법을 가리킨다. 도표의 중앙에는 "존재"에서 "본질"로 올라가는 수직축이 있다. 이는 안정성의 다양한 단계를 등록한다. 안정적일수록 "본질" 극에 가까워진다. 2장에서 논의한 과학적 사실의 구성과 안정화는 "본질"을 향한 상향운동의 한 예다. 그러나 이 상향의 안정화 운동은 사회나 주체 같은 다른 "본질들"도 생산한다.

보일의 진공은 도표에서 위쪽으로(A에서 E로) 움직이면서 안정성을 획득한다. 동시에 보일의 진공은 자연 및 주체/사회의 수평축 상에서 오른쪽에서 왼쪽으로 (그리고 역으로) 불규칙하게 움직인다. 다른 지도 그리기와 마찬가지로 라투르의 목적도 혼란스러운 곳에 명확성을 부여하려는 것이다. 혼란은 수평축만 고려할 때 발생한다(근대인들의 오류가 이것

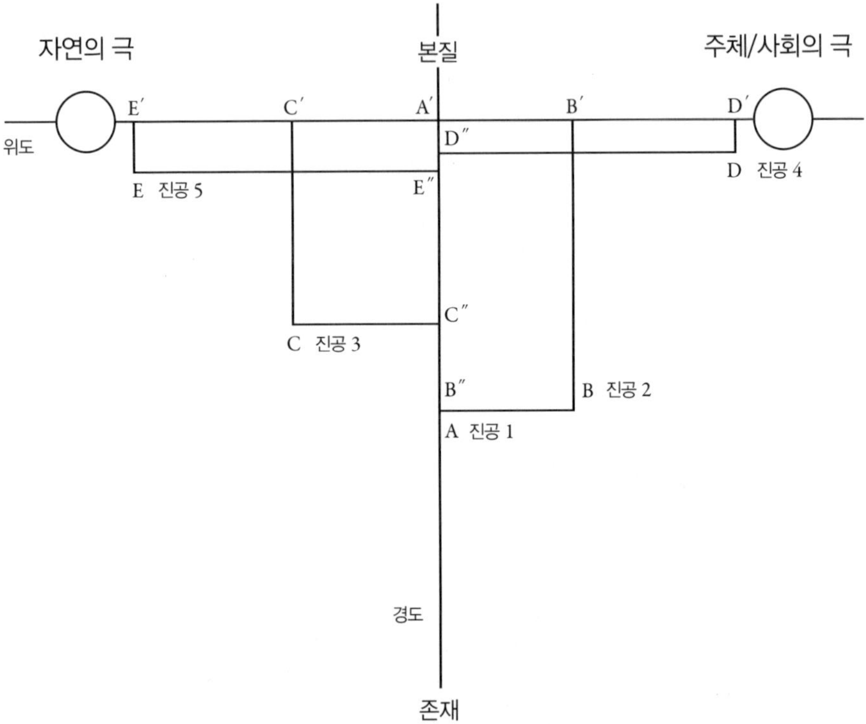

〈그림 3.2〉 근대 헌법과 그 실천 (출처: Latour 1993: 86; 그림 3.4.)

이다). 초점이 이렇게 제한되면 진공이 자연의 현상인가 아니면 사회의 현상인가 하는 식의 질문만 하게 된다. 이러한 관점에서는 두 가지가 번갈아 등장한다. 즉 한 순간에는 진공이 자연적으로 주어진 사실이지만 다음 순간에는 사회적으로 구성된 것이 되고, 나중에는 반은 자연적인 것, 반은 사회적인 것으로 간주된다. 라투르에 따르면 명확성은 수직축이 추가됨으로써 나타난다. 여기서 수직축은 진공이 어떤 특정한 상태로 **존재하기보다는** 그렇게 **생성되는** 과정 속에 있음을 드러낸다.

진공은 많은 요소들을 동원하고 그것들을 통해 점차 안정성을 획득해가는, 성장하는 하이브리드다. 요컨대 진공은 역사적이다. 진공이라는 하이브리드를 이해하려면, 근대인들처럼 자연-사회의 수평축 상의 한 지점을 표시하는 데 그쳐서는 안 된다. 그 대신 본질-존재 차원의 하이브리드화 작업까지 포함할 때 비로소 드러나는 궤적을 표시해야 한다. 이 궤적이 진공의 고유한 표식이다. 라투르는 진공이 자연에서 또는 자연에 의해 주어진 것이 아니라는 것을 다시 한번 강조한다. 오히려 그 반대가 참이라는 것이 도표에서 진공이 그리는 궤적을 통해 나타난다. 즉 **자연**은 하이브리드화 실천들이 제공하는 것들을 안정화하는 작업에 따라 나중에 등장하는 결과인 것이다.

라투르의 도표는 어떠한 특정한 의미에서도 경험적 도구가 아니다. 오히려 그것은 그의 존재론적 가정에 대한 일종의 요약에 해당한다. 가장 놀라운 가정은 진공이 스스로의 역사를 가지고 있다는 것이다. 근대주의자들(그리고 인식론적 실재론자들)은 진공이 역사 바깥에 존재한다고 주장할 것이다. 즉 진공은 자연적 실재 또는 가능성으로서 주어진다는 것이다. 근대주의자들은 사람들이 언제 그리고 어떻게 진공을 발견하고 사용하는가 하는 것이 역사적 문제이지, 진공이 **무엇인가**라는 것은 역사적 문제가 아니라고 생각한다. 이 점에서 진공 **자체**가 역사를 가지고 있다는 라투르의 단언은 전통적 근대주의 관점과 근본적으로 단절하는 것이다.

라투르의 이러한 주장은 시간에 대한 주류 근대주의적 인식을 강하게 비판한 프랑스 철학자 미셸 세르에게서 영감을 얻은 것이다. 세르에 따르면 근대적 시간 개념은 시간이 **지나가는** 어떤 것이라는 관념에 기초하고 있다. 이는 우리가 다음 단계를 향해 앞으로 그리고 위로 나아감에 따라, 한때 주어진 역사적 시기의 모든 것은 그 이전 단계에 남겨진다는 것을 의미한다. 그러나 세르와 라투르는 실제로 시간은 이런 식으로 작동하지 않는다고 주장한다. 모든 사건에는 상이한 시기들이나 시간들이 뒤섞여 있다는 것이다. 세르가 언급했듯이 최신 차량 모델이라는 것은 사실상 많은 상이한 시기들로 거슬러 올라가는 기술적, 과학적 해법들이 축적된 결과이다. 어떤 부품은 수십 년 전, 다른 부품은 지난 세기, 그리고 바퀴는 신석기 시대로부터 온 것이다. 어떤 차가 새롭고 현대적이며 "동시대적인" 것으로 보이는 것은 단지 그것이 설계되고 조립되며 판매되는 방식에 따른 결과일 뿐이다(Serres & Latour 1995: 45). 라투르는 자신이 (5,000년 전으로 거슬러 올라가는) 망치와 (35년 전에 발명된) 전기드릴을 모두 사용할 수 있다는 이유로 민족지적 호기심의 대상이 되지는 않을 것이라고 익살스럽게 말한다(Latour 1993: 75). 마찬가지로 다른 모든 상황도 일련의 상이한 시간들에서 유래하는 요소들이 모여서 만들어진 것으로 볼 수 있다.

모든 개별 사건이 시간들의 하이브리드라면, 근대 헌법의 대표성의 틀이 이러한 시간적 하이브리드들을 (다른 모든 유형의 하이브리드들과 마찬가지로) 잘못 다루고 있다는 것이 놀랄 일은 아니다. 근대 헌법은 모든 하이브리드를 쪼개어 분리하려고 한다. 즉 한편에는 지속적인 역사 과정 속에서 사람들이 창조하는 사회를 놓고, 다른 한편에는 주어지고 초월적이며 따라서 역사 외부에 존재하는 자연을 놓는 것이다. 그러면 이런 질문이 제기된다. 하이브리드 실천들이 새로운 조건이나 현상을 생산하거나 조성하는 빈번한 상황을 근대인들은 어떻게 다룰 것인가? 보일이 실험실에서 수많은 실험과 번역을 거쳐 (다소 변덕스러운 공기펌프, 시험관, 플라스크, 실험 절차, 홉스와의 논쟁, 초대된 증인들, 관찰 규약, 조수, 그리고 그 외의 많은 것들로 구성되는) "진공"이라는 꽤 안정된 하이브리드를 생산하는 데 성공할 때 근대인들은 자신들을 어디에 위치시킬 것인가? 라투르에 따르면 근대인들이 가진 대답은 오직 하나뿐이다. 그들은 하이브리드들을 대표할 수 없고 하이브리드들이 역사를 가진다고 상상할 수도 없기 때문에, (진공 같은) 새로운 현상을 순간의 천재성이 만들어낸 "구성되지 않은" 발견 또는 갑작스러운 발명으로, 이미 완전한 상태로 불현듯 튀어나온 것으로 볼 수밖에 없다. 진공은 시간의 외부에서 계속 그곳에 있었던 것이고 단지 지금 이 순간에 우리 앞에 모습을 드러냈다는 것이다. 그래서 근대인들의 역사는 끊임없이 다시 시작하는 혁명의 모습을 취한다. 진공과 전기의 발견과 컴퓨터의 발명 등에 따라 완전히 새로운 세계가 등장하며 전적으로 새로운 단계에 도달한다는 것이다. 이런 방식으로 근대인들은 역사를 일련의 지속적인 도약과 혁명, 인식론적 단절로 구성하며 이를 통해 자신들의 과거와 단절한다(Latour 1993: 70-72).[9]

근대주의적 시간 인식에 대한 급진적이고 다소 시적인 대안으로서 라투르는 시간을 일종의 소용돌이나 나선형 운동으로 상상한다. 라투르의 은유에서 과거와 미래는 여전히 존재하며 우리는 시간의 고리를 따라 전진한다. 그러나 과거는 단순히 지나가버리는 것이 아니다. 오히려 과거는 "재고되고 반복되고 둘러싸이고 보호되고 재조합되고 재해석되고 재편되는" 것이다(Latour 1993: 75). 이러한 이미지에서는 나선 경로 상에서 서로 멀리 떨어져 있는 두 가지 요소들이 여전히 서로 가까이 있는 두 개의 고리 위에 위치할 수도 있다. 역으로 나선 경로 상에서 서로 가까이 있는 두 가지 요소들이 (라투르의 자전거 바퀴 은유를 빌리자면) 서로 다른 "바퀴살"에 위치해 완전히 분리된 것으로 보일 수도 있다(Latour 1993: 75).

앞에서 살펴본 바와 같이(그림 3.2) 라투르는 근대주의가 분리하는 **자연**과 **사회**를 하나의 연속체로 간주해야 하며, 또한 하이브리드가 불안정한 존재에서 안정적인 본질로 이동하는 경로를 등록하기 위해서 두 번째 축을 추가해야 한다고 주장한다. 이러한 지도작성 도구를 통해 하이브리드화가 수행하는 중간적 작업이 가시화된다. "순수한 자연"과 "순수한 사회"란 그러한 과정의 궁극적인 결과로 봐야 하며 그 자체로서는 단지 수평축 상의 투영을 나타낼 뿐이라는 것이 분명해진다. 나아가 모든 것들, 즉 하이브리드들이 연속적인 역사를 가지고 있다는 것 또한 분명해진다. 이러한 관점에 입각한 라투르의 설명이나 비판은, 초월적인 자연 법칙이나 사회 법칙이 하이브리드의 창조를 결정한다는 근대주의적 관념에 기반할 수 없는 것이다. 라투르는 인간이 자연과 사회라는 두 개의 항아리 안에서 요소들을 끌어내고 그것들로 세계를 구성하는 것이 **아니라**고 강조한다. 그 반대 방향으로 설명해야 한다. 즉 하이브리드 영역 내부로부터 점진적인 안정화 과정을 거쳐 자연과 사회라는 예측 가능한 본질들이 이따금 등장하는 것이다. 이러한 설명 방향의 역전은 하이브리드의 가시화에 따른 또 하나의 급진적인 결론이다. 이러한 역전의 정확한 의미와 그것이 "자연"과 "사회"에 대한 실제 분석에서 어떤 의미를 갖는지는 이 책의 4장과 5장에서 더 논의할 것이다.

이 장에서는 대신 라투르의 하이브리드 개념이 근대 헌법에 가한 마지막 근본적인 타격에 초점을 맞춘다. 이는 근대 세계와 비근대 세계,

일반적인 용어로 "서구와 나머지 세계"의 관계에 관한 것이다. 라투르는 근대 인류학자들이 비근대 세계를 바라보는 여러 방식을 목록화하면서 논의를 시작한다. 어떤 인류학자들은 개별 문화를 다른 모든 문화와 질적으로 다른, 한정된 독립체로 간주한다. 그들은 개별 문화들이 서로 통약될 수 없을 뿐 아니라 어떠한 형태로도 위계적으로 배치될 수 없다고 보지만, 다른 한편 자연에 대해서는 한마디도 하지 않는다. 라투르는 이러한 입장을 **절대적 상대주의**(absolute relativism)라고 부른다. 다른 인류학자들은 보편적 자연의 존재를 가정하며 개별 문화가 자연에 대해 어느 정도 정제된 이해를 갖는다고 주장한다. 이러한 **문화적 상대주의**(cultural relativism) 관점은 자연을 이해하는 정확도에 따라 문화들을 서열화하는 것이 가능하다는 점을 암시한다. 마지막으로 라투르가 강조점을 두는 입장은 그가 **특수한 보편주의**(particular universalism)라고 부르는 것으로, 저명한 인류학자 클로드 레비-스트로스에서 비롯된다. 문화적 상대주의와 마찬가지로 특수한 보편주의도 자연이 보편적이라고 믿는다. 즉 모든 문화에 공통된 단 하나의 자연만이 존재한다고 본다. 여기에 덧붙여 특수한 보편주의는 세계의 다양한 문화들 가운데 오직 하나, 즉 서구적 근대 문화만이 자연과학을 통해 자연에 대한 특권적 접근을 향유한다고 생각한다. 나아가 이러한 (라투르가 "기적적"이라고 조롱하는) 특별한 접근이 "우리"와 "그들" 간의 결정적인 인식론적 단절의 시발점이라고 주장한다. 즉 **우리**는 자연을 있는 그대로 보는 반면에 **그들**의 자연 이해는 실상 그들 자신의 사회적 범주들을 투영한 결과라고 보는 것이다.

라투르는 앞서 살펴본 그의 근대성 분석에서 유래하는 이유들 때문에 이러한 입장들에 반대한다. 무엇보다도 그는 자연과 사회의 구성을 (홉스-보일 논쟁처럼) 같은 동전의 양면으로 보아야 한다고 주장한다. 모든 **집합체**(collective)는(라투르는 "문화"보다 이 용어를 선호한다) 일련의 다른 모든 요소들과 더불어 자연과 사회 모두를 구성한다는 것이다.

> 하늘과 땅, 몸과 마음, 재산과 법률, 신과 조상, 권력과 신념, 짐승과 상상의 존재를 자신들의 구성에서 동원하지 않는 집합체에 대해 누구도 들어본 적이 없다 (…) 이것이 바로 고대적인 인류학적 원형이며 우리는 결코 이를 버린 적이 없다.
>
> (Latour 1993: 107)

이런 입장에서 라투르는 자연을 아예 무시하는 절대적 상대주의의 근본적 결여를 지적한다. 마찬가지 이유로 그는 문화적 상대주의에도 동의하지 않는다. 이 또한 보편적 자연이 "저기 바깥에" 존재한다고 단순히 가정하기 때문에 자연을 도외시하는 경향이 있다.

레비-스트로스와 특수한 보편주의자들의 입장은 자연이나 자연과학의 역할을 간과하지는 않는다. 그러나 라투르에 따르면 이들의 결정적인 문제는 근대적 집합체와 다른 집합체들이 어떻게 자연을 **구성**하는지에 대한 이해를 결여하고 있다는 점이다. 특수한 보편주의는 (하이브리드의 번역 과정이 나중에 정화된 결과인) 근대인들의 초월적 **자연**을 무비판적으로 받아들인다. "저기 바깥에" 존재하는 자연이 구성되기 위한 전제조건이 바로 하이브리드들임에도 불구하고, 특수한 보편주의는 다시 한번 하이브리드들을 비가시화한다. 라투르는 **모든** 집합체가 자연과 문화를 하이브리드화한다고 주장한다. 차이는 단지 어떤 집합체들, 즉 근대인들이 이를 동시에 비가시화한다는 점에 있다. 따라서 라투르는 비근대적 문화들이 자연에 대한 이해 속에 문화적 범주를 섞는다는 레비-스트로스의 진단에 전적으로 동의한다. 그러나 근대적 과학 실험실의 일상 작업에서는 그러한 혼합이 발생하지 않는다는 레비-스트로스의 주장은 잘못된 것이라고 지적한다. 따라서 "그들"과 "우리" 간의 잠재적인 차이는 하이브리드화 여부가 아니다. 대신 라투르는 집합체들 또는 자연-문화들에 대한 비교인류학의 기초는 하이브리드화의 **유형**과 **범위**의 다양성에서 찾아야 한다고 주장한다.

집합체들을 비교하기 위해서는 먼저 모든 집합체가 존재들의 무수한 "종"들을 생산하고, 그에 따라 사물들이 분리되고 특정한 성격을 부여받으며, 따라서 집합체들이 다른 것들이 아니라 어떤 특정한 사물들을 동원하게 된다는 것을 인정해야 한다. 그러한 구분들은 결국 이 세계의 자연-문화들을 서로 다르게 만드는 수많은 작은 분할들을 낳는다. 이러한 맥락에서 보면 근대적 집합체는 여러 집합체들 가운데 하나에 지나지 않는다. 즉 근대인들이 "아추아르족과 다른 것은 아추아르족이 타피라테족이나 아라페시족과 다른 것과 마찬가지다."(Latour 1993: 107) 우리는 근대적 집합체와 전근대적 집합체들을 나누는 하나의 거대한 분리를 다루고 있는 것이 아니라, 집합체들 사이에 있는 다수의 작은 차이들을 다루고 있는 것이다. 이러한 점에서 라투르는 질적인 의미에서 모든 집합체들은 통약 불가능하다는 일종의 문화적 상대주의에 가깝다고 할 수도 있을 것이다.

그러나 여기서 라투르는 양적인 차이도 중요한 역할을 한다는 주장으로 나아간다. 어떤 집합체는 비교적 적은 수의 존재들을 동원하는 반면, 다른 집합체는 거대한 무리를 동원한다는 것이다. 그러한 차이 때문에 어떤 집합체는 다른 집합체들보다 훨씬 더 강한 힘을 갖게 되고 그들을 지배할 기회를 더 많이 확보하게 된다. 따라서 라투르는 집합체들 간의 권력 투쟁을 무시하거나 집합체들이 지닌 효과에 있어서 거대한 양적 차이를 도외시하는 문화적 상대주의자들과는 다르다.

라투르는 상호 증강의 메커니즘 또한 동원의 역학에 영향을 미치는 것으로 본다. 즉 집합체가 더 많은 수의 주체들을 모아야 할 때, 집합체는 훨씬 더 많은 객체들을 동원할 필요가 있다. 그리고 그 집합체가 더 많은 객관성을 생산해내면, 또 더 많은 주체성이 필요해질 것이다(Latour 1993: 108). 라투르는 다시 나선의 이미지를 이용해 그러한 누진적인 과정을 묘사한다. 확장하는 집합체들은 새로운 고리들을 형성한다. 원자력 발전소나 인간 게놈 지도, 위성 네트워크 같은 새로운 객체들의 고리들이 새로운 유형의 주체적, 사회적, 사회 구조적 존재들과 함께 새로운 유형의 집합체를 창출한다(Latour 1993: 108). 라투르에게 근대 과학이 경이로운 것은 근대인들에게 자연에 대한 특권적인 접근을 제공하기 때문이 아니다. 자연과학은 계속 확대되는 하이브리드들을 창출하고 동원하는 데 성공하며, 이를 통해 근대적 집합체를 지속적으로 재배치하고 연장하기 때문에 놀라운 것이다.

앞서 보았듯이 "서구"와 "나머지 세계" 간의 관계에 대한 라투르의 해석은 하이브리드의 가시화에 따른 근대성의 정신적 지평의 근본적 재편들 가운데 하나의 사례다. 우리가 어떠한 집합체에서도 자연의 대표가 하이브리드화에 기초한다는 것을 인식한다면, 근대적 집합체와 비근대적 집합체 사이에 하나의 거대한 질적, 인식론적 단절이 있다는 주장은 근거를 잃게 된다. 이와 동시에 우리가 집합체들 간에 하이브리드화의 유형과 범위가 크게 다르다는 것을 인식한다면, 왜 어떤 집합체가 다른 집합체들을 지배할 수 있는지를 더 잘 설명할 수 있게 된다고 라투르는 주장한다. 따라서 근대인들이 비근대인들로부터 (상대적인 차이는 있지만) 근본적으로 분리되지 않는다고 주장한다는 점에서 라투르를 기본적으로 연속성의 철학자로 규정할 수 있을 것이다(Finnemann 1996 참조). "집합체들은 규모의 차이만 제외하면 단일한 나선의 연속적인 고리들처럼 모두 비슷하다."(Latour 1993: 108) 이러한 연속성은 앞서 언급한 라투르의 시간 철학과 유사하다. 우리는 과거로부터 멀어져 앞으로 나아가지만 결코 과거와 완전히 단절하지는 않는다. 과거는 항상 다시 작업되고 반복되며 재해석되는 것이다(Latour 1993: 75).

우리는 이제 하이브리드의 가시화로부터 라투르가 이끌어낸 급진적인 결론을 정확히 요약할 수 있게 되었다. 라투르는 근대 헌법이 단절을 지시하는 모든 곳에 연속성을 재기입한다. 그리하여 과거와의 단절은 시간의 나선형 운동이 되고 비근대적 세계와의 단절은 하이브리드화의 포괄적인 실천이 된다. 그리고 자연과 사회의 단절은 인간 행위소와 비인간 행위소로 이루어진 하나의 집합체로 변한다.

사물의 의회 - 조심스러운 진전

라투르는 근대성 진단의 마지막 측면으로 비근대 헌법을 제시하려 한다(Latour 1993: 138-42). 라투르는 비근대 헌법을, 지금까지 한 번도 근대적이었던 적이 없으며 (과학학, 비판에 대한 사회학, 하이브리드들의 통제 불가능한 증식으로 인해) 이제서야 이 사실에 직면하기 시작한 집합체에 한층 더 알맞은 일련의 규칙들로 구상한다.

라투르는 비근대 헌법 속에서 근대, 전근대, 탈근대의 가장 좋은 것들을 결합하려 한다. 여기서 우리는 비근대 헌법의 세부 내용을 모두 서술하기보다는 가장 중요한 특징만을 강조하고자 한다. 그것은 다음의 딜레마를 라투르가 어떻게 해결하려 하는가 하는 것이다. 즉 어떻게 하면 하이브리드들을 가시화하면서도, 동시에 더 큰 집합체에 필요한 광범위한 연결망을 창출하는 근대 과학의 능력을 유지할 수 있을 것인가? 달리 말해 자연의 생산을 사회의 생산과 무관한 것으로 보는 근대인들의 "전속력 전진"과, 자연적 질서의 사소한 변화가 사회적 질서에 가져올 결과에 대해 불안해하는 (그리고 역의 경우에도 그러한) 전근대인들의 "느린 움직임" 사이에서 어떻게 균형을 잡을 것인가? 라투르가 제시하는 최선의 해결책은 (전근대인들처럼) 하이브리드들의 생산을 집합적이고 명시적인 일로 만들지만 동시에 (근대인들처럼) 사회적 질서와 자연적 질서를 항상 연결해야 하는 의무로부터 벗어나는 것이다. 이 점에서 하이브리드들은 "자연" 및 객체들과 더불어, 또한 "사회"를 자유롭게 창조할 수 있는 "시민들"과 함께 궁극적으로 우리의 집합체를 풍부하게 하는 존재들로 간주되어야 한다.

사실 라투르는 객관적인 자연과 자유로운 사회를 동시에 촉진하고 생산하는 것을 일종의 윤리적 의무로 보아야 한다고 주장한다. 집합체를 이런 관점에서 사고하는 것은 민주주의를 확장하기 위한 토대를 제공한다. 홉스와 그의 계승자들이 오랫동안 어떻게 시민들을 대표할 것인가 하는 문제에 사로잡혀 있던 영역에서 이제 라투르의 비근대 헌법은 어떻게 **하이브리드들**을 대표할 것인가 하는 문제에 초점을 맞춘다. 그렇다면 문제는 (그리고 라투르가 미해결 상태로 남겨둔 문제는) 오존층 구멍 같은 생경한 하이브리드들에게 어떻게 목소리를 부여할 것인가, 그리고 하이브리드들의 목소리를 집합체의 내부적, 외부적 협상에서 어떻게 사용할 것인가, 나아가 라투르가 **사물의 의회**(parliament of things)라고 부르는 새로운 유형의 집합적 의사결정 기관을 어떻게 확립할 것인가 하는 것이다. 앞에서 지적했듯이 라투르는 이에 관해 구체적인 내용을 제시하지는 않는다. 그러나 그는 10년 뒤에 쓴 『자연의 정치학』(2004d)에서 "사물의 의회"라는 주제로 되돌아온다. 이 책에 대해서는 4장에서 논할 것이다. 여기서는 하이브리드들을 포함하는 확장된 민주주의라는 문제에 라투르가 부여하는 기본적인 도덕적 의의를 강조하고자 한다. 민주주의가 확대되려면, 집합체의 협상에서 더 많은 수의 "견제와 균형"이 있어야 하고, 더불어 한층 더 넓은 범위의 대표자들이 더 광범위한 형태로 참여해야 한다. 그 결과로 빚어질 어느 정도의 감속과 조정, 규제는 있을 수 있고 합리적이며 (가장 중요하게는) 도덕적으로 바람직한 것이다(Latour 1993: 141). 결코 근대적이었던 적이 없는 집합체는 앞으로의 여정에서 느리게 가서도, 전속력으로 달려서도 안 된다.

요약과 토론

이 장의 도입부에서 언급했듯이 『우리는 결코 근대인이었던 적이 없다』는 믿기 어려울 만큼 야심 찬 기획이다. 근대성 전체를 다루려는 시도도 그렇지만, 지난 400년간 그 기저에 있어온 헌법을 통해 근대성을 설명하려는 것은 어떤 의미에서 비정상적인 작업이다. 최소한 그것은 극히 대담하고 고도로 추상적인 사고실험으로 간주되어야 한다.

개괄적으로 살펴보았듯이 라투르는 근대 헌법의 개념을 많은 저자들과의 토론을 통해 발전시킨다. 우리는 라투르가 이런 맥락에서 섀핀과 섀퍼, 볼탕스키와 테브노, 퀴레와 세르를 어떻게 활용하는지에 초점을 맞췄다. 그러나 이들이 라투르의 광범위한 참조와 논거를 이루는 연결망의 전부는 아니다. 우리의 설명에서 생략된 세 가지 중요한 사항을 언급하자면 다음과 같다.

1. 라투르는 (칸트, 헤겔, 현상학자들, 하버마스 같은) 많은 기라성 같은 근대주의 철학자들의 사상을 자연과 주체/사회 간의 구분이라는 불가능한 과업과 씨름하는, 갈수록 덜 성공적인 것으로 드러나는 일련의 시도들로 해석한다.
2. 라투르는 탈근대주의를 자연/사회의 구분을 다루려는 최신의, 가장 덜 성공적인 시도로 묘사한다. 책 전체에서 라투르는 탈근대주의적 사유를 두드러지게 부정적인 용어로 언급한다. "나는 이와 같은 지적 운동(더 정확히 말해서 이와 같은 지적 부동상태)을 지칭하기에 충분히 흉한 단어를 아직 찾지 못했다."(Latour 1993: 61)
3. 신과 종교의 관념에 대한 라투르의 개입은 앞서의 개략적 언급이 시사하는 것보다 훨씬 더 광범위하다.

그러나 이러한 생략에도 불구하고 우리는 라투르가 과학인류학 작업 이후 취했던 방향을 따라갈 수 있을 만큼 충분히 상세한 내용을 제시했다. 그가 선호할 만한 이미지를 써서 말하자면, 이제 우리는 라투르가 어떻게 자신의 나선에 또 다른 고리를 추가했는지를 묘사할 수 있게 되었다. 그가 어떻게 자신의 초기 작업을 재서술하고 재탐색하며 재해석했는지를 추적할 수 있게 된 것이다.

먼저 과학학이 전보다 훨씬 더 광범위한 논의와의 연관 속에 놓이게 되었다는 사실을 주목해야 한다. 이미 ANT에서 전반적인 철학적 기획이 제시된 바 있다(2장 참조). 그러나 우리는 이 장에서 과학학이 생산하고 가시화하는 것에 대한 라투르의 새로운 해석을 살펴보았다. 여기서 과학학은 비판에 대한 사회학 및 하이브리드들의 폭발적인 증가와 더불어, 근대주의에 가해지는 최후의 일격으로 제시된다. 과학학의 산물로 인해 (라투르가 정의하고 분석한) 근대성은 기존의 (철학적) 질서가 더 이상 유지될 수 없을 정도로 심각하게 도전받고 그 심장부에서부터 흔들리고 있다. 라투르는 이러한 상황이 우리로 하여금 오랫동안 버려졌던 수많은 연속성들을 재기입할 수밖에 없도록 하고, 그 과정에서 우리의 정신적 지평 전체가 변화할 것이라고 주장한다. 이제 우리는 우리 자신의 과거나 전근대로부터 우리를 분리하는 거대한 인식론적 단절이 존재한다는 것을 더 이상 믿을 수 없다. 우리는 더 이상 시간을 우리 뒤로 지나가버리는 것으로 간주할 수 없으며, 우리는 더 이상 세계를 두 가지 근본적인 존재론적 영역들(자연과 주체/사회)로 이루어진 것으로 묘사할 수 없다. 그러한 모든 사고 습관들은 과학학의 묘사들과 다른 맥락들로부터 쏟아져 나오는 하이브리드들에 의해 침식당하고 있다. 분명 라투르의 이러한 해석은 독창적이고 급진적이다. 라투르 이전에는 근대성에 대한 분석에서 과학학과 하이브리드들에 그러한 결정적인 역할을 부여한 이는 없었다. 물론 라투르의 독창성을 "쉽게" 부정하려는 (예컨대 그 전에도 근대의 피로현상을 단언하거나, 과학에 대한 신뢰가 약화되는 것을 지적하거나, 서구의 문제들을 제3세계로 수출할 가능성이 급속히 줄어들 것이라고 예측한 이들이 있었다는 등의) 주장들도 있을 테지만, 위에서 살펴본 라투르의 핵심적인 논지는 그런 모든 주장들을 무색하게 한다.

그렇다면 세계의 존재론적 구성과 하이브리드들의 새로운 집합적 가시성에 대한 이러한 급진적인 테제를 어떻게 평가할 것인가? 이는 쉬운 일이 아니며 사실 그 자체로 하나의 기획이라 할 수 있다. 우선 대략적으로 근대주의와 하이브리드에 대한 라투르의 묘사에는 현대 유럽의 신문 독자들과 지속적으로 공명하는 부분이 있다는 사실에 주목할 필요가 있다. 저자들이 이 장을 쓰고 있을 즈음, 바이오 연료에 대한 국제적인 논쟁이 벌어지고 있었다. 이 새로운 기술은 농작물의 부산물로 전통적인 차량 연료의 일부를 대체함으로써 환경 위기를 완화시켜 줄 것으로 예상된다. 그러나 다른 한편으로 연료용 작물 재배는 세계적인 식량 위기를 유발할 위험도 있다. 통제 불능의 하이브리드를 이처럼 생생하게 보여주는 예를 찾기는 쉽지 않을 것이다.

또 다른 신문 기사의 예를 저자들의 고국인 덴마크에서 찾아볼 수 있다. 2008년 초 몇 달 동안 20년 남짓 존속해온 덴마크윤리위원회의 미래에 대한 논쟁이 벌어졌다. 한 기사에 따르면 위원회는 1987년에 인공수정 기술을 둘러싼 불편하고 첨예한 공적 논쟁을 해소하기 위한 "피뢰침"의 역할로 정부에 의해 설립되었다고 한다.[10] 기존 정치 제도로는 이 문제에 복잡하게 얽힌 정치적, 과학적, 윤리적 측면들을 다룰 수 없었던 것 같다. 이와 같은 윤리위원회를 라투르의 "사물의 의회"와 유사한 실험적 기관으로 보는 시각도 있을 수 있을 것이다. 그 기사를 더 읽다 보면 덴마크윤리위원회가 원래 인공수정 문제가 해결되면 해산되는 일시적인 기구로 고안되었다는 것을 알 수 있다. 그러나 그 이후 (태아 진단이나 난자 기부, 대리모 등과 같은) 다른 논쟁적인 기술들이 의제로 계속 등장했다. 그래서 위원회는 지금까지 존속하고 있고, 나아가 많은 논자들이 환경이나 기후변화 같은 새로운 기술적 영역들을 다루기 위해 더 많은 윤리위원회를 설립해야 한다고 주장한다. 이 문제를 라투르의 근대성 철학에 입각해서 "정화 시스템"이 "정체되고" 하이브리드들이 통제할 수 없을 만큼 축적되는 하나의 사례로 해석할 수도 있다. 이제 기존의 정치적, 과학적 기관들이 더 이상 모든 것을 관리할 수 없게 된 것이다.

물론 우리는 임의로 취한 이런 사례들이 라투르의 분석이 옳음을 **증명한다**고 주장하려는 것은 아니다. 그러나 그 사례들은 적어도 라투르의 근대성 분석이 동맹자들을 비교적 용이하게 동원할 수 있는 하나의 연결망으로 기능한다는 것을 증명한다. 우리가 하려고만 한다면, 동시대 세계를 돌아다니면서 근대 질서가 어떻게 압박받고 있는지 (또한 경우에 따라서는 어떻게 한층 더 비근대적인 것으로 대체되고 있는지) 관찰할 수 있을 것이다. 그러나 그 과정에서 목도하게 될 또 다른 사실은 근대 질서가 한순간에 무너지거나 사라지리라는 증거가 거의 없다는 것이다. 근대주의라는 낙타의 등은 부러지지 않는다. 사실은 어떤 맥락에서는 비근대적 질서화가 점진적으로 그리고 불규칙하게 영토를 확보해가고 있는 것 같고, 다른 맥락에서는 근대주의적 상상력과 질서화 과정이 여전히 확고부동해 보이는 것이다.

이는 우리가 생각하기에 라투르의 근대성 진단에 대한 가장 생산적이고 적합한 독해로 우리를 이끈다. 『우리는 결코 근대인이었던 적이 없다』는 대안적 질서화 양식을 확립하려는 시도로 읽혀야 한다. 그 책은 특정한 효과를 유도하기 위해 자원들을 결집시킨다. 즉 그것은 과학이 사회에 대한 고려와 무관하게 (그리고 사회를 고려할 필요도 없이) 초월적 자연을 발견할 뿐이라는 위험한 관념에 도전함으로써 근대인들의 무모함을 완화하려는 시도인 것이다.

결국 라투르의 비근대 헌법은 무언가 새로운 것을 창출하려는 적극적인 노력이며, 말하자면 하나의 선언이라 할 수 있다. 그것은 우리로 하여금 다르게 행동하도록 (예를 들어 과학학을 더 과감하게 수행하도록) 고무하기 위해 고안된, 현재의 사건들에 대한 하나의 해석이다. 따라서 『우리는 결코 근대인이었던 적이 없다』는 묘사인 동시에 제안이다. 이 제안의 의미와 효과는 미래 독자들의 반응, 그리고 그 제안이 다른 질서화 과정들에 어떻게 "개입"하는가에 달려 있다.

어떤 해석자들은 라투르가 이미 잘 알려진 근대주의적 질서화 과정을 활성화할 뿐이라고 주장한다. 한 (덴마크) 철학자가 라투르에게 제기한 다음과 같은 수사적 질문이 이런 측면을 잘 보여준다. "집합체가 어떻게 뇌신경전달 물질을 구성할 수 있는가? 만약 그러한 구성 활동의 전제조건인 사고 과정이 바로 그 뇌신경전달 물질의 인과적 효과성의 결과로서만 발생할 수 있는 것이라면?"(Collin 1996: 80-81) 이 같은 질문 속에서 "인과적 효과성"이라는 관념과 함께 이미 존재하는 **자연**(집합체가 수행하는 어렵고 진행 중인 구성 작업의 외부에 존재하며 집합체에 의해 영향받지 않는다고 생각되는 자연)이라는 관념이 다시 밀수된다.

다른 해석자들은 라투르의 세계 묘사를 보다 적극적으로 수용하지만 여전히 그의 기획이 안고 있는 결점들과 도전들에 대해 우려감을 나타낸다. 예를 들어 어떤 철학자들은 이동성과 통제를 "몰역사적으로" 극대화하는 근대주의의 행태가 또한 상황의 "역사성"을 증폭시키는 결과를 빚었다고 지적한다. 그들은 근대화 과정이 어떤 명확한 역사적 시점에 특정한 유럽 사회들과 특정한 행위자들에 의해 시작되었다는 사실이 전 세계적으로 광범위한 결과를 가져왔다고 주장한다. 이런 이유에서 근대성의 역사적 환경을 라투르가 생각하는 것보다 더욱 광범위하게 분석할 필요가 있다는 것이다.

이와 유사하게 과학사회학자 마크 엘람(Mark Elam)도 라투르의 근대성 분석이 "거대한 분리"에 초점을 맞추면서 다른 요소들을 도외시한다고 비판한다. 엘람은 라투르의 분석이 이상하게도 성적, 민족적 차이를 빠뜨리고 있다고 지적한다. 더 나아가 라투르의 근대성 분석이 국제정치학의 지배적인 담화와 매우 유사한 면이 있다고 주장한다. 양극 세계라는 관념으로 규정된 냉전 시기 이래로 기술 경쟁이 국제 시스템의 주요한 추동력으로 여겨져 왔고, 이런 상황에서 다수의 테크노사이언스 센터들과 하이브리드들에 대한 감시가 핵심적인 활동이 되었기 때문이다. 따라서 엘람은 라투르의 근대성 진단이 서구의 세계적 헤게모니 유지와 암묵적으로 동조해왔을 가능성을 검토할 필요가 있다고 제안한다(Elam 1999).

라투르의 근대성 분석에 대한 수용은 여전히 열린 게임이라고 보아야 하며 비교적 최근에야 확산되고 있다고 할 수 있을 것이다. 『우리는 결코 근대인이었던 적이 없다』는 수많은 언어로 번역되었으며, 라투르의 가장 중요한 저작일 뿐 아니라 그 자체로 현대 세계에 대한 매우 중요하고 심오한 진단의 반열에 올랐다. 그리고 라투르 자신도 진행 중인 이 게임의 참여자이다(우리는 근대성의 철학과 밀접히 관련된, 라투르의 정치생태학과 결합의 사회학을 다루는 다음 두 개의 장에서 이 점을 살펴볼 것이다).

따라서 『우리는 결코 근대인이었던 적이 없다』는 다른 이들과 지속적으로 상호 작용하고 있는 하나의 수행적인 묘사이다. 그렇다면 한 가지 가능한 결론은 우리가 결코 근대적**이지도 않았고** 무근대적(a-modern) **이지도 않았다**는 것이다. 그 대신 우리는 그 두 가지 모두의 방식으로 세계를 질서화해왔고 계속 질서화하고 있다.

4장

정치생태학

우리는 무엇이 서로 연결되어 있고 함께 얽혀 있는지 알지 못한다. 우리는 사물들을 우리 방식대로 느끼고 실험하며 시험해본다. 어느 누구도 환경이 무엇을 할 수 있는지 알지 못한다.

(Latour 1998c: 233)

들어가는 글: 새로운 정치생태학을 향하여

"정치생태학으로 무엇을 할 것인가? 아무것도. 무엇을 할 것인가? 정치생태학!" 라투르의 『자연의 정치학』은 이렇게 시작한다(Latour 2004d: 1). 이 책은 현대 세계에서 특별히 중요한 정치적 이슈에 초점을 맞춘다. 그것은 바로 우리가 공유하는 (위험에 처한 듯한) 자연과 환경, 생태 문제다. 위 시작 글은 라투르가 흔히 사용하는 수사적 태도의 전형을 보여준다. 즉 문제들은 언제나 단어들의 다양한 해석적 층위 속에 깊이 묻혀 있다는 것이다. 머리말에서 언급했듯이 라투르가 행하는 분석의 궁극적 의도는 과학, 기술, 근대성, 사회, 자연 등에 대한 세밀한 재묘사와 수많은 신조어를 통해서 우리에게 친숙하고 잘 알려진 해석적 범주들을 변경하는 데 있다. 우리는 이미 앞에서 그러한 예를 많이 살펴보았다. 라투르는 『자연의 정치학』에서 **자연**을 마치 세계 속에 있는 초월적이고 비인간적이며 존재론적으로 분리된 영역으로 간주하는 근대 헌법의 한 측면에 관심을 돌린다. 이 책 전체는 (라투르의 일반적인 정치철학적 사유와 마찬가지로) 대문자 N으로 표기되는 **자연**(즉 초월적 자연) 개념과의 대결이라 할 수 있다. 그래서 독자들은 책장을 펼치고 얼마 지나지 않아 이런 충격적인 선언과 맞닥뜨리게 된다. 정치생태학은 그 어떤 자연 개념과도 무관하다! 자연이 있거나 민주주의가 있거나 둘 중 하나다(Latour 2004d: 5). 이렇게 라투르는 다시 한번 우리를 갈림길 앞에 세운다. 지난 300~400년 동안 지속되어온 테크노사이언스적 근대화를 계속할지, 아니면 우리의 집합적 삶을 "생태화"할지 선택해야 한다는 것이다. 이런 맥락에서 라투르는 윌리엄 셰익스피어의 영원불멸의 대사를 유희적으로 비튼다. "근대화하느냐 생태화하느냐? 그것이 문제로다."(Latour 1998c)

이 장에서는 우선 라투르가 말하는 생태화가 무슨 의미인지, 그리고 그가 어떻게 그러한 갈림길에 다다랐는지를 보다 자세히 살펴본다. 또한 이 문제의 해결을 위한 그의 방안, 즉 우리와 공존하는 비인간적, 생태적 존재들을 다루기 위한 새로운 민주적 절차의 윤곽을 그려본다. 이를 통해 우리는 라투르의 정치철학을 깊이 천착하게 된다. 기실 그의 정치철학은 상당한 정도로 생태정치철학이기 때문이다. 라투르는 생태 위협을 현대 세계를 결정적으로 정의하는 요소로 생각하며, 이런 관점에서 그의 독일 동료인 사회학자 울리히 벡(Ulrich Beck)의 유명하고 유력한 "위험사회" 진단을 (거의) 차용한다(Latour 2003b 참조). 실제로 환경 위험은 자연과 문화의 경계를 뛰어넘는 하이브리드의 전형이다. 또한 생태 문제를 둘러싼 수많은 논쟁의 모든 측면에는 과학이 깊숙이 개입되기 마련이다. 따라서 환경 위험은 라투르의 비근대적 정치 사유에 대한 중요한 리트머스 시험이라 할 수 있다.

라투르는 정치철학의 최대 과제를 정치 기구를 통해 사람들을 대표하는 문제에만 한정하지 않는다. 이와 동시에 정치철학은 자연과 과학, 비인간 행위소들이 어떻게 공동의 토론과 의사결정의 대상이 될 수 있는지를 명시해야 한다. 이런 면에서 과학 또한 **대표**의 문제다. 즉 인간이 자연을 대신해 말할 수 있게 하는 번역의 연쇄를 확립하는 문제인 것이다. 지금까지 근대 헌법은 서구인들이 이 두 가지 유형의 대표, 즉 정치적 대표와 과학적 대표를 통합하는 것을 금해왔다. 그러나 생태 위기로 인해 가시화되고 있는 새로운 자연-문화 하이브리드들이 폭발적으로 증가하면서, 인간의 대변자와 비인간의 대변자 간의 그러한 구분은 갈수록 지탱하기 어려워지고 있다. 그래서 라투르는 『우리는 결코 근대인이었던 적이 없다』에서 시작했던 기획을 『자연의 정치학』에서 다시 펼친다. 그것은 다름 아닌 인간과 (유사)객체가 동시에 대표되는 "사물의 의회"의 창설이다. 1991년만 해도 사물의 의회는 대략의 밑그림 수준에 머물렀다(3장 참조). 그러나 10년 후 『자연의 정치학』에서 그 개념은 훨씬 더 상세한 비근대 헌법의 초안으로, 우리의 이종적인 집합체를 민주적으로 정당하게 조립하기 위한 일련의 새로운 제도적 보장으로 구체화된다. 이와 같이 정치생태학은 라투르에게 훨씬 더 근본적인 문제들에 관여하고 그럼으로써 주체와 객체, 가치와 사실, 정치와 과학에 대한 우리의 정신적 지평을 (긍정적인 의미에서) 재편할 기회를 제공한다. 이 점에서 라투르에게 정치생태학은 "정치적 인식론"의 수행을 의미한다. 그 어떤 것도 과학과 자연에 대한 우리의 관계보다 더 정치적일 수는 없기 때문이다(Latour 2004d: 28).

이 장에서 우리는 라투르 자신의 정치철학적 사유를 반영하여 두 가지 상이한 수준에서 논의를 전개한다. 처음에는 서로 크게 달라 보이겠지만 이 두 가지를 연결해야 라투르의 논점을 제대로 이해할 수 있다. 첫 번째, 상대적으로 추상적인 수준은 대표의 문제와 관련된다. 이는 철학의 기본 범주들, 특히 사실과 가치라는 범주들을 재사유할 것을 요구한다. 이 장의 논의는 이처럼 추상적인 수준에서 시작하며, 우선 살펴볼 저작은 『자연의 정치학』의 과학철학적 선행작 또는 대응물이라 할 수 있는 『판도라의 희망』(1999b)이다.[1]

두 번째, 상대적으로 구체적인 수준은 수많은 환경 위험, 하이브리드들, 생태적 유사객체들과 관련된다. 이러한 하이브리드들은 대중매체를 통해 잘 알려져 있으며 우리 시대의 가장 커다란 정치적 도전 가운데 하나라고 할 수 있다. 라투르는 자신의 정치철학적 사상이 사회의 "생태화"를 위한 다양한 환경주의자들의 투쟁에 건설적인 기여를 한다고 생각한다. 이 장 전체에 걸쳐 어떻게 그리고 왜 그러한지를 여러 사례를 통해 짚어보고자 한다. 또한 이 점에서 라투르는 매우 명시적으로 자신의 정치적 입장을 나타낸다고 할 수 있다. 그가 정치생태학과 정치적 생태주의에 관여하는 것은, 이 운동이 해방과 민주주의를 위한 진보적인 역사적 투쟁을 재정식화할 수 있는 중요한 기회라고 생각하기 때문이다(Latour 1998a 참조). 이 장을 마무리하면서 우리는 정치철학의 수준과 생태정치적 기획의 수준 모두에서 라투르의 주장을 비판적으로 논의할 것이다.

정치적 인식론과 이중의 대표

근대성의 철학에 대한 논의에서 살펴본 것처럼(3장 참조), 라투르에게 소위 근대라는 시대의 가장 주된 특징은 집합적 삶을 **자연**과 **사회**, 과학과 정치로 분리하는 하나의 근본적인 이분법이다. 근대인들의 정신적 세계에서 이 두 가지 존재론적, 사회적 영역들을 의도적으로 혼합하거나 그 경계를 흐리는 것만큼 중대한 범죄는 있을 수 없다. 이 점에서 (규범적 인식론을 동반하는) 근대 과학철학은 과학적 순수성과 진리 그리고 계몽을 모호하게 만들 수 있는, 파괴적이고 비합리적이며 이해관계에 좌우되는 요소들을 과학으로부터 제거하려는 지속적인 노력이라 할 수 있을 것이다. 예를 들어 나치의 인종주의 정책과 소련의 "리센코주의"는[2] 과학이 정치적 고려와 이데올로기를 따르도록 강요되었을 때 어떻게 잘못된 길로 들어서는지를 보여주는 가장 충격적인 사례로 빈번히 언급되었다.

다른 한편에서, 특히 독일의 사회이론은 사회의 과도한 "과학화"와 "기술관료화"로 인한 사회적, 정치적 소외를 경계하는 경향을 보였다.[3] 이러한 두 가지 형태의 비판(사회가 과학을 침범하는 것에 대한 비판과 과학이 사회를 침범하는 것에 대한 비판)은 당연히 정반대되는 것으로 보인다. 그러나 라투르는 그 두 가지 비판 모두가 사실은 근대 헌법으로 인해 가능해졌고 심지어 강화되었다고 주장한다(3장 참조). 과학과 정치의 혼합이 분명하게 드러날 때마다 분개한 비판자들이 들고일어난다. 그들은 사태를 바로잡고 질서를 회복하는 것을 자신의 과제로 삼는다. 이와 같이 근대 헌법에 입각한 근대주의적 반응을 보여주는 최근의 예가 이른바 "과학전쟁"이며, 이 논쟁에 대한 라투르의 설명과 해석을 담고 있는 책이 『판도라의 희망』(1999b)이다.

과학인류학자로서 라투르에게 과학전쟁이 다소 초현실적으로 보이는 것은 당연하다. 논쟁의 당사자들 모두가 라투르가 온 힘을 다해 대항해온 근본적으로 **비실재적인** 가정에 기반하고 있기 때문이다. 라투르와 동료 과학학자들은 35년 넘게 수많은 세밀한 사례연구를 통해 과학 실험실의 실천들이 역사적, 사회적, 문화적, 정치적 맥락들과 긴밀히 얽혀 있다는 것을 경험적 방법으로 보여주려 해왔다(2장 참조).

이론적, 철학적 측면에서(3장 참조) 라투르는 자연과 사회의 경계를 가로지르는, 따라서 과학적 대표 형태와 정치적 대표 형태의 경계를 넘어서는 하이브리드들이 급격하게 증가하는 현상을 현대 세계의 특징으로 본다. 우리가 근대 헌법을 고수하는 한 이러한 하이브리드화 작업은 은폐된다. 그러나 하이브리드화의 **효과**는 여전히 느껴진다. 현대의 생태 위기에서 분명하고 광범위하게 드러나듯이 새로운 하이브리드들의 증식은 우리의 집합적 삶 전체에 도전과 위협이 될 수 있다. 따라서 라투르는 그러한 하이브리드화 작업을 **명시적**이고 **정당한** 것으로 변화시키는 것이 정치적 집합체로서 우리의 과제라고 주장한다. 이것을 어떻게 할 수 있는가? 여기서 라투르는 미국의 실용주의 철학자 존 듀이(John Dewey)의 개념을 빌려온다. 새로운 하이브리드 정치는 듀이가 말하는 "정당한 절차"(due process), 즉 타당한 민주적 절차를 따라야 한다는 것이다.

그렇다면 이제 문제는 두 가지 주요한 대표 메커니즘, 즉 과학적 대표 메커니즘과 정치적 대표 메커니즘의 관계를 전체적으로 재사유함으로써 인간들과 비인간들의 집합적 삶을 질서화하는 하나의 통합적이고 집합적이며 "실험적으로 형이상학적인" 과정에 도달하는 데 있다. 근대 헌법은 완전히 분리된 **자연**의 방과 **사회**의 방을 둔다. 라투르는 이 두 개의 방 대신, 자연-사회 하이브리드들이 하나의 동일한 집합적, 실험적, 민주적 과정으로서 다루어지는 이른바 사물의 의회를 주창한다. 이 장의 후반부에서 사물의 의회를 어떻게 조직할 것인가에 대한 라투르의 세부적인 구상을 설명할 것이다. 그에 앞서 그러한 전체 기획의 두 가지 기본적인 성격을 짚고 넘어가자.

첫째로 주목할 점은 라투르가 사물의 의회를 가지고 정치철학의 칼날 위에서 균형을 잡고 있다는 것이다. 그는 과학과 정치를 조합하려는 자신의 시도가 근대인들이 그토록 두려워하고 혐오하는 "과학의 정치화"나 "정치의 과학화"로 귀결되지 않는다는 것을 끊임없이 보여주어야 한다. 사실 라투르가 당면한 도전 전체가 여기 놓여 있다고 해도 과언이 아니다. 왜냐하면 바로 이 점을 납득시키려면 근대주의의 핵심적인 이분법, 특히 사실/가치의 분리와 급진적으로 단절해야 하기 때문이다.

둘째, 근대주의적 사고와의 대결이 갖는 급진성으로 인해 라투르의 생태정치적 저작은 우리에게 친숙한 경험적 세계와 맺는 관계에서 다소 양면적인 위치에 놓이게 된다. 한편으로 라투르는 과학, 사회, 환경 간의 관계와 관련된 잘 알려진 여러 문제들을 논하고 자신의 주장을 정형화된 경험적 사례들을 통해 예시한다. 그러나 다른 한편으로 라투르가 제시하는 사물의 의회가 추상적이고 미래지향적인 유토피아(혹은 어쩌면 디스토피아) 같아 보이기도 한다는 것은 부인할 수 없다. 사물의 의회는 "저기 바깥에" 존재하는 것이 아니며 그런 의미에서 라투르 자신의 구성물이다. 그럼에도 불구하고 분명 라투르는 지금 세계가 어쨌든 자신의 전망이 실현되는 방향으로 나아가고 있다고 주장하고자 한다.

라투르의 급진적이고 추상적인 분석적 접근법은 스승인 미셸 세르의 작업, 특히 정치생태학을 다룬 세르의 저서 『자연 계약』(*The Natural Contract*, 1995b)에서 주로 영감을 얻은 것으로 보인다. 세르는 반인간중심주의적인 관점에서, 인간이 주변 환경과 "기생" 전쟁을 벌이고 있으며 이는 인간을 "지구, 물질, 생명, 시간과 역사, 인간성, 선과 악"의 주인으로 만든 테크노사이언스적 "진보"에서 비롯된다고 주장한다(Whiteside 2002: 125에서 인용). 세르의 근본적인 질문은 인류가 자연과 새로운 "계약"을 맺고 테크노사이언스적 우월성이라는 관념을 넘어설 수 있을 것인가 하는 것이다.[4] 『자연의 정치학』에서 라투르는 현대 사회에서 과학이 갖는 계약으로서의 (따라서 정치적으로 제헌적인) 역할을 고찰하는 세르의 사상을 더욱 발전시키려 한다고 밝힌다(Latour 2004d: 251, 주1). 그러나 라투르 역시 환경 위기를 심각하게 여기기는 하지만, 생태적 아마겟돈이 임박했다는 세르의 절박감까지 공유하지는 않는 것 같다.[5]

『자연의 정치학』의 부제인 "어떻게 과학을 민주주의 안으로 가져올 것인가"라는 문구는 라투르의 정치철학적 논조를 함축적으로 보여준다. 이는 지금까지 과학이 근대 헌법하에서 차지해온 강력하고 역설적인 위치를 시사한다. 과학은 한편으로는 비정치적인 것으로 여겨지면서, 다른 한편으로는 새로운 테크노사이언스적 하이브리드라는 형태로 사회의 집합적 삶을 이루는 수많은 주요 구성 요소들을 암묵적으로 제공해온 것이다.

(대문자) **과학**은 그러한 특권을 정당화하기 위해 철학의 도움을 구한다. 그것은 다름아닌 과학이, 오직 과학만이 자연의 진실에 접근할 수 있다고 주장하면서 초월적인 **과학**, **진리**, **자연** 관념에 헌신하는 인식론적 철학이다. 라투르에 따르면 그러한 인식론은 그 외양과 달리 결코 순수하거나 자명하지 않다. 오히려 깊숙이 그리고 **태생적으로** 정치적이다. 왜냐하면 "자연적 질서"라는 바로 그 인식론적 관념이 사회의 정치

적, 민주적 의사결정 과정을 매우 부당하게 회피하고 건너뛰는 데 이용되기 때문이다. 이런 점에서 라투르는 특정 과학철학자들이 취하는 이러한 입장을 경멸조로 "인식론적 경찰"의 입장이라고 부른다. 그러한 인식론적 경찰들은 자신들의 정치적 함의를 인정하지 않으면서 자연과 사회, 과학과 정치, 진리와 권력 간의 **밀접한** 연결에 대한 어떠한 논의도 간단히 기각하고 가로막는다(Latour 2004d: 18ff).

이와 대조적으로 라투르는 과학과 정치 사이에 있는 권력의 분배와 균형에 관한 **명시적** 성찰로서 "정치적 인식론"을 실천하려 한다. 정치적 인식론은 라투르가 가까운 동료 이자벨 스텡거스에게서 차용한 용어인 "코스모폴리틱스"(cosmopolitics)로 칭할 수도 있을 것이다. 라투르의 새로운 정치적 인식론에 따르면, 정치는 자연 **안에** 존재한다. 이 점에서 정치란 우리의 공통적이고 이종적인 "코스모스"의 구성을 다룬다. "코스모폴리틱스"의 근본적인 질문은 사람과 사물(즉 어부와 고기, 기업/소비자와 오존층/지구적 기후 등)을 모두 고려하는 **좋은 공동세계**를 어떻게 창출할 것인가 하는 것이다. 기후변화에 관해 라투르가 말했듯이 오늘날 사람들은 다시 코스모스에 대해 걱정하기 시작했다. 하늘이 우리 머리 위로 떨어질지도 모른다고 우려하고 있는 것이다!(Latour 2003b 참조)

이상의 짧은 개관에서 알 수 있듯이 라투르의 생태정치적 개입에는 많은 요소들이 동시에 작용한다. 그것은 "단순히" 근대 헌법의 기본적 조직 원칙들을 재편하는 것만이 아니라 잠재적으로 코스모스 전체의 미래를 재배치하는 문제이기도 하다. 코스모스의 안티테제는 카오스이다. 라투르의 정치철학의 배후에는 "카오스"가 (생태적 붕괴나 기술관료적 전제주의, 집합체들 간의 폭력적 갈등이라는 형태로) 어슬렁거린다. 라투르가 실존적 위협으로서의 "적"이라는 카를 슈미트(Carl Schmitt)의 유명한 개념을 불러들이는 것이 이를 상징한다(Latour 2002d 참조). 그러나 생태 정치에 관해 라투르의 어조는 보다 낙관적이다. 그는 환경운동이 자신의 (그리고 다른 이들의) 과학학 연구에서 유래하는 새로운 "지식정치"로부터 혜택을 받는 유일한 사회세력이라고 주장한다. 이미 강조했듯이 이러한 지식정치를 "반과학적인" 것으로 간주해서는 안 된다. 오히려 그것은 **과학**(Science)으로부터 "연구"(research)로의 이동을 나타낸다. 여기서 연구란 열려 있고 지속적이며 집합적이고 불확실한 탐구 과정을 의미한다(Latour 1998b 참조). 이처럼 열린 실험적 연구의 형태를 통해서만 과학은 정치적 민주주의로 통합될 수 있다는 것이 라투르의 주된 메시지이다. 마찬가지로 이것은 정치생태학이 자신의 코스모폴리틱스를 위한 지지를 모을 수 있는 유일한 길이기도 하다(Latour 1998c).

그렇다면 사물의 의회를 형성하는 데 있어 주요한 과제는 과학과 정치 양자의 강점과 특이성을 동시에 존중하는 방식으로 이러한 집합적인 실험적 과정을 조직할 수 있는 방법을 찾는 것이다. 다시 한번 이것은 어떤 균형을 유지하는 문제다. 라투르는 자신이 과학적 활동과 정치적 활동을 똑같이 존중하기 때문에 이 점에 관해서라면 얼마간 자격이 있다고 말한다(Latour 2004d: 6f).[6] 그러나 라투르가 존중하는 정치는 정치이론에서 흔히 등장하는 것처럼 권력, 주권, 이해관계에 초점을 맞추는 정치와는 다르다. 라투르는 과학을 민주화하는 길을 찾고자 할 뿐 아니라, 듀이의 영향을 받아서, 정치적 민주주의를 (보다) 실험적인 것으로 만들고자 한다. 즉 공중으로서 우리는 우리의 집합적 삶을 구성하는 요소들이 무엇이며 그것들을 조직하는 최선의 방법이 무엇인가를 스스로에게 끊임없이 질문해야 한다는 것이다.

따라서 (기후변화에서부터 유전자변형식품, HIV에서부터 광우병에 이르는) 하이브리드들을 대표하는 것은 현재 진행 중인 도전이며 끝이 보이지 않는 정치적 기획이다. 라투르가 좌파 정치의 개혁을 위한 "선언"(1998a)에서 표현한 대로 "우리가 확신할 수 있는 유일한 것은 (…) 생태학에서부터 유전학, 윤리에서부터 법에 이르기까지 우리가 어디에 초점을 맞추든 그 미래는 과거보다 훨씬 더 복잡하게 얽혀 있을 것이라는 점이다." 그러므로 우리는 "근대화를 근대화한다"는 생각을 버려야 한다. 대신 "생태화"라는 비근대적인 길을, 불확실성과 사전예방 그리고 집합적 무지가 일상의 질서가 되는 길을 택해야 한다. 그러나 생태화로 나아가려면, **자연**과 **과학**의 탈정치화된 정치에서 벗어나기 위한 많은 준비 단계들이 필요하다.

인식론에서 절합으로: 순환하는 사실들

우리는 앞에서 라투르를 "반인식론자"로 규정했고, 라투르가 어떻게 전통적이고 규범적인 과학철학(이른바 "인식론적 경찰")에 대해 극히 비판적인 입장을 일관되게 견지해왔는지를 살펴보았다. (라투르와 여타 이론가들의) 과학학 연구의 핵심은 소위 **진정한** 과학적 방법과 다양한 비과학적 허위 "이데올로기들"을 절대적이고 최종적으로 구획하려는 모든 시도들이 어떻게 계속 실패할 수밖에 없는지를 보여주는 데 있다.

근대 헌법의 해석적 범주들과 맺는 관계를 볼 때, 라투르의 접근법은 기본적으로 모든 과학적 이성에 대한 **공격**이라고 생각하기 쉽다. 머리말에서 본 바와 같이 라투르를 간혹 (부정확하게) "탈근대주의", 따라서 인식론적 무정부주의와 연관시켜 보는 경향도 있다. 여기서 인식론적 무정부주의란 과학의 세계에서는 "무엇이든 허용된다"는 파울 파이어아벤트(Paul Feyerabend)의 유명한 구호로 요약되는 입장이다(Tucker 2007 참조).[7] 공정하게 말해서 라투르가 때때로 이 명예롭지 않은 라벨과 유희해**왔다**는 것은 사실이다. 과학을 "다른 수단을 통한" 정치나 전쟁으로 묘사하던 초기 과학인류학 연구에서는 특히 그러했다(2장 참조).

그런 렌즈를 통해서 보면 라투르의 정치생태학 역시 어떤 확장된 정치적 권력 게임으로 과학의 세계를 말소하려 한다는 인상을 줄 수도 있을 것이다. 그러나 이는 부정확한 진단이다. 라투르가 그러한 과정에서 동시에 과학과 정치의 의미를 **재정의**한다는 중요한 사실을 간과하기 때문이다. 따라서 이 절에서는 먼저 라투르가 정치생태학과 더불어 어떻게 자신의 과학철학을 정의하려 하는지를 묘사한다. 말하자면 그는 **좋은** 과학 지식과 **나쁜** 과학 지식을 구분하는 새로운 규범적 기준을 도입하고자 한다. 다음으로 우리는 라투르가 신조어 **사물정치**(Dingpolitik)를 통해 어떻게 정치의 의미를 재정의하는지를 묘사한다. 이러한 재묘사를 통해 라투르의 정치생태학(그리고 사물의 의회)의 윤곽이 보다 선명하게 드러날 것이다.

라투르의 규범적 과학철학을 논하기 위한 적절한 출발점은 "순환하는 지시체"(circulating references)라는 개념으로, 이는 그가 생물학 현장 연구에 대한 경험적 탐구와 관련해 『판도라의 희망』에서 제시한 것이다. 요컨대 (초기 과학학 연구의 연속선상에서) "사실"이 기호적, 물질적 연결의 복합적 연결망들을 통해 순환하는 존재라는 점에 분석의 초점을 맞추어야 한다는 것이다. 생물학적 사실은 번역의 긴 연쇄들을 통해 만들어진다. 즉 열대 초원에서 울타리 쳐진 구역으로, 조심스럽게 채취되고 부호화되고 표준화되어 실험실로 보내지는 토양 샘플로, 비교되고 모형화되는 도표로, 최종적으로는 출판된 논문과 그 결론으로 이어지는 번역의 연쇄들을 거치는 것이다(Latour 1999b: 2장 참조). 여기까지는 라투르의 세계에서 흔히 볼 수 있었던 친숙한 그림이다.

그러나 초기 과학인류학과 비교할 때 한 가지 중요한 철학적 요소가 덧붙여진다. 이러한 순환 지시체에 대한 분석이 왜 세계(자연, 객체)와 언어(사회, 주체) 사이에 **심연과 같은 간극**이 있다는 관념에 기초한 전통적 인식론과 완전히 단절하는가 하는 문제다. 전통적 인식론에서 과학은 세계와 언어 사이에 대응을 창출하는 것으로, 따라서 "저기 바깥에" 존재하는 객체를 어떤 의미에서 가시화하는 언어적 표상을 만들어내는 것으로 여겨진다. 당연히 라투르는 그러한 근대주의적, 시각적 은유를 거부해야 한다고 주장한다. 언어와 세계는 과학적 실천 안에서 밀접히 연결되어 있기에, 언어와 세계의 분리를 상대화하는 접근법으로 그러한 은유를 대체해야 한다는 것이다. 바로 이것이 **순환 지시체**라는 용어가 정확히 의미하는 바이다. 즉 기호적인 것(언어)과 물질적인 것(세계)은 너무나 매끈하게 결합되고 구체적으로 얽혀 있어서 그 둘 간의 어떠한 존재론적 분리도 인식될 수 없다. 우리가 마주하는 것은 하나의 거대한 존재론적 분리가 아니라, 예컨대 연구 도구, 이론, 자료, 동맹, 홍보 등에서 나타나는 다수의 상대적인 **차이들**이다.[8] 견고하게 구성된 사실들에서 흥미로운 점은 그것들이 그러한 번역의 연쇄를 따라 양방향 이동을 허용한다는 것이다.

순환 지시체라는 개념을 통해서 라투르는 과학 지식에 대한 완전히 **실재론적인** 이해에 가까이 다가간다. 사실 그의 이론을 "초실재론적"(hyper-realistic)이라고 해도 무방할 것이다. 어떤 과학이 좋고 흥미로운지를 판별하려면 (장치, 이론, 개념, 정치적 이익과의 관계 등) 과학적 순환 양식들에서 나타나는 **모든** 차이가 고려되어야 한다. 과학이 바라는 목표, 즉 특정 연구 대상과 그에 대한 우리의 집합적인 언어적 진술을 상응하도록 만드는 것은 오직 어떤 특수한 경우에만 (그리고 수고스럽고 양심적인 작업을 통해서만) 달성될 수 있다. 달리 말하면 어떤 적절한 조건에서는 사물이 실제로 인간의 언어 안으로 "포함되는" 것이 **가능하지만**, 이를 위해서는 뉘앙스, 위치 변화, 전혀 새로운 맥락으로의 번역에 극도로 주의를 기울여야 한다. 동시에 이 과정은 과학적 언어 등록과 비과학적 언어 등록을 엄격히 분리할 것이 아니라, 오히려 양자 간에 일종의 교차 교배를 허용할 것을 요구한다.

라투르는 영장류 학자 셜리 스트럼(Shirley Strum)과의 오랜 공동 연구를 예로 들어 이러한 이론적 관점을 설명한다(Latour 2000a 참조). 이는 페미니즘 및 대중문화에서 유래한 관념들과 영장류학 간의 관계에 관한 것이다. 전통적 인식론의 시각에서는 성 문제에 관한 여러 가지 페미니즘적 견해들이 대형 영장류의 행동에 대한 진실하고 객관적이며 과학적인 인식을 왜곡하는 "필터"로 간주된다. 라투르는 정반대의 주장을 펼친다. 즉 젠더와 같은 해석적 범주들은 "필터"라기보다는 (대중적인 동물 다큐멘터리나 일본의 생물학 이론들처럼) 영장류의 삶을 보다 섬세하게 이해할 수 있도록 도와주고 **허용하는** "다리"로 봐야 한다는 것이다. 영장류에 대한 해석적 제안들이 더 많을수록, 영장류는 자신들의 모든 복잡성 속에서 더 많이 가시화된다. 그런 의미에서 라투르는 1960년대 이후 영장류에 대한 우리의 견해를 재평가하지 않을 수 없게 한 것은 다름아닌 영장류 **자신**이라고 말한다. 물론 이는 근면한 영장류 연구자들과의 긴밀한 협력 속에서 이루어진 일이다(같은 책: 360).

라투르는 이자벨 스텡거스의 논점을 발전시켜[9] 화이트헤드의 "명제"(proposition) 개념을 통해 우리를 주변 세계에 지속적으로 연결시키는 그러한 해석적 제안에 대해 논한다. 명제란 새롭고 특수하며 때로는 놀라운 방식으로 세계와 관계 맺을 가능성을 가리킨다(Latour 2000a: 372). 이 점에서 명제는 단순히 언어적 진술에 한정되지 않는다. 명제란 하나의 연결망을 통해 결합되고 연결되는 수많은 이종적 요소들로 이루어지는 것이기 때문이다. 따라서 명제는 전통적인 인식론적 의미에서의 **참** 또는 **거짓**일 수 없다. 명제를 대응의 문제로 보는 인식론에 대한 대안으로서, 그리고 자신의 규범적 과학 이론의 핵심으로서 라투르는 명제가 **잘 절합되는가** 아니면 부실하게 절합되는가 하는 문제를 제기한다. 이러한 맥락에서 절합(articulation)이란 시간이 지남에 따라 점점 더 세밀해지는 구분들, 갈수록 미묘해지는 뉘앙스들, 그리고 더욱더 늘어나는 연결들과 객체들을 어느 만큼 인식하는가라는 문제다.

일례로 라투르는 약간 특이하고 확실히 과학적이지는 않은 직업, 즉 백화점 향수 코너의 점원을 들어 설명한다. 점원들은 향수 냄새의 미묘한 차이를 감지할 수 있도록 자신들의 신체를 (보다 정확하게는 코를) 꾸준히 훈련시켜야 한다(Latour 2004a 참조). 이 과정에서 점원들이 코의 민감성을 향상시킬수록 향수 냄새는 점점 더 잘 절합되는 것이다. 마찬가지로 과학적 절합 역시 자신들의 리듬, 색깔, 박자를 가지고 있으며 경험 많은 연구자들만이 그런 복잡한 측면들을 정교하게 다룰 수 있다(Latour 2000a: 375).

약간 다른 관점에서 요약해보자. 공공의 정치적 삶에서 어떤 명제(혹은 해석적 제안)의 질과 권위를 평가할 때, 이제는 그것이 과학연구 기관에서 나왔다는 사실만으로는 충분하지 않다. 그 명제가 잘 절합된 것인지 아니면 부실하게 절합된 것인지 여부도 마찬가지로 중요하다. 즉 보다 풍부하고 흥미로우며 뉘앙스를 감지하는 이해를 허용하는지 그렇지 않은지가 문제다. 또한 이제 어떤 해석적 제안이 공인된 과학계의 바깥에서 나왔다는 이유만으로 부적격 취급을 받지도 않는다. 오히려 많은 중요한 통찰들이나 "상대적 확실성들"(Latour 1999b: 12)이 어쩌면 전적으로 또는 부분적으로 제도권 과학의 외부에서 축적될 수도 있는 것이다. 라투르는 한 가지 예로 전 세계, 특히 개발도상국에서 전개되는 공동체 기반의 자연보존 프로젝트들을 소개한다. 아프리카 농업 지역에서 코끼리 개체 수 관리에 대한 결정에 지역 주민들이 참여하는 경우가 그러하다(Latour 2000a: 377).[10]

이 문제는 우리를 다시 정치생태학으로 돌아오게 한다. 지금까지 과학철학을 살펴본 것은 사실 정치생태학을 명확히 하기 위해서였다. 요컨대 라투르가 정치생태학에서 "정치적 인식론"이나 "코스모폴리틱스"를 논할 때, 지식이나 과학을 단순한 권력 행사의 도구로 간주하는 것이 아니라는 것이다. 반대로 라투르는 우리 시대의 (생태적, 비생태적) 하이브리드들을 가장 잘 절합할 수 있는 방법을 찾기 위해 사물의 의회를 추구한다. 그러한 절합은 집합체가 미묘한 차이에 민감하고 실험적으로 견고한 토대 위에서 결정을 내리도록 해줄 것이다. 뒤에서 보겠지만 이는 **동일한** 문제의 해결에 여러 가지 상이한 (과학적, 정치적, 도덕적, 외교적) 기술들을 한꺼번에 적용할 것을 요구한다. 사물의 의회에 대한 본격적 논의로 넘어가기에 앞서, 독일어에서 영감을 얻은 **사물정치**라는 독창적인 개념을 통해 우리가 당면한 정치적 문제들을 라투르가 어떻게 해석하는지를 좀 더 자세히 살펴보자.

현실정치에서 사물정치로: 객체지향적 민주주의

이제 독자들은 라투르가 정치철학 신조어를 하나 더 만든다고 해서 (게다가 수많은 함의를 한꺼번에 떠올리도록 고안된 용어라 해도) 놀라지 않을 것이다. 라투르는 **정치생태학**, **정치적 인식론**, **코스모폴리틱스**에 덧붙여 **사물정치**(Dingpolitik)라는 용어로 자신의 정치철학적 기획을 기술한다. 사물정치는 "사물"과 "집회"를 함께 뜻하는 독일어 단어 'Ding'에서 따온 것으로, 질적으로 새로운 유형의 정치를 가리킨다(Latour 2005a 참조). 어떤 측면에서 이러한 "사물의 정치"의 의미는 명료하다. 라투르의 세계는 언제나 (테크노사이언스적 측정 도구에서 생물학적 유기체, 생태계, 기후, 오존층에 이르는) 물질적 객체들로 가득하고, 이러한 하이브리드 객체들은 당연히 자신들의 정치를 가질 이유가 있다. 이런 의미에서 사물의 의회는 정확히 사물정치의 문제다. 라투르는 기본적으로 인간과 사물, 자연-문화의 하이브리드들의 이중적 대표라는 문제를 우리 시대의 가장 커다란 정치적 도전으로 진단하기 때문이다. 사물의 의회와 사물의 정치는 다름아닌 사물을 (곧 유사객체, 하이브리드, 물질적 객체를) 정치적 토론과 갈등, 타협의 중심에 놓는 것이다.

다른 한편으로 사물정치라는 개념이 그보다 더 잘 알려져 있으며 마찬가지로 독일어에서 나온 개념인 **현실정치**(Realpolitik)라는 또 다른 유형의 정치에 대한 보다 일반적인 대안이라는 것을 강조할 필요가 있다. 라투르에게 현실정치란 대중매체를 통해 우리가 익히 알고 있는 것과 같은 종류의 조직화된 정치를 의미한다. 그것은 다양한 사회 집단들 간의 명확하게 정의된 이익 및 권력 관계를 다루는 경제적, 사실적, 세속적 방식의 정치다. 이러한 유형의 현실정치는 정당을 중심으로 조직되는 의회에서 주로 벌어지며, 흔히 진보와 자유를 찬양하고 낡은 "좌우" 이데올로기들을 표방한다. 라투르는 이런 종류의 정치가 이미 (특히 냉전이 끝난 이후) 구시대적인 것이 되었음을 깨달아야 할 때가 되었고, 진보적인 정치 기획의 구성을 위한 완전히 새로운 정식화를 필요로 하는 시기가 무르익었다고 주장한다(Latour 1998a).

사물정치는 이와 같이 현대 세계에 적합한 새로운 집합적 기획을 위한 제안이다. 물론 환경 정치가 그 핵심 주제이긴 하지만 그렇다고 사물정치 분석이 좁은 의미의 생태주의에 한정되지는 않는다. 라투르가 제시하는 사물정치의 사례들은 이슬람교도의 히잡, 유전자변형식품, 건축, 금융시장, 우주왕복선 콜럼비아호의 비극적 결말처럼 다양한 주제를 아우르며, 2003년 이라크 침공을 앞두고 콜린 파월 당시 미국 국무장관이 유엔 안보이사회에서 했던 이라크의 대량살상무기에 관한 악명 높은 연설도 포함한다(Latour 2005a: 18f).

이 모든 사례들에서 치열한 전 사회적 논쟁의 중심에 (테크노사이언스적이든 일상적이든) 물질적 객체들이 놓여 있다. 게다가 현실정치라는 필터를 통해서는 그러한 갈등의 성격이나 위치, 노선을 이해할 수 없다. 이라크 대량살상무기의 경우에 파월의 흐릿한 사진은 갈등을 악화시킬 뿐이었다. 라투르는 이 사례에서 중요한 일반적인 교훈을 이끌어낼 수 있다고 본다. 즉 객체지향적 민주주의는 대표들(예컨대 국가 외교관들)의 합법적인 의회**뿐만 아니라** 사실과 객체를 공적으로 대표하기 위한 정당한 절차의 확립을 요구한다는 점이다. 파월의 사례에서는 후자가 완전히 결여되었다.

라투르가 "사물" 개념에 내재된 어원학적, 철학적 전통들과 유희함에 따라, 사물정치 개념의 의미 수준도 한층 더 확장된다. 두 측면 모두에서 직접적인 (어쩌면 다소 아이러니한) 준거는 20세기 독일의 가장 유명한 철학자인 마르틴 하이데거의 사물에 대한 사유이다. 하이데거는 유명한 수제 머그잔 사례에서와 같이, 물건 제작에 들어가는 세심하고 조심스러운 장인적 솜씨를 찬미한다(Latour 2004c: 233 참조).

사물정치에서 라투르는 고도로 섬세한 솜씨를 요하는 물건 제작의 연상을 유지하려 한다. 그러나 하이데거와 비교할 때 그의 관심은 더욱 다양한 "사물들", 특히 테크노사이언스의 객체들까지 아우른다.[11] 여기서 라투르의 주된 논점은 머그잔과 마찬가지로 테크노사이언스의 객체 역시 능숙한 솜씨를 통해 만들어진다는 것이다. 따라서 테크노사이언스의 객체는 더 이상 **객관적**이지 않다. 과학적 사실("사실물")이란 것이 "저기 바깥"에 있는 **자연**의 단단하고 명확하며 강력한 실재를 매개 없이 직접 반영한다고 보는 표준적인 의미에서라면 말이다. 물론 과학적 사실은 시간이 지나고 적당한 조건이 갖춰지면 견고하고 불가피한 것이 될 수 있다. 그렇다 해도 객관성 자체를 비구성적이고 비정치적이며 자연적으로 주어지는 것과 관련시키는 것은 심각하게 문제 있는 방식이다. 사실을 그런 식으로 묘사하는 것은 정치생태학을 부당하게 생략하고 건너뛰는 것이다(Latour 1998c).

사물정치를 통해 라투르는 사물의 객관성을 다른 각도에서 묘사한다. 즉 사물을 "우려물"(matter of concern)로 제시하는 것이다. 우려물에는 "자연적으로 주어진" 사실이 **행사하지 않는** 온갖 특성들이 있다. 우려물은 풍부하고 복잡하며 불확실하고 놀라울 뿐 아니라 인공적으로 구성되는 것이기도 하다. 동시에 이와 같이 인공적으로 만들어짐으로써 우려물은 오히려 더욱 실재적인 것이 되며, 이런 의미에서 더욱 객관적인 것이 된다(Latour 2004c). 이처럼 우려물, 즉 하이브리드 유사객체는 근본적으로 열려 있고 불확실한 특성으로 인해 **태생적으로** 정치적이다. "자연적으로 주어진" 사실과 달리, 미래의 집합적 세계에서 우려물의 위치는 미리 정해져 있지 않다. 서로 다른 관점들, 서로 다른 삶의 형태들, 서로 다른 정치적 실천들이 항상 다른 방식으로 사물들 주위에 모여들고, 그로써 다양한 공적 포럼들이 간헐적으로 만들어지며, 여기서 사물들의 미래가 협상되고 영향받는 것이다.

라투르가 제시하는 것은 사물의 의회의 대략적인 윤곽일 뿐이다. 사물의 의회를 실제로 조직하려면 특정한 우려물에서 전개되는 갈등의 성격에 따라 끊임없이 재협상해야 한다. 따라서 라투르가 의회라는 단어를 단수형으로 쓰고 있지만 그렇다고 하나의 **단일한** 사물의 의회를 구상하는 것은 아니다. 현실정치는 모든 다양성에도 불구하고 선출된 대표들의 단 하나의 물리적 의회로 수렴하는 경향이 있다. 이와 반대로 라투르는 정치적 갈등들의 대상인 다양한 객체들의 특정한 상황에 맞는 다양한 사물의 의회들, 즉 "하이브리드 정치 포럼들"을[12] 구상한다.

예컨대 라투르는 1990년대에 그가 "물의 의회"라고 부른 프랑스의 지역 정치 포럼들을 연구했다.[13] 이 포럼들에서는 생물학자, 엔지니어, 농부, 낚시 애호가, 지역 주민들이 강과 수로, 지역 생태계의 지속가능성을 보장하기 위한 방안을 토론했다(Latour 1998c). 이와 유사하게 라투르는 이번에는 국제적인 차원으로 눈을 돌려, 유엔 산하의 '기후변화에 관한 정부 간 협의체'(IPCC)와 1997년 교토 기후정상회의를 둘러싼 협상을 (적어도 부분적으로) 실제로 작동하는 사물의 의회의 또 다른 사례로 제시한다(Latour 2004d: 56f). 중요한 점은 지역의 물 문제나 세계적 기후 문제 모두 (과학과 정치의 분리를 넘어) 같은 집합적 실험에 참여하는 모든 분야의 대변자들이 같은 테이블에서 만나는 새로운 정치적 기관을 요구한다는 점이다.

요컨대 라투르의 정치철학은 (사물의 의회에서 공동의 접점을 만들기 위해) 과학과 정치의 의미를 두 가지 다른 방향으로 재정의하려는 대칭적 전략을 추구한다고 할 수 있다. 이런 측면에서 라투르는 근대 헌법처럼 과학과 정치를 두 가지 본질적으로 상이하고 존재론적으로 분리된 활동으로 인식해서는 안 된다고 주장한다. 그렇다고 과학을 "다른 수단에 의한 정치"로 개념화하는 것처럼, 과학과 정치를 완전히 중첩되는 것으로 봐서도 안 된다. 그 대신 라투르는 같은 문제들(같은 우려물들)을 다루지만 매우 다른 수단과 자원을 이용하는, 또한 서로를 보완하고 서로를 풍부하게 하는 실천의 형태로서 과학과 정치의 상을 그리려 한다.

이러한 새로운 실험적 생태 민주주의에서 과학의 가장 중요한 의무는, 현재 집합체에 침입하는 비인간 행위소들의 범위를 (갈수록 더욱 정교한 방식으로) 탐구하고 절합하는 것이다. 이러한 절합의 과제가 과학만의 의무는 아니지만, 과학은 특히 이러한 목적을 달성하는 데 필요한 수단과 자원을 잘 갖추고 있다. 정치의 과제는 그러한 하이브리드적 우려물들을 다룰 민주적으로 정당한 과정(갈등 해결로 귀결되는 과정)을 설계하는 것이다. 마찬가지로 이것 역시 정치만의 과제가 아니라 사물의 의회가 당면한 공동의 도전이다.

근대화할 것인가, 생태화할 것인가?

이 장의 도입부에서 언급했듯이 사물의 의회, 그리고 더욱 광범위한 대표의 문제에 대한 라투르의 철학적 논의는 생태 문제에 대한 그의 구체적인 관심과 밀접히 연관된다. 지난 수십 년 동안의 환경 정치에 대한 라투르의 탐구는 프랑스 등 유럽 지역에서 환경운동과 녹색정당들이 직면하고 있는 분명하고 심각한 역설에서 출발한다(Latour 1998c). 한편으로 이러한 환경주의자들은 가장 거대한 존재들, 즉 지구와 그 모든 거주자들(인간과 동물, 식물과 생물, 현재 세대와 미래 세대들)을 대변한다고 끊임없이 주장한다. 이런 의미에서 정치적 생태주의는 운명적으로 **전체** 정치와 동의어일 것 같아 보인다. 그러나 다른 한편으로, 환경운동의 간헐적인 성공에도 불구하고 정치적 생태주의는 세계 곳곳에서 기존 정치의 매우 주변적인 위치를 벗어나지 못하고 있다. 프랑스의 최대 환경주의 정당인 녹색당은 지방 및 전국 선거에서 겨우 5퍼센트 내외의 득표율을 보인다. 환경주의 정당이 비교적 성공적인 독일에서조차 녹색당의 득표율은 10퍼센트의 벽을 거의 넘지 못한다(Burchell 2002 참조).

물론 문제는 현재의 주변화 대 미래의 총체성 요구라는 이러한 생태정치의 역설을 어떻게 이해하고 경감시킬 것인가 하는 것이다. 라투르는 이 역설이 기본적으로 환경주의자들의 자기인식과 수사에 팽배한, 총체성에 대한 잘못된 이해에서 비롯된다고 본다. 사물정치의 관점에서 볼 때 환경운동은 (그 중요성에도 불구하고) 유감스럽게도 자신들의 정치와 생태주의를 모두 잘못 이해해왔다! 라투르는 급기야 **진정한** 정치적 생태주의는 아직 시작조차 못했다고 주장한다(Latour 2004d: 3).

라투르는 환경주의자들이 당면한 역설적인 정치 상황의 원인으로 특히 두 가지 경향을 지적한다. 첫째, 생태적 이슈들이 (한편으로는 정부 정책과 규제적 제한을 통해, 다른 한편으로는 일상적 삶 속에서의 실천과 자기인식을 통해) 전 사회적 삶 속에서 점진적으로 **정상화**된다는 것이다. 대부분의 (서구) 국가들에서 과학적 환경 감시와 환경법, 허용 한도 등의 행정적인 연결망들이 점차 확립되어 왔다. 관료적 행정을 통한 탈정치화라는 표준적인 전통에 환경 자체가 종속된 것이다. 이는 사회학의 아버지 막스 베버가 묘사한 근대성의 지배적 특징의 명백한 예를 보여준다(Weber 1978).[14] 생태주의가 표준적인 정치적, 경제적 실천 안으로 내부화되면서 환경은 점차 여러 정치 "부문들" 가운데 하나에 지나지 않게 되고, 환경운동과 녹색정당들도 서서히 쇠퇴할 위험에 직면한다.[15] 그렇게 된다면 결국 정치적 생태주의에 새롭고 혁신적인 점은 없었다는 것을 인정해야 하고 생태주의 운동은 단지 근대화의 근대화에 기여하는 데 그칠 것이라고 라투르는 주장한다.[16]

이러한 생태적 우려의 정상화를 설명하기 위해 라투르는 다시 한번 근대 구미세계의 "정당화 체제"에 대한 뤽 볼탕스키와 로랑 테브노의 사회학 이론을 참조한다(3장 참조). 간단히 말해서 라투르의 주장은 이전의 모든 정치적 생태주의는 대체로 기존의 도덕적 실천의 틀 안에서 해석될 수 있다는 것이다. 예를 들어 대부분의 자연보존 운동은 자연을 "가내 세계"의 구성적 일부로 보는 낭만주의적 (그리고 종종 민족주의적) 관념의 맥락에서 이해될 수 있다. 이와 유사하게 녹색 및 유기농 소비재 상품의 폭발적 증가도 많은 측면에서 생태주의가 "시장 체제"의 불가결한 일부가 되었음을 잘 보여준다(Latour 1998c: 224ff). 환경주의자들이 새로운 규범적 좌표를 결합하지 못한다면, 그들은 자신들의 활동이 지향하는 특정한 가치가 정치에서 점차 사라지는 것을 목도하게 될 것이다.

그러나 둘째로, 이러한 정상화와 나란히 또 다른 (그리고 부분적으로 관련된) 경향이 유사한 효과를 발생시키고 있다. 그것은 바로 환경 정치의 급격한 **전문화**로, 이로 인해 지구의 미래가 소수의 강력한 생태 전문가들의 책임 아래에 놓여질 가능성도 있다. 이러한 전문화 경향도 정상화와 마찬가지로 확립된 근대주의적 전통을 확장한다. 라투르의 근대성의 철학이 보여주듯이 **자연**의 "방"은 1600년대 이후 계속 과학의 대변자들에게 맡겨져 왔다. 극단적으로는, 환경 정치가 완전히 탈정치화된 지구적 온도조절장치로 작동하고 그 안에서 전문가들이 **자연**(또는 가이아)의 한계와 필요에 따라서 인간의 행동을 조절하는 상황도 상상해 볼 수 있을 것이다. 그러나 라투르는 그러한 "두뇌들의 테크노크라시"에 매우 회의적이다. 그것은 (일반 시민 및 정치인들과의 어떠한 연결도 금새 소실되기 때문에) 비민주적일 뿐만 아니라, 과학적으로 건전하지 않고 잠재적으로 "반인간적인" 총체성 관념에 기초하고 있기 때문이다(Latour 1998c:

222). 이러한 맥락에서 라투르는 환경주의자들에게 단기간에 성과를 얻기 위해 (견고하고 명확하며 소위 "실재적" 사실에 입각한) 오도적인 근대주의 과학 개념을 맹목적으로 모방하지 말라고 권고한다. 그 대신 생태주의 옹호자들은 구성주의적 과학학의 새로운 지식정치에서 교훈을 얻어야 한다(Latour 2003c). 생태주의 정치는 생태적 위기가 자연의 위기일 뿐만 아니라 **객관성의 위기**이기도 하다는 것을 인식할 필요가 있다. 즉 생태정치의 대상 및 객체들은 불확실하고 논쟁적이고 형태를 바꾸는 하이브리드들이며, 이는 앞에서 말한 이른바 우려물인 것이다(Latour 2004d: 18ff).

그렇다면 환경운동에 절실히 필요한 혁신을 가져올 정치적 행동주의의 "생태화"를 구성하는 것은 무엇인가? 대답을 멀리서 찾을 필요가 없다. 환경주의자들이 이미 **실천** 속에서 공식적인 자기인식보다 훨씬 더 나은, 비관습적인 유형의 정치에 항상 관여해온 것이다! 환경운동은 공식적으로는 인간의 모든 개입으로부터 자연을 보호한다고 주장한다. 그러나 실천에 있어서 정치적 행동주의는 언제나 수많은 인간 및 비인간 존재들이 난마같이 얽힌 상황을 마주하고 있다. 따라서 인간적 우려, 보호, 비판, 과학적 논쟁의 대상이 되는 것은 결코 자연 그 자체가 아니라, 언제나 **바로 이** 종의 새, **바로 이** 강의 지류, 갈 곳을 잃은 **바로 이** 고래들, **바로 이** 토지사용계획인 것이다(Latour 1998c: 222f). 이 점에서 정치적 생태주의는 인간의 영향으로부터 자연을 구하는 문제가 아니라, 실천을 통해 인간과 비인간, 사회와 자연 간의 경계를 무너뜨리고 행위성과 역할, 권력 관계를 재분배하는 문제다.

이 문제에 관해서는 기후변화 논쟁을 생각해보는 것으로 충분하다. 기후변화 논쟁에서는 복잡한 연결들의 긴 연쇄가 빈번히 절합되며, 비즈니스, 정치적 규제, 과학 장비, 소비 습관, 대기화학, 산호초, 북극곰, 녹아내리는 빙하, 저지대 섬나라들, 빈곤, 미래의 난민 이동 등이 서로 연관된다. 누구도 인간으로 인한 기후변화를 완전히 회피할 수 있을 것이라고 생각하지 않는 듯하다. 실제로 논쟁 전체는 (비록 기후변화로 인한 손상의 정확한 효과가 여전히 과학적으로 불확실하고 논란이 되고 있지만) 어떻게 하면 돌이킬 수 없는 손상을 막을 수 있도록 이러한 연결들을 재조직하고 관리할 것인가 하는 것이다. 이 과정에서 어느 누구도 (그리고 분명히 어떠한 환경운동도) 복잡하게 얽힌 이 모든 요소들을 (과학적으로든 도덕적으로든) 단순한 위계로 서열화할 수 없다. 가장 작은 미생물이 가장 거대한 기업보다 더 중요한 것으로 밝혀질 수도 있는 것이다!

라투르는 우리가 이제 자신도 모르는 사이에 하나의 정치적이고 과학적인 실험의 한복판에 놓여 있다는 것을 인정해야 한다고 말한다. 여기서는 무엇이 본질적이고 어느 가치가 우선해야 하며 어떻게 우리가 공존할 수 있을지를 어느 누구도 확실하게 결정할 수 없다. 바로 이러한 전체 상황이 "생태적"이라는 것이 의미하는 바다(Latour 2004d: 20ff). 따라서 라투르의 정치철학에서 생태학은, 우리가 전통적으로 환경이나 자연 보호의 문제로 이해하는 것보다 훨씬 더 많은 의미를 내포한다. 생태학은 정치적 실천을 통해 비인간적 자연, 과학적 객관성, 그리고 인간 및 비인간 행위소들 간의 복잡한 관계라는 기본적인 근대주의적 질문을 다시 열린 상태로 만드는 역할을 해온 운동의 이름인 것이다. 라투르는 자신의 생태학적 주장을 다음과 같이 강한 수사법으로 표현한다(Latour 1998c: 231). "코끼리나 식물, 사자, 곡물, 대양, 오존, 플랑크톤이 없다면 인간은 대체 무엇이겠는가?" 이를 통해 왜 정치생태학이 사실과 가치의 관계를 재사유할 것을 요구하는지 또한 분명해진다. 즉 비인간 존재는 더 이상 논란의 여지 없는 사실로서 이해될 수 없으며, 인간 또한 더 이상 칸트의 유명한 도덕적 금언이 주장하는 본질적 가치의 유일한 원천이 아닌 것이다.[17] 그렇다고 정치생태학이 단지, 예를 들어 노르웨이의 심층생태주의자 아르네 내스가 구상하는 것처럼(Naess 1998), "인간중심적" 가치에서 "생태중심적" 가치로의 전환을 주장한다는 의미는 아니다. 이 맥락에서 라투르의 정치적, 도덕적 주장은 "순수하게 자연적인" 가치도 "순수하게 인간적인" 가치도 존재하지 않는다는 것이다. 다른 모든 것과 마찬가지로, 그런 가치들은 특정한 연결망들 내에서 밀접히 연관된 것으로 봐야 한다(Whiteside 2002: 134ff 참조). 따라서 인간중심주의에서 생태중심주의로의 이동이 아니라 "인간중심적인 것으로부터 **탈중심화**되는 것으로의" 이동인 것이다(Whiteside 2002: 136에 인용된 라투르의 말). "사실"에 관해서든 "가치"에 관해서든, 불확실성, 사전예방, 점진적 실험이야말로 라투르의 정치생태학이 제시하는 새로운 우선사항이다.

생태화에 관한 이러한 다소 추상적인 생각을 구체화하고 명시화하는 데 도움이 되는 몇 가지 사례들을 살펴보자. 먼저 라투르의 정치생태학은 동물의 복지와 권리라는 차원에서 표명되고 있는 동물의 "의인화" 혹은 "인간화" 운동과 비교해볼 수 있다(Teubner 2006 참조). 동물권 운동가들은 인간적(경제적) 목적을 위한 가치와 무관한, 동물의 "내재적" 가치를 강조한다. 특히 고래, 코끼리, 팬더 같은 "대형" 동물들과 관련될 때 이러한 생각은 전 세계적인 수준에서 상당한 법적, 정치적 권력을 발휘한다(Blok 2007a 참조). 동물에게 권리를 부여하는 것은 수단과 목적의 관계를 재사유하자는 라투르의 주장과 일맥상통한다(Latour 2002c). 여기서 동물은 더 이상 단순히 인간 활동을 위한 자원이 아니라, 그 자체가 목적인 것으로 (어느 정도) 간주되는 것이다. 그러나 이와 동시에 앞서 언급한 탈중심화의 함의를 되새길 필요가 있다. 라투르의 정치생태학은 동물을 (그리고 다른 형태의 "자연"을) 그 자체로서 **절대적인** 가치를 갖는 것이 아니라, 인간 및 여타 비인간 행위소들과의 구성적인 관계를 통해 가치를 갖는 것으로 본다.[18] 라투르는 기본적으로 "관계적 윤리학"을 옹호한다(Whatmore 1997 참조). 예를 들어 코끼리의 권리를 코끼리가 놓인 특유한 연결들의 "생태"라는 맥락에서 봐야 한다는 얘기이다. 요점은 그러한 관계들이 근본적으로 불확실하며, 예컨대 가난한 케냐인들이 코끼리, 소, 작물, 사파리 여행객들과 공존할 수 있는 **잘 질서화된** 지역 공동세계에 도달하기 위해서는 상호 간의 적응과 철저한 탐구가 필요하다는 것이다(Latour 2004d: 170).

두 번째 사례는 라투르가 이러한 유형의 생태화, 즉 목적과 수단 간의 도덕적, 정치적 관계가 재편되는 생태화를 왜 근대화에 정반대되는 것으로 제시하는지를 명확히 보여준다. 앞에서 살펴본 프랑스의 지역적 물 정치에 대한 경험적 연구 과정에서 라투르는 생물학자들과 엔지니어들로부터 1950-60년대에 근대화, 농업 생산성, "진보"라는 이름으로 행해진 잘못된 하천 관리에 대한 이야기를 들었다. 그것은 직강화, 댐 건설 등 테크노사이언스의 무절제한 욕망에 맞춰 하천을 변경한 사례들이다(Latour 2007 참조). 오늘날 대부분의 지역 정책입안자들은 그런 식의 하천 관리에 매우 비판적이다. 비용이 많이 들었을 뿐만 아니라,

더 중요하게는 강을 충분히 **겸허하게** 대하지 않았기 때문이다. 그 결과 토양 침식, 수생물 다양성 상실, 농업 폐수로 인한 질소의 정화 등의 형태로 강이 "복수"에 나섰다(Latour 1998c: 232ff). 이제 낚시 애호가, 조류 관찰자, 자연보존 단체들이 하천 복원을 추진하고 그럼으로써 물 자체가 가진 특성을 한층 더 존중하려 한다. 라투르의 생태정치적 진단을 이보다 더 인상적으로 보여주는 예는 없을 것이다. 말하자면 우리는 과거에 근대화했던 곳에서 이제 생태화해야 한다. 순수한 인간적 목적을 위해 강의 흐름을 방해했던 곳에서 이제 물 자체의 **목적성**을 더욱 존중해야 한다.[19]

요컨대 라투르가 왜 자신의 과학학과 사물정치의 정치철학이 동시대 환경운동과 녹색정당들이 직면하는 실제 정치적 문제들에 상당한 적실성을 가진다고 생각하는지는 분명하다. 라투르는 환경운동가들이 스스로 선언했던 정치생태학에 새로운 자기인식을, 혹은 자기묘사를 위한 새로운 언어를 제시하고 있다. 그러한 새로운 자기인식 없이는, 환경주의자들은 자신들의 분산되고 성공적인 정치적, 운동적 실천들로부터 **현실정치적** 이점을 등록하고 질서화하고 획득할 기회를 상실하게 될 것이다. 라투르의 이러한 주장이 (기저에 깔린 경험적 진단으로서든 생태정치의 혁신을 위한 규범적 메시지로서든) 충분히 설득력 있는 것인지에 대해서는 논쟁의 여지가 있다. 예를 들어 라투르의 설명은 환경을 둘러싼 정치적 대결을 구조화하는 권력 투쟁과 이해 갈등을 충분히 인정하지 않는다는 비판이 있을 수 있다. 종종 그러한 투쟁과 갈등은 과학적 불확실성보다는 이데올로기나 물질적 이해관계와 더 많이 관련된다(Lahsen 2005 참조). 그러한 비판에도 불구하고 라투르의 분석이 정치생태학에 질적으로 새로운 차원을 불러온 현대 생태 위기들의 **특유한** 성격에 초점을 맞추고 있다는 것을 부인해서는 안 된다. 이 문제에 대해서는 이 장의 요약에서 다시 토론할 것이다. 우선 다음 절에서 생태화를 어떻게 (사물의 의회라는 개념 아래에 조합되는) 혁신적인 정치적, 제도적 절차들로 번역할 것인가에 대한 라투르의 구상을 구체적으로 살펴보자.

비근대 헌법: 좋은 공동세계

이와 같이 라투르는 정치생태학을 근대 헌법에 의한 과학과 정치, 객체와 주체, 사실과 가치 간의 분리와 관련된 많은 기본적 이슈들을 재사유하기 위한 계기로 삼는다. 이런 측면에서 **생태화**는 인간과 비인간의 집합적 삶, 즉 공동의 코스모스를 조직하기 위한 근본적으로 새로운 모델을 찾으려는 집합적 운동을 지칭한다. 동물의 권리에서 하천 흐름의 복원에 이르기까지 정치생태학의 실천적 실험들은 이를 향한 귀중한 발걸음이다. 그러나 환경주의자들은 지금까지 자신들의 암묵적인 정치적, 인식론적 이상들을 깊이 성찰하지 못했다고 라투르는 주장한다. 『자연의 정치학』을 통해 라투르는 생태정치의 이념적 지도자 겸 헌법 설계자를 자청하는 듯하다. 그의 (꽤 거창한) 목표는 사물의 의회를 확장하는 형태로 새로운 비근대적, "생태적" 헌법의 틀을 짜는 것이다. 그는 전체적인 목적을 고전적인 해방적, 유토피아적 용어로 제시한다. 즉 우리가 당면한 문제는 초월적 **자연**이라는 관념에 내포된 잘못된 필연성으로부터 인간과 사물을 해방하는 데 있다는 것이다(Latour 2004d: 51f). 정치생태학은 "자연"과 무관하다는 라투르의 주장을 이제 보다 쉽게 이해할 수 있게 되었다. 모든 것을 포괄하는 **자연**을 벗어나서, 공기, 물, 동물, 기술 등 모든 사물들은 스스로의 역사성, 활동성, 특수성을 회복하고 나아가 자신들의 권리를 자신들의 용어로 집합적 삶 속에서 말할 수 있게 되어야 한다(Lash 1999: 314ff 참조). 동시에 인간들은 "인간 본성" 같은 고정불변의 **자연** 관념으로 인간의 자유를 정당화하는 의무로부터 해방되어야 한다(Fraser 2006: 55 참조). 따라서 『자연의 정치학』에서 라투르가 제기하는 질문은 이러하다. 이러한 이중적 해방의 기획을 가장 잘 추진할 수 있도록 (그리고 잠재적 적들로부터 보호할 수 있도록) 하기 위해 우리는 새로운 사물정치를 어떻게 조직해야 하는가?

이러한 질문을 통해 "일원론자"인 라투르는 새로운 정치적, 존재론적 경계 설정을 창출하는 과제를 기꺼이 떠맡는다. 그것은 바로 비근대세계의 수많은 생태적 하이브리드들을 민주적일 뿐만 아니라 민감하고 실재적인 방식으로 다룰 수 있도록 보장하는 제도적 절차의 틀을 잡는 것이다. 달리 말해 정치철학에 있어서 라투르는 무정부주의자도 해체론자도 아니다. 오히려 그는 **사물들** (그리고 그 대표자들) **또한** 공적인 토론과 협상을 요구받도록 하는 자유주의적, 대의제적, "숙의적" 민주주의의 재구성을 추구한다.[20]

앞서 본 것처럼 라투르는 이러한 기획에서 미국의 실용주의자 존 듀이로부터 많은 영감을 얻는다. 듀이에게는 "변덕스러운" 정치적 공중들과 그들의 가변적인 관심이 자유주의적이면서도 통합적이고 민감한 민주주의를 창출하려는 노력에서 중심적인 문제였다(Dewey 1927). 실험적이고 열려 있는 정치적 삶에 대한 듀이의 요구에 라투르는 사물의 의회로 응한다. 여기서 핵심적인 원칙은 공적인 삶의 일원으로서 우리는, 집합체의 전반적인 구성을 다시 생각하도록 하는 새로운 고려사항들과 새로운 행위자들, 새로운 이해관계들을 끊임없이 살펴야 한다는 것이다. 이는 라투르의 경우 (오존층에서부터 유전자변형작물에 이르기까지) 집합체 내에서 자리를 찾으려 하는 새로운 테크노사이언스적 하이브리드들에 언제나 주의를 기울여야 한다는 것을 의미한다. 하이브리드들을 실험적 민주주의의 일부로 간주하려면, 그것들을 미리 주어진 객체가 아니라 우려물로 다뤄야 한다. 즉 논쟁적이고 불확실하며, 그를 둘러싸고 다양한 대변자들이 갈등과 토론, 협상을 벌이는 것으로 다뤄야 한다.

이와 동시에 라투르는 그러한 실험적 정치 과정이 (근대 헌법이 기능하는 방식과 유사하게) 새로운 역량과 권력, 보장으로 이루어진 상대적으로 잘 정의된 분립을 요구한다고 본다. 대의제 민주주의를 **폐지**할 것이 아니라 그 양원제 시스템을 **재정의**하는 일이 필요하다는 것이다. 그러한 새로운 보장을 정의하기 위해서, 라투르는 우선 구 헌법에 의한 "사실"(객체, 과학)과 "가치"(주체, 정치)의 구분을 대체할 새로운 어휘를 도입할 필요가 있다. 이어지는 절에서 사물의 의회와 새로운 양원제 시스템의 주변을 둘러보면서 이 새로운 어휘에 대해 살펴보자.[21]

사물의 의회 건설현장

좋은 공동세계의 구성과 관련하여 라투르가 제시하는 사물의 의회 구상에서 흥미로운 것은 그가 권력과 이해관계의 혼란스러운 투쟁들 속에 모든 것을 "한데 섞어야" 한다

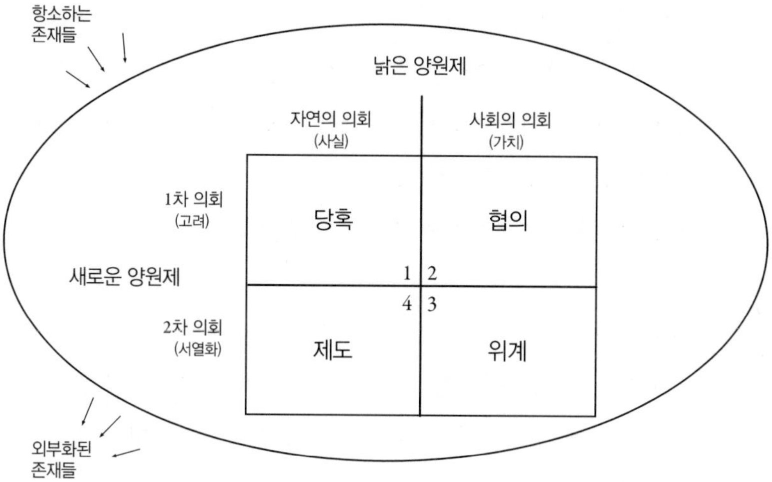

〈그림 4.1〉 라투르의 새로운 사물의 의회에서 제기되는 네 가지 집합적 과제
(출처: Demeritt 2006; Latour 2004d: 그림 3.1과 그림 3.2)

는 결론을 명시적으로 피하려 한다는 점이다. 라투르는 그 대신 지금까지 "사실"과 "가치"의 개념 속에 숨어 있던 갈등하는 고려사항들을 명확히 하고 질서화하고 재분배하며, 그럼으로써 결국 정치생태학을 위한 보다 **실재적인** 과정을 창출하려 한다.

기본적으로 라투르는 새로운 양원 시스템을 구상한다. 여기서 상원은 어떤 하이브리드들이 집합체의 일부로 포함될지를 결정하고, 하원은 포함되는 모든 하이브리드들이 어떻게 공존할지를 결정한다. 보다 구체적으로 보자면, 양원(상원과 하원)은 각기 두 가지의 특유한 과제를 해결해야 한다. 따라서 각각의 하이브리드는 집합체에 포함되기 전에 모두 네 가지의 단계(또는 시험)을 거쳐야 한다(그림 4.1 참조). 1차 의회(상원)는 "당혹"(perplexity)과 "협의"(consultation)라는 과제를 담당한다. 당

혹은 집합체를 둘러싸고 있는 세계(외부적 실재)에서 새롭고 잠재적으로 위험한 존재들을 적극적으로 찾아내는 것을 말한다. **협의**는 가능한 한 많은 대변인들이 집합체에 대하여 이러한 새로운 명제들을 제안하고 그 적실성을 절합하도록 허용하는 과정이다.

근대 헌법과 비교할 때 당혹은 사실의 세계에 속하고 협의는 가치의 세계에 속한다. 따라서 당혹은 전통적으로 과학과 관련되는 반면, 협의는 정치와 관련되는 것으로 생각된다. 그러나 라투르가 말하는 것은 이 두 과제가 모두 **동일한** 실험적 정치의 일부로서 수행되어야 한다는 것이다. 다시 말해 그러한 과제들은 집합체 주변에서 생겨나는 새로운 하이브리드들을 집합체가 적극적으로 탐구하고 수용하며 그에 대응하려는 시도의 일환이다.

그러한 하이브리드들이 1차 의회(상원)를 통과하여 따라서 잘 절합되고 다면적이며 (연결망에) 연결되어 있는 것으로 나타남에 따라, 2차 의회(하원)는 "위계"(hierarchy)와 "제도"(institution)라는 과제를 해결해야 한다. **위계**는 새롭게 절합된 하이브리드가 기존의 권력 질서와 가치 질서에 미칠 영향을 집합체의 상이한 대변인들이 공적으로 토론하고 협상하는 과정을 말한다. 그 결과 하이브리드는 새로운 질서 속에서 **제도화되거나** (하원이 문제되는 하이브리드의 적실성을 거부할 경우) 집합체로부터 완전히 배제된다. "외면된" 하이브리드의 한 예로서 라투르는 프랑스에서 매년 차량 사고로 발생하는 8,000명의 사망자를 든다. 실제 정치에서는 원활한 교통 흐름이라는 이해관계가 더 중요하기 때문에 이런 사망자 문제는 포함하지 않기로 "결정"된 것이다(Latour 2004d: 214). 그러나 사물의 의회에서 중요한 점은 그와 같이 배제된 존재들이 자신들의 실존과 인정을 주장하고 재평가받을 수 있는 기회가 항상 주어진다는 것이다.

1차 의회와 마찬가지로 2차 의회의 두 가지 과제도 전통적으로는 사실/가치 구분선의 양편에 서로 분리되어 있었다. 위계는 도덕가 또는 도덕 전문가의 영역으로 간주된다. 제도는 흔히 계산을 통해 "공동선"에 기여하는 경제학자들과 그들의 강력한 도구들에 귀속된다(Demeritt 2006 참조). 여기서도 라투르의 핵심적인 주장은 생태정치적 하이브리드들이 민주적 절차에 따라 집합체에 포함되기 위해서는 이러한 과제들과 기술들이 함께 결합되어야 한다는 것이다. 라투르는 **자연**과 그를 대변하는 과학자들이 불행히도 정치적 협의를 생략하고 건너뛰는 경향이 있듯이, 경제학자들과 그들의 **시장 질서**도 좋은 공동의 삶에 관한 규범적 토론을 생략하고 건너뛰는 경향을 보인다고 본다(Latour 2004d: 131ff 참조). 새로운 사물의 의회에서는 민주주의에 대한 이러한 두 가지 위험을 모두 피한다. 더 이상 단 하나의 직업이 집합체의 문제 해결을 독점하지 않기 때문이다. 다른 한편으로 사물의 의회에서는 집합적 삶 속에서 나타나는 네 가지 주요 고려사항들, 즉 외부적 실재, 적실성, 공적 가시성, 토론의 정당한 종결이 모두 충족되도록 보장한다.[22]

여기서 라투르의 정치생태학의 핵심 주장 가운데 하나가 도출된다. 즉 사물의 의회가 민주적 정당성과 생태정치적 민감성을 담보하는 유일한 방법은 앞서 언급한 (과학적, 정치적, 도덕적, 경제적) 기술의 담지자들을 함께 결합하는 데 있다는 것이다. 다시 말해 이 네 가지 직업이 **모두** 집합체의 네 가지 과제 각각의 해결에 공헌해야 한다는 것이다. 이러한 의미에서 당혹, 협의, 위계, 제도란 각각의 직업이 역사적으로 쌓아온 경험과 기술, 도구를 동원해 해결해야 하는 실로 **집합적인** 도전이다.

라투르가 네 가지 직업의 개별적인 속성을 명확히 하기 위해 작성한 전체 목록을 일일이 검토하는 것은 이 책의 범위를 벗어난다. 여기서는 한 가지 예로 (윤리위원회에서 대표되는 종류의) 도덕적 직업을 살펴보자.[23] 당혹의 과제와 관련해 도덕 전문가들은 집합체로 하여금 비가시적이거나 배제된 하이브리드들을 적극적으로 찾아 나서도록 강제하는 일종의 지속적인 "윤리적 경보기" 역할을 한다. 협의의 과제와 관련해서는 이러한 하이브리드들이 각자 자신들의 권리를 주장하도록 해준다. 위계와 관련해서는 집합체가 개별적으로 탈구된 가치 질서들이 아니라 하나의 단일한 가치 질서를 추구하도록 강제하는 책임을 맡는다. 마지막으로 제도로부터의 배제 문제와 관련하여 이들의 역할은 도덕적 민감성을 발휘해 거부된 하이브리드들에게 항소할 수 있는 권리를 부여하는 것이다.

이를 생명공학이나 기후변화에 대한 현재의 논쟁들과 비교해보자. 라투르의 핵심 주장은 도덕적 고려사항이 이러한 논쟁의 **모든** 부분들에 (보통은 단순히 기술적이거나 과학적이거나 정치적이거나 경제적인 것으로 간주되는 부분들을 포함해) 적실성을 갖는다는 것이다. 다른 직업들도 마찬가지다. 기후변화 논쟁이 세계정치나 시장경제, 윤리적 측면으로 옮겨갔다는 이유만으로 과학적 고려사항이 갑자기 무시될 수 있는 것은 아니다. 요컨대 라투르의 구상은 과학자들과 도덕가들 그리고 여타 "세계 구축자들"이 하이브리드 포럼에 함께 모여서 집합적 이슈들(특히 우리 시대의 다양한 생태적 위험들)을 공동 토론하는 방식으로 우리의 공공적인 정치적 삶을 재조직하는 것이다(Fraser 2006).

앞서 지적했듯이 라투르가 제시하는 사물의 의회의 윤곽이 어느 정도로 정치생태학에 대한 경험적 관찰에 기초한 것인지, 혹은 유토피아적이고 특이한 사고실험에 머물고 있는 것인지를 평가하기란 쉽지 않다. 라투르 자신이 보기에는 명백히 전자다. 특유의 논쟁적인 스타일로 라투르는 자신의 비근대 헌법이 생태정치적 실천이 오랫동안 예기해온 새로운 "상식"을 표현할 뿐이라고 주장한다(Latour 2004d: 7). 그러나 그의 경험적인 예시는 다소 빈약하다. 이런 맥락에서 그는 특히 유엔의 '기후변화에 관한 정부간 협의체'(IPCC)를 모든 대변자들(석유산업계 로비스트, 산호초 전문가, 인도네시아 삼림 지역 거주자, 미국의 정치경제학자, 경관생태학자 등)이 한 지붕 아래에서 만나는 하이브리드 포럼의 한 예로 강조한다(같은 책: 65). 보다 심층적인 예로 라투르는 소의 뇌를 파괴하고 광우병(소해면상뇌증, BSE)을 유발한다고 의심받는 전염성 입자인 프리온의 경우를 든다(같은 책: 111ff). 이를 통해 그는 과학자들의 당혹("진짜 감염원이 무엇인가?"), 적합한 당사자들을 찾아내고 협의하려는 정치인들의 노력("누가 문제의 일부이고 누가 해결책의 일부일 것인가?"), 관련된 수많은 도덕적 토론("동물에게 같은 종을 사료로 먹이는 것을 받아들일 것인가?"), 그리고 마침내 프리온과 나머지 집합체 성원들 간의 일종의 공존을 확립하는 사료와 도살에 관한 특정 해결책들의 제도화를 예시한다. 요컨대 이 모든 목소리들, 즉 생물학자, 유럽연합 관료, 가축 사육자, 수의학자, 소비자, 윤리주의자의 의견들이 집합적인 협의와 의사결정 과정에서 개진되어야 하며, 그리하여 그러한 과정이 공동의 경계상태라는 형태를 취해야 한다는 것이다.

요약하면 라투르는 (사물의 의회라는 구상을 통해) 현대의 중요한 정치적 도전들 가운데 하나에 대한 귀중한 통찰과 예리한 정식화를 제공하고 있다. 그 도전이란 다름아닌 사회적 기관들과 시민들 모두에게 매우 중요한 과학적, 정치적 이슈들이 갈수록 더 촘촘하고 복잡하게 뒤얽히는 현상이다(Demeritt 2006). 이는 특히 환경 위험에서 분명하게 나타나며, 여기서 과학은 보통은 잘 드러나지 않는 지구적이고 복합적이며 장기적인 집합적 문제들에 관해 필수불가결한 "감지 기구"의 역할을 한다. 어느 누구도 대기에서 이산화탄소 오염을 보거나 냄새 맡거나 느낄 수 없다. 하나의 집합체로서 우리가 지구 온난화의 위협을 인지하고 그에 대응하는 것은 오직 발전된 테크노사이언스의 매개를 통해서만 가능하다. 이와 같이 생태적 하이브리드들을 우리의 정치적, 과학적 삶의 전체 조직에 대한 근본적인 도전이라고 본다는 면에서, 라투르의 분석은 울리히 벡의 위험사회 진단과 일맥상통한다(Latour 2003b). 그러나 벡과 비교할 때 라투르가 제안하는 제도적 재구성은 훨씬 더 급진적이며, 이런 의미에서 사물의 의회는 근대성의 모든 주요한 차원에 대한 전반적인 재사유를 의미한다고 할 수 있다.

라투르의 접근법에도 강점과 약점이 있다. 그는 **자연**과 **사회** 간의 근대주의적 분리와 급진적으로 단절하는 정치철학을 성공적으로 제시한다. 그러나 그러한 급진성으로 인해 그의 주장은 경험적 관찰과 비교할 때 다소 추상적이고 논쟁의 여지를 남기는 것으로 보인다(Castree 2006; Bruun Jensen 2006). 유엔의 IPCC를 본격적인 하이브리드 포럼으로 해석하는 것은 타당하지 않은 것 같다. 과학적, 정치적, 도덕적, 경제적 우려들이 실제로 기후 논쟁에서 불가분하게 얽혀 있긴 하지만, IPCC는 여전히 과학과 정치 간의 매우 "근대주의적인" 경계선을 따라 조직되어 있다(Miller 2001 참조). 그런 점을 고려할 때, 사물의 의회라는 라투르의 구상을 가장 생산적으로 성격 규정하는 방법은 아마도 그 적실성 여부를 미래의 상이한 맥락 속에서 토론하고 협상할 필요가 있는 철학적, 정치적 구상으로 보는 것일 것이다. 다른 모든 지식 주장들과 마찬가지로, 라투르 자신의 지식 주장도 그러한 수행적 조건에 놓여 있다.

결론: 생태학, 과학, 민주주의 사이에서

정치생태학은 근대성의 위기에서 발생하는 정치의 유형을 가리킨다. 테크노사이언스의 약진으로 인한 하이브리드들의 증식은 이제 우리 집합체의 존재 자체를 위협하는 지경에까지 이르렀다. 그러한 위협은 도처에 존재하는 환경 및 건강 위험들로 나타나며 가장 최근에는 기후변화로 표현되고 있다. 그래서 이제 우리는 앞으로 나아갈 길을 선택해야만 한다. 우리의 경계를 유지하고 메커니즘을 통제하기 위한 광적인 노력을 증대함으로써 근대화를 근대화할 것인가, 아니면 불확실하고 탐사적이며 실험적인 조건들 아래에서 우리의 집합적 삶을 생태화할 것인가?

라투르 정치철학의 핵심에 대한 이상의 간략한 제시는 **코스모폴리틱스**(cosmopolitics)라는 용어를 문자 그대로 받아들여야 한다는 것을 시사한다. 즉 우리의 현대 세계에서는 "코스모스"가 다시 한번 정치의 장소가 된다. 인간, 동물, 식물, 나아가 신들을 위한 좋은 공동세계를 점진적으로 질서화한다는 의미에서 그러하다. 이와 같은 코스모스에서는 **어떤 것도** 공동의 삶을 조직하는 데서 미리 배제될 수 **없다**. 가장 작은 미생물에서부터 광범위한 기후에 이르기까지 모든 행위소들에게 믿을 만한 대변자들이 주어져야 한다. 나아가 대변자들은 그러한 행위소들이 집합체의 미래에 가져올 다양한 결과들을 (지금 여기서 그리고 하나의 단일한 하이브리드 포럼에서) 절합할 수 있어야 한다.

따라서 정치생태학은 **시간**의 정치에서 **공간**의 정치로의 이행을 나타낸다. 근대성의 **현실정치**가 "진보"와 "발전"이라는 개념을 통해 이해될 수 있었던 데 반해, 비근대적 **사물정치**는 "동시성"의 코스모폴리틱스라는 관념을 통해 가장 잘 이해될 수 있다. 사물정치에서는 모든 것이 표준적인 공간적 구분들을 가로지르는 복잡한 연결들에 동시에 관여한다(Latour 2005a: 39f). 비근대 집합체들은 우리가 근대 정치혁명으로부터 역사적으로 계승해온 국민국가적 정치 의회들을 닮지 않을 것이다. 그런 이유로 라투르는 우리가 계속 새로운 사물의 의회들을 창출할 필요가 있으며, 바로 여기서 (녹고 있는 빙하에서부터 광우병을 유발하는 프리온에 이르는) 수많은 현대의 우려물들을 객체지향적 민주주의의 토대로 형성할 수 있다고 주장한다. 그와 같은 사물의 의회에서는 정치인, 과학자, 경제학자, 도덕가들이 동일한 협상 테이블에서 만나야 한다. "사실"과 "가치"가 더 이상 분명하게 구분될 수 없을 때, 그 두 가지 요소들은 **동일한** 민주적 절차를 통해 다뤄져야 한다.

이 책에서 우리는 라투르를 경험 철학자로 규정한다. 이는 정치생태학과 관련해 특히 적절한 것 같다. 그러나 다른 한편 경험 철학자라는 용어는 그의 주장에서 경험적 준거점과 철학적 준거점 사이에 놓여 있는 긴장의 영역을 보여준다. 사물의 의회라는 관념을 통해 라투르는 하나로 포괄하기가 거의 불가능해 보이는 넓은 영역을 다루려 한다. 그는 환경주의자들의 실천적인 정치적 투쟁에서부터, 비근대 집합체에서 일어나는 과학과 정치의 근본적인 재조직화와 관련된 일련의 형이상학적 도전에 이르는 문제들을 아우른다.

외견상 분리된 듯한 경험적 준거점과 철학적 준거점 사이를 이어야 하는 라투르는 실상 여기에는 어떠한 딜레마도 **없다**고 주장한다. 우리가 그와 같은 경험적, 철학적 준거점들을 제대로 해석한다면, 환경운동이야말로 그의 새로운 지식정치에서 진정한 승자일 것이라고 라투르는 말하는 것 같다. 환경운동이라는 정치 유형은 불확실성과 예측 불가능성, 사물들 간의 상호 연결을 중요시하며, 따라서 생태 위험을 다룸에 있어서 집합적인 실험과 사전예방의 필요성을 강조한다. 당연히 라투르는 일반적으로는 과학학이 (그리고 특수하게는 ANT가) 그러한 목적에 고유하게 적합하다고 주장한다. 그가 인간 및 비인간 행위소들 간의 광범위하고 가변적인 연결망을 강조하는 것을 감안할 때, 라투르의 사유는 (특히 ANT에서 드러나듯이) 항상 어떤 "생태적" 성향을 표명해 왔다고 말할 수도 있을 것이다(Murdoch 2001 참조). 이 점이 바로 라투르의 정치생태학적 개입을 이해하기 위한 기반이라 할 수 있다. 즉 라투르가 보기에 자신이 선호하는 과학기술학적 연구와 오늘날 환경주의자들이 당면한 실천적인 정치적 도전들은 **내재적**이고 긍정적으로 연결되어 있다는 것이다.

그러나 여기서 우리는 질문해봐야 한다. 과학학과 환경운동 사이에, 혹은 정치생태학에 대한 철학적 해석과 경험적 관찰 사이에 내재적인 연결이 있다는 라투르의 주장은 얼마나 설득력이 있는가? 하지만 그와 더불어 생태학에 관한 라투르의 사유가 (일련의 관념들이 이미 생태정치적 행동을 위한 지침으로 어느 정도 받아들여진) 정치적, 지적 맥락을 향하여 표명되고 있다는 것을 상기할 필요가 있다. 앞서 우리는 비인간 행위소들이 단순히 인간의 필요를 충족하기 위한 수단이 아니라 그 자체로 목적을 가진다는 라투르의 주장이, 동물권에 대한 현재의 도덕적, 법적 논의를 연상시킨다는 것을 이미 강조했었다(Teubner 2006). 이와 유사하게 (여기서 요약한) 라투르의 생태적 지식정치는 여러 측면에서 이른바 **사전예방 원칙**의 한 유형을 표명한다고 할 수 있다. 1990년대 이래 주로 유럽연합의 실제적인 환경정치 속에서 확립되어온 사전예방 원칙은 쉽게 말해, 새로운 기술적 하이브리드의 잠재적으로 부정적인 효과가 과학적으로 불확실할 경우, 정치적 행동을 자제하기보다는 환경의 장기적인 이익을 도모하는 (또는 적어도 고려하는) 방향으로 결정을 내려야 한다는 것이다(Dratwa 2002).

사회과학적인 맥락에서 볼 때, 라투르의 생태정치적 세계관은 사회학자 울리히 벡과 그의 위험사회론에 상당한 정도로 빚지고 있다는 것을 이미 지적한 바 있다(Latour 2003b). 벡과 마찬가지로 라투르는 자연과 사회의 경계를 가로지르는 생태적 하이브리드들의 폭발적인 증가로 인해 이제 우리의 사회구조 전체를 재사유하고 새로운 진보적 정치 기획을 설계하는 일이 필요하다고 제안한다. 두 사람 사이에는 차이점도 있다. 규범 정치적인 의미에서 라투르의 사물의 의회는 사회와 대화하는 "성찰적" 과학이라는 벡의 관념보다 훨씬 더 급진적이다(Demeritt 2006 참조). 그러나 일반적으로 말해 정치생태학에 대한 라투르의 해석은 생태정치적 실천과 사회과학적 관점이라는 두 가지 측면 모두에서 벡의 해석과 분명히 공명한다. 이러한 의미에서 (그리고 위험사회론을 신뢰할 수 있는 정도만큼이나) 라투르의 경험 철학에는 어느 정도 경험적 근거가 분명히 있다고 할 수 있다.

그럼에도 불구하고 사물의 의회가 여전히 매우 특이하고 추상적인 사고실험의 외양을 띤다는 것은 부인할 수 없다. 라투르의 정치철학이 추구하는 전체적인 **방향**이 특이하다는 얘기는 아니다. 생태적 이슈를 정치적인 의사결정 과정에서 다루기 위해 일종의 과학 지식의 민주화가 필요하다는 것은 널리 인정되고 있는 주장이다(Strand 2001; Jasanoff 2003 참조). 과학적 전문성이 공적 검증과 토론의 대상이 되어야 한다는 생각은 널리 받아들여지고 있으며, 예컨대 '덴마크 시민과학회의'에서 시작되어 다른 나라들로 전파된 이른바 협의회들을 통해 제도화되기도 했다(Blok 2007b; Bruun Jensen 2005 참조). 사물의 의회가 지닌 특이성은 바로 그 **급진적** 성격에 있다. 라투르가 제시하는 정치생태학은 단순히 과학의 재조정이나 억제가 아니라, 과학과 정치, 객체와 주체, 사실과 가치, 자연과 사회 간의 근대적 구분을 전면적으로 수정할 것을 요구한다. 그처럼 급진적 관점에서 제시되는 사물의 의회의 경험적 실례를 라투르가 충분히 내놓지 못하는 것은 어쩌면 당연한 일일지도 모른다(Castree 2006 참조).

라투르 정치철학의 급진적인 측면은 자연의 개념을 완전히 재정립하는 데서 가장 명료하게 표현된다. 라투르는 정치생태학이 민주적 원칙들과 조화되기 위해서는 모든 전통적인 자연 개념들과 단절할 필요가 있다고 생각한다. 라투르가 예시한 코끼리 사례가 이런 측면을 잘 보여준다. 세계적인 차원에서 코끼리를 둘러싼 심각한 정치적 갈등이 벌어지고 있다. 코끼리를 주로 작물을 파괴하는 유해동물로 보는 아프리카 지역 농민들과 서구의 보존론자들 및 동물권 단체들이 대립하고 있는 중이다(Thompson 2002 참조). 이와 같은 상황 속에서 우리는 우리들이 다문화적 세계에 살고 있을 뿐 아니라, 무수히 다양한 갈래의 자연적 실천들로 구성되는 "다자연주의적" 세계에 살고 있다는 것을 인정해야 한다고 라투르는 주장한다(Latour 2004d). 요컨대 자연과 환경, 생태적 이슈들 주위에서 끊임없이 그려지는 수많은 갈등의 선들을 보여줄 수 있는, 완전히 새로운 정치적 지도가 필요하다는 것이다. 이와 동시에, 정치철학으로 다시 돌아가면, 라투르는 외교에 대한 존중을 재발견할 것을 주장한다. 즉 자연(그리고 코스모스)에 대한 이해가 판이하게 다른 집합체들 간의 갈등에서, 전면적인 대결을 피할 수 있는 유일한 방법은 실제적인 타협안을 찾아내는 데 있다는 것이다. 이렇게 볼 때 라투르의 새로운 의회주의가 근본적인 정치적 갈등을 부인한다는 것은 잘못된 주장이다. 오히려 어떠한 "자연적 질서"도 당연한 것으로 받아들일 수 없기 때문에 우리는 새로운 세계들을 창출하는 실험을 행해야 한다는 것이 라투르의 생각이다.

많은 분석가들에게 그리고 확실히 많은 환경운동가들에게 전통적인 자연 개념과의 이러한 단절은 (그리고 그 결과로서 과학 지식의 민주화는) 위험한 실험으로 보일 것이다. 그러한 우려는 상이하지만 연관된 방식으로 이미 표명되고 있다. 어떤 회의적인 비평가들은 대부분의 환경 갈등이 불확실성과 당혹의 문제보다는 잘 정의된 시나리오, 이해관계, 정치적 분파들 사이에서의 선택과 관련된다고 강조한다(Tucker 2007: 211 참조). 그들은 라투르의 정치생태학이 정치경제와 권력, 이해갈등을 충분히 이해하지 못하고 있다고 주장한다. 다른 한편에서는 환경에 영향을 미치는 이슈들에 대한 명백한 과학적 해석이 없는 경우, 비생태적이고 지속 가능성에 반하는 실천들을 선택했다는 이유로 관계자들을 비판하기가 훨씬 더 어려워질 것이라는 지적도 있다(Lahsen 2005 참조). 예를 들어 석유산업과 보수적인 연구기관들이 오랫동안 유엔의 '기후변화에 관한 정부 간 협의체'(IPCC)가 제시하는 과학적 권고의 유효성에 대한 의심을 체계적으로 조장하고 유포시킴으로써 기후변화에 대한 논쟁을 방해해 왔다는 것이 이제 분명히 드러났다(McCright & Dunlap 2003 참조).

사물의 의회라는 관점에서 평가하자면 이러한 "당혹"은 환영할 만한 일이다. 사실 라투르는 사회적 비판의 교착 상태에 대한 (부분적으로) 자기 비판적인 논문에서 그러한 문제들을 명시적으로 성찰한다. 이러한 맥락에서 그는 이제 기후변화의 (구성된) 사실성을 의심할 만한 이유가 전혀 없다고 단언한다(Latour 2004c). 라투르의 관점에서 보자면 "기후변화 회의론자"들의 문제점은 과학보다는 정치와 관련된다. 즉 그들은 자신들의 주장의 장기적인 결과에 대한 열린 공적 토론을 왜곡하고 오도하고 회피하려는 체계적인 시도를 하고 있는 것이다(Demeritt 2006 참조). 이와 반대로 라투르의 정치철학은 이성적 추론의 공적인 사용에 대한 단호한 믿음에 기초한다. 여기서 이성적 추론은 순수한 과학적 이성이 아니라, 제대로 혹은 부실하게 절합되는 명제들이라는 **상식**의 형태를 가진다. 환경운동가들이 자신들의 코스모폴리틱스에 대한 대중의 지지를 받고자 한다면 그들은 바로 이러한 상식과 동맹을 맺어야 하는 것이다.

결론적으로 라투르의 광범위한 정치생태학적 개입은 대답보다 질문을 더 많이 남긴다고 할 수 있다. 무엇보다 라투르가 우리 시대의 가장 중요한 세 가지 도전, 즉 생태 위험, 근대성의 종말, 과학적 객관성의 위기를 결합하는 방식은 지적으로 그리고 정치적으로 정교하고 급진적이며 영감을 자극한다. 새로운 사물의 의회라는 구상을 통해 라투르는 열려 있고 실험적인 객체지향적 민주주의의 독창적인 전망을 창출해낸다. 이러한 종류의 민주주의가 제시하는 실천적인 미래상은 그 자체가 비판적이고 건설적인 토론을 필요로 하는 주제다. 다른 모든 지식 주장과 마찬가지로, 사물의 의회 역시 라투르의 (그리고 다른 이들의) 과학학이 우리의 사고와 행동의 기본적인 측면으로서 강조했던 수행적 조건들에 종속된다. 사실들의 운명은 항상 미래 사용자들의 손에 달려 있는 것이고, 민주주의적 전망의 운명 역시 마찬가지다.

따라서 사물의 의회도 이제 현대의 "생태적" 불확실성들의 긴 목록에 합류하게 될지도 모르겠다. 과학과 정치의 관계가 미래에 어떻게 발전하는가는 집합체로서 우리가 기후변화, 생물 다양성의 상실, 생태적 파괴라는 임박한 위기에 대처할 수 있을지를 결정하는 중대한 요소가 될 것이 분명하기 때문이다. 이러한 위기들을 헤쳐 가는 라투르의 길은 특이할지 모르지만 한 가지 단순한 직관에 의존한다. 즉 이러한 도전들은 프랑스와 다른 많은 곳에서 전통적으로 그래왔듯이 소수의 엘리트 기술관료들의 손에 맡겨져서는 안 된다는 것이다(Tucker 2007 참조). 정치생태학은 우리가 함께 공유하는 우려물이어야 한다. 오직 함께할 때에만 우리는 우리 인간들이 비인간 동료들과 깊이 연결되어 있음을 인정하는 법을 배우게 될 것이다.

5장

결합의 사회학

결국 이상하게도 사회과학의 정치적 적실성을 보장할 수 있는 것은 그 결과물의 신선함뿐이다. (…) 그래서 이제 정치적 이해관계에 대한 시험을 통과하기가 조금 쉬워졌다. 집합체를 구성하는 요소들을 정기적으로 갱신하는 그런 방식으로 사회학을 해야 하는 것이다.

(Latour 2005b: 261)

들어가기: 라투르의 사회학적 양면성

라투르는 사회학과 항상 불편한 관계를 유지해왔다. 사실 그는 사회학이 1800년대 말에 그릇된 방향으로 흘러가기 시작할 때부터 줄곧 문제투성이였다고 생각한다. 라투르의 사유 방식이 (그가 속한 과학학 분야와 더불어) 본래 학제적이라는 점을 감안하면 이는 주변적인 문제에 불과해 보일 수도 있다. 그럼에도 불구하고 라투르는 평생 사회학과 특이한 애증의 관계를 맺어왔다.

한편으로 라투르는 초기 저작에서부터 과학과 기술에 대한 자신의 이론이 사회학의 핵심 문제들, 특히 이른바 미시/거시 문제에 매우 유효하다고 주장해왔다(이 문제에 대해서는 나중에 더 살펴볼 것이다). 또한 1장에서 언급한 것처럼 그는 파리의 "혁신사회학" 센터에서 재직하면서 바로 그 분야(사회학)에서 공대 학생들을 가르치고 지도했다.

다른 한편으로 라투르는 조롱하고 비꼬는 태도로 기성 사회학계의 다수와 거리를 둬왔다. 그는 특히 "비판사회학"에 냉소적이다. 그 대표적인 인물은 라투르보다 약간 연장자이며 프랑스의 고명한 사회학자인 피에르 부르디외다. 라투르의 저작 여러 곳에서(가장 유명하게는 『우리는 결코 근대인이었던 적이 없다』에서) 부르디외는 라투르가 벌이는 근대주의적 사고 방식과의 대결에서 일종의 암묵적인 희생양 역할을 한다.[1]

그러나 한 인터뷰에서 라투르는 자신이 "사회학 수련을 어쩌다 한 것이고" 동료들 사이에서 사회학자보다는 철학자로 여겨진다는 것을 기꺼이 인정한다(Latour 1998d). 물론 그는 철학과 사회학 사이에서 양자택일을 해야 한다는 생각에 동의하지 않을 것이다. 그에게 중요한 도전은 사회학과 형이상학을 재결합하고 그럼으로써 사회학적 방법의 규칙들을 재정의하는 데 있기 때문이다(Latour 2002a).

사회학과의 양면적인 관계는 1장에서 살펴본 것처럼 라투르 자신의 발전 과정에서 한 가지 요소를 형성한다. 과학과 기술이라는 주제에서 출발한 라투르는 점차 (여전히 ANT라는 기치 아래) 사회에 대한 "일반적"이고 대안적인 이론을 개발하는 데 몰두하게 된다. 구체적으로 말하면, 1990년대 후반 이래 그는 프랑스 행정법(2002b/2010b), 종교적 상징(2005d), 경제(Latour & Lépinay 2009), 그리고 물론 앞 장에서 소개했던 자연의 정치학(2004d)에 이르기까지 다양한 사회적 주제에 관한 책과 글을 써왔다.

라투르 사회이론의 이러한 "일반화"는 2005년 『사회적인 것의 재조립』(*Reassembling the Social*)의 출간으로 정점에 이르렀다. 라투르는 이 책에서 처음으로 사회학, 사회적인 것, "사회적 설명"에 대한 자신의 독자적인 생각을 종합적으로 제시한다. 그가 서문에서 말하듯이 "자연의 '조립체들'(assemblages)에 대한 광범위한 연구를 마치고 나서, 나는 사회라는 우산 아래 '조립되는' 것의 정확한 내용을 철저히 파고들 필요가 있다고 생각하게 되었다."(2005b: 2) 이와 관련해 라투르는 다소 시적으로 이렇게 선언한다. 이 작업을 끝내고 나서 마침내 "사회학자로 불리는 데 자부심을 느낄 수 있는" 조건들을 발견했다고 말이다(같은 책: p. x).

『사회적인 것의 재조립』에서 라투르는 자신의 "결합의 사회학"(sociology of associations)을 "사회적인 것의 사회학"(sociology of the social) 전체와 날카롭게 구분한다. 1900년 무렵 에밀 뒤르켐의 이론이 나온 이래로 발전되어왔고 지배적인 위치를 차지해온 사회적인 것의 사회학은 사회 구조, 사회 분화, 그리고 특히 사회 질서를 다룬다. 요컨대 "사회"를 하나의 확립된 실재의 영역으로 간주하는 것이다. 여기서 사회적인 것은 일종의 물질로 여겨진다. 즉 "나무로 된" 또는 "철로 된" 물질에 대해 말하듯이 "사회적" 물질에 대해서도 말할 수 있다는 것이다. 라투르는 이와 완전히 다른 출발점을 택하며 사회적인 것에 대한 전적으로 상이한 정의를 보여준다. 라투르가 제시하는 결합의 사회학에서 "사회적 물질" 같은 것은 없다. 사회적인 것은 단지 연결되거나 결합되는 것을 가리킬 뿐이다. 따라서 사회학은 이종적 요소들의 연결 속에서 일어나는 끊임없는 이동(또는 번역)을 추적함으로써만 "사회적인 것"을 묘사할 수 있다.

라투르에 따르면 결합의 사회학은 사회학의 잃어버린 길을 대표한다. 그것은 라투르가 자신의 지적 선구자로 꼽는 프랑스 사회학자(이자 심리학자) 가브리엘 타르드로 상징되는 길이다(2005b: 13ff). 그 길을 따라가면 사회학은 미시와 거시, 행위자와 구조, 기술과 사회, 그리고 특히 자연과 문화 간의 풀리지 않는 이분법 속에서 길을 잃을 위험을 피할 수 있다. 그 대신 사회학자는 (혁신, 지식사회, 세계화 같은 유행어로 상징되는) 끊임없는 유동 상태에 있는 하이브리드적 사회 세계의 지도를 그릴 새로운 도구들을 얻게 된다.

이 장에서 우리는 사회학의 잃어버린 길을 찾으려는 라투르의 여정을 따라간다. 『사회적인 것의 재조립』에서 시작해서 1990년대 말 이후에 쓰인 다른 많은 글들도 함께 살펴본다. 라투르가 제시하는 결합의 사회학은 초기 저작의 (연속과 개정일 뿐 아니라) 전면적인 확장으로 보일 수도 있다. 그래서인지 『사회적인 것의 재조립』은 이전의 논증과 논점, 사례들의 갱신된 버전을 많이 포함하고 있다. 예컨대 민속방법론자인 해럴드 가핑클의 영향을 받은 라투르의 방법론적 표어는 여전히 "행위자들을 따라가라"라는 것이다. 그러나 행위자라는 용어가 과거에는 "단지" 과학자, 미생물, 도구, 기계, 계산 센터 등을 의미했던 데 반해, 이제 그것은 생태계, 법률 문서, 가톨릭 성사, 교실, 교통 시스템 등으로 확장된다. 반복을 피하기 위해 우리는 라투르가 사용한 보다 최근의 예들과 사례연구들을 통해, 예컨대 법률의 세계와 종교의 세계에서 나온 사례들을 통해 결합의 사회학을 설명할 것이다. 나아가 우리의 설명은 라투르의 주장에서 특유하게 **사회학적인** 것이 무엇인가라는 질문을 기본 틀로 삼아 전개될 것이다. 이 장의 말미에서는 결합의 사회학에 대한, 그리고 사회학을 완전히 재발명하려는 그의 시도에 대한 몇몇 반대자들의 주장을 간략히 살펴볼 것이다.

사회에서 집합체로

"사회 같은 것은 없다." 1987년에 당시 영국 수상이자 보수주의의 상징이었던 마거릿 대처는 신자유주의적 관점에서 개인의 책임이라는 문제에 대해 이렇게 선언함으로써 악명을 떨쳤다. 약 20년 후 라투르는 똑같은 구호를 결합의 사회학을 위해 도발적으로 재사용한다. 물론 대처와는 전혀 다른 의도라고 덧붙이면서 말이다(2005b: 5). 말하자면 라투르는 사회를 개별적 행위자들로 파편화시키는 데 반대하며, “사회”를 “집합체”로 대체하려 한다. 집합체는 근대성의 철학에서부터 친숙한 개념이고(3장) 정치생태학에서 한층 더 발전된 바 있다(4장). “사회”라는 개념은 사회과학의 여명기였던 1800년대 말엽에는 당연히 유용했을 것이다. 그러나 라투르는 그 개념 자체가 이제 불필요한 것이 되었고, 나아가 사회과학을 실행하는 새롭고 현대적인 방식들을 가로막고 있다고 주장한다. 프랑스 사회학의 두 창시자들을 언급하면서 라투르가 서술하듯이, “한 세기가 지난 지금 우리는 에밀 뒤르켐에 대한 가브리엘 타르드의 복수를 목도하고 있다. 사회는 아무것도 설명하지 않으며 오히려 설명되어야 한다.”(2000b: 113) 달리 말하면 “사회”라는 개념이 (그리고 안정된 사회적 영역이라는 관념 자체가) 결합의 사회학이 대체하고자 하는 유형의 사회학과 긴밀히 연결되어 있다는 얘기다. 일생을 바친 과학인류학 연구를 언급하면서 라투르는 이렇게 말한다. 사회과학에는 아무런 문제가 없다. 사회라는 개념과 과학이라는 개념만 제외한다면(2002a).[2]

결합의 사회학의 관점에서 볼 때, “사회”라는 개념이 갖는 적어도 세 가지 심각한 결함을 지적할 수 있다. 그리고 이 세 가지 결함은 또한 라투르의 대안적 사회학에 대한 예비적인 요약본을 (부정적 방식으로) 제공해준다. 첫째, “사회”라는 용어는 너무 많은 것을 나타내는 동시에 너무 적은 것을 나타낸다. 너무 많다는 것은 타르드가 이미 지적했듯이 “모든 것이 사회이기” 때문이다. 즉 우리는 세포 사회, 식물 사회, 원자 사회, 개코원숭이 사회를 말할 수 있다. 이런 식으로 사회학은 다른 모든 과학들을 흡수해버릴 태세인 것 같다! 그러나 "사회"라는 개념은 또한 너무 적은 것을 묘사한다. 1800년대에 걸쳐 그 용어는 점차 이른바 국민국가라는 오직 하나의, 역사적으로 매우 특수한 형태의 인간 공동체와 동의어가 되었기 때문이다. 당시 사회학자들은 (가장 두드러지게는 뒤르켐이) 이러한 발전에 대해 책임이 없지 않았다. 그래서 라투르는, 20세기의 상당 기간 동안 사회이론은 "사회공학"과 구분될 수 없었으며 사회학은 국민국가들이 추진한 근대화에서 적극적이고 정치적인 역할을 수행해왔다는 저명한 폴란드 사회학자 지그문트 바우만의 지적에 동의한다(2005b: 41). 이런 과정을 통해 "사회"라는 개념은 질서와 연속성, (국가적) 통합이라는 함의를 강하게 내포하게 되었다. 이러한 사회의 정화는 명백히 자연의 정화와 평행을 이룬다. 라투르의 근대성의 철학에 따르면 자연은 1600년대의 자연과학에 의해 독립적인 영역으로 "발명된" 것이다(3장 참조). 마찬가지 방식으로 사회는 상당한 정도로 1800년대에 국민국가들의 통합(그리고 사회과학)에 의해 "발명된" 것이다. "사회"는 그렇게 근대 헌법의 일부가 되었고, 라투르는 이제 그것을 집합체라는 비근대적 개념으로 대체해야 한다고 주장한다(4장 참조).

두 번째 문제는 "사회"라는 개념이 공간적, 지리적 범위를 너무 경직되게 구획하며 그럼으로써 사회적 거리를 연구할 가능성을 심각하게 제한한다는 점이다. 라투르가 오랫동안 그려온 테크노사이언스적 행위자-연결망들의 지도는 결코 국민국가들의 경계를 존중하지 않았다. 물론 파스퇴르의 경우에는 테크노사이언스가 프랑스라는 신흥 국가의 권력을 공고히 하는 데 기여했지만 말이다(2장 참조). 사실 테크노사이언스들은 세계적인 공간 분포를 갖는 경우가 많으며, "세계적", "세계", 그리고 물론 "세계화" 같은 단어가 갖는 의미를 어느 정도 정의한다고 말할 수도 있을 것이다(Latour 2004d: 450f). 한 가지 분명한 예로 1400년대 후반 이래 탐험적 항해와 유럽 식민주의로 촉발된 세계화의 초기 국면에서 작도법이 했던 역할을 들 수 있다(Law 1987도 참조). 일반적으로 말해 결합의 사회학의 주요 논점들 가운데 하나는 행위자-연결망들이 (그리고 의미상 사회적 집합체들이) 고정불변의 지리적 경계를 갖지 않는다는 것이다. 이런 측면에서도 "사회"라는 용어는 불행하게도 계몽하기보다는 오도하는 경향이 있으며, 특히 정보통신 기술로 인해 지리적 범위가 급속히 바뀌고 있는 시대에는 더욱 그러하다. 라투르 자신이 이에 관한 극히 단순한 예를 제시한다. "나는 1미터 옆 공중전화 부스에 있는 사람보다 6천 마일 떨어진 어머니와 더 가까이 연결되어 있을 수 있다."(1996b: 372) 갈수록 더 많은 사람들이 공유하는 이러한 유형의 일상적 경험은 우리가 사회적 연결에 대해 (그리고 사회적 거리에 대해) "사회"라는 범주가 허용하는 것과는 매우 다른 방식으로 생각해야 할 필요가 있다는 점을 시사한다.

세 번째이자 마지막 (라투르가 가장 심각하게 여기는) 결합은 가장 좁은 의미에서 "사회"라는 용어가 오직 인간만으로 구성된 공동체를 가정한다는 점이다. 이와 대조적으로 (이 책에서 여러 차례 나왔듯이) 라투르는 언제나 자신이 말하는 행위자-연결망을 물질적으로 이종적인 관점에서 생각한다. 즉 행위자-연결망은 인간 행위자와 비인간 행위자, 즉 인간뿐만 아니라 기계, 건물, 미생물, 텍스트 등으로 구성된다. 이러한 생각은 이종적 집합체들의 지도를 그리는 것을 주요 과제로 삼는 결합의 사회학에도 그대로 적용된다. 표준적인 사회학과 비교할 때 여기서 핵심적인 것은 "사회적인 것"이라는 개념에 대한 라투르의 재정의다. 라투르에게 사회적인 것은 인간 공동체를 가리키는 용어도 아니고 안정화된 영역이나 분야, 구조를 의미하는 것도 아니다. 사회적인 것은 기본적으로 인간 행위자들과 비인간 행위자들 간의 모든 연결 또는 결합을 묘사하는 것이다. 보다 구체적으로 말하자면, 이종적이고 (처음부터) 비사회적인 요소들 사이에서 맺어지는 관계들의 궤적, 달리 말해 새로운 유형의 연결들이 만들어지는 이동이나 과정을 가리키는 것이다.

여기에는 적어도 두 가지 중요한 (여전히 다소 추상적인) 논점이 있다. 첫째, 사회학은 비인간 행위자들을 연구 범위에 넣어야 한다는 것이다. 뒤르켐이 사회학은 "사회적 사실을 사물로 간주해야" 한다고 했던 데 반해, 라투르는 동료들에게 "사물을 사회적 사실로 간주할" 것을 권한다(1996c: 240). 두 번째 논점은 (마찬가지로 광범위한 함의를 갖는데) 결합의 사회학은 언제나 **새로운** 연결들의 문제이며 따라서 끊임없는 이동과 변화를 겪고 있는 집합체를 다룬다는 것이다. 라투르는 사물들이 가속하고 혁신이 만발하고 집단들 사이에 경계가 모호해지고 집합체 내에서 새로운 존재들이 늘어날 때마다 결합의 사회학이 필요해진다고 명시적으로 말한다(2005b: 11). 여기서 라투르가 의미하는 것은 과학이 지배하는 오늘날의 하이테크 사회가 하이브리드들의 급속한 팽창과 더불어(3장 참조) 바로 그러한 이동과 변화를 겪고 있는 불안정한 상태라는 것이다.

이 두 번째 논점(즉 사회적인 것이 끊임없는 변형의 과정에 있다는 것)을 강조할 필요가 있다. 먼저 그것은 화이트헤드와 그 계승자들의 과정철학에서 영감을 받은, 라투르의 사유가 갖는 일반적인 특징을 다시 나타내기 때문에 중요하다. 나아가 그것은 결합의 사회학과 사회적인 것의 사회학 간의 관계를 명확히 할 기회를 제공한다. 라투르는 이 관계를 (꽤 야심적으로) 물리학에서 상대성 이론이 가져온 충격에 비유한다. 대부분의 상황에서는 사회 변화의 속도가 느리기 때문에 "상대성을 고려하지 않는" 사회적인 것의 사회학이 적합하다. 라투르가 말한 대로 "IBM"이나 "프랑스", "중하층 계급" 같은 개념들이 아무리 정태적이라 하더라도 융통성 없이 그러한 용어들의 사용을 완전히 금할 수는 없는 일이다(같은 책). 그러나 다른 한편으로 (기업 구조조정, 세계화, 사회적 이동 같이) 급격한 변화의 상황에서는 그러한 정태적 개념들로는 부족하고 충분히 "상대성을 고려하는" 결합의 사회학이 필요해진다.[3] 결합의 사회학이 추구하는 목표는 이종적 집합체를 재구조화하고 있는 "행위자들 자체를 따라가는" 것이다. 결합의 사회학이 이처럼 전적으로 재구조화에 초점을 맞추기 때문에, 사회적 배치의 이동이나 변화를 전혀 수반하지 않는 상황에서는 (사회적인 것의 사회학과 대조적으로) 아무런 할 말도 없다는 논리적 결론이 나온다. "어떠한 흔적도 남아 있지 않다면, 따라서 어떠한 정보도 어떠한 묘사도 어떠한 말도 있을 수 없다. **그것을 채워 넣으려 하지 말라.**" (Latour 2005b: 150)

요약하면 결합의 사회학은 대부분의 기존 사회학과 세 가지 기본적인 측면에서 구분된다고 말할 수 있다. 첫째, 결합의 사회학은 가변적인 (종종 세계적인) 공간적, 지리적 외연을 갖는 사회적 연결들에 초점을 맞춘다. 둘째, 뒤르켐 이후 많은 고전 사회학이 사회 질서와 구조, 재생산에 초점을 맞춘 것과 대조적으로, 결합의 사회학은 진행 중인 변형 과정으로서의 사회적인 것에 초점을 맞춘다. 셋째, 결합의 사회학은 순수한 인간 사회라는 관념을 인간 행위자와 비인간 행위자로 구성되는 이종적 집합체라는 관념으로 대체한다. 2장에서 본 것처럼 마지막 논점은 보통 "행위소"라는 기호학적 개념으로 표현된다. 따라서 전체적으로 볼 때 라투르는 관습적으로 이해되는 사회학의 핵심 문제들 대부분을 재정식화한다. 그 가운데 가장 중요한 것은 라투르가 "행위자"와 "구조"의 문제, 즉 인간 개인 대 집단적 사회 질서라는 문제에 특권적인 역할을 부여하지 않는다는 점이다. 라투르는 더 나아가 사회학자들이 전통적인 "행위자/구조"의 이분법을 완전히 잊거나 비켜가야 한다고 주장한다. 그 대신 인간 행위소와 비인간 행위소가 맺는 관계들이, 보다 일반적으로는 사회와 자연 간의 관계들이 라투르의 사회학에서 핵심적인 관심사가 된다.

"사회는 아무것도 설명하지 않으며 오히려 설명되어야 한다"

라투르는 과학기술의 사회학자들과 많은 토론을 벌여왔다. 그들은 구체적인 과학적 진술이나 기술적 인공물이 발전되어온 특정한 방식에 "사회적 설명"을 제시하는 것을 업으로 여긴다. 예를 들어 기술사회학자들은 뒷바퀴는 작고 앞바퀴는 커서 타기 힘들고 위험한 나무틀 자전거가 1800년대 후반 이후 바퀴 크기가 같고 공기 타이어를 장착한 "안전 자전거"로 대체된 이유를, 성 역할이나 젊은 남성 집단들 간의 경쟁적인 이해관계를 들어 설명한다(Bijker 1997 참조). 또한 과학사회학자들은 불확정성에 바탕을 둔 양자물리학 이론의 등장을 설명하면서 양차대전 사이에 바이마르 공화국에서 팽

배했던 정치적, 문화적 불안정성의 분위기 같은 "거시사회적" 요인들을 언급한다(Forman 1971 참조). 라투르와 울가의 초기 실험실 연구에서도(2장 참조) 그러한 사회적 설명을 도입하려는 경향을 발견할 수 있다. 예를 들어 그들은 서로 경쟁하는 연구자들이 어떻게 인정을 받고 자금을 확보하는지를 설명하기 위해 "명성의 순환"(cycles of credit)이라는 개념을 이용한다.[4]

그러나 후기 연구에서 라투르는 테크노사이언스를 사회적 시각에서 설명한다는 생각 자체에 점점 더 의구심을 갖게 된다.[5] 이러한 회의론은 라투르와 그의 과학사회학 동료들 간의 장기적인 중요한 토론으로 이어졌다. 요컨대 라투르의 반론은 과학과 기술이 사회적인 것(또는 "사회")의 형성과 발전에서 핵심적인 요인이기 때문에, 그러한 발전들을 설명하기 위해 특정한 사회적 맥락을 이용하는 것은 거의 무의미하다는 것이다. 달리 말해 사회적 맥락 자체가 상당한 정도로 테크노사이언스의 산물이라는 것이다. 한마디로 이것이 라투르의 초기 논문들 중 하나의 제목인 「나에게 실험실을 달라, 그러면 세상을 들어 올리리라」(1983)가 의미하는 바이며, 1800년대 말에 프랑스가 **파스퇴르화**되었다는 그의 주장의 요지이기도 하다. 즉 프랑스가 파스퇴르를 구성하는 것만큼이나 (어쩌면 그 이상으로) 파스퇴르와 미생물, 그의 실험실이 "프랑스"를 구성한다는 것이다.

라투르의 과학학 연구에서 유래하는 그러한 아이디어들은 "사회적 설명"에 대한 그의 일반적인 회의론을 이해할 수 있는 배경을 형성하며, 나아가 "사회는 아무것도 설명하지 않는다"는 그의 주장을 이해하게 해준다. 라투르는 결합의 사회학을 정교화함으로써 과학학 연구에서 얻은 부정적 교훈으로부터 가능한 한 광범위하고 일관된 사회학적 함의를 이끌어내려 한다(Latour 2000b). 라투르는 이제 사회적 설명이 갖는 일반적이고 문제 있는 성격을 적시한다. 즉 일반적으로 사회적 설명은 (과학, 예술, 패션, 법, 경제 등과 같은) 설명의 대상을, (사회학자가) 대상 자체보다 더 근본적이라고 생각하는 어떤 사회적 힘으로 **대체**하려 한다. 그러한 사회적 메커니즘은 규범, 권력, 이해관계일 수도 있고 자본주의, 산업화, 세계화 같은 "거대" 현상일 수도 있다. 이에 입각해 사회학자는 예를 들어 "경제를 사회적 맥락 안으로 넣는 것"에 대해 논하고, 그럼으로써 시장이 기능하는 방식을 결정하는 데 있어서 규범과 권력 관계의 중요성을 강조한다. 라투르에 따르면 이러한 사회학자는 자신이 경제를 움직이는 실제적인 동인에 대해 경제학자나 경제 행위자보다 더 잘 안다고 생각한다. 실제로 사회학적 설명은 행위자 자신의 이해를 부인하거나 거부하는 경향이 있으며, 이는 특히 자칭 "비판적 사회학자"의 경우에 더욱 그러하다. 라투르는 그러한 "비판적" 접근법의 가장 중요한 예로 부르디외를 꼽는다. 그러한 접근법은 연구 대상과 그 전통적 대변자(이 경우에는 경제학자) 모두를, 보다 실재적이고 근본적인 것으로 간주되는 무언가(즉 "사회" 또는 "사회적인 것")으로 사실상 대체해버린다(Latour 2005b: 99ff).

일반적으로 라투르는 사회적 환원주의로 기우는 모든 생각들(예를 들어 권력과 이해관계 같은 몇 가지 사회적 힘들로 모든 종류의 이종적인 사회 현상을 충분히 설명할 수 있다는 관념들)에 대해 비판적이다. 바로 앞에서 보았듯이 라투르는 모든 구성원들이 안정된 "사회"의 존재와 윤곽에 이미 동의하는 경우에는, 그런 식의 환원적인 사회적 설명이 제한된 유효성을 가질 수 있다는 생각을 완전히 부정하지는 않는다. 그러나 라투르는 사회적 설명을 자유자재로 적용하는 것은 수많은 문제를 발생시킨다고 본다. 그 한 가지는 사회적 설명이 사회학을 일종의 "슈퍼 과학"으로 바꾸는 경향이 있다는 것이다. 이는 자연과학이나 경제학, 법학 같은 다른 학문 분야들이 해명하지 않는 모든 사회적 요소들을 사회학이 설명할 수 있다는 생각이다. 여기서 사회학자는 (적어도 자신이) 우월하다고 생각하는 메타언어를 구사하며, 이를 통해 스스로를 "사회학자 왕"쯤으로 여기게 된다(Latour 1996a: 167). 설상가상으로 이러한 메타언어와 그 사회적 메커니즘은, 수많은 상황에 쉽사리 적용할 수 있지만 시험하거나 평가하기는 매우 어려운 표준화된 설명으로 발전하는 경향이 있다. 예를 들어 사회학자가 이혼율 증가를 설명하기 위해 "개인화"를 끌어들일 때 그는 어떤 의미에서 언제나 옳을 수밖에 없다(적어도 그러한 진술을 반박하기가 거의 불가능할 것이기 때문이다).[6]

다른 한편으로 "개인화" 현상이 실제 존재하는지 여부는 차치하더라도, 그와 같은 현상이 어떤 구체적인 이혼 상황에 정확히 어떤 효과를 갖는지를 파악하는 것은 극히 어려운 일이다. 라투르는 이를 사회적인 것의 사회학에 만연한 관습적인 오류로 간주한다. 그가 비우호적인 논조로 말하듯이 사회적인 것의 사회학은 비가시적인 실체들을 이용한다. 마치 상대성 이론 이전의 물리학이 에테르를 이용했던 것처럼!(2005b: 191f)

라투르에 따르면 사회적 설명이라는 시도는 일반적으로 꽤 잘 작동했던 것이 사실이지만, 그것은 사회학자들이 "아래", 즉 권력과 위신이 자신들보다 낮은 집단들을 연구하는 한에서만 그러했다. 그래서 사회적으로 설명되(어버리)는 것에 대해 종교 집단들이 저항했을 때에는 어느 누구도 특별히 관심을 가지지 않았다. 그러나 사회학자들이 자연과학을 연구하기 시작하자 상황은 돌변한다. 라투르가 자신이 속한 작은 하위 분과인 과학학 연구를 매우 획기적인 것으로 보는 것은 그러한 이유에서다. 라투르가 말했듯이 "켈빈 경의 물리학 안에 대영제국을 배치하는 것은 작은 스캔들을 일으킨다."(2000b: 111) 사회학적으로 설명되는 것에 대해 반발한 첫 번째 집단은 저명한 자연과학자들이고, 이런 방식으로 객체들과 그 대변자들이 반격에 나선 것이다. 이것이 바로 1990년대 "과학 전쟁"의 배경이다. 이는 주로 미국에서 벌어진 "사회구성주의적" 인문학자들과 "실재론적" 자연과학자들 간의 대결이었다. 4장에서 보았듯이 이에 대해 라투르는 (『판도라의 희망』의 과학철학을 통해) 기본적으로 위치를 잘못 잡은 참호전이라는 논평으로 대응했다.

이에 대한 보다 **사회학적인** 대응으로 라투르는 자신을 비판하는 자연과학자들을 보다 진지하게 받아들인다. 즉 자연과학자들이 사회적인 용어로 설명되는 것에 저항하는 것은 옳다고 본다. 물론 (고전적 실재론자들이 주장하듯이) 과학이 유일무이하게 객관적이고 "비사회적인" 영역이라서가 아니다. 그 이유는 사회구성주의적 과학학자들의 "스캔들"이 사회학의 전형적인 사회적 설명이 지닌 일반적인 성격을 드러냈기 때문이다. 구체적으로 말하면 사회구성주의자들은 (과학적 사실이건 신이건 예술작품이건 간에) 설명의 **객체**를 시야에서 놓치고 만다.

요컨대 라투르의 핵심 주장은 사회적인 것의 사회학이 너무 쉬워졌다는 것이다. 즉 기저에 있는 사회적 메커니즘에 기초해 많은 설명을 늘어놓지만, 정작 그러한 불가사의한 사회적 힘들의 존재나 내용, 범위를 규명하는 정말 꼭 필요한 작업은 하지 않는다는 것이다. 이러한 배경에서 결합의 사회학의 주요 과제는 소위 "강한" 사회적 설명에 대한 대안을 확립하는 데 있다. 이런 측면에서 라투르는 민속방법론자인 가핑클로부터 많은 영감을 받는다(비록 그 과정에서 가핑클 역시 라투르의 특이한 기호학적 방법의 대상이 되지만 말이다).[7] 따라서 "행위자들을 따라가라"는 결합의 사회학의 표어는 두 가지 의미를 갖는다. 한편으로 사회학자의 과제는 이떻게 행위자들 **자신이** 상호갈등을 통해 자신들의 사회적 세계들을 창출하고 질서화하는지를 따라가는 것이다. 여기서 사회학자가 행위자들의 "민족지적 방법"으로부터 사회적 세계에 대해 배우는 것이지 그 반대가 아니다. 라투르는 이렇게까지 말한다. "우리의 정보원들이 우리를 대신해 우리의 사회학을 실천하며 게다가 우리 자신들이 할 수 있는 것보다 더 잘 한다."(1996a: 10)

다른 한편으로 결합의 사회학은 상징적 상호작용론의 새로운 버전이 결코 아니다(이제 여기서 라투르의 기호학이 무대에 등장한다). "행위자들을 따라가라"의 두 번째 의미는, 사회학이 특정한 상호작용과 특정한 행위자를 창출하고 무대를 연출하는 수많은 연결 가닥들을 추적해야 한다는 것이다. 하나의 상호작용이나 하나의 행위자는 언제나 다른 시대들, 다른 장소들, 다른 행위소들과의 구체적인 관계에서 형성된다. 예를 들어 교실에서 일어나는 교사와 학생들의 상호작용은 40년 전에 건축가가 그린 도면, 교무처의 연간 시간표, 책상을 만들기 위해 파괴된 고대 삼림과 숲, 수업에서 사용되는 언어의 문법 규칙들 등등에 의해 형성되는 것이다(Latour 2005b: 199ff). 라투르는 일단 사회학자가 그러한 연결들을 따라가기 시작하면 결국 널리 펼쳐진 행위자-연결망의 윤곽을 그릴 수밖에 없다고 지적한다.

달리 말하면 결합의 사회학의 기본적인 논점은 무엇이 사회적 세계를 구성하는가라는 물음은 단번에 대답할 수도 없고 대답해서도 안 되는, 근본적으로 열린 (형이상학적) 질문이라는 것이다. 이런 이유에서 라투르의 사회학은 기본적으로 다양한 불확실성의 원천들로 구성된다. 어떤 집단들이 형성되는가, 어떤 행위자가 행위하는가, 객체들은 어떻게 변형될 수 있는가, 텍스트는 무엇을 성취할 수 있는가 등과 같은 물음들은 모두 결합의 사회학에서 열려 있는 질문들이다(같은 책: 1부). 그래서 라투르의 이론은 "강하"지도 단단하지도 않다. 오히려 그것은 "약하"다(라투르가 말하듯이 그것은 메타 언어가 아니라 "인프라 언어"이다). 요점은 사회학이 오직 그러한 방식을 통해서만, 행위자들 자신이 현재 진행 중인 과정 속에서 그와 같이 열린 형이상학적 질문들을 어떻게 제기하고 답하는지를 관찰할 수 있을 만큼 충분히 추상적일 수 있게 된다는 것이다. 이러한 의미에서 결합의 사회학은 이론인 만큼 방법이며, 라투르는 상당한 정도로 "경험주의적" 언어를 채택한다. 좋은 사회학이란 사회적 실재에 대한 구체적인 연구를 통해 행위자들을 따라감으로써만 수행될 수 있다고 라투르는 말한다. 이제 결합의 사회학이 실제로 어떻게 전개되는지를 라투르 자신의 경험적 사례연구를 통해 살펴보자. 다음 절에서는 (실현되지 못한) 운송시스템을 다루는 라투르의 책 『아라미스』(*Aramis, or the Love of Technology*, 1996a)로 초점을 돌린다.

테크노 탐정으로서 사회학자 라투르

아라미스는 혁명적인 도시 운송 시스템의 명칭이다. 그것은 선로 위를 달리는 객차들을 개별적으로 제어하는 완전히 자동화된 시스템으로, 1970년 무렵부터 1988년까지 파리와 그 주변에서 개발되던 고도의 하이테크 객체다. 아라미스는 또한 극적으로 실패한 혁신 프로젝트와 동의어이기도 하다. 그 새로운 시스템은 결국 실현되지 못했고 오늘날의 파리 시민들은 익숙한 메트로로 만족할 수밖에 없다. 라투르는 이 실패한 기술 프로젝트에 대한 자신의 설명을 일종의 탐정소설 형식으로 전개한다. 이 책 전체에서 계속되는 질문은 미해결의 살인사건이라는 관점에서 제기된다. **누가 아라미스를 죽였는가?**(1996a)

미제의 사건을 맡은 두 명의 탐정은 (라투르와 꼭 닮은) 나이 든 사회학자 노베르와 젊은 공학도인 그의 조수다. 사회학과 탐정소설 장르의 이러한 병렬은 라투르에게 단지 스타일상의 효과만을 의미하는 것은 아니다. 그것은 또한 결합의 사회학의 일반적인 논점을 보여준다. 이 맥락에서 볼 때 사건의 연쇄 속에서 사회학적 설명을 찾는 행위는 사립탐정의 일에 비견할 만하다. 실마리를 따라가고, 상이한 가설들을 시험해보고, 다양한 행위자들("용의자들")을 인터뷰("탐문")하는 등등. 이 모두는 어려운 일이며, 여기서 중요한 논점은 (사립탐정이든 결합의 사회학자이든) 그들이 발견할 손쉬운 설명은 없다는 것이다(Austrin & Farnsworth 2005 참조).

아라미스 프로젝트에 대한 연구는 라투르 사회학의 전형적인 예라 할 수 있다. 여기에는 어떠한 메타 이론화도 거창한 사회적 설명도 없다. 전문적이고 기술적인 세부사항과 밀접히 얽혀 있지 않은 어떠한 "순수한" 인간 관계도 없다. 그 대신에 이 책은 실천적인 민족지 작업에 대한, 그리고 엔지니어, 산업체, 지역 정치인, 국제 전시회, 모터, 적외선 신호, 여타 중요한 행위소들 간의 구체적인 (또한 가변적인) 관계들을 추적할 수 있는 최선의 방법에 대한 일련의 성찰을 담고 있다. 따라서 라투르는 결합의 사회학에 특징적인 맥락화된 접근법을 채택한다. 즉 『아라미스』는 특정한 시간과 공간에 위치하는 하나의 특수한 혁신 프로젝트를 매우 꼼꼼하게 설명하는 사례연구이다. 이 책 전체를 통해 (노베르로 가장한) 라투르는, "기술적 필요성" "세계 정치적 상황" "시장의 힘의 작동" 등과 같은 일반적인 사회적 구조와 동학을 통해 이 프로젝트의 운명을 설명하려는 조수의 시도를 계속 거부한다. 기술, 정치, 경제라는 요인들이 적절하지 않아서가 아니다. 오히려 그 반대다. 요점은 그러한 요인들을 형체 있는 구체성 속에서 탐구해야 한다는 것이다. "시장의 힘"에 대해 라투르는 이렇게 말한다. "누가 아라미스의 경제적 수익성을 결정하는가? 여덟 명의 사람이며, 그들은 모두 확인 가능한 인터뷰 대상이다."(1996a: 134) 라투르에게 시장은 맥락이 아니라 행위자-연결망이다. 따라서 당연한 것으로 받아들일 것이 아니라 시장의 연결들과 영향력의 채널들을 상세히 나타내야 한다.

결합의 사회학자의 주된 과제는 능력 닿는 한 최선을 다해 행위자들이 나아간 많은 궤적과 우회로를 따라가는 것이다. 라투르는 사회학자가 원래 인터뷰를 많이 할 수밖에 없다는 것을 반농담조로 시사한다 (1996a: 52). 그는 사회학자가 자신이 묘사하는 넓은 공간의 연결망들을 힘겹게 돌아다니면서 남겨놓는 택시 영수증 더미에 대해 말하고 싶은

유혹을 이기지 못한다. 사회학자에게 또 다른 중요한 정보의 원천은 연구기관, 기업, 정부당국들이 작성한 프로젝트의 진행에 관련된 서류 더미들이다. 그러한 서류 더미들은 행위자들 자신이 프로젝트의 기본 사항들을 숙고하고 조정하는 (그를 통해 프로젝트를 재정식화하는) 끊임없는 과정 속에 있다는 것을 드러낸다. 그러한 기본 사항들에는 프로젝트의 시간적 구조(언제 끝날 것인가?), 공간적 위치(선로가 어디에 놓여야 하는가?), 상대적 크기(파리 전체 아니면 단일한 교외?), 존재의 정도(기술적으로 실현 가능한가?) 등이 포함된다. 사회학자는 이러한 수많은 번역들과 섬세한 변경 사항들을 추적하고 재구성해야만 행위자들을 따라잡을 수 있다. 이를 위해 사회학자는 "가변적 존재론"의 세계를 돌아다닐 수 있어야 한다. 여기서 시간, 공간, 크기, 존재는 절대적인 것이 아니라 정도의 문제이며, 행위자들이 끊임없이 생산하고 재형성하는 변수들이다(같은 책: 78ff).

좋은 범죄소설이 그렇듯이 살인 미스터리는 결국 해결된다. 라투르에 따르면 아라미스의 비극적 운명은 운송시스템의 건설에 관여한 많은 엔지니어들에게 책임이 있다. 만약 그들이 그 기술적 프로젝트를 필요한 협상과 토론, 불확실성에 기꺼이 개방했더라면 성공 가능성을 높일 수 있었을 것이다. 만약 그들이 그 기술을 조금만 더 **사랑**했더라면, 그것이 얼마나 취약한지, 정치적, 경제적 행위자들의 세계와의 광범위한 외적 관계들에 얼마나 많이 의존하는지를 깨달았을 것이다. 달리 말하면 결국 기술과 사회 간의 엄격한 근대주의적 분리에 대한 엔지니어들의 잘못된 믿음이 아라미스에 치명적인 타격을 가한 것이다.

이제 아라미스의 이야기를 방법론적, 분석적 전략이라는 관점에서 생각해보자. 핵심 논점은 라투르가 맞춤 제작된 "일회용" 설명을 만들어내려 했다는 것이다. "단일하고 유일한 하나의 사례에 단 하나의 설명을 하고 나서 우리는 그것을 내다버린다."(Latour 1996a: 131) 사회학적 이론은 어떤 특수한 연구 문제에 대한 해답을 제공하지 않는다. 그러한 답은 지난한 탐구 작업을 통해 발견되어야 한다. 이처럼 설명의 "고유한 적합성"[8]을 고수하는 것을 결합의 사회학이 추구하는 하나의 이상으로 간주할 수 있을 것이다. 이는 경험적이고 맥락적이며 문제 중심의 접근법을 요구한다. 그래서 라투르가 말하듯이 "우리의 사회학"은 거대 이론적 서사보다 국지적인 역사들을 선호한다. 그러나 동시에 우리는 사회적 설명에 대한 그러한 개방성과 불확실성에 내포되어 있는 암묵적인 사회적 존재론에 주목해야 한다. 라투르의 사회적 세계를 특징짓는 것은 언제나 급진적인 우연성과 비결정성이다. 아라미스는 실현될 수도 있었을 것이다. 단지 사후적으로 (적절한 사회학적 탐정의 작업을 마친 후에야) 왜 일이 그렇게 돌아갔는지를 우리가 이해할 수 있게 될 뿐이다.

사회적 질서: 상호주관성에서 상호객관성으로

지금까지 우리는 라투르가 결합의 사회학을 통해 어떻게 자신이 지배적인 사회학 패러다임으로 간주한 '사회적인 것의 사회학'과 급진적으로 거리를 두려 했는지를 보았다. 후자의 패러다임이 사회 또는 사회적 영역을 (전문적 과학에서 교실의 상호작용에 이르는) 모든 부류의 사회적 현상에 대한 설명의 원천으로 간주하는 데 반해, 결합의 사회학은 (이미 살펴본 바와 같이) "사회는 아무것도 설명하지 않으며" 사회 자체가 설명되어야 한다는 표어를 내건다. 이러한 방법론적 접근법은 경험적이고 실천 중심적인 사회학을 지향하며, 『아라미스』와 『프랑스의 파스퇴르화』(2장 참조) 같은 라투르 자신의 역사적, 사회학적 연구들이 취했던 방향을 가리킨다.

동시에 우리는 라투르가 사회학적 전통과 완전히 결정적으로 단절하고 있지는 않다는 것을 보았다. 결합의 사회학이 가핑클의 민속방법론에서 영향을 받았기 때문이다. 특히 이러한 영향은 (행위자-연결망을 구성하는 연결들을 창출하고 협상하고 유지하는) 행위자들의 실천적 활동 또는 민속방법론을 분석하라는 전반적인 방법론적 권고에서 나타난다. 달리 말해 라투르가 사회학에 대해 종종 극도로 비판적인 수사를 구사하는 것은 사실이지만, 그는 사실상 사회학의 가장 기본적인 문제를 채택하고 있다. 구체적으로 말하면 무엇이 사회적 상황을 유지하는가 하는 문제다. 혹은 라투르의 언어로 말하면 무엇이 행위자-연결망을 유지하는가 하는 문제다. 고전적인 사회학적 용어법에서 이것은 사회적 질서의 문제로 알려져 있다. 즉 혼란과 무정부상태, 혹은 토머스 홉스가 『리바이어던』에서 말하는 "만인에 대한 만인의 투쟁"이 아니라, 왜 상대적으로 지속되고 반복되는 사회적 관계의 패턴들이 존재하는가 하는 문제다. 결합의 사회학은 이 문제를 (다시) 전유한다는 점에서 사회학적이다. 그러나 라투르가 흔히 그러하듯 이에 대한 대답은 다소 비관습적이다. 특히 물질적 객체들에게 다시 한번 중요한 (기존 사회학에서는 익숙하지 않은) 역할을 부여하기 때문이다.

우리는 이미 이 책에서 여러 차례 사회적 질서라는 문제와 마주쳤다. 특정한 사회기술적 질서가 어떻게 세력을 얻고 안정화되며 분포되는가 하는 것은 언제나 라투르의 과학과 기술의 인류학에서 기본적인 질문이다(2장 참조). 초기 과학학 연구에서 라투르는 그러한 종류의 안정화와 위계적 권력 관계의 생산을 설명하기 위해 기입장치, 불변의 가동물, 계산 센터 같은 개념들을 발전시킨다. 어떤 사회기술적 질서들은 다른 것들을 희생하면서 세력을 얻고, 특정한 사회기술적 혁신들은 (아라미스처럼) 가상의 미실현 상태에 머문다. 이미 (2장에서) 보았듯이 라투르의 초기 저작에서 행위자 모델은 종종 정치나 전쟁의 세계로부터 차용된다. 즉 테크노사이언스는 권력, 전략, 힘겨루기, 타협의 문제로 묘사된다. 그래서 라투르는 과학인류학을 다루는 일부 저작에서 사회적 질서라는 문제를 비대칭적인 권력 관계를 통해 "해결"하려는 경향이 있다. 어떤 사회기술적 질서("블랙박스")는 다른 어떤 행위자도 그 우월성에 도전하기 충분한 동맹을 동원할 수 없을 정도로 점차 충분히 강해진다는 것이다.[9]

사실 이는 사회학적 전통에서 제기되는 질서 문제에 대한 명백히 고전적인 해답이다. 그러나 왜 어떤 질서들이 실제로 행위자들에 의해 수용되는지(즉 왜 정당한 것으로 간주되는지)를 설명하고자 할 때, 권력의 우위라는 단순한 가정에서 발생하는 문제점들 역시 사회과학의 역사에서는 잘 알려져 있다. 홉스는 그러한 정당성 문제를 그의 유명한 **계약 모델**을 통해 다룬다. 그러나 라투르는 초기 저작에서부터 이러한 계약 이론을 명시적으로 거부하고 이를 '번역으로서의 대표'라는 개념으로 대체하려고 한다(Callon & Latour 1981 참조). 같은 이유로 대표라는 개념은 이후 라투르의 정치이론적인 사유에서 (그리고 근대성의 철학에서) 계속 중요한 역할을 하고 있다(3장과 4장 참조).

라투르가 질서 문제에 대한 해답으로 권력과 지배를 강조하는 경향이 있고 그런 경향이 일부 저작에서 표명되고 있는 것이 사실이지만, 그렇다고 그것을 결합의 사회학의 핵심 원리로 제시하는 것은 오도의 소지가 있다. 오히려 (이른바 상호작용적 사회학과 대조적으로) 사회적 행위자들의 일반적이고 추상적인 특성에 대한 관념이 거의 없다는 것이 라투르 사회학의 특징이다. 여기서 다시 한번 기호학의 영향이 분명히 드러난다. 라투르의 세계에서 행위자는 사실상 행위소다. 즉 행위자는 자신의 형태, 특징, 역할이 전적으로 맥락에 달려 있는 일련의 사건에 참여한다. 행위소는 일련의 사건에서 차이를 만들어내는 존재이며, 라투르는 "행위자의 능력은 귀속 과정 **후에**"(즉 일련의 사건 후에) "추론되는" 것이라고 명시한다(1996c: 237). 따라서 라투르는 기호학을 통해서 (모든 사회학들에 뿌리 깊은 규범과 가치 대 이해관계와 전략이라는 행위에 대한 이원론을 포함해) 상이한 행위자 모델들 사이에서 선택하는 일을 거부할 수 있게 된다. 분석자는 단번에 그러한 선택을 해서는 안 되며, 그 대신 행위자들과 그들의 선택을 따라가야 한다.[10] 이러한 입장을 취함으로써 라투르는 사회적 질서의 문제에 대한 (즉 행위자들이 어떻게 실제로 행위자-연결망을 구성하는가 하는 문제에 대한) 일반적인 해답은 있을 수 없다고 확신하게 된다. 보다 정확히 말하면 해답은 사람들 간의 어떤 특정한 종류의 상호주관적 관계 (공유된 규범과 가치에 기초하든, 공통의 상징과 언어에 기초하든, 혹은 어떤 계약적 합의에 기초하든 간에) 속에서는 찾아질 수 없다는 것이다.

이는 또한 결합의 사회학이 상징적 상호작용론(보다 넓게는 "해석적" 사회학)의 새로운 버전이 아니라는 것을 명확히 해준다. 상징적 상호작용론의 전통에서 (그리고 철학적 해석학의 기초 위에서) 사회적 질서는 궁극적으로 공유된 의미 구성체, 공유된 상징, 공유된 언어를 기준으로 설명된다.[11] 물론 라투르는 상호작용이나 상징, 언어의 중요성을 부인하지 않지만, 그러한 현상들에 존재론적 우선성을 부여하는 관념을 자신의 사회학의 기초로 삼는 것은 거부한다. 라투르는 인간 사회의 사회적 질서와 침팬지나 개코원숭이의 사회적 질서를 비교하면서 이러한 거부를 매우 도발적으로 (또한 매우 유쾌하게) 표현한다. 라투르의 주장에 따르면 상징적 상호작용론은 영장류 사회를 묘사할 때는 완벽하게 들어맞지만 인간 사회를 묘사하기에는 턱없이 부족하다!(Latour 1996c 참조). 다소 놀라운 이러한 주장의 근거는 이러하다. "개코원숭이" 집합체를 유지하는 데 들어가는 것은 오직 이 영장류 자신들, 그들의 신체, 그들의 상호 호의, 그들의 힘겨루기, 요컨대 그들의 복잡한 사회적 상호작용뿐이다. 그러나 인간 집합체에서는 사정이 완전히 다르다. 도구, 벽, 탁자, 화폐 등 상호작용의 프레이밍에 결정적인 역할을 하는 광범위한 비인간 행위자들이 인간 집합체에 포함되어 있기 때문이다. 이러한 관찰의 진실성에 의구심이 든다면, 우리가 "문"이라는 행위소를 일시적으로 동원하지 못할 때 어떤 제한된 장소에서의 상호작용으로부터 누군가를 배제하는 문제를 어떻게 해결할 수 있을지를 한번 상상해보라(Johnson [Latour] 1988 참조).

이러한 배경에서 라투르는 인간의 상호작용은 기본적으로 상호주관성의 문제가 아니라 "상호객관성"의 문제라고 주장한다. 여기서 인간과 사물의 근본적인 상호 결합을 표현하는 그의 긴 신조어 목록에 상호객관성이라는 또 하나의 용어가 추가된다(Latour 2005b: 193). 라투르가 말하는 사회적 상호작용의 "프레이밍"(상징적 상호작용론자인 어빙 고프먼에게서 빌려온 용어)은 순수하게 상징적인 것이 아니라, (건물, 방 칸막이, 울타리, 컴퓨터 연결망 등과 같은) 물질적인 것으로 이해해야 한다. 인간들 간의 사회적 상호작용은 그처럼 사전에 형성된 프레임 없이는 일어날 수 없다. 이 점에 대해서는 이미 교실에서 일어나는 교사와 학생들 간의 상호작용의 예를 통해 살펴보았다.

나아가 사회적 질서의 문제와 관련해 비인간 행위소가 인간보다 더 오래 지속되고 튼튼하며 의지할 만한 방식으로 행위하는 경향이 있다는 것을 주목할 필요가 있다. 도로의 과속방지턱 같은 일상적인 현상에서 그러한 예를 볼 수 있다. 과속방지턱은 운전자들의 행동에 영향을 미칠 수 있는 능력 때문에 (좋은 이유에서) "잠자는 경찰"이라고 불린다(1999b: 186). 라투르는 이러한 관찰을 다음과 같은 말로 일반화한다. "상호작용이 언제나 시간적, 공간적 외부 연장을 갖는 것은 인간이 비인간과 더불어 그것을 공유해 왔기 때문이다."(1996c: 239) 따라서 다시 한번 물질적 객체가 라투르의 사유에서 중심적인 역할을 하게 된다. 이번에는 사회적 질서와 사회적 관계를 유지하는 고전적 문제에 대한 해답에 가장 가까운 것으로서의 역할이다. 그러나 여기서 질서화되고 유지되는 것은 명백히 전통적인 의미에서의 사회가 아니라, 인간과 비인간으로 구성되는 집합체다.

라투르는 상호객관성에 대한 이러한 논의를 사회학의 실천을 위한 세 가지 대략적 규칙으로 요약한다(1996c: 240). 첫째는 이미 본 것처럼 사물을 사회적 사실로 취급하는 것이다. 둘째는 행위자/구조 논쟁, 혹은 상호작용과 사회 간의 관계와 관련된다. 라투르는 그러한 이원론을 완전히 잊고, 그 대신 인간 행위소와 비인간 행위소 사이에서 일어나는 특성들의 교환에 초점을 맞출 것을 권한다. 앞서 지적했듯이 이는 사회학의 이론적 목표를 재정식화하는 것이나 다름없다. 즉 이제 주요 문제는 더 이상 개인과 사회의 관계가 아니라 사회와 자연 간의 이원론 자체다(Schinkel 2007: 713). 세 번째로 라투르는 사회학이 소위 미시/거시 문제에 대한 영원한 이론적 집착을 끝내고, 그 대신 "국지적 상호작용"과 "세계적 조망"이 각각 만들어지는 과정을 경험적으로 따라가야 한다고 제안한다.

결합의 사회학에서 비롯하는 (미시/거시 문제에 관한) 세 번째 효과는 다다음 절에서 더 상세히 논의할 것이다. 그 전에 우리는 라투르가 어떻게 상호객관성이라는 개념과 (이번에는 테크노사이언스 바깥의 영역을 다루는) 특수한 민족지 연구의 필요성을 결합하는지를 보여주는 경험적 사례들을 먼저 살펴볼 것이다. 이는 사회적 관계의 상이한 **유형들**에 대한 라투르의 관심이 확대되고 있다는 것을, 다시 말해 지식 체제들에 대한 그의 관심이 "일반화"되고 있다는 것을 보여주며, 또한 과학인류학으로부터 결합의 사회학으로의 라투르의 "단계적"(또는 국면의) 이동을 나타낸다.

언명 체제: 법과 종교적 상징의 객관성

대부분의 사회적인 것의 사회학은 현대 사회가 "기능적으로 분화"되어 있다고 주장한다. 즉 사회를 과학, 정치, 경제, 종교, 법, 대중매체 같이 상대적으로 자율적인 영역들로 분리된 것으로 묘사한다. 이는 예를 들어 니클라스 루만과 피에르 부르디외의 신고전파 사회이론의 근본 가정이다. 이와 달리 라투르는 항상 이러한 분화 이론에 대해 양면적인 입장을 취해 왔다. 한편으로 그의 과학인류학은 과학과 정치라는 사회의 두 가지 주요 영역 사이에 있는 수많은 회색지대와 연결선을 드러낸다(2장 참조). 그러나 라투르는 또한 자신의 목표가 과학과 정치 사이의 모든 경계를 무너뜨리는 것이 아니라, 오히려 그 두 가지 실천의 강점을 모두 존중하는 방식으로 우리의 공동세계를 재묘사하고 재배치하는 것임을 강조한다(Latour 1999b: 258ff 참조). 일반적인 관점에서 보자면 결합의 사회학은 분화 이론과 다소 유사한 면이 있어 보인다. 법, 과학, 종교, 경제, 도덕, 정치와 조직을 특정 유형의 사회적 순환과 지시의 연쇄에 기초하여 각각의 존재 양식을 가지는 것으로 묘사하기 때문이다(Latour 2005b: 238f).

이러한 의미에서 라투르에게 비근대 세계는 존재 양식들, 즉 그의 용어로 "언명 체제들"의 다원성 속에 존재한다(Latour 2005d: 28).[12] 모든 언명 체제들에는 자신들만의 특정한 진리 생산의 메커니즘이 있다. 2000년대 초에 한 인터뷰에서 라투르는 자신의 주요한 지적 기획이 우리 문명의 다양한 "진리 생산의 장소들"을 방문하고 기록하는 것이라고 말하기도 했다(Crease *et al*. 2003: 16). 과학은 여전히 라투르의 사유에서 하나의 준거점으로서 특별한 지위를 가진다(이에 대해 그는 서구 사회에서 일반적으로 과학의 위치가 특별한 것과 마찬가지라고 주장할 것이다). 그러나 과학학이 과학의 이미지를 근본적으로 바꾸었듯이 나머지 진리 체제들에 대해서도 새롭게 재묘사할 필요가 있다. 그리고 바로 이것이 라투르가 현재 깊이 몰두해 있는 새로운 기획이다.

2002년에 라투르는 결합의 사회학에 기초해 법적 객관성을 전면적으로 재묘사하는 책을 출간했다. 『법의 공장』(*La fabrique du droit*, Latour 2002b; 영어 번역서는 2010b)이란 제목의 이 책은 프랑스의 최고 행정법원인 국가평의회(Conseil d'État)에 대한 장기간에 걸친 민족지 연구의 결과다. 자신의 스타일에 걸맞게 라투르는 법원 회랑의 인상적인 구조물 사이로 재판관들을 따라간다. 그는 법률적 추론, 협상, 결정이 이루어지는 절차들 각각의 세부사항을 예리하게 들여다본다. 경력 및 채용 패턴에서부터 벽을 장식한 예술품의 상징적 의미에 이르기까지 모든 것을 분석한다. 그러나 그의 주된 관심은 정의의 생산에 요구되는 입증 및 객관화의 정교한 메커니즘이다. 이런 맥락에서 전체적인 요점은 법의 생산이 특정한 형태의 상호객관적인 질서화 과정에 의존하며, 이 질서화 과정은 "항상성을 유지하는" 법원의 보수적인 역할과 부합할 뿐 아니라 연속성, 선례, 법률적 예측가능성에 대한 법원의 강조와도 일치한다는 것이다(Latour 2010b: 6장). 이러한 연속성은 무엇보다도 (그 내적 관계들이 법 자체의 핵심을 구성하는) 무수한 서류철과 쪽지, 법률과 선언들로 이루어진 동질적인 텍스트적, 물질적 세계 주변을 철저히 폐쇄함으로써 보전된다. 판사의 책상 위에 차츰 쌓여가는 수많은 사건 파일들은 무질서의 표면적 신호에 불과하다. 파일 하나하나는 그것을 취급하고 질서화하며 코드화하는 정확한 규칙들을 갖추고 있기 때문이다. 그에 따라 판결이 내려지면 사건은 종결되고 질서는 복원된다. 다른 기록관리 시스템과 마찬가지로 이러한 사건들은 임의로 개시되고 종결될 수 있다(같은 책: 2장).

라투르는 판결의 법적 생산과 사실의 과학적 생산 간의 명시적인 비교에 착수한다. 법과 과학이 완전히 상이한 결합의 연쇄들을 구성하면서 보여주는 많은 대조점들을 강조하기 위해서다. 과학이 (그 신뢰성이 끊임없이 시험대에 오르는) 순환 지시체의 끝없는 연쇄들을 이용하는 반면(2

장 참조), 법은 법적 자격, 심의, 결정을 가능케 하는 "의무의 연쇄들"을 생산하는 문제와 관련된다. 라투르의 관찰에 의하면 법의 생산에서 중심적인 문제는 경험적 사실이 아니라 기존의 법적 규칙, 즉 기존의 의무에 견딜 수 있을 정도로 단련될 수 있는 연결들의 견고성이다(Latour 2010b: 5장). 이처럼 전체 사법적 과정은 사건의 특수한 측면들로부터 점차 멀어진다. 실제로 법적 추론 과정은 (재판관들이 사용하는 유리된 언어에서부터 순전히 형식적인 절차적 규칙들에 이르기까지) 거리를 만들어내기 위한 무수한 메커니즘들로 구성된다. 그렇다면 역설적으로 객관성은, 우리가 객관성을 사심 없는 상태로 간주한다면, 과학 실험실이 아니라 법정에서 발견된다고 할 수 있다(같은 책). 그러나 라투르가 말하듯이 법에 수반되는 것은 **객체 없는** 객관성이다. 결국 재판관들이 생산하는 정의의 유일한 지주와 준거점은 법 체계 내부에 있는 것이다. 과학과 달리 법에게는 무관심하고 완고한 비인간 세계에 호소할 선택지가 없다. 라투르는 법의 (상호)객관성에 대한 그의 분석을 간결한 경구로 요약한다. "과학자들은 명확한 객체에 대해 어눌하게 말하고 법률가들은 모호한 객체에 대해 명확한 언어로 말한다."(Latour 2010b: 237)

세 번째 진리 언명의 체제에서는 게임의 규칙이 또다시 완전히 달라진다. 그것은 바로 라투르가 1990년대 말엽부터 많은 관심을 가져온 종교라는 언명 체제다. 종교적, 정확히는 (가톨릭) 기독교적 언명 체제가 그의 사유에서 완전히 부재했던 적은 한 번도 없다.[13] 자전적 언급과 종교적 주제에 관한 글들에서 라투르는 자신이 가톨릭 신자라는 사실을 숨기지 않는다. 비록 스스로 말하듯이 아주 독실한 신자는 아니지만 말이다(Latour 2005d: 27). 대학에서 전공한 신학과 가톨릭 신앙의 영향 때문인지 라투르는 종교적인 결합의 연쇄들을 다룰 때 종교사회학의 전형적인 접근법보다 훨씬 더 공손하고 겸손한 태도로 임한다.

라투르는 근대성의 시기 전체에 걸쳐 사회학과 사회의 비판적 충동이 종교를 주변화하고 허위적 숭배의 가면을 벗기고 종교적 우상을 부수고 없애려고 시도해 왔다고 주장한다. 바로 이것이 2002년에 라투르가 기획과 공동 큐레이션을 맡은 "우상충돌"(*Iconoclash*)이라는 미술 전시회의 주제였다.[14] 이와 달리 라투르의 탈비판적, 비근대적 종교철학은 종교를 우리가 한 사람의 인격으로 형성되는 가장 중요한 방식들 가운데 하나로서, 따라서 하나의 중요한 존재 양식으로서 묘사한다. 라투르에 따르면 종교(혹은 기독교)는 특수한 종류의 인격적 **현전**, 즉 고유하게 충만하고 강렬한 순간의 현전을 생산하는 문제와 관련된다. 라투르는 이를 일상적인 "애정 고백"에 비유한다. "나는 당신을 사랑한다"라는 말이 의미하는 것은 그 말을 통해 전달되고 (희망컨대) 받아들여지길 바라는 순전한 확신 이상이 아니다. 애정 대화와 마찬가지로 종교적 진술은 수행적 변형, 즉 문자 그대로 "회심"(conversion)을 다룬다. 그 전에는 당신이 부재했다가 이제는 당신이 현전한다는 것이다(Latour 2005d: 30). 종교적 발언에는 숨겨지고 비밀스럽고 난해한 어떤 것도 없다. 천사에서 신에 이르는 종교적 행위소들은, 종교의 진리 효과를 실천하고 등록하고자 하는 인간에게 단지 섬세함과 주의를 요구하는 일종의 실존적 작업을 수행할 뿐이다.[15]

법의 경우와 마찬가지로 라투르는 종교적 언명 체제와 과학적 사실 생산을 직접 비교한다. 이번에는 그 대비가 훨씬 더 인상적이다. 실제로 여기서 라투르의 핵심 주장은 종교와 과학 간의 갈등에 대한 근대적 논쟁 자체가 커다란 오해라는 것이다. 그는 과학과 종교 사이에는 어떠한 접점도 없다고 주장한다. 나이팅게일 새와 개구리처럼 그 둘은 어떠한 생태적 경쟁에서도 만나지 않는다는 것이다(Latour 2005d: 33). 이 점에 관해 근대주의는 아주 깊은 오해를 하고 있다. 근대주의는 과학이 구체적이고 가시적인 세계를 다룬다고 생각하지만, 사실 과학자들은 훨씬 더 비가시적인 미지의 세계들과 접촉할 수 있게 해줄 기술적 메커니즘들을 구성하는 데 시간을 쓴다(2장 참조). 이와 반대로 종교는 일반적으로 멀리 떨어진 초월적이고 비가시적인 무언가를 다룬다고 말해지지만, 사실 이 형용사들 가운데 어느 것도 종교의 핵심 특징인 개인을 변형시키는 현전을 포착하지 못한다. 오히려 종교는 언제나 국지적이고 세속적이며 가시적이라고 라투르는 강조한다.

이에 관한 예로 라투르는 부활절 아침에 텅 빈 예수의 묘 앞에 선 한 천사에 대한 유명한 이야기를 든다. 여기서 메시지는 "죽은 자 가운데서 찾지 말고 산 자 가운데서 찾으라"는 것이다. 관찰자를 국지적이고 의미 있는 현재로 되돌리는 것이 바로 이 메시지다. 이 맥락에서 라투르는 결합의 사회학에 기초해 이미지와 우상에 대한 기독교의 금지를 재정식화함으로써 자신의 종교적 성찰을 요약한다. 즉 문제는 우상 자체에 있는 것이 아니라 우리가 "프레임을 정지"시킬 때, 다시 말해 종교적 연결의 흐름을 끊고 하나의 특별한 이미지에 고착될 때 발생한다(Latour 2002e: 37). 그러한 프레임 정지는 광신주의나 근본주의가 될 수도 있지만, 근대인들의 우상파괴적 종교 비판의 경향에서도 똑같이 발생될 수 있다고 라투르는 강조한다. 이와 반대로 종교적 언명의 연쇄들 속에서 단절되지 않는 운동은 다원적이고 비근대적인 집합체 안에서 진리가 형성되는 핵심적인 방식들 가운데 하나가 된다.

이 절에서 우리는 라투르의 결합의 사회학에서 등장하는 "분화 이론"의 특유한 버전을 살펴보았다. 비근대 세계는 과학, 법, 종교로 예시된 바와 같이 다원적인 언명 체제들로 구성된다. 이런 측면에서, 어쩌면 역설적으로, 일원론자인 라투르는 대부분의 다른 사회학자들보다 근본적인 차이들에 더 잘 어울리는 것 같다. 라투르의 언명 체제들은 서로 다를 뿐 아니라, 어떤 의미에서는 (종교와 과학의 비교에서 본 바와 같이) 존재론적으로 결코 겹치지 않는다. 언명 체제들은 공약 불가능한 것에 가깝다. 정확히 이런 이유로 결합의 사회학에서 등장하는 일반적인 논점 가운데 하나는 이처럼 다양한 언명 체제들을 묘사하기 위해 우리는 연구되고 있는 현상의 고유한 측면들(고유한 안정화 방법들, 고유한 메커니즘들과 객관성의 스타일)을 존중하는 민감한 어휘를 필요로 한다는 것이다. 라투르에 따르면 (장, 시스템, 규범, 권력 같은) 일반적인 사회학적 메타언어를 이용해 이러한 언명 체제들을 묘사하려는 시도는 실패할 수밖에 없다. 다시 한번 사회적 세계를 구성하는 것은 열린 형이상학적 질문이며, 그에 대한 사회학적 대답은 사회적 세계의 수많은 비환원적 존재 양식들을 연구함으로써만 가능하다.

국지화와 세계화: 사회적 삶의 상이한 규모들

결합의 사회학을 둘러보는 우리의 여정은 이제 종착지에 다가가고 있다. 그러나 아직 다뤄지지 않은 중요한 논점이 남아 있다. 그것은 사회적 세계가 언명 및 존재 체제들의 다원성으로 "수평적으로" 분화될 뿐 아니라, 작거나 큰 행위자들로, 그리고 국지적이거나 세계적인 행위자-연결망들로 "수직적으로도" 분화된다는 문제다. 또는 라투르에 따르면 사회적 세계의 많은 역학관계는, 사회적 삶의 수준과 규모의 차이들이 어떻게 발생하는가 그리고 그러한 차이들이 어떻게 견고해지거나 변형되는가 하는 문제를 중심으로 전개된다. 그는 이를 통해 사회적인 것의 사회학에서 또 하나의 고전적인 문제를 가져온다. 이번에는 소위 미시/거시 문제다. 일반적으로 사회적인 것의 사회학은 자본주의, 관료주의, 국민국가, 군산복합체, 세계체제 등 크고 지배적인 거시 현상으로 넘쳐난다. 물론 라투르는 이러한 무형적이고 비가시적인 사회 현상에 어느 정도 회의적인 시각으로 접근하며, 이는 결합의 사회학에서 보여준 맥락적 접근법에서 비롯된다. 그러나 라투르는 크고 지배적인 행위소들, 즉 사회적 삶을 거시 구조화하는 행위소들이 **존재한다**는 것을 인정한다. 이 점에서 그의 논점은 거시와 미시 간의 차이, 즉 크고 작은 행위소들 간의 차이는 결코 자연적이거나 영구적인 것이 아니며 오히려 진행 중인 사회적 과정 속에서 형성되고 협상되며 변형된다는 것이다. 라투르가 예리하게 지적하듯이 "규모는 행위자 자신의 성취다."(Latour 2005: 185) 그렇다면 사회학의 경험적 과제는 국지적 미시 상호작용들과 세계적 거시 효과들이 사회적 삶 속에서 제각기 창출되는 국지화 및 세계화 과정을 연구하는 데 있을 것이다.

미시/거시 문제의 중요성은 라투르에게 새로운 것은 아니다. 사실 우리가 방금 강조한 논점은 그가 과학과 기술의 인류학에서 작업한 가장 초기의 산물이며, (미셸 칼롱과 함께 쓴) 「거대한 리바이어던을 열기」라는 제목의 1981년 논문에서 요약되고 있다. 이 논문은 바로 미시사회학과 거시사회학의 통합이라는 주제에 관한 논문 선집에 실렸다. 이는 라투르가 초기부터 사회학 이론에 대한 명시적 토론에 참여하려는 의지가 있었음을 보여주며, 또한 ANT가 미시/거시 사고라는 문제에 부여하는 특유한 중요성을 드러낸다.[16]

여기서 라투르는 다시 한번 사회적 신체의 구성에 관한 토머스 홉스의 유명한 이론으로부터 영감을 얻는다. 홉스의 주권자 리바이어던은 부분과 전체라는 사회적 역설을 해결하는 거시 행위자다. 주권자는 인민들 위에 서 있는 것이 아니라, 인민들의 의지를 구현하고 표현한다(주권자는 인민이며 단지 존재의 상태가 다를 뿐이다).

라투르와 칼롱은 홉스가 구상했던 이러한 특이한 배치로부터 광범위한 사회학적 함의를 이끌어내려 한다. 즉 수준, 크기, 규모에서의 사회적 차이를 행위자들에게 본래적인 것이 아니라, 투쟁이나 협상의 결과로 보는 것이다(Callon & Latour 1981: 278ff). 그렇다면 기본적인 사회학적 문제는 어떻게 미시 행위자가 거시 행위자가 되는가, 말하자면 행위자들이 어떻게 커지는가 하는 것이다. 홉스에게 거시 행위자의 구성을 설명하는 핵심은 사회계약에 관한 합의다. 그러나 라투르와 칼롱은 계약의 관념을 훨씬 더 넓은 번역의 개념으로 대체한다. 요컨대 번역은 (2장에서 보았듯이) 다른 행위자들의 긴 연쇄를 대표해 발언하는 권위 있는 대변자들의 구성과 관련된다. 행위자-연결망의 대변자들은 그 정의상 강력한 위치를 차지하게 마련이고 따라서 사회적 삶에서 (미시와 거시 간의) 규모의 차이는 권력 및 권위와 긴밀하게 연결되어 있다. 바로 이것이 "블랙박스"라는 개념에 내포된 핵심적인 논점이다. 블랙박스 내에서 과학과 기술의 긴 연쇄는 매우 조밀하게 묶여져서, 연결망 내에서 중심적이고 전략적인 위치를 차지하는 소수의 대변자들을 극도로 강력하게 만든다. 칼롱과 라투르는 거시 행위자들을 "많은 수의 (새는) 블랙박스들 위에 자리잡고 있는 미시 행위자들"로 정의하면서 논문을 요약한다(1981: 286). 여기서 블랙박스들이 "샌다"는 사실은 규모를 구성하는 과정이 결코 완전한 것으로 간주되어서는 안 된다는 것을 시사한다(가장 강력한 거시 행위자도 그의 가장 약한 연결보다 더 강하지는 않다).

올리곱티콘

라투르가 다른 곳에서 지적했듯이(1996c: 242, 주 25), 그의 과학인류학은 기본적으로 모든 거시 구조적 효과를 기입과 계측의 정교하고 분포된 실천들에 따르는 수행적 결과로 묘사한다. 이는 "계산 센터"라는 개념으로 요약되는 효과다(2장 참조). 계산 센터는 (다른 데이터 생산 장소들과의 수많은 연결선들을 통해서) 그래프나 표 같은 단순한 기입들의 형태로 세계적인 조망을 수집하고 전파할 수 있는 거시 행위자다. 그럼으로써 계산 센터는 시간과 공간에 분포하는 폭넓은 범위의 과학적 실천들을 조정한다.

결합의 사회학이 내포하는 지식 체제들에 대한 관심을 내재적으로 "일반화"한 라투르는 이제 과학 이외의 다른 사회 체제들에서 작동하는 유사한 조정 메커니즘을 설명할 필요를 느낀다. 이를 위해 그는 "올리곱티콘"(oligopticon)이라는 개념을 도입한다. 이는 물론 더 널리 알려진 "판옵티콘"(panopticon)이라는 개념에서 따온 것이다. 그러나 라투르는 여기에 "몇몇"을 의미하는 그리스 단어 'oligo'(예를 들어 제한된 시장경쟁 상태를 가리키는 "과점"[oligopoly]의 경제 등으로 알려져 있다)를 붙여서 이 개념을 만들어낸다. 제러미 벤담이 18세기에 수감자들을 완벽하게 감시할 수 있는 이상적인 감옥으로 구상했던 판옵티콘과 달리, 라투르의 올리곱티콘들은 "전체적인 조망"을 생산할 수 있는 위치에 있지 않다.[17] 이러한 신조어를 통해 라투르는 미시/거시 문제를 다룬 초기 저작에서 이미 함의했던 존재론을 분명히 나타내고자 한다. 즉 사회적 삶 속에서 단일하고 압도적으로 우월한 거시 행위자(또는 리바이어던) 같은 것은 **존재하지 않는다**. 그 대신 복수의 경쟁하는 거시 행위자들, 달리 말해 경쟁하는 올리곱티콘들만이 있을 뿐이다.

올리곱티콘은 사회적인 것에 대한 제한적이지만 견고한 대표를 창출하는 모든 종류의 연결망 배치를 의미한다. 군 사령부, 신문사 편집국, 기업 이사회, 통계국, 법정, 유엔 기구 등을 예로 들 수 있다. 그러한 장소들은 모두 실제로 사회적 세계의 부분들을 거시 구조화한다. 그러나 그러한 거시 구조화는 구체적이고 국지화된 방식으로 이루어진다. 생산되는 모든 사회적 효과가 올리곱티콘과 그것의 많은 연결점들 간의 현재 진행 중인 정보 순환들에 의존하기 때문이다. 올리곱티콘들은 별과 같은 모양으로 광범위한 행위자-연결망을 드러낸다. 따라서 거시 구조적 효과의 생산은 항상 사회적 지평에서 구체적으로 국지화되어 있다. 이러한 이유로 라투르는 비판사회학이 언제나 사회적 삶의 배후에서 어슬렁거리는 것으로 간주하는 (자본의 보이지 않는 손, 가부장제, 제국 같은) 무형의 사회적 구조들을 불러들일 필요가 없다고 주장한다.

파노라마

그러나 올리곱티콘들이 사회적 삶을 거시 세계화하기 위한 유일한 메커니즘인 것은 아니다(앞서 보았듯이 올리곱티콘들은 세계적이고 전체적인 조망이라는 우리의 환상을 충족시키지 못한다). 이제 라투르가 "파노라마"라고 칭하는 사회적 장치와 더불어 그 반대 상황이 전개된다. (영화 애호가라면 알다시피) 360도의 화면을 보여주는 영사실에서는 관객이 완전히 몰입하게 된다. 이 파노라마는 관객 주위에 하나의 프레임, 하나의 전체성을 재연한다. 신문 사설이나 연구 보고서 또는 전문가 의견이 "세계 경제 상황", "민주주의의 역사", "세계화의 효과" 같은 주제들을 다룰 때마다, 우리는 라투르가 말한 파노라마와 대면하게 된다. 즉 그것은 그 안에서 국지적 상호작용들이 해석되고 분류되는, 말 그대로 어떤 상상된 전체에 대한 이미지다. 올리곱티콘과 달리 파노라마는 전체를 본다. 다만 파노라마의 이미지 생산이 외부 세계로부터 봉인되어 있기 때문에, 그 이미지가 다른 지역체들 및 행위소들과 맺는 어떠한 가능한 관계도 불확실할 수밖에 없다. 파노라마는 모든 것을 보는 동시에 아무것도 보지 못한다(Latour 2005b: 183ff). 이 점이 파노라마를 반드시 무용한 것으로 만드는 것은 아니다. 오히려 그 반대다. 행위자들이 세계를 항해하기 위해 사용하는 사회적 지도로서 파노라마는 그들의 행위를 조정하고 대안적 미래를 상상하는 것을 돕는다.

라투르에 따르면 (울리히 벡의 "위험사회" 이론 같은) 사회학적 거시 서사는 오직 이런 방식으로 볼 때에만 가치가 있다. 즉 벡의 파노라마는 관객(사회적 행위자)들로 하여금 새로운 집합체의 구성이라는 미래의 정치적 과제를 준비하도록 한다는 점에서 사회적으로 수행적이며 정치적으로 적실성을 갖는다. 흥미롭게도 "위험사회"나 "성찰적 근대화" 같은 것들이 도대체 있었는지조차 근본적으로 불확실하고 불명확하다는 사실과 무관하게 벡의 파노라마는 잘 작동한다(Latour 2003b 참조). 여기서 라투르 자신 또한 파노라마의 생산자라는 점에 주목해야 한다. 비근대성(3장 참조), 자연의 의회(4장 참조) 같은 이야기들은 원칙적으로 그 자신들의 현실화를 위한 길을 닦는다는 점에서 사회적으로 수행적이다. 그래서 라투르에 따르면 파노라마를 가지고 하지 말아야 하는 유일한 일은 파노라마를 사회 영역 자체와 혼동하는 것이다. 그러한 과제를 위해서는 올리곱티콘들을 배치하는 것이 훨씬 더 적절하다. 올리곱티콘의 거시 구조화하는 연결선들은 가시적이고 탐지 가능하기 때문이다.

올리곱티콘과 파노라마를 통해 라투르는 이제 결합의 사회학자가 사회적 세계에서 거시 현상들이 생산되는 과정을 따라가는 데 필요한 도구들을 갖추게 되었다고 주장한다(물론 "세계화"와 "세계사회" 같은 개념들 자체가 생산되는 과정도 추적할 수 있을 것이다). 그러나 "규모는 행위자 자신의 성취"라는 라투르의 금언은 그 효과가 대칭적이라는 것을 잊지 말아야 한다. 비록 거시 구조화가 실제로 사회적으로 생산되는 것이긴 하지만, 그렇다고 국지적 상호작용, 일상 생활, 주관성이 사회학적 분석을 위한 더 구체적이거나 기본적인 출발점을 제공한다는 말은 아니다(Latour 2005b: 193ff). 오히려 라투르가 강조하는 것은 국지화도 (세계화와 정확히 같은 정도로) 오랜 기간의 사전 프레이밍 과정을 통해서 사회적으로 생산된 최종 산물이라는 것이다.

교실의 예로 돌아가보자. 교사와 학생들 간의 상호작용이 발생하기 위해서는 벽, 시간표, 책상, 언어 구조, 권위 관계 등 광범위한 요소들이 이미 갖추어져 있어야 한다. 나아가 같은 논점이 정체성과 합리성, 도덕성 등 우리가 보통 개별 주체들의 필수불가결한 부분으로 생각하는 모든 특성들에도 적용된다고 라투르는 주장한다.

요컨대 여기서 라투르의 논쟁적이고 반개인주의적인 주장의 요점은 주관성이란 우리가 획득하는 무언가라는 것이다. 즉 우리는 사회적 관계들을 통해 주관성에 참여하는 것이지, 애초부터 주관성을 자연스럽게 갖추고 있는 것은 아니라는 것이다(Latour 2005b: 213ff). 이러한 맥락에서 그는 사회적인 것 내에서 순환하는 주관성에 대한 일종의 명제로서 "부가 확장"(plug-in) 개념을 제시한다. 한 가지 명료한 예로 시장 작동의 기저에 개인들의 계산적 합리성이 있다는 경제이론의 관념을 들 수 있다. 라투르는 그러한 계산적 합리성은 어떤 사람이 태생적으로 갖고 있거나 갖고 있지 못한 것이 아니라, 오히려 가격, 상품 표준, 스프레드시트, 회계 규칙처럼 주관성 외부에 있는 일련의 자원들에 접근함으로써 성취하거나 성취하지 못하는 것이라고 주장한다. 시장 내부에서 행위의 프레임화(그리고 국지화)가 가능해지는 것은 이러한 자원과 그것들의 적절한 조합을 통해서다.[18] 그러나 그러한 계산 행위가 국지적이거나 세계적이라고, 미시적이거나 거시적이라고 **양자택일**의 문제처럼 말하는 것은 어불성설이다. (미시에서 거시에 이르는) 규모와 크기의 관계들은 이미 주어져 있고 고정되어 있는 사회학적 분석의 준거점이 아니라, 생성되고 변형될 수 있는 사회적 삶의 **결과**로 봐야 한다.

요약하면 사회적 삶이란 국지적 상호작용과 세계적 거시 현상의 생산이라는 현재 진행 중인 효과들을 발생시키는 연속적인 실천의 연쇄로서 경험적으로 분석될 수 있다고 라투르는 주장한다. 사회적인 것의 사회학도 바로 이러한 관찰에 상응하는 직관에서 미시/거시 문제를 제시했었다. 그러나 사회학자들이 깨닫지 못했던 것은 사회성이라는 것이 다름 아닌 이러한 미시/거시 문제 자체의 현재 진행 중인 재연과 재구성이라는 점이다. 이 점에서 결합의 사회학이 공헌한 바는 행위자들 **자신**에게 미시/거시의 문제를 해결할 수단을 갖도록 한 것이며, 따라서 미시/거시가 더 이상 사회학자들의 기본적인 이론적 문제가 되지 않아도 되도록 한 것이다. 여기서 더 나아가 라투르는 미시/거시에 대한 통찰이 사실상 사회이론에 대한 ANT의 가장 중요한 기여라고 말하기도 한다.

이러한 분석적 관점 외에도 미시/거시 문제는 라투르에게 **규범적** 관점 역시 제기한다. 규모와 크기의 관계가 사회적 삶 속에서 끊임없이 협상되는 것이라면, 그러한 관계를 (큰 행위자와 작은 행위자라는 미리 정의된 좌표로) 사회학적으로 고정시키는 것은 언제나 강한 거시 행위자들에게 유리하도록 작동할 것이다. 말하자면 강한 거시 행위자들은 규모의 해체에 대해 "면역력을 갖게" 된다(Callon & Latour 1981 참조). 한 예로 이른바 비판사회학이 흔히 다국적 기업과 제국주의적 국민국가(특히 미국)에 부여하는 거시 결정적 역할을 들 수 있다. 라투르에 따르면 그런 식으로 역할과 권력을 **선험적으로** 배분하는 것은 특별히 비판적이라고 할 수 없다. 사회학이 비판적일 수 있는 것은 오직 이러한 행위소들이 다른 행위소들을 지배할 수 있도록 하는 실천적이고 물질적인 작업의 긴 연쇄를 가시화할 때뿐이다. 따라서 원거리에서는 비판적일 수 없다. 라투르는 비판사회학에서 배태된 "비판적 거리"라는 말은 사실은 완전히 안전하고 무비판적인 정형화된 문구에 불과하다고 주장한다. 비판적이기 위해서는 관심 대상에 **가까이** 다가가야 한다. 오직 근접한 거리에서만 상세한 작동, 우발적 사태들, 취약점들을 들여다볼 수 있다(Latour 2003a).

이러한 맥락에서 라투르는 다시 한번 사회학자 뤽 볼탕스키와 로랑 테브노에게서 영감을 얻는다. 그들은 비판과 정당화가 행위자들이 자신들과 타자들의 상대적인 "거대함"과 "작음"을 협상하기 위해 사용하는 전적으로 실천적인 활동이라는 것을 보여준 바 있다(Boltanski & Thévenot 2006 [1991]). 라투르는 볼탕스키와 테브노를 참조하며 이렇게 주장한다. 사회학자가 행위자 대신에 할 수 없는 것이 한 가지 있다면 그것은 행위자의 규모를 결정하는 것이다. 행위자는 어떤 순간에 전 인류, 프랑스, 자본주의, 이성을 동원하다가 다음 순간에 지역적 협상으로 들어가기도 하고, 그 순간 규모가 갑자기 변하기 때문이다(2005b: 186). 4장에서 논의한 기후변화를 생각해보자. 우리는 어떻게 과학적 불확실성, 지구의 생존, 미래 세대, 산호초, 프랑스 산업 성장, 운전 습관, 시장을 통한 정체성 구성 등에 대한 우리의 관심이 가진 우선순위를 정할 것인가? 우리는 어떻게 (행위자를 대신해서) 이러한 존재들과 관심들 중에서 어느 것이 크고 어느 것이 작은지를, 어느 것이 "세계적 의미"를 갖고 있고 어느 것이 "국지적 토론"의 대상에 불과한지를 결정할 것인가? 미시적이고 거시적이라는 것, 크고 작다는 것은 말하자면 **도덕적** 문제다. 특히 이 지점에서 결합의 사회학자가 집합체의 점진적인 구성 과정을 추적하려 한다면, 그는 행위자 자신의 갑작스러운 규모 변화를 따라가야 한다. 오직 그럴 때에만 사회학자는 현재 진행 중인 사회적인 것의 재조직화 과정에서 다른 행위자들 가운데 하나의 행위자로서 정치적 적실성을 획득하기를 희망할 수 있을 것이다.

결론: 사회학의 쳇바퀴에서의 라투르

이 장에서 우리는 사회학에 대한 라투르의 접근법을 특징짓는 특이한 양면성을 살펴보았다. 그는 사회학에서 많은 영감을 얻고 또한 어떤 측면에서 사회학을 실천하기도 한다. 다른 한편으로 라투르는 사회학이 뒤르켐의 시대 이래로 크게 잘못되었다고 주장한다. 왜냐하면 사회학이 사회의 수많은 현상, 분야, 구조에 대한 사회적 설명을 제시하는 것을 자신의 과제라고 생각해왔기 때문이다. 그러나 라투르는 사회와 사회적인 것은 그 자체로는 아무것도 설명할 수 없으며 오히려 설명**되어야** 한다고 주장한다. 이러한 점을 인정한다면 사회학자는 순수하게 인간적인 공동체로 이해되는 "사회"는 아예 존재하지도 않으며 인간과 비인간으로 구성되는 이종적 집합체라는 개념으로 대체되어야 한다는 것을 발견하게 될 것이다. 이러한 변형을 통해 사회학적 실천은 기본적인 이론적 질문과 방법론적 규칙 모두에서 근본적으로 변화하게 된다. 이것이 바로 사실 라투르가 의도한 것이다.

결합의 사회학과 더불어 사회학의 이론적 핵심은 더 이상 개인과 사회, 행위자와 구조 간의 관계가 아니라, 사회와 자연, 더 정확하게는 인간 행위소와 비인간 행위소 간의 관계가 된다. 여기서 사회적인 것은 더 이상 실재의 특유한 영역이 아니라, 일종의 움직임을, 즉 연결되지 않았던 요소들이 결합되는 (다시 말해 사회적인 것이 생성되는) 특정한 방식을 뜻한다. 마찬가지로 사회학은 더 이상 사회에 대해 "강한" 설명을 제공하는 메타 담화가 아니라 "약하고" 추상적인 인프라 언어다. 이 점에서 사회학의 궁극적인 의무는 변화하고 있는 사회적인 것의 지형학, 존재론, 형이상학에 대한 행위자 자신의 재연을 추적하고 허용하는 데 있다. 결국 사회학자는 더 이상 수동적이고 고상한 사회적 삶의 관찰자가 아니라 수행적인 참여자이다. 사회학자의 방법은 행위자 자신의 "민족지 방법"보다 반드시 더 강력하지도 더 유의미하지도 더 적절하지도 않다(Latour 1996a: 299). 그렇다면 라투르의 결합의 사회학은 사회학의 급진적 변형을 위한 하나의 선언이라 할 수 있다. 이는 라투르가 비록 현재 사회학의 지배적인 자기 이해에 대해 회의적이긴 하지만 여전히 사회학을 존중하고 그 소명에 충실하다는 것을 보여준다.

근대성의 철학과 대표에 관한 그의 정치이론에 비추어보면(3장 참조), 왜 라투르가 사회학을 이런 방식으로 재정의해야 한다고 생각하는지가 분명해진다. 집합체들이 "정당한 절차"에 따라 끊임없이 스스로를 재창조해야 하는 과제를 안고 있다는 점을 고려할 때, 하나의 학문 분과로서 사회학은 오직 결합의 사회학이라는 형태를 통해서만 그러한 과정에 유용하고 구성적으로 기여할 수 있다(4장 참조). 왜냐하면 결합의 사회학은 사회적인 것이 갖는 구성요소들의 목록을 갱신하고 사회적 존재의 새로운 후보자들을 제안할 수 있기 때문이다. 라투르는 바로 이 점에서 결합의 사회학이 정치적 적실성을 갖는다고 말한다(Latour 2005b: 258ff). 사회학은 공존의 과학이지만 철저히 연구하기 전에는 이 집합적인 "우리"에 정확히 누가 포함되고 또한 포함되어야 하는지를 알 길이 없다는 것이다.

그렇다면 모든 면에서 라투르의 사회학은 비판적 해체라는 널리 알려진 개념과는 거리가 멀다. 반대로 그는 탈비판적 태도를 취하며 여기서 사회학은 좋은 공동의 삶을 함께 재구성하는 문제다. 말하자면 이것으로 라투르의 고리가 완성된다. 이제 우리는 분석의 출발점이었던 과학과 기술의 인류학으로, 그리고 우리 시대에 대한 라투르의 진단인 새로운 하이브리드들의 폭발적 증식이라는 문제로 되돌아간다. 테크노사이언스의 역동성으로 인해 우리는 지금 "화학적 반응과 정치적 반응"이 끊임없이 혼합되는 사회적 세계에 살고 있으며(3장 참조), 유전자변형생물체(GMO)들에 대한 과학적 질문을 비정부기구(NGO)들의 항의와 함께 다뤄야 한다. 이처럼 **자연**과 **사회**에 대한 근대주의적 묘사는 갈수록 흔들리고 있다. 바로 이것이 우리가 결합의 사회학에서 발견되는 사회적인 것에 대한 이종적 개념을 필요로 하는 이유다. 그렇다면 궁극적으로 문제는 우리가 비근대적 기획을 받아들이는가 하는 것이다. 라투르가 결론 짓듯이 "만약 우리가 자연과 사회를 궁극적인 메타언어로 사용함으로써 미래의 공동세계를 더 잘 구성할 수 있다고 진정으로 생각한다면, ANT는 필요 없다."(2005b: 262) 결국 결합의 사회학은 비근대 세계의 코스모폴리틱스에 참여하는 행위로서만, 따라서 이종적이고 집합적이며 외교적인 과정에 관여하는 특정한 유형의 행위로서만 유의미하다고 할 수 있다(4장 참조).

여기까지는 아무 문제가 없다. 그러나 비근대적 기획의 급진성을 고려하면, 결합의 사회학이 이미 기존 사회학의 반론들에 부닥쳤다는 것은 (그리고 실제로 부닥칠 수 있다는 것은) 놀라운 일이 아니다. 상세한 논의는 이 책의 범위를 벗어나는 것이지만, 여기서 지금까지 제기되어온 네 가지 가장 중요한 반론들을 간략히 살펴보려 한다.

첫째, 사회성에 대한 라투르의 정의 자체가 사회적 삶에서 변화와 불안정성, "유동성"의 역할을 과도하게 강조하고, 내구성 있고 안정적이며 구조적인 측면을 철저히 이론화하는 것을 가로막는다는 주장이 있을 수 있다(Elder-Vass 2008 참조). 이러한 논의를 위한 한 가지 고전적인 문제는 자본주의다. 즉 결합의 사회학은 자본주의처럼 추상적이고 구조적이며 편재하는 역사적으로 광범위한 메커니즘을 자신의 개념적 세계 안에서 다룰 수 있는가라는 질문이 나올 수 있다.

둘째, (많은 과학사회학자들이 제기했듯이) 라투르가 사회적인 것과 자연적인 것 간의 구분을 폐기한다는 것을 생각할 때, 그렇게 함으로써 사회학이 사회적 현상을 **설명**할 수 없게 되는 것이 아닌가 하는 질문이 있을 수 있다(Collins & Yearley 1992 참조). 그러한 "사회적" 요소들의 설명 능력에 대해 어떻게 생각하든지 간에, 라투르가 사회 계급, 이익 극대화, 규범, 위신, 성, 인종성 등 사회학의 "전통적인" 설명 변수들의 효과에 대해 놀라우리만큼 거의 언급하지 않는다는 것은 사실이다.

셋째, 라투르의 사회적 존재론이 이상하게 두 갈래로 나뉘는 듯하다는 지적이 있을 수 있다. 그가 사회적 삶의 양 극단(형이상학적-존재론적인 것과 경험적-맥락적인 것) 사이를 왔다 갔다 한다는 것이다(Guggenheim & Nowotny 2003 참조). 예를 들어 아라미스 프로젝트에 대한 설명에서 라투르는 한편으로 기술사회적 연결망들의 가변적 존재론에 대한 추상적인 고찰과, 다른 한편으로 그 운송시스템의 개발에 관련된 특정한 개인들과 기술적 세부사항에 대한 매우 구체적인 묘사 사이를 오간다. 사회성에 대한 그러한 묘사는 다소 파편적이고 무매개적인 것으로 보일 수도 있다. 조직, 가족, 대중매체와 같이 (존재론적/경험적) 극단들 사이에서 "연결 고리"로 작용하는 상대적으로 안정된 사회 기구와 담론, 역할을 과소평가하는 것 같기 때문이다.

넷째, 많은 자칭 비판사회학자들은 라투르의 결합의 사회학이 규범적인 힘과 사회비판적 잠재력을 결여하고 있다는 결론을 이미 내린 바 있다(Saldanha 2003 참조). 이 점이 사실이든 아니든, 어쨌든 라투르는 사회학에 기초해서 사회의 다양한 불의를 비판할 가능성에 대해 대부분의 사회학자들과는 의견을 달리하는 것으로 보인다.

앞서 말한 것처럼 이런 문제들에 대한 상세한 검토는 이 책의 범위를 벗어난다. 위에서 반론들을 열거한 것은 결합의 사회학이 과학적, 사회학적 공중들 가운데로 항해하는 과정에서 불가피하게 맞닥뜨릴 여러 핵심적인 토론과 논쟁을 짚어보기 위한 것이다. 어떤 학문 전체가 틀렸다고 주장하며 밀고 들어오는 사람을 그 학문의 수호자들이 박수로 환영해주기를 기대할 수는 없는 일이다. 과학인류학자로서 라투르야말로 이 점을 가장 먼저 깨달았을 사람이다!

이 장의 목적이 라투르의 사회학적 사유를 소개하는 것이기 때문에, 적어도 이 맥락에서 마지막 말은 주인공 자신에게 돌리는 것이 합당할 것이다. 그러므로 여기서 제기된 비판에 대해 라투르가 이미 **했거나** 또는 **할 수 있었을** 반박의 논점들을 간략하게 살펴보도록 하자. 라투르의 지적 기질에 비추어볼 때 전자보다는 후자에 더 의존할 수밖에 없다. 라투르는 일부 논쟁적인 공격을 제외하고는 사회적인 것의 개념을 놓고 사회학자들과 정교하고 건설적인 토론을 벌인 적이 없기 때문이다. 따라서 다음 내용은 상당한 정도로 결합의 사회학에 대한 우리의 **해석**에 기반한다는 점을 유의하면서 읽어야 한다.

첫 번째 비판(변화 대 안정성)과 관련해, 라투르가 결합의 사회학을 위해 도주로 또는 "탈주의 선"을 조심스럽게 열어놓고 있다고 말할 수 있을 것이다. 맥락에 따라서 라투르는, 변화의 편재성은 세계의 본질적인 특성이며 특히 근대성의 시기가 끝나가는 지금은 더욱 그러하다고 답하거나, **그렇지 않으면** 방법론적으로 더 타협적인 입장을 취해서 결합의 사회학은 보편적인 사회학이 아니라 사회적인 것이 명백하게 급진적인 변화를 겪는 상황에만 적용되어야 한다고 답할 수도 있다. 물론 그는 자신의 이론이 사회적 삶의 상대적 안정화를 설명할 수 **없다**는 그러한 가정 자체를 반박할 수도 있다(예를 들어 상호객관성, 프레이밍, 올리곱티콘에 대한 그의 논의를 생각해보라).

그러나 위의 마지막 응답은 마르크스주의자들에게는 거의 설득력이 없을 것이다. 그들은 자본주의의 견고성이 너무나 압도적이고 (거의) 초역사적이어서 라투르의 물질-기호학적 안정화 과정으로는 파악될 수 없다고 본다. 이런 반론에 대해 라투르는 아마도 마르크스주의적 자본주의 개념이 자본주의의 연속성은 지나치게 강조하고, 자본주의의 가변성과 취약성, 변화하고 있는 실천들에 대한 의존성은 과소평가하고 있다고 반박할 것이다. 라투르가 지적했듯이 강력한 적을 맞닥뜨리고 있는 것은 "**자본주의**" 자체가 아니다. 마이크로소프트 같은 글로벌 기업, 특수한 재산권, 세계은행과 같이 자본주의의 **모든** 구체적 형상들이 문제시되어야 한다. 요컨대 "**자본주의**"라는 용어는 사실상 기존의 권력 관계들을 고정화하는 데 기여할 수 있는, 정당하지 않은 객관화에 해당한다. "자본주의에 대항해 무엇을 할 것인가"라는 질문에 라투르는 이렇게 답한다. 먼저 그것의 존재를 믿는 것을 그만두어야 한다!(Callon & Latour 1997 참조)[19]

라투르의 사회학에 대한 다른 반론들은 더 간략하게 다룰 수 있을 것이다. 어떤 의미에서는 앞에서 이미 라투르의 응답을 살펴본 셈이기 때문이다. 두 번째 비판(사회적 설명 가능성의 포기)에 대한 대답은 명백하게 "그렇다. 그것이 결합의 사회학의 정확한 핵심이다"라는 것이다. 라투르에 따르면 사회학은 더 이상 사회적 설명을 위한 것이 아니라, 사회적 묘사를 위한 것이다. 여기서 라투르가 말하는 사회적 묘사는, 충분히 철저하게 이루어진다면 자신이 생성된 특수한 맥락 내에서 스스로를 검증할 수 있고, 바로 그 특정한 경우에만 적합한 일종의 "일회용" 설명이 되는 종류의 묘사를 가리킨다. 달리 말하면, 이러한 변형을 통해서 사회학은 역사학이나 내러티브 기호학과 훨씬 더 유사해진다고 할 수 있다.

세 번째 비판(사회적 존재론이 경험적 문제와 형이상학적 문제로 양분되는 듯하다)과 관련해, 라투르는 (우리 저자들이 보기에) 그러한 전제는 받아들이지만 그것이 문제가 된다는 주장은 거부할 것이다. 오히려 결합의 사회학은 형이상학과 사회학의 새로운 융합을 의도적으로 요구하며, 여기서 사회적 세계의 존재론에 관한 질문은 행위자들 자신의 형이상학적 노력의 결과로 다루어진다. 이런 측면에서 사회학자의 유일한 과제는 어떠한 가변적 존재론의 가능성도 **선험적으로** 배제되지 않도록 충분히 추상적인 수준이 되는 것이다. 이것이 바로 앞서 라투르가 자신의 지적 스타일을 "경험 철학"으로 묘사한 핵심적인 의미이기도 하다.

마지막으로 비판적 잠재력의 결여라는 반론과 관련해, 라투르는 아마도 사회학의 비판적 능력이 자신의 이론에서 어느 정도 희생되고 있다는 것은 받아들이지만 이것이 문제가 된다는 주장은 절대 인정하지 않을 것이다. 오히려 라투르는 비판사회학이 너무나 쉽고 자동적이며 불투명하고 무책임해졌다고 비판한다. 이런 배경에서 라투르는 비판적인 사회학적 거리라는 개념을 **윤리적으로** 옹호하지 않는다. 오직 비판적 근접성만이 정당한 정치적 과정에 대한 사회학적 유형의 개입으로서 의미가 있다고 주장한다. 이런 측면에서 라투르는 볼탕스키와 테브노의 접근법을 공유한다. 즉 비판을 위한 가장 생산적인 접근법은 **비판적인** 사회학이 아니라 **비판에 대한** (비판의 실천과 정당화, 특히 그 도덕적 지위에 대한) 사회학이라는 것이다.

여기서 우리의 설명이 라투르에게 우호적이라는 것을 기꺼이 인정한다. 우리는 라투르에게 최후의 발언을 할 기회를 주었다. 굳이 우리 스스로를 정당화하자면, 현재 라투르가 여전히 사회과학에서 다소 주변적인 위치에 있다는 것을 지적하고 싶다. 행위자-연결망 이론도 아직은 사회학계에서 서서히 자리를 찾아가고 있는 단계에 불과하며 그 수용 정도도 여전히 나라별로 상당한 차이를 보이고 있다.[20]

과도한 일반화의 위험을 감수하고 말하자면, 넓은 범위의 사회학계 내에서 라투르는 아직 주로 (과학)철학자로 인식되거나, 아니면 과학사회학의 분과 영역에서의 다소 협소한 범위의 토론에만 관련되는 것으로 받아들여진다고 하는 것이 합당한 것 같다. 그러나 라투르에 대한 그런 성격 규정이 갈수록 틀린 것이 되고 있다는 사실이 이 장에서 분명해졌을 것이다. 이런 배경에서 우리는 사회적인 것이 "문화", "국민국가", "사회 구조" 같은 좁은 한계를 넘어서고 있는 지금, 결합의 사회학은 사회적인 것을 성찰하려는 어떠한 사회학적 노력에도 신선하고 잠재적으로 생산적인 기여를 할 것이라고 조심스럽게 주장할 수 있을 것이다.

6장

결론: 브뤼노 라투르의 계몽의 기획

나는 지난 20년 동안 언뜻 상이해 보이는 연구들의 가리개 아래 내 거대한 기획을 조심스레 숨겨 왔다. (…) 계속 사회학에 몸담아 왔고, 가끔 명예 인류학자로 받아들여지고, 과학기술학이라는 작은 분야에 충실하고, 사회이론도 조금 해봤었지만, 철학의 추구를 포기한 적은 결코 없다.

(Latour 2010a)

라투르: 현대 세계의 사상가

이 책의 서두에서 우리는 브라질 테레조폴리스의 호숫가에서 근심에 찬 미국 심리학자와 대화를 나누고 있는 브뤼노 라투르를 만났다. 이어서 흔히 "과학전쟁"이라고 불리는 자연과학과 인문과학 사이의 더 넓은 지적 대결에 얽힌 일화도 살펴보았다. 심리학자의 눈에 이 프랑스 과학이론가는, 과학이 "진정한 실재"에 접근할 수 있는 길을 열어준다는 오랜 이상을 상대로 위험천만한 "상대주의적", "사회구성주의적", "탈근대주의적" 공격을 촉발시킨 인물로 보인다. 라투르도 놀라고 걱정스럽지만 완전히 다른 이유에서다. 라투르는 다소 수사적으로 이렇게 묻는다. 근대성이라는 우리의 지적 문화가 어쩌다 이렇게 합리적인 사람들(과학자들)이 서로에게 아주 심각한 논조로 "실재의 존재를 믿느냐"고 묻는 지경에까지 이르게 된 것인가? 우리는 실재가 다시 종교적 믿음의 문제가 되는 시대에 살고 있는 것인가? 도대체 그런 질문이 어떻게 제기될 수 있는 것인지를 이해하려면, 우리는 어떤 상호 인식론적 혼란의 심연과 맞닥뜨려야 하는가?

앞의 다섯 장을 통해 우리는 독자들이 이에 대한 라투르의 대답을 전반적으로 이해했기를 희망한다. 요컨대 라투르는 이렇게 답한다. 우리의 사고는 언제나 근대 헌법의 많은 그릇된 이분법들, 즉 사회와 자연, 주체와 객체, 언어와 실재 간의 이분법들에 의해 잘못된 방향으로 이끌린다. 따라서 근대 헌법에 대한 대안을 개발하는 것 외에 다른 현실적인 선택지는 없다. 그러한 과정에서 라투르의 사유는 심리학자가 정확히 알아차렸듯이 명백히 "근대성을 뛰어넘는다." 그러나 그의 사유는 탈근대적인 것이 아니라 비근대적인 것이다.

마찬가지로 라투르의 대안적 인식론은 확고히 구성주의적이며 과학적 "실재론"의 한계를 넘어서지만, 결코 **사회구성주의적**이지는 않다. 마지막으로 라투르의 개념적 세계는 철저히 "관계주의적"이지만, 그것이 그를 상대주의에 빠뜨리지는 않는다. 이와 같은 미묘한 차이들은 극히 중요하며, 라투르의 지적 기획은 그런 차이들을 분명하고 뚜렷하게 제시하려는 노력을 중심으로 펼쳐진다. 라투르의 세계에 과학전쟁 같은 것은 **없다**. 그러나 현대 세계의 **실재적** 도전을 더 적절한 관점에서 볼 수 있게 해주는 비근대적 언어를 제시한다는 것은 실로 거대한 지적, 실천적 도전이 아닐 수 없다. 우리가 라투르를 따라 비근대성의 하이브리드 세계 안으로 들어가고자 한다면, 근대성의 가장 핵심적인 요소들(과학과 기술에서 시작해서 정치, 사회, 법, 종교에서부터 자연, 환경, 생태 위기에 이르기까지 궁극적으로 모든 것)의 기본 구성을 재사유해야 하는 것이다.

그런 점에서 라투르는 지적 "전체론"(holism)의 이상을 추구하는 것으로 보인다. 근대성이 지식을 분리된 학문 분과와 문제 지평들로 전문화함에 따라 지적 전체론은 많은 면에서 상실되었다. 그러나 오늘날의 "위험사회"에서 지식의 전문화는 갈수록 적합성을 잃어가고 있다(Latour 2008a; Bertilsson 2003 참조). 라투르의 사상은 과학과 정치, 사회와 자연, 인간과 기술 간의 경계가 갈수록 모호하고 유동적이며 지워지기까지 하는 역동적인 변화의 세계 속에서 발전되었고 또한 그 세계에 영향을 미치고 있다. 기존의 모든 분석적 구분을 가로지르려는 라투르의 접근법은 과학의 사회적 적실성을 위해 학제적, 탈학제적 협력이 필수적이라는 인식이 확대되는 경향과 더불어 더욱 공감을 얻고 있다(Nowotny et al. 2001 참조). 라투르의 지적 기획은 그러한 교차 학제적 노력의 전형으로 볼 수 있다. 그의 사유는 많은 수준에서, 즉 묘사적인 수준과 규범적인 수준, 이론적인 수준과 경험적인 수준, 방법론적인 수준과 형이상학적인 수준 모두에서 영감을 불러일으킨다. 이러한 수준들은 서로 연결되어 있고 어떠한 엄밀한 의미에서도 분리될 수 없다. 그리하여 "브뤼노 라투르"라는 행위자-연결망을 통한 작업은 세계의 "비근대화"에 적극적으로 기여한다. 라투르도 말하듯이 지식은 수행적이며 그것이 가져오는 예측 불가능한 결과들에 의해 평가되어야 하는 것이다.

이런 점들에 비춰볼 때 이 책을 마무리하는 가장 적절한 방법은 이렇게 질문하는 것이다. 새천년의 초두에 과학, 사회, 자연의 관계를 재구조화하려는 우리에게 라투르는 어떠한 비판적, 구성적 자원을 제공하는가? 나아가 다음 질문들이 특히 생산적일 것 같다. 우리는 "해체론적" 표면 아래 숨은 라투르의 비근대성을 위한 "재구성적" 기획의 윤곽을 드러낼 수 있는가? 그리고 더 깊게는 그것이 진정으로 계몽의 (비)비판적 기획일 것인가? 이 장에서 우리의 논의는 앞 장들에서 분명히 드러난 기본적인 생각을 따라갈 것이다. 말하자면 라투르의 사유가 근대 헌법의 "정화된" **자연**과 **사회**를 넘어 인간과 비인간의 비근대적 집합체를 긍정적으로 조합하는 것으로 초점을 옮겨가고 있다는 생각이다.[1] 라투르는 이제 자신의 사유에서 불가피하게 따라나오는 질문에 답하는 과정에 있다. 우리가 결코 근대인이었던 적이 없다면 우리는 무엇이었는가? 그리고 우리는 무엇이 되도록 노력해야 하는가?

세계화로 인해 "근대적" 서구와 지구의 나머지 다른 집합체들이 (평화적이거나 폭력적으로) 새롭게 만나게 되는 시대에는 그러한 질문들이 더욱 중요해진다. 이러한 맥락에서 라투르의 사유 전체에 내재하는, 동시대 세계를 진단하려는 열망을 주목할 필요가 있다. 라투르의 기본적인 생각은 (『우리는 결코 근대인이었던 적이 없다』에서 제시된 대로) 적어도 "서구적인" 맥락에서 볼 때 우리는 근대적이기를, 즉 우리가 결코 그렇게 되어본 적이 없는 바로 그 상태이기를 점차 그만두고 있다는 것이다. 보다 긍정적으로 말하면, 과학이 만들어낸 그 많은 하이브리드들이 (부지불식간에) 점차 "서구"의 관심, 갈등, 열망의 무대를 장악해가고 있다는 것이다. 라투르의 진단은 광범위한 함의를 갖는다. 기본적인 의미에서 현대적 삶이 갈수록 더 복잡하고 강렬한 형태의 하이브리드화를 향해 나아가는 것으로 그려지기 때문이다.

그런 뒤얽힘은 다양한 수준에서 일어난다. 과학, 정치 등 근대성의 사회적 분화가 붕괴되고, 바이오테크놀로지, 환경 위험 등으로 자연과 문화 간의 경계가 침범되며, 사회적 삶이 국지화와 세계화라는 양방향으로 나아가면서 사회를 정의하는 경계로서 "국민국가"가 점차 느슨해진다.

이러한 논점은 현대적 삶의 조건에 대한 진단으로서는 그리 낯설지 않다. 라투르의 주장은 널리 알려진 위험사회나 지식사회 같은 개념들과 공명하고, "사물의 의회"라는 발상 자체도 생태정치의 개념들, 특히 소위 사전예방 원칙과 명백히 유사한 측면이 있다(4장 참조). 그러나 더 세밀히 검토해보면 라투르의 사유가 그러한 유사성이 시사하는 것보다 훨씬 더 급진적이라는 것이 드러난다. 예를 들어 울리히 벡의 세계적 위험사회 개념과 비교할 때, 라투르는 자연과 문화의 공동적 “코스모스” 같은 무언가가 과연 존재하는지조차 여전히 열려 있고 치열히 논쟁되는 정치적 문제라고 주장한다(Latour 2004b 참조). 현대 지식사회라는 대중적 개념과 관련해(예를 들어 Gibbons et al. 1994 참조), 라투르는 과학, 국가, 시장, 자연의 상호 얽힘 자체는 역사적으로 새로운 것이 아니며, 단지 계속 진행 중인 하이브리드화가 근대 헌법의 점진적인 붕괴와 더불어 가시화되었을 뿐이라고 주장한다. 마지막으로, 정치적, 경제적, 법적 명령들 속에 공식화되는 “원칙”으로서의 사전예방이란 개념은 라투르의 정치생태학에서는 거의 성립될 수 없다(Latour 1998c; Dratwa 2002). 오히려 라투르에게 사전예방은 현재 진행 중인 도덕적 도전의 한 측면을 가리킨다. 즉 그것은 동물, 강, 기후가 갖는 도덕적 지위의 문제를 포함하며, 어떻게 하면 그러한 비인간 세계를 생태적 파국으로부터 “구조”할 수 있을지를 근본적으로 고려하게 만든다(Latour 2010a). 이 모든 영역들에서 라투르의 이론적 세계는 우리가 (아마도) 이미 안다고 생각했던 세계를 재묘사하기 위한 독창적이고 도발적이며 광범위한 자원을 제공한다고 말할 수 있을 것이다.

그러나 라투르 자신은 어떠한 환상도 품지 않는다. 우리의 집합적 삶을 “비근대화”한다는 목표에서 그의 작업은 시작에 불과하다(Latour 2004d 참조). 라투르의 작업은 항상 다양한 지적 분야들, 철학적 영감의 원천들, 현대의 공적 관심사들을 아우르는 긴밀한 토론 속에서 이루어지지만, 그의 개념적, 실용적 사유는 아직 다분히 추상적이고 “사변적”

이기 때문이다. 그럼에도 불구하고 그의 생각들은 오늘날 세계화된 "지식사회, 위험사회"가 직면하는 많은 도전들을 다루는 데 도움을 주는 비판적, 구성적 자원으로서 조립될 수 있다. 이 장에서 우리는 라투르의 생각들을 어떻게 그러한 방식으로 조립할 수 있는지를 보여주고자 한다. 여기서 논의의 가이드라인은 라투르의 사유 전체에 일관된 (비)비판적 계몽의 기획을 정확히 짚어내는 것이다. 동시에 우리는 라투르의 사유가 1980년대 이래 다양한 비판적 목소리들과의 대화 속에서 어떻게 미묘하게 변해왔는지를 드러내고자 한다. 마지막으로 해석가로서 우리가 어떻게 라투르의 분석으로부터 가장 많은 것을 얻을 수 있는 위치에 있는지에 대한 개인적인 평가를 제시할 것이다. 요컨대 우리는 열려 있고 경험적으로 민감하며 실험적인 방식으로, 라투르가 제시하는 하이브리드적 비근대성의 전망에 접근할 것을 제안하는 바이다. 희망컨대 그럼으로써 독자들은 라투르의 "전체론적" 세계에 압도되는 것을 피할 수 있을 것이다.

탈사회적, 세계화된, 경합되는 세계?

세계가 하이브리드적 행위자-연결망으로 구성된다는 라투르의 관점은 언뜻 보면 일종의 "탈사회적" 전망을 제시하는 것 같다(Knorr Cetina 1997 또한 참조). 적어도 라투르의 한 가지 핵심 주장에 따르면, 현대 "사회"에서 우리와 타인들 간의 연결은 거의 언제나 기술적으로 매개된다. 나아가 우리는 다양한 비인간 행위소들과 의미 있고 정서적으로 중요한 수많은 관계를 갖는다. 반려동물이나 어린 시절의 풍경, 자동차, 좋아하는 책에 대해 많은 사람들이 느끼는 친밀감을 생각해보면 된다(Haraway 2003 또한 참조). 라투르는 오늘날의 사회적 세계 속에서 비인간 행위소들이 갖는 구성적 중요성을 그 누구보다도 잘 파악하고 있다. 그런 이유로 혹자는 그를 "탈인간주의"(post-humanism) 개념과 관련시키기도 한다(Hayles 1999: 291). 종종 이 용어에는 특정한 규범적 비난이 담겨 있다. 미셸 푸코나 주디스 버틀러 같은 다른 "탈인간주의자"들과 더불어 라투르가 인간주의를 포기하거나 파괴한다고 보는 것이다.

그러나 이런 해석은 오도적이다. 라투르가 주장하는 것은 인간주의의 형성에서 비인간 세계가 갖는 구성적 중요성을 단번에 알 수는 없다는 것이다. 그래서 인간적인 것은 협상에 열려 있다. 라투르의 추론에 굳이 일반화를 위한 라벨을 붙이려면, "탈인간주의"보다 "비인간주의"(non-humanism)가 더 적합할 것 같다. 우리가 강조하고 싶은 것은 라투르가 인간주의를 포기하지 않았으며, 오히려 집합체로서 우리가 우리 자신을 어떻게 구성하고 정의하는지에 깊은 관심을 가지고 있다는 점이다. 그러나 그는 비인간 세계의 사건들로부터 영향 받지 않는, 근본적이거나 근원적이거나 본질적인 인간주의가 있어야 한다는 생각은 거부한다. 라투르에게 그런 정화된 형태의 인간적인 것은 더 이상 지속될 수 없는 근대적 사고방식의 또 하나의 산물이다.

라투르의 행위자-연결망, 말하자면 비인간적 관계들은 지역적 경계들과 국가적 경계들을 가로지른다. 이처럼 통제 불가능하고 형태를 바꾸는 지형도가 그의 사유에서 또 하나의 핵심 요소다. 평범한 예를 들어보자. 노키아 핸드폰은 (그 자체가 기술적으로 매개된 사회성의 상징이다) 공식적으로 "핀란드제"로 생각되지만, 사실은 베이징의 산업공단을 비롯한 여러 나라에서 만들어진 부품으로 구성되며 전 세계 수백만의 사용자들을 잠재적으로 연결한다(Hess & Coe 2006 참조). 이러한 하이브리드적이고 탈사회적인 세계에서 라투르의 행위자-연결망과 "집합체"라는 개념은, 우리가 정확히 누구와 그리고 무엇과 연결되는가, 이 연결들이 시간과 공간 속에서 어디에 위치하는가, 이처럼 상이한 유형의 연결들이 어떠한 사회적, 도덕적, 정서적 특성을 수반하는가 하는 문제들에 대한 관습적 이해를 재사유하게 만드는 총체적이고 급진적인 도전을 제기한다. 이런 맥락에서 "연결망"(network)이라는 용어와 관련해 라투르가 자기비판적인 태도를 취하고 있다는 점에 주목할 필요가 있다. 이 용어가 이제는 너무나 많은 상이한 맥락들에서 사용되고 있어서 그 의미가 혼동될 수 있기 때문이다. 라투르가 사용하는 연결망의 의미는 예컨대 인터넷과 세계화로 인해 새로운 "세계적 네트워크 사회"가 도래한다는 최근 널리 받아들여진 인식과는 거의 무관하다(Castells 1996 참조). 또한 직업 선택에서부터 배우자 선택, 정치적 연합에 이르기까지 개인적이고 사회적인 네트워크의 중요성을 강조해온 사회학적 저작들에서 쓰이는 개념과도 완전히 다르다. 라투르에게 "연결망"이란 무엇보다도 발견적 도구를 의미한다. 즉 연결망은 사회적 세계의 다양하고 가변적인 경계와 관계, 영향력에 대해 이미 **충분히 알고 있다**는 우리의 자기확신적 오류에 계속 경고를 보내는 방법론적 성찰 도구라 할 수 있다.

그 연장선상에서 우리는 세계화를 "세계적 상호의존성"과 "코스모폴리탄 의식"의 증대를 수반하는 자본주의 발전의 새로운 단계로 보는 일반화된 세계화 내러티브에 회의적일 수밖에 없다(Beck 2004 참조). 여기서도 라투르의 분석적 출발점은 과학과 기술이다. 1600년대 이래 과학은 그 "대리자들"(기술, 실험 장비, 지식 등)이 비유럽 세계로 확산되는 과정을 통해서 종종 폭력적이고 제국주의적인 형태를 띠는 세계화에 깊이 개입해왔다는 것이다(2장 참조). 더 나아가 라투르는 역사적으로 볼 때 지도제작법이나 기하학 같은 과학이 "세계적인 것", 따라서 세계화의 실제 의미에 대한 우리의 관념 자체를 상당한 정도로 **생산했다**고 주장한다. 그러나 세계화와 테크노사이언스의 역할에 대한 라투르의 독창적인 접근법은 공통적이고 세계적인 실재의 생산이 결코 끝나지 않는 과정이며, 매 순간 실패하거나 붕괴되어 갈등으로 귀결될 수 있다는 점 또한 함의하고 있다. 이것이 바로 "코스모폴리틱스"라는 용어에 내포된 핵심 논점이다. 여기서 라투르가 강조하는 것은, 실험해보기 전에는 우리가 과학적 비판자들, 정치적 반대자들, 도덕적 적들과 실제로 동일한 코스모스 속에, 즉 동일한 공통적 실재 속에 살고 있다고 가정할 수 없다는 것이다. 실제로 공존하고 있는지에 대한 답은 점진적이고 주의 깊은 외교적 실험을 통해 구해야 한다. 그리고 이 점에서 라투르의 사물의 의회 모델은 그러한 "코스모폴리틱스적" 과정의 윤곽을 제시한다(4장 참조).

동시에 라투르의 코스모폴리틱스 개념은 근대성 이론들과 관련해 보다 넓은 역사철학적, 정치철학적 차원을 포함한다. 요컨대 이 차원은 (근대 헌법의 세계적인 효과와 긴밀히 연루된) 서구의 "자문화중심주의" 붕괴와 관련된다. 다른 맥락들에서 서구중심주의의 역사는 서구화, 진보, 개발, 문명화, 제국주의 혹은 단순히 근대화로 알려져 있다. 이런 다양한 표현들과 실천들의 공통점은 라투르가 독일 철학자 페터 슬로터다이크를 따라 "형이상학적 지구"(metaphysical Globe)라고 칭하는 것을 전제한다는 데 있다(Sloterdijk 1999 참조). 형이상학적 지구란 코스모스, 세계주의, 보편주의에 대한 유럽 특유의 사유 전통을 가리킨다. 이는 그리스 스토아학파에서 갈릴레오와 데카르트, 칸트와 헤겔로, 나아가 울리히 벡과 위르겐 하버마스 등의 현대 사상가로 이어지는 전통이다. 이들 간의 차이점에도 불구하고 이 사상가들은 이성적 능력과 과학을 통해 인식할 수 있는, 단일하고 공통적이며 보편적이고 초월적인 실재로 구성되는 하나의 코스모스를 상상한다는 점에서 모두 동일하다. 그러나 근대 헌법의 붕괴와 더불어 라투르는 그러한 기본 좌표조차 더 이상 당연한 것으로 여길 수 없게 되었다고 주장한다. 이 점은 서구 세계가 비서구 집합체들과 자발적이든 비자발적이든 협상에 임해야 할 때 특히 그러하다. 비서구 집합체들에게는 언제나 근대 헌법의 환상적인 성격이 더 분명히 드러나 보이기 때문이다. 그러한 맥락에서 볼 때 그 성격이 과학적이든 정치적이든 종교적이든, 보편적 진리를 거론하려는 어떠한 시도도 자문화중심적 근본주의에 가까워질 위험이 있는 것이다(Latour 2004c).

이것은 또한 라투르가 왜 "대칭적 인류학"에 그토록 커다란 의미를 부여하는지(3장 참조), 그리고 왜 근대 헌법으로 인해 시야에서 가려져 왔던 비근대적 존재 및 언명 체제들을 **긍정적으로** 제시하는 데 갈수록 전념하는지를(5장 참조) 명확히 해준다. 대칭적 인류학은 근본적으로 상이한 세계들을 독해하고 이해하며 식별하는 구성주의적 역량을 묘사하기 위해 라투르가 사용하는 용어다. 그러한 역량을 갖추고 나서야 우리는 세계들의 다원성을 실질적으로 포괄할 만큼 충분히 추상적인 방식으로 세계들을 비교하고 병렬시킬 수 있게 된다. 따라서 라투르는 이제

서구인들이, 자연과 문화에 대한 기본 가정 자체가 판이한 집합체들을 다룰 수 있도록 외교적 기술을 개발할 때가 되었다고 본다(Latour 2002d 참조). 오직 대칭적 인류학을 통해서만 "우리", 즉 소위 근대 세계는 소위 비근대 집합체들과 비교 가능한 것으로, 나아가 희망컨대 정치적, 도덕적으로 양립 가능한 것으로 제시될 수 있다. 그로부터 결과할 외교적인 협상에서 타자들에게 제시할 공정하고 정확한 자기 묘사를 가지고 있는 것은 분명 도움되는 일일 것이다.

이것이 비근대적 존재 및 언명 체제들에 대한 라투르의 생각에 내재된 기본 목적이다. 따라서 우리는 라투르가 제시하는 과학과 기술의 인류학, 근대성의 철학, 정치생태학, 결합의 사회학이 모두 우리 자신과 세계에 대한 보다 생산적인 재묘사에 도움이 되는 역량들을 제안하는 것이라고 볼 수 있을 것이다. 다른 집합체들과의 만남에서 대문자 **과학**을 변호할 것인가, 아니면 라투르의 제안에 따라 잘 절합된 명제들 사이에서 "순환하는 지시체"라는 이상을 옹호할 것인가? 라투르가 말하듯이 이는 중대한 차이를 가져올 것이다(4장 참조; Latour 2008a 참조). 요컨대 지금 해체되고 있는 근대 헌법의 보장들을 넘어서 우리가 평화롭게 공존할 수 있는 조건들을 검토하는 문제가 여기 걸려 있는 것이다.

라투르의 지적 기획에서의 이동들

앞 장들에서 본 것처럼 라투르의 저작은 다채롭고 야생적이며 변화무쌍하다. 그것은 무수한 영감의 원천들과 분석적 어휘들, 가상의 토론 공동체들로 특징지어진다. 그런 다양성에도 불구하고 라투르가 자신의 기획을 근대 헌법을 넘어가려는 하나의 단일하고 포괄적인 경험 철학적 노력으로 요약하는 것은 여전히 적절해 보인다(Latour 2008a). 다시 말해 그의 많은 책과 논문들은 다양성과 더불어 명백한 연속성을 형성하고 유지한다. 서장에서 우리가 주장했듯이 라투르의 지적 기획을 두 가지 주요 축, 즉 주제적 축과 존재론-형이상학적 축을 따라 이해할 수 있다는 것은 바로 이런 의미에서다. 간단히 요약하면 주제적 축은 "사실은 제조된다"는 과학인류학의 기본적 관찰에서 비롯하는 결과들을 다루며, 존재론-형이상학적 축은 세계의 근본 요소들로서 과정, 내재성, 매개를 강조하는 "일원론적" 사유를 중심으로 형성된다. 그러한 연속성은 또한 우리가 그의 저작의 네 가지 "단계들"(과학과 기술의 인류학, 근대성의 철학, 정치생태학, 결합의 사회학) 사이에 있는 일련의 연결점들을 애써 강조해온 이유이기도 하다. 사실상 라투르의 기획이 갖는 이 네 가지 버전은 아마도 "단계"라기보다는, 이를 통해 라투르가 자신의 사유를 변화하는 학제적 관심사들과 현실세계 문제들의 맥락 내부로 위치시키는, 공존하는 정체성들이나 지적 페르소나들로 간주되어야 할 것이다.

그럼에도 불구하고 라투르의 저작 가운데 『실험실 생활』(1979)만 읽어본 독자라면 우리가 방금 스케치한 비근대 기획과 현대 세계에 대한 광범위한 진단을 이해하기 어려울 것이다. 라투르의 지적 기획은 역동적이고 끊임없이 변하며 새로운 요소들이 등장하여 이전의 정식화의 의미를 다시 생각할 수밖에 없게 한다. 그래서 라투르의 저작에서는 논의의 초점과 논증 방식, 영감의 원천 등에서 실질적인 이동들이 발견되며, 여기서는 세 가지 주요 측면에서 그러한 이동들을 살펴보고자 한다. 먼저 라투르 버전의 구성주의에서 "사회적인 것"의 지위를 따져보고, 과학에 대한 묘사적 이론과 규범적 이론 간의 관계를 살펴보며, 구성주의적 과학학이 갖는 정치철학적 의미를 탐색해볼 것이다. 이러한 "문제 축"을 따라 전개되는 논의의 초점과 논증 방식에서의 이동은 수년 동안 라투르가 발견하고 자신의 사유에 포함시킨 지적 선조들, 즉 가브리엘 타르드(사회적인 것), 알프레드 노스 화이트헤드(과학의 규범적 이론), 존 듀이(정치철학)에 의해 가장 잘 상징된다. 정확히 이 세 가지 축에 초점을 맞추는 또 다른 이유는 그것들이 과학과 기술의 인류학에 대해, 또는 단순히 ANT에 대해 자주 제기되었던 비판에 대한 그의 암묵적인 대응이라고 말할 수도 있기 때문이다. 다양한 맥락에서 라투르의 사유, 특히 ANT는 여전히 "사회구성주의"(대개 과학철학의 맥락에서, Kukla 2000: 10 참조), "급진적 상대주의"(과학전쟁 중에 가장 맹렬하게 제기되었다, Sokal 1997 참조), 그리고 권력에만 초점을 맞추는 "마키아벨리주의"(예를 들어 페미니스트 비판가, Star 1991 참조)로 묘사되고 있다. 아래에서 이러한 비판들이 왜 잘못된 것인지 간략히 살펴보자.

라투르와 사회구성주의

다른 "~주의"들과 마찬가지로 사회구성주의라는 용어도 몇 가지 종종 모순된 방식으로 해석될 수 있다(Bertilsson & Järvinen 1998 참조). 그러나 어떻게 해석되든 라투르를 사회구성주의라는 무리에 넣는 것은 옳지 않다. 오히려 라투르는 과학과 기술의 인류학으로부터 결합의 사회학에 이르기까지 '사회적인 것'이라는 바로 그 개념적 범주를, 즉 다양한 모습으로 가장한 사회구성주의자들이 분석과 설명, 비판에 적용하려 하는 바로 그 개념을 지속적으로 그리고 갈수록 더 강하게 의문시해 왔다. 이런 측면에서 볼 때 라투르 사상의 이동은 한때 옹호했던 입장(사회구성주의)에 등을 돌리는 식의 문제가 결코 아니다. 오히려 그 이동은 사회구성주의 무리와 섞이지 않기 위해서 라투르가 갈수록 더 강한 수사를 사용하고 자신의 구성주의적 대안을 더욱 명시화하는 시도로 볼 수 있다.

과학학(STS) 가운데 사회학적 전통이 더 강한 영역들에서 ANT가 불러일으킨 장기적인 (그리고 여전히 진행 중인) 이론적 논쟁들도 이런 맥락에서 이해될 수 있다(Collins & Yearly 1992; Bloor 1999 참조). 궁극적으로 이 논쟁들은 서로 다른 이론들이 테크노사이언스적 발전을 설명하면서 사회적 요소와 자연적 요소에 부여하는 상대적인 무게를 중심으로 전개된다. 라투르는 "사회적인 것"에 설명적 우위를 부여하기를 거부한다는 점에서 일관되게 대칭적이다(2장 참조). 라투르의 설명에서 사회적인 것과 자연적인 것, **자연**과 **사회**는, 인간 행위소들과 비인간 행위소들을 행위자-연결망 안으로 엮어 넣는 하나의 동일한 하이브리드 과정을 통해 생성되는 (그리고 결합되고 안정화되는) 요소들이다. 따라서 그런 과정 속에 있는 사회적인 것은 **사회**나 **자연** 그 어느 것에 대한 **설명**에도 사용될 수 없다. 사회적인 것은 항상 변화하는 결합들 속에서 **묘사될** 수 있을 뿐이다(5장 참조).

그럼에도 불구하고 라투르를 "사회구성주의자"로 규정하는 글들이 2차 문헌들에서 계속 나오고 있는 것은 다소 뜻밖이다. 그런 경향은 주로 라투르와 울가의 『실험실 생활』(1979)의 부제와 내용에 "고전적인" 사회구성주의적 과학사회학이 뚜렷하게 각인되어 있다는 사실에서 기인한다(Collin 2011 참조). 우리는 이미 "사회적"이라는 단어가 이 책의 2판(1986)의 부제에서 사라졌다는 사실을 언급했다. 라투르의 해석가들도 그렇게 할 때가 되었다. 라투르야말로 사회구성주의와 연결되지 않고도 "하드코어" 구성주의자가 될 수 있다는 살아 있는 증거다![2]

라투르와 상대주의

두 번째 이동은 비록 복잡한 방식이긴 하지만 "상대주의"를 둘러싼 논의와 연관된다. 라투르도 지적하듯이 상대주의란 소위 "실재론적" 인식론의 다양한 분파들이 라투르의 과학인류학을 포함해 과학학에 대한 비관습적인 접근법들에 사용하는 공격적인 용어다(Bova & Latour 2006 참조). 이런 비난은 일부 이상주의적 사회구성주의 학파들에게는 어느 정도 유효할 것이다. 실제로 어떤 새로운 과학사회학 학파에서는 상대주의 개념이 간혹 긍정적으로 호명되고 방법론적 의미를 부여받기도 한다.[3]

그러나 라투르의 과학이론을 "상대주의"라고 하는 것은 어불성설이다. 이는 상대주의에 대한 라투르의 이해 방식과 어느 정도 관련된다. 라투르가 상대주의를 이해하는 방식에는, 언어와 실재의 관계에 대한 철학적 인식론자들의 극히 비실재론적인 모델보다는 아인슈타인의 상대성 이론이 더 강하게 각인되어 있다(Latour 1988a 참조). 라투르가 상대성 이론과의 만남에서 얻은 교훈은 그의 프랑스 동료이자 선구자인 질 들뢰즈의 말에서 가장 간명하게 표현된다. 즉 상대주의는 "진리의 상대성"이 아니라 "관계들의 진리다"(Latour 2005b 참조). 관계들의 진리란 라투르의 관점에서 볼 때 순환 지시체를 묘사하는 또 다른 방식이라 할 수 있다. 과학은 이러한 순환 지시체를 통해 인간 및 비인간 행위소들의 새롭고 도전적이며 견고한 연쇄들을 생산하는 것이다. 이와 같이 라투르의 사유는 일관되게 "관계주의적"이다.

그러나 이처럼 일관된 "관계주의적" 입장 내에서도 여러 해 동안 중요한 이동이 발생했다. 특히 정치생태학 저작에서 라투르는 초기 과학인류학에서 보여준 묘사적 작업에 충실하면서도 어떻게 긍정적이고 규범적인 과학이론의 언어로 과학의 순환 지시체들을 틀 지을 것인가 하는 문제에 몰두한다. 4장에서 보았듯이 라투르는 (일차적, 이차적 특질로 "자연을 이분화"하는 경향을 비판하는) 화이트헤드와의 대화를 통해 이 문제에 대한 해법을 찾는다.[4] 화이트헤드의 영향 아래 라투르는 잘 절합된 명제와 부실하게 절합된 명제를 구분하는 새로운 기준을 정립하려 한다. 이러한 구분은 라투르로 하여금 고전적인 과학철학과 (비판적으로!) 만나게 한다(Latour 2004a 참조). 화이트헤드에 대한 라투르의 관심을 옹호하는 것이 우리의 요점은 아니다. 여기서 우리가 주장하는 것은 잘 절합된 명제라는 개념이 강력한 이론적 잠재력을 가진다는 것이다(Fraser 2006; 4장 참조). 라투르를 "상대주의자"로 모는 것은, 과학이 잘 절합된 순환 지시체들을 생산할 수 있다는 그의 기본적인 믿음과, 긍정적이고 규범적인 과학이론에 대한 그의 커져가는 관심을 완전히 간과하고 잘못 해석하는 것이다(Latour 1999b 참조).

라투르와 정치철학

우리의 논의는 이제 라투르의 지적 기획 가운데 아마도 가장 어렵고 도발적인 부분으로 흘러왔다. 라투르는 자신과 다른 이들의 구성주의적 과학학으로부터 정치철학적 결론을 집요하게 이끌어내려 한다(Latour 1991, 2004d). 테크노사이언스의 산물들이 사회적, 문화적, 정치적 함의를 가진다는 무사태평한 얘기를 하려는 게 아니다. 라투르의 주장은 훨씬 광범위하다. 사회적, 정치적 질서의 문제들에 대한 어떠한 해답도 언제나 그와 나란히 연결된 자연, 과학, 인식론의 문제들에 대한 해답에 의해 단서가 달리고 그에 의존한다는 것이다. 라투르가 자신의 정치생태학을 "정치적 인식론"으로 칭하고 모든 인식론은 근본적인 의미에서 "정치적이다"라고 덧붙일 때 그가 말하고자 하는 바가 바로 이것이다. 이렇게 보면 라투르의 "반인식론적" 사유가, 과학(사실)의 문제와 정치(가치)의 문제가 항상 분리되어야 한다고 보는 고전적 인식론자들 사이에서 우려를 불러일으킬 수밖에 없는 이유를 쉽게 이해할 수 있다. 물론 이들의 우려에 대한 라투르의 대답은 그러한 사실과 가치의 구분은 심각하게 오도적이라는 것이다(4장 참조).

두 번째로 강조해야 할 (그리고 이 맥락에서 더 유의미한) 논점은, 라투르가 정치철학에서 자신의 주된 준거점을 점차 이동시키면서 그의 사유에서도 수년간에 걸쳐 진정한 변형을 겪어왔다는 점이다. 초기의 과학인류학에서 토머스 홉스의 주권자(리바이어던) 개념은 정치적, 사회적 질서화에 대한 라투르의 주된 은유였다. 정치철학적 관점에서 볼 때 이러한 은유가 갖는 함의는 테크노사이언스를 권력과 지배, 안정화의 여러 원천들 가운데 하나로 간주해야 한다는 것이다(그러한 사회기술적 질서에 부여된 지지와 정당성의 정도와는 무관하게 말이다). 라투르가 권력에 초점을 맞추는 "마키아벨리주의자"라는 비난은 바로 여기서 비롯된다(엄밀히 말해 여기서 라투르는 "홉스주의자"라고 불려야 한다).

그러나 후기의 정치생태학에서 라투르는 "과학이 주입된" 사회적 질서 자체를 어떻게 보다 민주적인 형태의 열려 있고 통합적이며 외교적인 실험들에 부합하도록 할 것인가 하는 문제에 훨씬 더 몰두하게 된다. 앞에서 본 것처럼 여기서 주된 영감의 원천은 미국의 실용주의자 존 듀이이며 특히 민주주의를 일종의 "실험적인 집합적 지성"으로 보는 그의 (사회적, 진보적) 민주주의 개념이다(Bohmann 1999 참조). 동일한 우려물에 상이한 형태의 "사회적 지성"(과학적, 정치적, 도덕적, 경제적 지성)을 동시에 적용해야 하는 사물의 의회에 대한 라투르의 구상은 이처럼 듀이의 영감 아래에서 싹튼 것이다.

여기서도 우리의 의도는 라투르가 듀이에게서 영감을 얻는 것을 옹호하려는 것이 아니다(4장 논의 참조). 우리가 말하고자 하는 것은 라투르가 권력과 지배에만 초점을 맞춘다는 비판이, 이제 훨씬 더 다면적이고 흥미로운 정치철학으로 펼쳐지고 있는 그의 사유를 제대로 평가하지 못하고 있다는 것이다(Brown 2009 참조).

라투르는 비판적 계몽의 기획을 갖는가?

위에서 전반적인 라투르의 지적 기획을 보다 명확히 개괄했고 특히 그의 광범위한 코스모폴리틱스를 보다 구체적으로 살펴보았다. 이제 독자들은 라투르가 왜 여전히 자신을 "비판적" 지식인으로 규정하기를 강하게 거부하는지 의아해할 것이다. 피에르 부르디외, 위르겐 하버마스, 슬라보예 지젝 등 대부분의 동시대 동료들과는 대조적으로, 라투르의 저작에서는 (경제적 자본주의에서 정치적 제국주의, 군사적 대결, 테크노사이언스적 기획들에 이르기까지) 다양하고 세계화된 조립체들(assemblages)을 특징짓는 명백한 권력 불균형과 억압 형태들에 대한 명시적인 언급을 찾아보기 어렵다. 라투르는 비판적 수사학이라는 외피를 거부함으로써 종종 "비판적 기획"을 결여한다는 비난을 받아왔다(Saldanha 2003; Whittle & Spicer 2008 참조). 이에 대해서는 할 말이 많지만(5장 참조) 어쨌든 (다양한 마르크스주의적 색조를 띠고 있는) 이른바 "급진적인" 사회 비판자들이 앞으로도 라투르의 "비비판적인"(a-critical) 비근대주의에 열광할 일은 없을 것 같다.

그러나 라투르의 비비판적 태도와 세계의 모든 잘못을 **무비판적으로** 받아들이는 태도를 동일시하는 그러한 등식을 받아들이기 전에, 우리는 자신에게 물어봐야 한다. 우리는 (라투르의 세계 어딘가에 숨어 있는) 비판적 해방의 기획을 찾아낼 수 있을 것인가? 이것이 다음 절에서 제기하는 어려운 질문이며, 우리는 라투르와는 비판 개념이 근본적으로 다른 대안적 "패러다임들"과의 대조를 통해 이 질문을 좁혀 나갈 것이다.

임마누엘 칸트가 1784년에 「"계몽이란 무엇인가"라는 물음에 대한 대답」이라는 제목의 유명한 논문을 쓴 이래로, 계몽이라는 인문주의적 어휘는 사회적 범주로서의 "지식인"을 대표하는 말이 되었다. 계몽이라는 말은 이성이 갖는 변혁의 힘을 독립적이고 비판적이며 공적으로 사용할 수 있는 인간의 능력을 강조한다. 말할 필요도 없이 칸트 자신의 대답("계몽은 인간이 스스로 부여한 미성숙으로부터 탈피하는 것이다")은 수세기에 걸쳐 지속적인 재해석과 갱신, 비판을 거쳐왔다. 계몽의 문제는 그 이후 역사화되고("계몽의 시대"), 지리적 위치를 부여받고(스코틀랜드, 프랑스 혁명), 사회화되었다(계급, 성, 인종적 불평등을 비판하면서). 1960년대 들어 탈근대적이고 탈계몽적인 사유의 등장과 함께 관계적이고 상황적이며 대화에 기반한 새로운 지성의 모델들이 영향력을 넓혀 왔다(Cummings, ed. 2005; Haraway 1991 참조). 칸트 시대의 지식인들이 세계의 진정한 본성에 대한 사실적 문제들에서 "입법자"로서 지성적 권위를 누렸다면, 현대의 지식인들은 우리 시대의 복잡한 이슈들에 대한 "해석자"로서 훨씬 더 겸허한 역할을 부여받고 있다고 할 수 있다(Bauman 1989 참조).

당연한 말이지만 라투르의 비근대적 경험 철학은 이런 흐름에서, 즉 하나의 지적 해석으로서 이해되어야 한다. 하이브리드 시대에 대한 그의 진단은 많은 진단들 가운데 하나일 뿐이다. 어느 누구도 절대적 진리의 **선험적** 소유를 정당하게 주장할 수 없는 대화 속에서 여러 동등한 참여자들에게 제시하는 하나의 해석적 제안인 것이다. 사실 라투르 자신의 과학이론 자체가 겸허하고 상황적인 지식인의 이상적인 모습에 대한 충실한 묘사라고 할 수 있다. 소위 "경성" 과학조차도 더 이상 공적 토론과 갈등 해결을 위한 자명한 기초를 제공할 수 없다. 이제부터 우리 **모두**가 상대적 확실성보다 더 많은 것을 바랄 수 없는 불안전한 대양을 항해하는 법을 배워야 한다(Latour 1999b 참조).

이처럼 "해석적" 지식인으로서 라투르의 자기성찰적인 역할을 짚어본 것은, 라투르의 비근대적 사유가 우리로 하여금 계몽이라는 칸트적 문제의 조건들 자체를 재평가하도록 한다는 점을 지적하기 위해서다. 이를 통해 우리는 라투르의 사유가 갖는 급진성을 포착할 수 있을 것이다. 그러나 이것만으로는 충분치 않다. 여기서 문제들을 더욱 좁혀서 살펴보기 위해 이미 라투르의 사유에서 친숙한 주제들인 세 가지의 개념적 배치를 들여다볼 것이다. 그것은 바로 비인간주의, 사회적 비판의 위기, 과학의 민주화이다.

앞 장들에서 이미 이 세 가지 문제들을 상이한 관점에서 조망하고 심도 있게 논의한 바 있다. 여기서는 라투르의 지적 기획이라는 맥락에서 “계몽”과 “해방”의 의미를 성찰함으로써 이 문제들을 재조립하고자 한다.

비인간주의

우리는 이미 비인간주의라는 주제가 라투르의 저작에서 여러 가지 상이한 방식으로 등장한다는 것을 강조했다. 즉 자연-문화 이분법을 가로지르는 “일반화된 대칭”을 지향하는 분석적 운동으로서(2장 참조), 현대 사회에 대한 “탈사회적” 진단으로서, 그리고 생태적인 비인간 존재들의 도덕적 지위라는 문제로서(4장 참조) 나타나고 있는 것이다. 이 가운데 특히 후자의 정치생태학적 버전에서 라투르의 비인간주의가 계몽 및 해방적 사유의 요소와 실제로 관련된다는 것은 분명해 보인다. 비록 인간이 아니라 동물, 강, 식물, 기후 등 우리와 공존하는 생태적 동료들과 관련해서이긴 하지만 말이다(Latour 1998d). 여기서 칸트의 도덕철학에 대한 라투르의 유일하게 심오한 논의가 인간 행위자보다는 비인간 행위자의 도덕적 지위와 관련된다는 사실이 라투르의 일반적인 비인간주의적 사유를 잘 나타내주고 있는 듯하다(Latour 1998c 참조).

그러나 이미 지적했듯이 라투르의 비인간주의를 (“반인간주의”는 말할 것도 없이) “탈인간주의”와 같은 것으로 보는 것은 크게 잘못된 해석이다. 라투르의 생태적 계몽의 기획은 오히려 인간주의가 참조하는 “공동의 인간성”이라는 것이 근본적으로 인간과 비인간 세계를 관계 짓는 다양한 연결들에 의존한다는 관계주의적 통찰에 기초한다. 관계적 생태윤리에 대한 라투르 자신의 표현을 빌려 말하자면, 코끼리, 강, 오존, 플랑크톤 없이는 인류란 인간성의 중대한 부분들을 박탈당한 한 명의 인간에 불과할 것이다(4장 참조). 이와 같이 세밀히 살펴보면 라투르의 비인간주의는 일종의 "확장된" 인간주의로 나타난다.

비판적 근접성

그럼에도 불구하고 자칭 비판적 인문학자들과 사회학자들은 라투르의 비인간주의와 비인간 행위자에 대한 집착이 **진정으로** 중요한 문제들로부터 관심을 분산시키고 있다고 비판한다. 그들이 생각하는 가장 중요한 문제란 인간적, 사회적 세계의 권력, 불평등, 비판, 해방이다(Vandenberghe 2002 참조). 이렇게만 보면, 그러한 비판은 라투르의 비인간주의가 거부하는 인간과 비인간의 **대립**을 암묵적으로 전제하고 있기 때문에 잘못된 것으로 보인다. 물론 종교, 법, 정치처럼 기본적으로 인간적인 현상들에 대한 라투르의 분석이 얼마나 흥미롭고 계몽적이며 비판적 잠재력을 가진 것인지에 대해서는 충분히 이의를 제기할 수 있다(5장 참조). 그러나 이 수준에서 의견이 다르다는 이유로, 소위 비판적 사회이론가들이 그러하듯이 라투르의 지적 기획을 완전히 거부하는 것은 정당화되기 어려울 것이다(예를 들어 Fuller 2000 참조).

이미 보았듯이 라투르의 가장 중요한 이론적 반대자는 저명한 프랑스 사회학자 피에르 부르디외다. 그는 라투르의 지적 기획이 **근본적으로** 잘못되었다고 본다. 『과학의 과학과 성찰성』(Bourdieu 2004: 52ff)이라는 제목의 지식사회학 저작에서 부르디외는 10쪽에 걸쳐 라투르를 "과학적으로 부정직한 전략을 쓰며", "단순한 언어 게임"을 일삼고, 전체적으로 보았을 때 "완전히 아무런 가치도 없는 사회학 연구"를 하고 있다고 비난한다. 과학과 사회에 대한 라투르의 겉으로 드러난 관찰(또는 이러한 관찰에 대한 부르디외의 해석)만을 고려해서는, 부르디외가 왜 그렇게 혹독하고 비타협적인 태도를 취하는지 이해할 수 없다.[5] 부르디외의 사회학 패러다임에서 사회적 범주들과 비판이 수행하는 구성적 역할을 이해하고, 또한 이와 나란히 라투르가 지적하듯이 그러한 사회적 비판 자체가 몰락하고 있는 현재의 위기가 갖는 함의를 재평가해야만 이러한 비난이 왜 제기되는지를 알 수 있다(Latour 2004c 참조).

라투르와 부르디외의 대결은 100년 전 타르드와 뒤르켐 사이에 벌어진 논쟁의 역사적 반복이라고 할 수 있다. 결합의 사회학을 제시하면서 라투르는 그 논쟁을 의식적으로 펼쳐 보이기도 했다(5장 참조; Schinkel 2007도 참조). 부르디외는 사회학이 경제적, 문화적 능력(자본)의 불평등을 중심으로 구조화되는 사회적 공간(장)을 이론적으로 재구성함으로써 사회적 행위자들의 자기 이해와 단절해야 하는 학문이라고 주장한다. 오직 이런 방식으로만 사회학은 과학을 포함해 사회의 모든 영역을 형성하는, 인식되지 않은 권력 불평등을 객관화(라투르는 "폭로"라고 할 것이다)하고 이를 통해 **비판적 잠재력**을 획득할 수 있다는 것이다(Bourdieu 2005 참조).

이와 대조적으로 라투르가 제기하는 결합의 사회학은 연구자로 하여금 행위자들이 인간적, 비인간적 연결망을 형성하는 점진적인 과정을 따라가도록 해주는 방법이며, 여기서 연결망의 정확한 윤곽은 결코 완성되지 않는 경험적 도전으로 남는다. 이렇게 연결망을 따라감으로써만 사회학은 하이브리드 집합체 내의 협상에 기여한다는 자신의 **구성적인** 정치적, 과학적 적실성을 달성할 수 있다. 부르디외의 관점에서는 사회적인 것이 설명과 비판을 위해 사용될 수 있지만, 라투르의 관점에서는 사회적인 것은 아무것도 설명할 수 없고 **그 자체가** 상세한 경험적, 역사적 연구를 통해 설명되어야 한다. 따라서 라투르가 보기에 비판적이고 인간주의적인 사회학자(부르디외)에게는 비판이라는 영역에 접근할 수 있는 아무런 특권도 없다. 오히려 볼탕스키와 테브노(2006 [1991])가 보여주었듯이 비판은 이제 만연하고 지극히 평범한 하나의 활동에 불과한 것이 되었다.

라투르는 뒤르켐에서 부르디외에 이르는 사회적인 것의 사회학자들이 자신들의 비판 능력을 (세계를 존재론적으로 사회 영역과 자연 영역으로 분리하는) 근대 헌법의 암묵적 수용과 맞바꾸었다고 평가한다. 그럼으로써 사회적인 것의 사회학자들은 두 가지 똑같이 매력적이지 않은 입장을 끝없이 오갈 수밖에 없다. 즉 한편에서 사회학은 (종교 같은 현상을 설명해버림으로써) 자기를 확대하고, 다른 한편에서 (하이브리드의 근대적 정화를 받아들임으로써) 자연과학의 "견고한" 사실들을 숭배하는 잘못을 범하는 것이다(Latour 2009a 참조). 라투르의 관점에서 보았을 때 사회학의 자기 확대는 학문적으로 변호될 수 없고 오만하기까지 하다(Latour 2000b 참조). 게다가 딱히 비판적이지도 않다. 사회학의 자기 확대는 아무 데나 무비판적으로 적용될 수 있는 억압 구조에 대한 몇몇 표준 공식들로 고착되는 경향이 있기 때문이다(라투르가 보기에 부르디외의 "신자유주의적 자본주의" 개념이 이 범주에 들어간다; 5장 참조).

전체적으로 볼 때 라투르는 소위 근대성의 시기 전체에 걸쳐 서구의 지적인 삶이 뿌리깊은 비판적 우상파괴(폭로, 사회학화, 가면 벗기기, 해체)의 전통들로 이뤄져 왔음을 보여주고, 이제 이러한 우상파괴적 전통들과 결별할 때가 되었다는 비근대적 관점을 취한다(Latour 2002e 참조). 우리는 **구성적인** 혹은 **외교적인** 지식인이 무엇을 의미하는지를 숙고하기 시작해야 한다는 것이다(Latour 2004d 참조). 달리 말해 라투르가 제시하는 계몽의 기획은 근대적 조건들 아래에서와는 다른 "계몽"의 원천을 내포하며 다른 종류의 지식인을 요구한다. 궁극적으로 라투르는 "비비판적인" 입장을 취한다. 즉 연구자로서 한 사람이 어떤 상태나 상황의 불확실한 미래에 충분히 밀접하고 깊숙이 개입할 때 그 상태나 상황이 바로 "비판적"이 되는 것이다. "비판적"이란 결코 선택된 지식인들의 자연스러운 명예의 징표가 아니다.

과학의 민주화

라투르의 비비판적 계몽의 기획을 개괄하는 마지막 요소로서 라투르가 자신의 목표 가운데 하나로 명시했던 과학의 민주화를 살펴볼 필요가 있다. 앞서 강조했듯이 궁극적으로 라투르의 전망은 동등한 존재론적, 인식론적 지위를 갖는 존재 및 언명 체제들로 구성되는 다원적인 비근대 세계다. 이러한 체제들의 특정한 진리 조건들을 모두 이해하고 분석하며 존중할 필요가 있다. 여기서 중요한 점은 이러한 비근대 세계가 **과학**, **진리**, **자연**이 행사하는 초월적 지배(즉 근대성의 시기 전체에 걸쳐 종교에서 정치에 이르는 집단적 삶의 모든 측면들에 대한 과학의 지배)를 넘어서 있다는 것이다. 라투르의 정치적 인식론은 이러한 배경에서 이해되어야 한다. 즉 근본적인 의미에서 정치적 인식론의 관건은 현재의 과학의 지배를 민주화함으로써 비판적 추론을 민주화하는 데 있다. 이런 의미에서 라투르는 기본적으로 일종의 과학의 세속화를 주장한다. 세계를 인식하고 경험하며 행위하는 다른 방식들에 대해 과학적 설명이 향유하는 의문시되지 않는 우월성을 거부해야 한다는 것이다(Latour 1999b 참조). 그러나 동시에 과학의 세속화는 과학이 집합체에 제공하는 복합적이고 복잡한 기여를 지속적으로 존중하면서 수행되어야 한다.

여기서 과학의 민주화란 자율성과 해방이라는 계몽의 문제를 보다 확장하고 근본적으로 재고하기 위한 진보적 잠재성을 가진 제안이라고 할 수 있다. 현재 라투르가 과학의 민주화라는 문제를 제기하고 있는 유일한 사회이론가가 아니라는 것에 주목할 필요가 있다. 라투르의 과학기술학(STS) 동료들과 보다 넓게는 사회학자, 정치철학자들 사이에서 이와 관련된 논의들이 활발하게 이루어지고 있다(Stengers 2000; Maasen & Weingart, eds. 2005; Beck 1992; Turner 2003; Stehr 2005; Thorlindsson & Vilhjalmsson 2003 참조). 이들은 분석적 접근법에서 서로 다르지만, 테크노사이언스적 지식이 (예를 들어 생명공학과 나노기술 영역에서) 현대 세계의 가장 중요한 정치적, 경제적, 문화적 권력의 원천들 가운데 하나라는 점에 의견을 같이한다. 즉 이러한 "하위 정치적" 권력 행사를 정당하고 민주적인 형태의 통제와 토론으로 가져와야 한다는 것이다.[6] 이런 맥락에서 전문성의 민주화와 관련된 실천적 경험과 실험들도 중요한 역할을 한다. 주로 덴마크에서 전개된 이른바 합의회의(Bruun Jenson 2005; Block 2007b 참조), 그리고 연구자들과 활동가들 사이의 공적인 난상토론(Epstein 1995; Elam & Bertilsson 2003 참조)은 모두 과학 지식의 민주화를 둘러싼 논의의 일부라 할 수 있다.

그러나 다른 한편으로 과학, 사회, 자연이 맺는 관계의 재조직화에 대한 라투르의 생각은 현대 사회이론과 정치철학의 맥락에서 가장 폭넓고 급진적이며 철학적으로 발전된 제안이라고 평가할 수 있을 것이다(Lash 1999 참조).[7] 이런 측면에서 라투르의 "사물의 의회" 구상은 (인식론에서 사회학, 신학, 정치이론, 도덕철학에 이르기까지) 근대성의 통상적인 지적 습관들을 철저히 해체하고 나아가 비근대성이라는 집합적 삶의 새로운 모델과 상상력을 도출하고자 하는 그의 열망과 능력을 예시적으로 보여준다. 자신의 지적 스타일에 걸맞게 라투르의 작업은 결코 **해체**로 끝나지 않는다. 라투르에게 더 중요한 것은 **재구성**이며, 이는 비근대적인 새로운 개념적 정식화를 통해 세계를 긍정적으로 절합하는 것을 의미한다. 라투르의 렌즈를 통해서 보면 잘 알려진 현상들도 완전히 다른 모습이 된다. 과학적 사실은 순환 지시체가 되고, 기술적 객체는 견고한 행위자가 되며, 자연은 정치적 협상의 기초가 되고, 사회는 지속적으로 변화하는 인간과 비인간의 결합체로 바뀐다. 자신의 대칭적 인류학의 시선이 비추는 곳마다 라투르는 근대성, (사회)과학, 철학의 "공식적" 버전과는 한참 거리가 먼 실천들과 행위들의 세계를 보여준다.

비판적 계몽의 기획에 대한 라투르의 진정한 공헌은, 의도적으로 "낯선" 비근대적 용어들(번역, 행위자-연결망, 하이브리드, 사물의 의회, 명제, 존재 및 언명 체제 등)을 통해 세계를 묘사하려는 그의 지칠 줄 모르는 의지라 할 수 있다. 그의 지적 작업은 근대적 존재에 대한 인류학을 제시하며, 그 인류학적 시선은 우리로 하여금 겉보기에 친숙해 보이는 문제들, 정신적 습관들, 제도적 확실성들을 끊임없이 다시 생각하게 한다는 의미에서 "대단히 비판적"이다. 우리는 라투르를, 무언가를 비판하고 싶어

하는 사상가가 아니라, 소위 근대 세계라 불리는 우리의 세계를 급진적으로 재묘사하고 재해석하며 그래서 "새롭게 주술을 거는" 사상가로 봐야 한다. 이러한 유형의 재해석적인 "재주술화"는 거리를 둔 채 해체하는 시선으로는 실행되지 않는다. 그것은 라투르의 작업에서 비판적 근접성을 통해 이루어진다. 그러한 비판적 근접성은 세계를 구축하고 재구축하는 세부 내용을 다양한 방식을 통해 그리고 다수의 위치, 행위자-연결망, 언명 체제들을 통해 문헌적으로 등록하려는 시도이다.[8] 이처럼 참여적이고 상황적이며 구성적인 의미에서 라투르는 분명 비판적인 지식인이며(Latour 2003a 참조), 아마도 근대성에 대한 비근대적 비판가들의 대열에서 선두 주자일 것이다.[9]

이제 우리는 이 장에서 제기된 핵심적인 질문에 대해 긍정적인 답을 내놓을 수 있게 되었다. 즉 라투르에게 비비판적 계몽의 기획이 분명히 **있다**는 것이다. 이 기획을 가장 잘 묘사할 수 있는 용어는 급진적으로 확장된 인간주의로, 이는 비판적 거리가 아니라 비판적 근접성을 추구하는 지적 스타일이며, 집합적 삶에서 과학이 담당하는 역할을 민주화하는 것이라 할 수 있다. 비록 라투르의 분석이 현대의 전 세계적 위험사회 및 지식사회를 이해하는 데 적실성을 가지지만, 우리는 그의 지적 기획 중 일부가 기본적으로 철학의 판 위에 놓여 있다는 것도 인정해야 한다. 라투르는 뿌리 깊은 존재론적 가정, 특히 과학, 진리, 자연의 질서에 대한 가정을 적극적으로 문제시할 것을 요구한다. 그래서 라투르의 이름이 간혹 니체에서 하이데거에 이르기까지, 근대성에 대한 가장 급진적인 비판적 사상가들과 연관되는 것은 우연이 아니다(Bruun Jensen & Selinger 2003; Riis 2008 참조). 그러나 라투르 자신은 화이트헤드와 타르드,

듀이와의 동행을 선호한다는 것을 주목해야 한다. 궁극적으로 그의 사상은 "탈구조주의적"이거나 비타협적이라기보다는 "우주론적"이며 실험적이다(Keller 2002 참조). 그는 또한 이러한 지적 스타일에 걸맞은 표현 스타일을 구사한다. 스승인 미셸 세르의 영감을 받아 라투르는 사회학과 문학, 과학과 신화 등 서로 다른 장르들을 사용하고, 그러한 장르들이 하나의 지배적인 관점으로 환원되지 않으면서 서로에 대해 논평할 수 있도록 한다(Bowker & Latour 1987; Latour 2006b; Freed 2003 참조). 우리는 그러한 "비환원주의"가 라투르 자신의 지적 기획에도 적용되어야 한다는 제안으로 이 책을 마무리하고자 한다.

해석적 전략: "당신은 비근대성을 믿습니까?"

1장 말미에서 라투르의 ANT를 만났다가 실망한 박사과정 학생의 이야기를 소개한 바 있다. 이 학생이 보기에 ANT는 사회과학의 경험적 관찰을 일반화하고 비판의 날을 부여하는 데 필요한 "설명적 틀"을 제공하기에는 부족한 것 같았다.

독자로서 우리는 이제 이 일화가 라투르의 지적 기획을 일종의 사회과학적 "상식"에 반대되는 것으로 제시하고 있다는 것을 파악할 수 있게 되었다. 주류 사회과학과 달리 라투르의 기본 초점은 인간 행위자가 아니라 하이브리드 행위소이며, 그의 연결망은 일반적인 사회적, 기술적 형태라기보다는 관계적이고 과정적인 번역의 연쇄이다. 덧붙여, 일반화나 비판의 날은 (이 용어들의 통상적 의미에서는) 라투르의 비근대적인 지적 덕목의 목록에 포함되지 않는다. 대신 그는 변화하는 분석적 주제들의 고유한 특성들을 공정하게 다루는 비비판적 경험 철학을 목표로 한다. 마지막으로 라투르는 자신의 사상이 이론이 아니라 방법이라는 것을 재차 강조한다. 그의 지적 기획은 사회적 세계의 발전에 대한 이론적 설명의 목록이라기보다는 경험적이고 철학적인 (재)묘사를 위한 도구 모음이다. 만약 라투르를 ("사회"와 "이론"의 의미를 먼저 재정의하지 않고) "사회이론가"로 해석하려 한다면, 위 일화에 등장하는 박사과정 학생처럼 실망할 수밖에 없을 것이다(Latour 2000b 참조).

라투르를 받아들이는 것에 관해 우리가 이렇게 비교적 분명한 예비 경고를 하고 있지만, 독자들이 지금쯤 라투르의 기획을 따라가느라 지치고 체념한다 해도 이해 못할 일은 아니다. 라투르의 기획이 여기서 제시한 대로 다면적이고 복잡하며 철학적으로 난해하다는 이유에서만은 아니다. 라투르의 사상에 접근하기 어려운 것은 사실이다. 그러나 기성의 인문학과 사회과학을 대표하는 다른 동시대적 기획들보다 더 어렵다고 할 수는 없다. 게다가 이들과 비교할 때 라투르에게는 독자를 사로잡고 끌어들이며 종종 유머가 넘치는 글을 쓴다는 독특한 장점이 있다(Harman 2009 참조). 그러니 독자를 지치게 하는 것은 아마도 우리가 지금까지 라투르 사상의 강점으로 들었던 특징들, 말하자면 우리에게 친숙한 (것으로 보이는) 근대 세계에 대한 비근대적 대안을 일궈내는 데 있어서 그가 극히 일관되고 급진적이라는 점일 것이다.

이러한 특징으로 인해 때때로 독자들은 라투르의 사상이 (과학인류학, 근대성의 철학, 정치생태학, 결합의 사회학 같은) 다양한 요소들을 상당한 정도로 전제하고 규정하며 상호 조명하는 하나의 완벽한 묶음이라는 느낌을 가질 수도 있다. 그러나 그렇게 해석하면 라투르의 지적 기획을 새로운 "거대 이론"이나 "거대 서사", 즉 비근대성에 대한 이론과 서사로 받아들이게 될 것이다. 진보, 세계화, 역사의 종말 등 거대 서사들에 대한 탈근대적 회의론이 팽배한 시대에(Lyotard 1979 참조), 이러한 해석은 우리를 혼란스럽게 할 것이다. 그렇다면 이제 문제는 라투르의 기획에 너무나 많은 것이 걸려 있지는 않은가 하는 것이다.

약간 다른 관점에서 이와 유사한 문제에 접근하는 또 다른 방식은 라투르가 더 깊은 수준에서 그리고 사회과학이라는 표면 뒤에서 "나의 진정한 관심사는 형이상학이다"라고 한 말을 액면 그대로 받아들이는 것이다(1장 참조). 어떤 의미에서 이 말은 명백히 도발이다. 과학이 경험적 세계에 행사하는 근대적 독점과 결별하려는 라투르의 열망을 지탱하는 것이 다름 아닌 "형이상학적인" 것에 대한 관심이기 때문이다(Latour 2005c 참조). 혹자는 라투르의 형이상학에 대한 관심이 일반적으로는 우주론에, 특수하게는 종교에 대한 관심과 결합되고 있다는 점을 지적할 것이다. 여기서는 어쨌든 라투르의 학자로서의 배경이 성서주석학이었음을 기억할 필요가 있다(Latour 2009a; 2008a 참조). 일부 비평가들이 라투르의 관계주의적 매개의 존재론에서 일종의 신 같은 형상을 발견하는 것도 이유가 없지는 않을 것이다(Holbraad 2004 참조).[10] 그러한 해석이 합리적인지 여부는 차치하고라도 어찌 됐든 브뤼노 라투르라는 하이브리드 세계가 분석적 이동의 자유를 배제하고 전적인 수용 아니면 완전한 거부 사이에서 선택을 요구하는, 일종의 형이상학적 우주론을 제시한다는 인상을 받을 수도 있을 것이다.

그러나 실상은 전혀 그렇지 않다. 그렇지 않은 이유들 가운데 일부는 이미 앞 장들에 비춰볼 때 자명하다. 한 가지 예로 우리가 일관되게 사회학적, 인류학적 독해에 우선순위를 두었다는 것을 들 수 있겠다. 이런 점에서 우리가 보기에 위 진술들은 무용한 형이상학적 환원주의에 불과하다. 아울러 이 장을 통해 우리는 독자들에게 모든 종류의 "궁극적인" 독해, 말하자면 라투르의 기획을 기본적으로 새로운 "거대 서사"나 "형이상학적 우주론"이라고 비판하는 독해에 대응하는, 보다 확고한 근거를 가진 주장을 전할 수 있었기를 희망한다. 이 논점은 간단한 말로 표현될 수 있지만 사실 많은 함의를 담고 있다. 즉 우리가 라투르의 과학이론에서 무언가를 배우기를 원한다면, **라투르 자신**의 지적 기획을 모든 것을 포괄하는 본질주의적이고 정태적이며 단조로운 사상 체계로, 즉 거대 서사나 심층적인 형이상학적 입장으로 해석하는 것은 무의미하다는 것이다. 이와 반대로 우리는 라투르의 기획 **자체**가 불완전하고 역동적이며 관계적이고 단지 부분적으로만 일관된 연결망이라고 재차 주장한다. 우리는 라투르의 지적 세계에서 발견되는 개별 요소들 간의 높은 수준의 일관성과 상호 연결성을 강조했다. 그러나 이것이 해석자로서 우리가 반드시 균열 없는 거대하고 완벽한 체계의 내부에 갇혀 있어야 한다는 것을 의미하는 것은 아니다. 라투르가 고도의 지적인 이동성을 보여주는 것과 마찬가지로, 해석자로서 우리도 그의 광범위한 하이브리드 세계에서 드러나는 상이한 주제적 칸막이, 학제적 전망, 경험철학적 지식 관심을 항해하면서 우리 자신이 지닌 이동의 자유를 주장할 필요가 있다. 앞서 말했듯이 사실 라투르의 작업에서 기대하지 **말아야 할** 것들 가운데 하나가 바로 사회적 세계의 확고한 특성에 대한 참신하고 거대하며 긍정적인 이론이다.

그 대신 우리가 발견하는 것은 과정과 내재성, 매개에 기초한 형이상학적 사유이며, 이는 자연과 문화의 근대주의적 경계를 가로지르며 현대 세계의 수많은 하이브리드화에 대한 강력한 분석적 감수성을 키울 수 있게 해준다. 무엇보다도 라투르의 형이상학은 부정적인 교훈을 담고 있다. 즉 그것은 세계를 구성하는 중요한 요소들이 어떤 것이고 그것들이 어떻게 조립되는지를 우리가 이미 그리고 단번에 **알고 있다는** 무의식적 가정에 대한 예방접종이다. 라투르가 자신을 **경험** 철학자로 묘사한 것을 진지하게 받아들일 필요가 있는 것은 바로 이러한 맥락에서다.

실제로 라투르의 세계에서 존재론적, 형이상학적 질문들은 인간과 비인간의 연결망에 대한 경험적 분석과 비교할 때 결코 어떠한 특권도 갖지 않는다. 오히려 그러한 질문들은 모든 경험적 탐구의 중심적인 요소들이 된다. 우리가 라투르의 기획을 과학의 민주화라는 관점에서 묘사할 때, 이는 철학적 능력의 민주화를 의미하기도 한다는 점이 강조되어야 한다. 라투르가 말하고자 하는 것은 존재론적, 형이상학적 질문들을 제기하고 해결하는 것이 바로 사회적 행위자 자신이라는 것이다. 분석가의 기본 과제는 그러한 행위자를 (과학자, 엔지니어, 법률가, 사회복지사 그 누구든 간에) 따라가는 것이다(Elgaard Jensen 2001 참조). 이처럼 다양한 시간적, 공간적, 사회적, 기술적 맥락에서 하이브리드화는 어떻게 전개되는가? 이는 경험적 질문이며, 라투르 자신의 사례연구는 비근대 세계가 갖는 다양성의 표면을 긁은 데 불과하다.

심층적인 형이상학적 체계라는 은유에 반대되는 것으로서, 라투르의 경험적 연구를 일종의 비근대적 호기심의 방으로 시각화하는 것이 더 적절할 것으로 보인다. 호기심의 방처럼 그의 연구는 (실패한 기술에서 종교적 우상에 이르기까지) 낯설고 다양한 요소들의 모음집을 보여주며, 이 모든 것은 즉각적으로 분명히 드러나지는 않는 엄격한 질서화의 원칙을 따른다. 나아가 이 방에는 새로운 추가물(새로운 사례연구)을 위한 공간이 언제나 남아 있으며 이를 통해서 전체(라투르의 저작)에 대한 우리의 경험은 항상 재조직되어야 한다. 호기심의 방이라는 은유는 비근대 세계를 역동적이고 끝없는 기획으로 표현하는 장점이 있다. 라투르가 계속해서 자신의 "방"을 재조직한다는 직접적인 의미에서뿐만 아니라, 최종적인 구획이나 종결이라는 어떠한 관념도 이 기획의 태생적인 경향과 충돌할 수밖에 없다는 보다 근본적인 의미에서도 그러하다. 라투르는 행위와 경험에서 발생하는 이러한 끝없는 다원성을 표현하기 위해 미국의 실용주의자 윌리엄 제임스의 용어를 빌려온다. 즉 비근대 세계는 "하나의 우주"(universe)가 아니라 "다중우주"(pluriverse)라는 것이다(Latour 2004b 참조).[11]

만약 세계가 끝없는 미지의 가능성의 공간이라는 의미에서 정말로 다중우주라면, 이는 비근대성에 대한 우리의 탐사가 이제 막 시작했을 뿐임을 의미한다. 요컨대 라투르 자신의 지적 기획에 대해 열려 있고 탐구적이며 실험적인 태도를 가짐으로써만, 우리는 제임스와 듀이 같은 미국 실용주의자들에게서 영감을 받은 라투르의 실험정신과 맥을 같이 할 수 있다. 독자로서, 해석자로서, 비판자로서 우리는 많은 상이한 수준에서 많은 상이한 궤적으로부터 많은 상이한 목적을 가지고 브뤼노 라투르라는 하이브리드 세계를 탐구할 수 있을 것이다. 우리는 또한 상이한 주제와 학문을 지향하고, 경험적이거나 형이상학적이거나 정치적인 지향점을 추구하고, 라투르의 예시를 따라 지적 실천들을 분리하고 재결합하는 새로운 원칙을 찾아 나설 수도 있을 것이다.

우리 앞에 많은 도전이 놓여 있다. 비근대적 지평으로의 여행에서 라투르를 안내자로 택함으로써 우리는 모든 **선험적인** 보장과 확실성을 뒤에 남겨둔다. 대신 우리가 얻는 것은 상대적인 확실성의 제안이며 이는 우리로 하여금 현대 세계의 근본적인 변형을, 즉 자연과 문화, 과학과 정치, 기술과 사회 간의 관계에서 발생하는 변형을 조명하도록 해준다. 이 책을 통해 우리는 하이브리드 세계의 내부와 둘레에서 라투르의 사상을 따라간다는 영감 가득한 과정에 작은 기여를 했기를 희망한다. 이제 "브뤼노 라투르"라는 행위자-연결망의 실 가닥을 독자에게 넘긴다. 그 결과는 항상 그렇듯이 미래 사용자들의 손에 달려 있다.

7장

브뤼노 라투르와의 **인터뷰**:

"당신에 관해 약간의 과학학을…"

들어가는 말

브뤼노 라투르는 10여 권의 책을 내고 수많은 논문을 썼다. 이 책에서 언급된 주요 저작들을 포함해 그 대부분은 영어로 번역되었다. 그래서 영어권 독자들이 라투르를 접할 수 있는 기회는 어쩌면 충분하다고 할 수도 있겠다. 그러나 라투르가 프랑스인이라는 건 어쩔 수 없다. 그는 수많은 국제적 교류를 가졌고 영미 학계에서 직책을 맡았으며 경력의 초기 몇 년은 캘리포니아에서 보내기도 했다. 그러나 라투르 자신도 인정하듯이 그는 많은 중요한 프랑스 동료들에 의존하고 동시대 프랑스의 논의들에서 영감을 얻는다. 그래서 영어는 알지만 불어는 **못 읽는** 독자들에게는 (이 책의 저자들을 포함해서) 불행히도 사각지대가 있다. 라투르의 "생산물"은 볼 수 있지만 "생산의 정황"에 대해서는 잘 모르는 것이다.

이 상황은 우연히도 라투르가 과학인류학 연구를 시작했던 때를 연상시킨다. 당시 라투르와 그의 동료들이 주목한 것은, 과학이 보통 그 최종 생산물(예컨대 철저히 확립된 과학적 사실)로 특징지어지지만 정작 과학의 "핵심"이라 할 수 있는 과학적 실천 자체에 대한 묘사는 극히 드물다는 점이었다.

라투르의 "생산물"을 다루는 이 책의 저자로서 우리는 라투르와의 인터뷰를 통해 생산의 정황이나 프랑스 지식계에서의 실천적인 개입, 또 여러 저작들이 지향하는 기획들에 관해 이야기를 나누는 것도 흥미로울 것이라는 생각이 들었다. 그래서 라투르에게 그를 대상으로 약간의 과학학 연구를 하고 싶다고 요청했다. 과학적 실천에 대한 그의 인류학적 현장연구에 대해서가 아니라, 라투르가 행한 작업의 원천과 맥락, 배경에 대한 그의 설명을 들으려는 목적에서 몇 가지 궁금한 사항들을 물어보려는 것이었다. 라투르는 공식적으로 휴가 기간이었지만 인터뷰에 응해주었고, 친절하게 파리 남부 교외의 자택으로 저자들을 초대했다. 다음은 2008년 8월에 있었던 인터뷰 내용이다.[1]

논쟁의 지도 그리기

토르벤 엘고르 옌센: 당신은 25년간 국립광업학교에서 교수로 재직했고[2] 당신의 저작에서는 엔지니어와 기술이 극히 중요한 역할을 하고 있습니다. 국립광업학교에서 "논쟁의 지도 그리기"[3]라는 과목을 가르치고 있는 것으로 알고 있습니다. 왜 논쟁의 지도 그리기가 현재의 그리고 미래의 엔지니어들에게 중요하다고 생각하는지요?

브뤼노 라투르: 먼저 프랑스 공학대학들이 좀 특수하다는 것을 이해해야 합니다. 특히 국립광업학교는 프랑스 엘리트 양성이라는 맬서스주의 원칙에 기초한 엘리트 대학입니다. 그래서 실제로 공학을 많이 다루지 않습니다. 수학과 물리학에서 행정과 경영에 이르기까지 준비 과정을 많이 다룹니다. 그것이 프랑스 시스템의 특수성이죠.

국립광업학교에는 경제학, 경영학, 역사학, 법학, 사회학을 가르치는 전통이 있습니다. 이제 45년 됐군요. 내가 한 일은 수업 하나를 바꾼 것입니다. 원래는 1학년 필수 과목이었던 사회이론 강의였는데 나는 정말 관심도 없었고 잘 알지도 못했습니다. 그 과목을 경험에 기반한 STS 실습으로 바꿨습니다. STS를 가르치는 것이 아니라 학생들이 직접 STS를 하도록 독려하는 것이죠. 이를 위해 가장 좋은 방법은, "자, 논쟁 속에서 발전한 공학 프로젝트나 과학 프로젝트를 하나 잡아서 해보자" 하는 겁니다. 이건 공학도들에게 STS를 가르치는 아주 강력한 방법입니다. 기술사회학 같이 학생들이 지레 겁먹을 이야기를 할 필요가 없지요. 우리는 한마디도 하지 않고 그저 학생들이 스스로 논쟁을 하도록 합니다. 물론 논쟁은 살아 있어야 하고 기술적이어야 합니다. 이는 아주 일반적인 의미에서 기술적인 것을 말합니다. 난해하고 전문적인 지식일 수도 있지만 반드시 하드웨어를 갖출 필요는 없는 것이죠. 그렇지만 논쟁은 반드시 살아 있어야 하고, 그래서 누구도 정답을 갖고 있지 않습니다. 사실 그게 바로 과학학의 원칙입니다.

그리고 논쟁은 하나의 웹사이트가 되어야 합니다. 학생들에게 웹사이트를 만들도록 하는 것이 이제는 널리 이용되고 있는 새로운 프레젠테이션 기술들과 정량적 도구들을 시험할 수 있는 강력한 방법이라는 것을 알게 되었습니다. 나아가 우리는 웹을 통해서 웹 기술 자체가 아니라 내가 "우려물"이라고 부르는 것을 대표할 수 있는 방법을 찾으려 합니다. 작은 강의로 시작했던 것이 이제는 MIT, 시앙스포, 국립광업학교, 유럽의 여러 곳들과 함께하는 커다란 컨소시엄의 일부가 되었습니다.

엔센: 이 프로젝트에서 당신의 의도가 얼마나 급진적인지 궁금합니다. 왜냐하면 이 프로젝트를 공학도들이 STS 수업을 이해하도록 하는 일종의 교육 방법으로 볼 수도 있지만, 미래 사회에서 엔지니어들이 해야 할 역할의 전망으로 볼 수도 있기 때문입니다.

라투르: 딱히 어떻다고 하기 어렵습니다. STS를 말하지 않고도 가르칠 수 있는 일종의 현명한 교육 방법으로 볼 수도 있고, 금세기 기술 교육의 기본 원칙에 대한 탐구로 볼 수도 있습니다. 디자인 이론의 관점에서 말하자면 내 의도는 사실 매우 급진적입니다. 말하자면 이렇습니다. 기술의 시각화를 이루어 내는 데 약 한 세기, 사실은 한 세기 반이 걸렸습니다. 원근화법을 이용한 첫 작품에서부터 기하학까지, 그리고 계속해서 지금은 전형적으로 CAD 디자인에 이르기까지 말이죠. 이제 우리는 이 모든 환상적인 기술을 가지고 있습니다. 그런데 기술적 프로젝트들, 풍력발전소 등등에 대한 논쟁은 어떻습니까? 우리는 현재 기술의 정상 상태가 된 그런 우려물들에 대한 논쟁을 여전히 대표하지 못하고 있습니다. 그래서 중요도로 보자면 이러한 논쟁을 대표하는 방법을 찾는 것은 원근법에 비견할 만한 발명이라고 할 수 있습니다.

이런 얘기죠. STS를 가르치는 것이 아니라 행한다는, 교육에 관한 아주 단순한 아이디어를 따라가 보자는 겁니다. 우려물을 대표할 수 있는 도구를 제공하는 프로젝트는 정말 흥미롭습니다. 우리가 남은 인생 동안 그런 논쟁에 개입하게 될 테니까요. 그런데 우려물을 대표할 방법을 모른다면, 그리고 우리가 갖고 있는 것이 비판이론에서 비롯된 비판적 용어뿐이라면, 우리는 아무것도 할 수 없게 될 겁니다. 엔지니어들이 자신들의 프로젝트를 인식하지 못하고 정치인이나 시민들도 그럴 것이니까요.

아네르스 블록: 공학도를 겁주지 않으면서 사회이론을 가르친다는 당신의 생각이 어디서 나왔는지 궁금합니다. 『아라미스』(1996a)를 읽어보면 장르 자체나 이야기의 설정 자체가 엔지니어와 사회학자가 계속 함께하는 것으로 되어 있습니다. 그리고 이야기의 어떤 지점에서 엔지니어가, 말하자면 기술을 설명하거나 맥락화하는 데 있어서 사회적 맥락을 사용하지 않으려 하는 아주 이상한 사회학자에게 일종의 저항을 합니다. 그래서 사회이론에 대한, 그리고 공학도에게 사회이론을 가르치는 것에 대한 일종의 농담이 『아라미스』의 전체적인 이야기 안에 들어가 있는 것이 아닌가 생각됩니다. 내가 궁금한 것은 『아라미스』가 당신이 공학도를 가르친 경험과 행위자-연결망 이론에 대한 학생들의 반응에 기초한 것인지 아니면 만들어낸 이야기인지 하는 것입니다.

라투르: 그렇지 않습니다. 사실 『아라미스』의 토론 내용 자체는 자전적인 성격이 강합니다. 지금은 『르몽드』지에서 저널리스트로 일하고 있는 친구와 함께했던 작업에 기초한 것입니다. 실제로 당시 그는 파리 소재 기업인 텔레콤에서 엔지니어로 일하고 있었습니다. 그래서 그 토론 내용은 물론 가공된 이야기이긴 하지만 매우 자전적이라고 할 수 있습니다. 당시 우리는 기술을 묘사하는 고전적인 방식, 그러니까 기술의 사회적 구성이라는 생각을 의문시했습니다. 지금은 생태 위기 때문에 많이 변한 것 같습니다만, 당시만 해도 그런 식의 토론은 그 문제에 접근하는

매우 재미있고 아이러니한 방식이었습니다. 그러니까 1991년 무렵의 이야기죠. 17년 전이니 한 세대 전이라고 할 수 있을 겁니다. 지금은 훨씬 더 직설적인 방식으로 논의에 들어갈 수 있습니다. 생태적 이유 때문에 모든 사람들이 기술에 대해 걱정하고 있고, 어떤 것도 논쟁에서 자유롭지 않게 되었으니까요. 우리는 일생 동안 그 문제와 씨름해야 할 것이고, 소송에 휘말릴 수도 있고 역효과에 시달릴 수도 있습니다. 이제 이것은 상식이 되었습니다.

내가 『아라미스』에서 해야 했던 것은 기술적 프로젝트라는 객체를 따라간다는 것이 무엇인지에 대한 이론을 제시하는 것이었습니다. 지금이라면 그런 일을 하는데 단 1분도 필요 없을 겁니다. "자, 여기 사건이 있다. 이것을 어떻게 대표할까?"라고 말하는 것으로 충분하죠. 그러니까 이제 문제는 다음 단계에 와 있습니다. 실천적인 측면에서 어떻게 기술적 프로젝트를 분쟁 중인 영토로 대표할 수 있을까요?

코스모폴리틱스와 생태학

블록: 그러면 다른 분쟁의 영토로 넘어가겠습니다. 당신은 『자연의 정치학』(2004d)이라는 책을 썼고, 그리고 물론 책의 제목에, 적어도 영미권에서 출판된 책의 제목에는 자연의 문제가 내포되어 있습니다. 또한 당신은 그 책을 데이비드 웨스턴과 그의 케냐 코끼리 보호 활동에 헌정했습니다. 당신이 코스모폴리틱스의 문제에 접근하는 방식에서 이런 (보다 전통적인 의미의) 자연적 행위소들이 어떤 역할을 하는지에 대해 얘기해 주십시오.

라투르: 내가 코스모폴리틱스 논의로 옮겨가도록 해준 것이 바로 이 책입니다. **자연**을 가지고는 우리는 아무것도 할 수 없습니다. 필리프 데스콜라의 책이 나오기 전에는 정말 그랬습니다. 이제는 데스콜라의 책(Descola 2005)이 있습니다. 그 책은 커다란 도움이 됩니다. 이제 그에게 비교인류학의 기초 작업을 맡길 수 있으니까요. 그것을 나 자신이 할 필요가 없어졌습니다. 그러나 당시에는 『자연의 정치학』에서 나 자신의 수단을 가지고 해야 했습니다.

그리고 사정이 달라졌습니다. 『자연의 정치학』에서 나는 여전히 이렇게 생각했습니다. 생태학이 자연에 관한 것이 아니라 우리가 살아가는 방식에 관한 것임을, 페터 슬로터다이크가 숨쉴 수 있고 살 수 있는 대기라고 부르는 것들에 관한 것임을 보여주기 위해서 해야 할 일이 많다고 말입니다.[4] 그러나 당시에는 슬로터다이크를 알지 못했고 데스콜라도 막 책을 펴내기 시작하던 때였습니다. 그래서 『자연의 정치학』에서 내가 한 것은 자연과 사회 사이에서 고전적인 과학학적 균형 잡기였습니다. 그것은 두 가지가 아니며, 사실/가치 문제에 대한 다른 해답이 있다는 것을 보여주려는 것이었죠. 그 문제가 그 책의 핵심이며 여전히 유용하다고 생각합니다. 그러나 나는 당시에도 철학의 오랜 관용어구로 말하자면 그 문제로부터 스스로를 분리하고 있었습니다. 그래서 이제는 사실/가치 구분과의 싸움에 단 1분도 쓰지 않을 겁니다. 고려할 가치가 없어졌으니까요. 그러나 당시만 해도 실재론과 과학의 보편성에 관한 모든 문제들 때문에, 그리고 아무런 목소리도 가지지 못한 비인간 존재들 때문에 그 작업은 유용했습니다.

이제 다시 문제는 이런 것이 되었습니다. 논쟁이 벌어지는 장소에서 관련되는 비인간들을 어떻게 대표할 것이며, 그들을 대표할 수 있는 실천적인 수단은 무엇인가? 이는 의회의 시민들에게 지금 우리가 휘말려 있는 논쟁을 가시화할 수 있게 하는 도구들을, 매우 실천적인 도구들을 갖추도록 하는 지극히 실천적인 문제입니다. 이것은 조만간 사라질 논쟁이 아닙니다. 그럴 수 없습니다. 제 말은 우리가 근대화하고 있는 중이라고 생각하는 사람들이 여전히 있다는 겁니다. 아마도 중국인들은 여전히 아주 거대한 방식으로 근대화하고 있을 것입니다. 그런데 모든 것이 달라졌지요. 말하자면 중국인들이 자신들을 근대화하는 방식에는 뭔가 구시대적인 데가 있습니다. 우리는 그처럼 비록 강력한 것일지라도 이제는 그 위상이 바뀌어버린 근대주의를 들여다보려고 하고 있습니다.

블록: 맞습니다. 모든 것이 분명하군요. 그러나 기후변화 같은 매우 긴급한 문제와 관련해 이것은 어떤 의미를 가지는 것입니까? 당신은 『자연의 정치학』에서 우리의 집합적 삶을 "생태화"해야 한다고 제안합니다. 기후변화에 관해 우리가 사고하고 행동하고 그것을 방지하기 위해 노력하는 방식을 "생태화"한다는 것은 무엇을 의미합니까?

라투르: 모르겠습니다. 아니, 사실 아이디어가 **몇 가지** 있기는 한데 작업을 해야 할 필요가 있을 것 같습니다. 우선 기후변화 문제를 경제화하는 것은 아닐 것입니다. 일단 생태학에 관한 작업을 마치고 나면, 경제에 대해서는 완전히 다시 시작해야 합니다. 우리가 생태학 작업에 매달려 있는 것은 경제학에 비하면 생태학은 말하자면 식은 죽 먹기이기 때문

입니다. 경제학은 모든 것을 경제적으로 보편화하고 경제적인 것을 당연시하는 상태로부터 지금껏 한 발자국도 움직이지 않았습니다. 그러면 기후변화를 비경제화한다는 것은 무엇을 의미하겠습니까? 그것은 기후변화를 대표하는 대의적 기구에 커다란 관심을 쏟고 그 문제에 적실성이 있는 의회를 조립하는 방법을 찾는 것일 겁니다. 아마도 기후의 의회라는 형태로요.

문제의 규모를 고려할 때 이는 쉬운 과제는 아닙니다. 나는 그러한 의회에 참여하는 데 많은 관심을 가질 것입니다. 글쎄요, 그게 무엇인지는 아직 잘 모르겠지만, 그것은 임시변통적이고 적어도 기후 문제에 특유한 것이어야 하겠지요. 물론 많은 사람들이 그 일을 하고 있습니다. 하지만 문제가 너무나 커서 포착하기가 쉽지 않습니다. 노르웨이 어업에 대한 페터 홀름의 분석을 예로 들어 보죠.[5] 어류에 관해 어떤 종류의 작업을 할 수 있을지를 살펴보기 시작하겠죠. 그것은 경제학을, 물론 홀름이 사용할 만한 용어는 아니지만, 생태학 또는 코스모폴리틱스 안으로 둘러싸 넣음으로써 어류를 탈경제화 또는 비경제화하는 것이라고 할 수 있습니다. 이는 말하자면 경제학을 생태학에 내재화하는 거대한 작업이라 하겠습니다. 그런데 어류에 대해 그렇게 할 수 있다고 해서 강이나 기후에 대해서도 그렇게 할 수 있다는 의미는 아닙니다. 이 과제들에 대해 말하자면, 산에 오르는 사람들이 말하듯이 우리는 이제 베이스캠프에 도착한 셈입니다. 우리는 베이스캠프에 있습니다. 나머지 작업이 우리 앞에 남아 있는 것입니다.

블록: 아마도 질문이 온당치 않았던 것 같습니다.

라투르: 아닙니다. 작업을 먼저 하지 않은 상태에서는 답하기가 쉽지 않다는 뜻입니다.

블록: 생태주의자들에 대해 한 가지 더 질문하겠습니다. 정치생태학 주제에 대한 당신의 저작을 읽으면서 한 가지 생각이 들었기 때문인데요. 이런 겁니다. 당신은 코스모폴리틱스의 관점에서 제기된 당신의 주장이 정치생태주의 대열에 선 사람들에게 실천적인 적실성이 있다고 주장합니다. 만약 그들이 근대화에 대항하는 자신들의 저항적 실천이 진정으로 무엇을 의미하는지를 더 잘 알기만 한다면, 그들은 미래에 더 강력한 정치적 목소리를 갖게 될 것이라는 의미에서 말입니다. 이러한 주장의 근거가 무엇입니까? 이 주장을 여전히 지지합니까? 어떤 희망의 조짐이 있습니까?

라투르: 그것이 그 책이 쓰여진 스타일입니다. 그것은 언제나 책이고, 책은 나에게 매우 중요한 것입니다. 그 책은 그런 스타일로, 약간 구식으로, 루소적인 스타일로 쓰였습니다. 즉 사람들만 생각을 달리하면 그들의 삶이 달라질 것이다, 라고 말하는 식이죠. 그 문제로 계속 나를 밀어부친다면 물론 나는 이렇게 말하겠습니다. "그건 터무니없다. 그것은 우리가 결코 해내지 못할 지식인의 역할이다." 그것이 스타일입니다. "헌법", "상원" 등의 단어들도 마찬가지입니다. 그래서 그것은 우리가 전에 제기했던 인간의 대표에 관한 질문과 조금 닮았습니다. 그리고 스타일 문제는 매우 중요합니다. 일련의 은유와 연관되어 있기 때문에 우리는 그것에 대해 계속 얘기하게 될 것입니다. 사람들은 이렇게 말하겠

죠. "어디선가 본 듯한 스타일로 비인간을 위한 정치철학을 해온 사람이 있다." 또 한 가지 중요한 사실은 (철학자로서 내 직업적 편견일 수 있지만) 말하자면 올바른 사고방식을 갖기 어렵기 때문에 어떤 문제들이 매우 부주의한 방식으로 실제로 발생되거나 또는 적어도 둔화된다는 것입니다. 그리고 거기가 바로 우리가 행동할 수 있는 곳입니다. 그리고 이 경우에 나는 정말로 자연이 생태적 관심의 많은 부분을 차단하는 지점이라고 생각합니다. 그래서 그 책이 완전히 추상적이고 엄청나게 어려운 것은 사실이지만, 그건 해야만 했던 작업입니다.

독자들에게는 책들이 일종의 동일한 판 위에 놓여 있겠지만, 저자가 20년, 30년, 또 그 이상으로 책들을 쓰게 되면 그것은 어떤 형태의 운동이 됩니다. 『자연의 정치학』은 사실 자기가 할 일을 했습니다. 내가 다음 단계의 작업을 할 수 있도록 해준 거죠. 그렇지만 그 책은 약간은 과거에 놓여 있다고 말할 수 있겠습니다. 그 책은 생태주의 활동가들을 변화시키지는 못할 것입니다. 그러나 만약 생태주의자들이 그 책을 읽는다면, 자신들이 나머지 세계를 향해 내세우는 바로 그 자연이란 것이 존재하는 네 가지 버전들 가운데 하나에 불과하다는 사실을 깨닫게 될 것입니다. 그래서 나는 프랑스에서 녹색 생태주의자들의 칼 마르크스가 되고 싶었지만 그렇게 할 수가 없었습니다. 왜냐하면 그렇게 할 녹색 운동이 없기 때문에, 그 운동이 사라져 버렸기 때문입니다. 그래서 그것은 완전한 실패였습니다.

예술 전시와 공중

블록: 바로 앞 주제의 연장선상에서 다음 주제로 이어가겠습니다. 대의적 도구의 형성에 대한 당신의 실천적인 관여에 대해 알고 싶습니다. 구체적으로 말해 카를스루에에서 당신이 관여한 대규모 멀티미디어 전시회들입니다. 가장 최근 전시회가 "사물을 공공적인 것으로 만들기"(Latour & Weibel 2005)였습니다.

라투르: 나는 그 전시회에 커다란 자부심을 느낍니다. 어쨌든 4년을 거기에 쏟았습니다.

블록: 그 전시회와 카탈로그는 급진적인 의미에서 공중과 정치의 개념을 확장한다고 말할 수 있을 것 같습니다. 그것은 공중을 존재하게 만드는 것에 관한 것이고 따라서 이런 방식으로 질문해볼 수 있을 것 같습니다. 그것은 당신이 정치에 **대해** 말하는 방식입니까, 아니면 **정치적으로** 말하는 방식입니까? 당신은 이 전시회들에 어떤 문제가 걸려 있다고 생각합니까?

라투르: 복잡한 질문이군요. 몇 가지가 있는데, 그 가운데 하나는 내가 허구적 예술이 그 일부인 어떤 존재 양식에 관한 현장연구를 하기를 원한다는 것입니다. 이를 위한 유일한 좋은 방법은 예술에서, 현대 예술에서 이제 중요한 특성이 된 큐레이션 작업이었습니다. 그래서 나는 하나의 매체로서 전시회를 실행해 보는 기회를 가졌고, 그건 매우 좋은 기회

였습니다. 두 번째는 물론 우리가 이미 제기한 문제와 연결되는 것인데, 너무나 큰 문제(우리가 너무 빨리 다가가면 너무나 큰 문제)의 축적 모형을 만드는 것입니다. 기후변화 문제는 너무나 크기 때문에 내가 대답할 수 없었는데, 그래서 나의 반응은 이렇습니다. "좋아. 많은 종류의 과학학 연구를 통해서든 아니면 결합체들에 대한 미시 시험을 통해서든 그와 같은 문제에 대한 축척 모형은 어떤 모습일 것인가?" 그래서 전시회는 내가 매체를 책에서 설치로 바꿀 수 있도록 해주었습니다. 또한 이러한 대표의 문제를 아주 직접적이고 활발하고 광범위하고 체화된 방식으로 다루는 것이 무엇인지에 대한 가설들을 시험할 수 있도록 해주었습니다.

"사물을 공공적인 것으로 만들기"에 적용되는 세 번째 요소 또한 앞서 제기한 문제와 아주 가까운 것, 즉 생태 위기의 시대에 공중이란 무엇인가를 탐구하는 것입니다. 이렇게 항상 대의적 도구에 대한 집착으로 되돌아오게 됩니다. 부사형을 사용한 당신의 질문은 물론 그것이 정치적으로 옳은 것인가, 그러니까 코스모폴리틱스적으로 옳은 것인가라는 질문이겠죠? 맞습니다. 나는 환상은 (그러니까 환상의 공중을 가시화하는 모든 것은) 코스모폴리틱스적으로 옳다고 봅니다. 물론 환상이 전시회에서 제대로 작동하지 않았다는 점만 제외하면요. 지금 월터 리프먼의 책 『환상의 공중』(Lippmann 1993 [1925])을 불어로 번역해서 다음 주에 출판합니다. 그 책이 프랑스인들에게 큰 충격이 되기를 바라고 있습니다.[6]

옌센: 당신이 동의할지는 모르겠지만 적어도 "사물을 공공적인 것으로 만들기"에서 내가 받은 인상은 그것이 하나의 상상된 중심 주변에서 벌어지는 거대한 폭력적 갈등에 관한 것은 아닌 것 같다는 것입니다. 대신

참여자들 사이에 어떤 형태의 우호성이 있는 것 같습니다. 그건 마치 슬로터다이크가 말하는 거품 같습니다. 당신이 이 말에 동의할지는 모르겠습니다만.

라투르: 맞습니다. 그건 거품입니다. 우리가 건축물을 선택했던 방식까지 포함해서 말이죠. 그러나 전통적인 적대적 정치, 그런 종류의 상식을 회피하는 것이 나의 목표이기도 했습니다. 기본적인 생각은 이렇습니다. 우리가 "시간의 시간"으로부터 "공간의 시간"으로 이동하고 있는 것이 맞다면, 우리는 공동으로 거주해야 할 것이고 따라서 적대에 관한 모든 질문들은 극히 중요합니다. 공동 거주할 수 있고 숨쉴 수 있는 공간이란 어떤 것일까요? 전시회 자체가 정치를 하기 위한 다른 종류의 열정을 시도하고 찾으려는 것이었습니다. 반드시 덜 폭력적인 것이 아니라 폭력에 대한 천편일률적으로 관습화된 정의를 따르지 않으려는 것입니다. 프랑스에서 폭력과 정치는 바리케이드의 이미지, 아름다운 젊은 여성이 지쳐 보이는 남자의 어깨 위에 올라가 있는 그런 이미지와 연관됩니다. 정치적으로 흥미로운 방식으로 정치를 실천하는 것은 쉽지 않은 일인 것 같습니다. 나는 정치의 실종에, 그리고 그것에 대해 말하는 방식에 관심이 많습니다. 그런데 정치학자들과 그 주제를 논의하는 것은 어렵습니다. 내가 지금 파리정치대학에 적을 두고 있는 데도 말이죠.

그래서 전시회는 우리가 또 하나의 다른 관객에게 대표하고 있는 것을 지식인들이 다시 대표할 수 없다는 것에 대한 일종의 시험이기도 합니다. 그건 사고실험이라고 할 수 있죠. 그래서 정치적 마인드를 가진 관객에게는 그리 정치적으로 보이지 않았습니다. 그러나 그것이 바로 목표였습니다. 직접적으로 정치적인 것으로 받아들여지지 않아야 하는 거죠. 특히 정치예술, 이미 상당히 관습화된 하위 예술 장르가 되어버린 정치예술로 인식되지 않아야 했습니다. 내게 "사물을 공공적인 것으로 만들기"는 정말로 해야 할 많은 작업들의 시작이자 만들어내야 할 제도들의 시작입니다. 이미 많은 사람들이 (대략 300명 정도가) 참여하고 있습니다. 그러나 그들은 내가 아는 사람들이고 그저 나 자신의 인맥에 불과합니다. 근대주의 이후, 다음 단계를 위해 우리가 일구어 가야 할 열정은 어쨌든 지금 우리가 알고 있는 것과는 많이 다를 것입니다. 그러니 어떤 지점에서 우선 시작하는 편이 낫습니다.

블록: 그 얘기를 들으니 열정을 일구어 간다는 당신의 생각에 부합할 것 같은 예술가가 생각납니다. 아이슬란드계 덴마크 예술가인 올라퍼 엘리아슨(Olafur Eliasson) 말입니다. 당신은 런던의 테이트모던에서 그를 만난 적이 있죠? 그의 작품도 전통적인 정치예술의 정의를 탈피하는 것 같습니다.

라투르: 예, 우리는 베네치아에서 만났고 나중에 테이트모던에서도 만났습니다. 그의 작품에서 내 프로젝트와 같은 방향으로 가는 차원들이 있다는 것을 금새 알아차렸습니다. 우리는 (나는 우리를 "조립주의자"[compositionist]라고 부르는데) 내 용어로 말하자면, 우리가 근대인이었던 적이 없다면 그다음에는 무슨 일이 벌어질지를 탐구하고 있습니다. 조립주의자들은 모두, 우리가 더 이상 **자연** 안에 있는 것이 아니라면 우리는

무엇이고 우리는 어디에 있는가라는 질문으로 수렴합니다(말하자면 수렴하고 분기하는 것이 아니라 탐구하고 펼쳐지는 것입니다). 올라퍼는 이 문제에 관한 매우 흥미롭고 매우 혁신적인 탐구가입니다. 내가 사람들에게서 공통점을 너무 많이 보는 건지도 모르겠지만, 어쨌든 우리는 대화를 시작하면 곧바로 의기투합하게 됩니다.

종교

옌센: 다음 질문으로 넘어가겠습니다. 이 문제는 우리에게는 좀 어려운 것 같은데요. 아마 우리의 세속적인 배경 때문에 그런지도 모르겠습니다. 다름 아닌 종교에 관한 것입니다. 가끔 과학과 종교 간의 논쟁에 관여할 때 당신은 종교에 대해서 말하기보다는 종교적으로 말하겠다고 한 적이 있습니다. 예를 들어 1999년 부르넬 대학교에서 있었던 사회성/물질성 토론회가 그랬습니다. 나도 참석했었습니다. 깨끗한 종이 한 장을 가지고 토론장 가운데에 앉아 있었습니다. 메모를 할 준비를 하고 말이죠. 주변을 둘러보니 다른 참가자들도 모두 깨끗한 종이를 가지고 있더군요. 그런데 당신의 강연이 끝나고 나서도 내 종이는 여전히 깨끗했습니다. 그리고 다른 사람들 종이도 마찬가지였습니다.

라투르: 예, 아주 훌륭했습니다. 내 편에서 보면 순수한 도발이었습니다. 매우 훌륭한 설교였습니다. 매우 과학적인 설교였죠. 왜냐하면 나는 내가 말하고 있던 현상을 재생산했으니까요. 그것이 우리가 종교를 연구하는 이유입니다. 종교적 현상 자체는 거의 사라져 버렸습니다. 그러

니 그것을 재생산해야 합니다. 그렇지 않으면 그것을 연구할 길이 없으니까요. 그래서 연구를 할 이유가 많은 것입니다. 그 이유 가운데 하나는 내가 가톨릭 신자라는 것입니다. 두 번째는 내가 성서주석학으로부터 많은 것을 배웠다는 것입니다. 최근 나는 나의 지적 전기를 썼습니다. 그 과정에서 내가 박사학위를 위해 성서주석학을 연구했던 것이 매개의 연쇄에 대한 나의 첫 연구라는 것을 깨달았습니다. 신학의 경우 그러한 매개는 무한히 길지만 결국 하나의 진리 조건을 생산합니다. 그러나 매우 특유한 조건에서만 그렇게 합니다. 그 조건이란 말하자면 우리가 전송하고 있는 현상을 생산해야 한다는 것입니다. 매개가 실재와 진리를 생산하는 확고한 방법이라는 내 생각은 성서주석학으로부터, 그리고 루돌프 불트만에 대한 조금 별난 해석에서 나왔습니다.[7] 불트만은 결국 여호와 예수라 불릴 수 있을 누군가가 언명했었을 네 문장 정도를 끄집어내기 위해서 복음서 전체를 해체하는 놀라운 작업을 하고 있었습니다. 그렇지만 반대로 나는 그것을 긍정적으로 해석합니다. 나는 이렇게 말하죠. "보라. 또 다른 매개를 통해서 복음서는 여전히 하나의 현상, 종교적 현상을 생산해낼 수 있다. 그것이 구원이고 삶과 죽음 간의 차이다." 어쨌든 이것은 매우 중요한 차이입니다. 이 모든 것이 놀라울 따름입니다.

그리고 내가 그런 레퍼토리를 과학에 적용할 때 내가 보기에 그것은 정확히 똑같은 작업입니다. 과학도 일련의 매개니까요. 물론 완전히 같지는 않습니다. 과학은 길고 긴 일련의 매개입니다. 그것들은 길기 때문에 객관성을 생산할 수 있습니다. 그래서 나에게는 종교적 요소가 논의에 필수적입니다. 사회학자들이 생각하는 것과 달리 종교가 사라지지 않았기 때문만은 아닙니다. 반대로 종교는 점점 더 중요해지고 있습니다. 그것은 가톨릭 신자로서 내가 종교적인 어떤 것을 복원하는 데 관심이 있기 때문만은 아닙니다. 종교는 또한 생태학에 대해서도 매우 중요한 것 같습니다. 생태학 주위에서 발전해온 관료적이고 일종의 위생학적인 열정의 레퍼토리에 대한 대안으로서 말이죠. 이러한 대안을 발견해야 합니다. 그리고 그것이 그렇게 터무니 없는 것은 아닙니다. 지구를 구해야 한다는 생각에는 여전히 많은 올바른 에너지가 있습니다. 그리고 물론 그것은 우리가 생각하는 만큼 종교적이지는 않습니다. 근대에 대한 인류학자로서 나는 그것을 종교 없이도 할 수 있는 방법을 알지 못합니다. 왜냐하면 종교는 우리 삶에서 너무나 중요한 요소이기 때문입니다. 비록 종교가 세속화되어 왔더라도 그러합니다. 물론 나는 세속화 이야기를 전혀 믿지 않습니다만.

블록: 요즘은 사회학자들도 믿지 않습니다.

라투르: 아, 좋습니다. 근대에 대한 인류학에서 세속화는 항상 같은 문제를 일으킵니다. 종교적 가치는 근대의 역사에서 추출되어 왔습니다. 이 점은 너무나 중요해서 다른 모든 가치들에 효과를 발생시킵니다. 이것이 강조되어야 합니다. 그러기 위한 나의 도발적인 방법은 이렇게 말하는 것입니다. "종교 연구, 좋다. 종교에 대해 연구하는 사람들은 완전히 상이한 것들을 연구한다. 회교도가 기독교도와 어떻게 비교되는가 같은 문제를." 그러나 그렇게 함으로써 종교는 현상을 완전히 상실합니다. 말하자면 그것은 STS를 하지 않고 과학을 연구하려는 것과 마찬가

지입니다. 종교의 특징은 그것이 말해지는 방식대로 생산된다는 것입니다. 왜냐하면 멀리 떨어진 존재를 다루지 않기 때문이죠. 그것은 음조를 제대로 맞춰놓고 말하는 문제에 관한 것입니다. 극히 흥미로운 체제죠.

사회학적 논쟁

블록: 사회학자들과 그들의 오해에 대한 문제를 잠시 논의해보죠. 『사회적인 것의 재조립』(2005b)을 읽을 때 당신이 사회적인 것의 사회학자들 모두에 대한 전면전을 벌이고 있다는 느낌이 듭니다. 우연히도 그들 중 다수가 프랑스인들이고요. 사회학과 사회학의 역사에 대한 당신의 일종의 교전 규칙은 어떤 것입니까?

라투르: 무지입니다. 무엇보다도 무지입니다. 나는 사회학을 너무나 모릅니다. 그건 싸움이 아니라, 마치 이런 것입니다. 내가 어떤 파티에 몰래 숨어들어 갑니다. 거기에는 이미 훨씬 더 많이 관여하고 훨씬 더 많은 관심을 가진 여러 무리의 사람들이 있습니다. 나는 그저 숨어들어 가서 짓궂게 굽니다. 왜냐하면 내가 사회학과 완전히 정면 대립하는, 비인간 및 논쟁에 대한 집착에 연결된 주장을 발전시키기를 원하기 때문이죠. 내가 사회학에 반대되는 주장을 펼치는 이유는 사태를 분명하게 하기 위한 것입니다. 그리고 분명하게 하는 방법 가운데 하나는 짓궂게 구는 것이지요. 그렇지만 이 말은 해야겠군요. 내가 그걸 자랑스럽게 생각하는 건 아닙니다. 그것은 우선 전혀 다른 무언가를 하는 많은 사회학

자에게 아주 불공정한 일이기 때문입니다. 마치 DNA 전문가가 창자나 위장 전문가를 놀리는 것과 마찬가지입니다. 그건 아주 불공정합니다. 왜냐하면 결장암에 걸리면 결장암 전문가가 필요하고 DNA를 연구하는 사람은 사실 쓸모가 없기 때문입니다. 이건 그저 은유일 뿐이지만 DNA 생물학자가 조직학 연구자를 비판하는 것은 공정하지 않습니다. 여기서 조직학 연구자가 사회학자입니다. 그들은 가족, 빈곤, 도시를 다룹니다. 극히 유용한 것들이죠. 게다가 아주 잘 하고 있습니다.

반복되지만 『사회적인 것의 재조립』은 책입니다. 모든 책은 나름의 글쓰기 전략을 가지고 있지요. "당신은 처음부터 끝까지 틀렸고 내가 그걸 당신에게 보여주겠다. 나는 절대 거짓말을 하지 않는다."라는 매우 프랑스적인 표현이 있습니다. 그것이 스타일 효과입니다. 그렇지만 나는 그것을 너무 많이 믿지는 않으려 합니다. 왜냐하면 여기서 질문은 "사회적인 것이 재조립될 수 있는가" 하는 것이기 때문입니다. 그리고 여기서 사회학자들이 옳다 하더라도, 그들이 자신들이 쓰는 "사회적"이라는 말이 무엇을 의미하는지를 오랫동안 검토하지 않았다고 말하는 것은 완전히 공정한 비판이라고 생각합니다. 그래서 그 말을 검토하고 그 안에 무엇이 있는지를 들여다보는 것입니다. 이 책에서 사용하는 수사학이 틀렸다 하더라도 여전히 그러합니다. 아니, 틀린 것이 아니라 상투적이라는 말입니다. 나는 글을 쓸 때 상투적인 문구를 좋아합니다. 『자연의 정치학』은 헌법과 권리에 대해 말하는 상투적인 방식입니다. 『실험실 생활』(Latour & Woolgar 1979)도 굳이 말하자면 인류학을 어떤 한 가지 방식으로 바라보는 상투적인 방법입니다. 상투적인 것은 모든 주장을 위한 글쓰기 전략인 것이고 중요한 것은 주장입니다. 나는 『사회적인 것의 재조립』에서의 주장이 사회학자에게, 조직학 연구자에게 흥미로울 것이라고 생각하지는 않습니다. 그것은 정말로 정면 대립하는 주장이고 그런 것으로서 유일하니까요. 내 말은 그러니까 내 입장이 너무 황당하고 완전히 소수여서 내가 불공정하게 굴 수 있다는 것입니다. 지금 내가 자신을 너무 많이 변호하는 것 같군요.

블록: 아닙니다. 아주 흥미롭습니다. 내 전공인 사회학 때문만은 아닙니다. 당신은 가브리엘 타르드를 언급하면서 사회학의 역사를 특정한 방식으로 제시합니다. 사회학이 제도화되기 시작한 바로 그때부터 뭔가 잘못되었다는 식으로 말입니다. 이런 측면에서 당신과 타르드의 관계에 대해 설명해 주십시오.

라투르: 타르드는 논의를 다시 여는 데 유용합니다. 진지한 사회학 역사가라면 불가능했을 토론을 다시 전개하는 데 타르드를 통하는 것은 아주 유용한 방법이지요. 보세요. 너무 진지하게 학자적인 태도로 접근하면 이내 사라져 버리는 많은 주제들이 있습니다. 그것은 내가 받은 철학자로서의 그리고 프랑스 식의 훈련의 결합입니다. 가끔 이런 생각이 듭니다. 나는 언제나 나의 학문 작업에서 존중하는 태도를 갖지만 때로는 그것이 사태를 가릴 때가 있습니다. 매우 프랑스적인 방식인데 우리는 루소가 그랬듯이 "잠시 모든 사실들을 제쳐놓자"라고 말하도록 훈련 받았습니다. 영국의 케임브리지나 매사추세츠 주 케임브리지나 다른 곳에서라면 그렇게 훈련 받지 않을 것입니다. 나는 이런 절차를 좋아하지만 이를 위해서는 특정한 조건이 필요합니다. 강한 위치가 아니라 약한

위치에 있어야 한다는 조건이죠. 우리 과학학이 그렇듯이 말이죠. 그리고 그것은 단지 저술 도구라는 것을 알 필요가 있습니다.

그 외에는 괜찮은 것 같습니다. 그래서 나는 그렇게 했습니다. 무언가를 기각하는 것만이 아니라 끌어내기 위해서 말이죠. 실제로 그렇게 되었다고 생각합니다. 게다가 역사적 근거로도 변호할 수 있다고 생각합니다. 사회학이 적어도 프랑스에서는 공화국의 제도적인 작동에 너무나 밀접한, 너무나 많은 역할을 한다는 사실을 들어서 말이죠. 그 점은 뒤르켐의 경우에 명백하지만 또한 부르디외에게도 적용됩니다. 그들이 당연한 것으로 받아들이는 근대화 역할로 인해, 그리고 고려해야 하는 존재들의 수를 깨끗이 정리해야 한다는 생각으로 인해 그들은 내가 관심을 가진 많은 것을 보지 못합니다. **종교**가 그렇습니다. 프랑스 사회과학계 전체가 얼마나 반종교적인지 모를 겁니다. 프랑스에서는 종교에 대해서 긍정적으로 말하는 것은 부적합한 것으로 받아들여집니다. **과학**도 그렇습니다. 이데올로기주의자들이 상상하는 과학이 아니라 과학적 실천을 의미합니다. **민속학**도 그렇습니다. 약자들에 관한 모든 것을 의미합니다. 사회학자들이 다른 한편에서 자랑스럽게 변호하는 것이기도 하죠. 그 외에도 더 있을 것입니다. 그래서 내가 그 책에서 사용하는 글쓰기 도구는 일종의 술책이긴 하지만 그 안에는 어떤 진실이 있습니다. 즉 근대화하기 전에, 근대화하는 학문으로서 사회학을 하기 전에 일단 기다려 보자는 것입니다. 그 외 무엇을 우리가 할 수 있을까요? 그리고 여기서 타르드뿐만 아니라 해럴드 가핑클도 있습니다. 그래서 나의 매우 제한된 사회학 교육에는 두 개의 지주가 있습니다. 그것은 큰 가핑클과 작은 타르드입니다. 타르드에 대해서는 훨씬 나중에 알게 되었기 때문입니다. 그러나 이 모든 것이 사회학자들에게는 여전히 새로운 소식인 것 같습니다.

블록: 맞습니다.

라투르: 사회학자들은 자신들의 학문에 너무나 안주하고 있습니다. 물리적 사회학이라는 것이 없다는 단순한 이유 때문이죠. 만약 그들에게 지리학 같은 것이 있다면 완전히 다를 것입니다. 사회적 지리학이 있다면 사회학자의 삶은 훨씬 더 흥미로울 겁니다. 그래서 결국 내가 처음에 했던 말과 모순되는군요. 타르드에 관해서도 그렇습니다. 타르드는 하나의 대안이었지만 학문을 창조한다는 것이 어떤 것인지 전혀 몰랐습니다. 지식계 전체가 학문을 창설했던 바로 그 시대에 말입니다. 하지만 타르드가 구상했었던 유형의 데이터 포인트를 이제 새로운 디지털 기술을 통해 우리가 이용할 수 있게 되었습니다. 그래서 (프랑스의 누군가가 말했듯이) 타르드에 대한 나의 열정이 역사적 근거는 없다 하더라도 나는 앞으로도 계속 그 열정을 유지할 것이라 생각합니다. 타르드는 이제 사용 가능하게 된 도구들 때문에 다시 사유의 원천이 되었습니다. 그러나 나는 타르드보다는 가핑클에게서 더 많이 배웠습니다. 가핑클은 여러 면에서 독해하기 힘들지만, 그의 급진성은 여전히 타의 추종을 불허합니다. 그는 사회이론가들에게 짓궂게 굽니다. 정말 그들을 갉아먹습니다. 그러나 사회학은 아주 즐거운 주제는 아닙니다. 가끔 그것은 애처롭습니다. 한 사회학자가 매일 프랑스 텔레비전에 나와서 온갖 이슈에 대해 이야기하는데 그것은 너무나 슬픈 광경입니다. 미안합니다….

글쓰기

옌센: 그러면 보다 긍정적인 주제로 넘어가겠습니다. 우리는 사회과학적 실천으로서의 글쓰기, 글쓰기 기법에 관한 당신의 생각을 알고 싶습니다. 예를 들어 당신은 『테크노사이언스 따라가기』(Ihde & Selinger 2003) 선집에 실린 인터뷰에서 자신의 작업은 철학을 만드는 것이 아니라 책을 쓰는 것이라고 선언했습니다. 나아가 『사회적인 것의 재조립』의 마지막 장에서 당신은 텍스트를 사회과학의 실험실로 묘사했습니다. 또한 글쓰기가 당신의 박사과정 수업의 중요한 일부라고 들었습니다. 글쓰기 기법에 대한 당신의 관여와 관심은 어떤 것인지 그리고 글쓰기가 왜 그렇게 중요한지를 설명해 주십시오.

라투르: 예. 사회학보다는 훨씬 쉬운 주제군요. 나는 글쓰기에 아주 헌신적입니다. 여기에는 네 가지 포인트가 있습니다. 기호학적 포인트, 행위자-연결망적 포인트, 윤리적 포인트, 과학사회학적 포인트입니다. 우선 텍스트를 쓴다는 것이 기호학적 포인트입니다. 그 점은 다소 분명합니다. 그러나 사회과학과 자연과학에서는 이 점이 아주 애매합니다. 사회과학에는 이른바 방법론이 있습니다. 그래서 사회과학 방법론 강의는 있지만 텍스트 쓰기 강의는 따로 없습니다(학계에 남아 있는 한 글쓰기는 평생 동안 하게 되는데도요). 그래서 텍스트는 완전히 비가시적입니다. 오직 방법만 있는 겁니다. 그런 사정은 자연과학자도 마찬가지지만 자연과학에서는 용납됩니다. 그러나 사회과학자라면 용납될 수 없습니다. 왜냐하면 사회과학자가 풀어야 할 문제 가운데 하나가 연구 대상에 고유

하게 적합한 글쓰기 전략을 찾아내는 것이기 때문입니다.

두 번째 포인트는 행위자-연결망 이론입니다. 이는 텍스트 안에 매개자를 두거나, 매개자로 하여금 단순히 거기 있는 것이 아니라 무언가를 **하게** 만드는 매우 복잡한 문제입니다. 그래서 그것은 전적으로 맥락에 관한 주장입니다. 그리고 여기서 행위자-연결망 포인트를 **이론적** 포인트로 삼는다면 단 5분밖에 걸리지 않습니다. "맥락 없음" 등등을 말하는 것으로 충분하니까요. 그런데 이제 그것을 **써야** 한다면 악몽입니다. 맥락 없이 어떻게 쓸까요? 행위소, 비인간, 맥락 없음 등을 말할 수 있다면 행위자-연결망 이론을 정복했다고 생각하게 됩니다. 그러나 이는 매우 단순화된 버전입니다. 내 말은 진정으로 그것을 쓸 수 있어야 한다는 것입니다.

세 번째 이유는 윤리적입니다. 말하자면 우리가 연구하고 있는 사람들은 우리가 다른 데에서 해석을 빌려오지 않을 만큼 존중할 가치가 있다는 것입니다. 그래서 나는 항상 고유한 적합성에 대한 요구를 재차 강조합니다. 가핑클(Garfinkel 2002)이 사회과학에 올바르게 도입한 고유하게 적합한 텍스트 말입니다. 어떤 주장이 한 장소에서 다음 장소로 옮겨지면 그것은 아마도 어디에나 가져갈 수 있는 맥락 또는 메타언어일 것입니다. 프레임인 것입니다. "나에게 틀을 달라"라는 거죠. 그러나 만약 사람들이 오랜 시간 동안 당신을 지지하고 당신과 함께 있어 왔다면, 그들을 고유하게 묘사할 필요가 있습니다. 그리고 고유하게 묘사하는 것은 극히 어렵습니다. 일반화하는 것은 아주 쉽지만 당면한 문제에 대해 고유하게 적합해진다는 것은 아주 어렵습니다. 나의 저술 경험에 비추어 보면 그렇습니다. 보통의 경우에 과학적이라는 것은 가능한 한 많은 일반적인 용어를 사용하는 것입니다. 내 학생들이 "과학적으로" 쓴다고 할 때 의미하는 것이 그것입니다. 그것은 일반적으로, 일반적인 용어로 쓰는 것입니다. 하지만 구체적인 용어로 쓰는 것은 극히 어렵고 더 많은 이론을 요구합니다. 그래서 항상 훨씬 더 이론적임으로써, 일반적인 것을 회피한다는 역설에 놓여 있는 것입니다. 무언가를 쓸 때 아무리 이론적이어도 충분하지 않습니다.

옌센: 그런 것을 어떻게 가르치는지요? 당신이 언급했듯이 그런 것이 방법론 강의에서 표준적인 내용은 아닐 텐데요.

라투르: 그렇습니다. 어떤 사람도 그런 것을 가르치는 것을 보지 못했습니다. 나는 박사학위 저술에 관한 워크숍을 맡고 있습니다. 학생들에게 아주 좋은 과정입니다. 완전히 새로운 경험이죠. 이제 약 20년째 가르치고 있는데 매우 흥미롭고 매력적입니다. 스웨덴 예테보리, 매사추세츠주 케임브리지, 그리고 다른 많은 곳에서 가르쳤습니다. 나는 사실 노래 강사이면서 노래를 부르기도 하는 아내에게서 그것을 배웠습니다. 아내는 언제나 노래 강사들에 대해 불평합니다. 그들은 "바로 이렇게 해봐"라고 말한답니다. 그러나 어떻게 하는지를 말하지 않는다면 그건 정말 쓸모가 없습니다. 좋은 강사는 "발을 여기다 놓으면 소리가 이렇게 나올 것"이라고 말하는 사람입니다. 내가 보기엔 글쓰기도 마찬가지입니다. 글쓰기는 완전히 실천적인 도구입니다. 말해지는 무언가가 아니라, 행해지는 어떤 것입니다. 글쓰기는 완전히 실천적이며 (내가 말하고자 하는 네 번째 포인트인) 과학학적 포인트도 바로 그런 것입니다. 과학이 실

천이고 사회과학이 실천이라면 우리는 쓰는 것이 어떤 종류의 실천인지도 알 필요가 있습니다. 그리고 아주 이상하게도 쓴다는 것이 심지어 과학학에서도 단지 어쩌다가 그리고 감으로 하는 어떤 것이라고 여겨지고 있습니다. 한 챕터나 한 논문을 가지고 세 시간 동안 텍스트를 수정하고 공동 작업하면서도, 텍스트가 무엇을 하는지, 사람들이 왜 자신들이 원하는 것이 아니라 동떨어진 무언가를 쓰는지, 왜 자신들이 기록하고 있는 사람들의 원래 생각에 충실하지 않은지를 살펴보지 않는 것입니다. 그러니 자료에 충실하기가 매우 어렵습니다.

자연과학이라면 그것으로도 충분합니다. 내 말은 자연과학자들의 글쓰기 스타일은 형편없지만, 그들에게는 말하자면 그들이 연구하는 사물들의 내적인 저항이 있다는 것입니다. 그러나 사회과학에서는 그렇지 않습니다. "17세기의 일반적인 맥락이 서구와 근대국가의 등장을 가능하게 했다"고 말하면, 도대체 누가 반박을 하겠습니까? 그리고 그렇게 하면 할수록 더 과학적으로 보입니다. 그것은 재앙입니다. 사회과학이 길을 잃게 된 이유가 그것입니다. 사회과학 논문을 읽다가 일반적인 논평 한가운데서 갑자기 흥미로운 것을 발견하는 것은 아주 놀라운 일입니다. 가끔 인용문과 논평을 보고 "와, 독창적인 생각이야. 자연과학이 의미했던 것에 훨씬 더 가까운데"라고 말하게 됩니다. 어떻게 우리는 사회과학에서 가장 흥미로운 측면을 상실하게 됩니까? 자연과학이 그 실천 속에서 결코 하지 않아온 것의 과학적 버전을 모방하기를 원한다는 바로 그 이유 때문입니다. 나는 법에 관한 책(Latour 2002b [2010])을 쓰는 올바른 방법을 찾는 데 많은 시간이 걸렸습니다. 왜냐하면 그것이 너무나 모호하고 복잡하기 때문입니다. 저술 전략을 찾는 데는 많은 시간이 걸립니다. 물론 내게 글쓰기에는 문학적 요소도 있는 것이지만, 나는 언제나 잘 쓰려는 노력을 그만둡니다. 그것은 아름답게 쓰는 문제가 아니기 때문입니다. 글쓰기는 아주 즐거운 일입니다. 그것을 통해서 사태가 아주 명백해지기 때문이죠. 그러나 앵글로 색슨계 과학학 동료들은 그런 기호학적 포인트를 놓치고 있는 것 같습니다. 그들에게는 글쓰기가 매개라는 사실이 절대 보이지 않습니다. 그것이 내가 예술 전시회 기획에 관심을 가졌던 이유이기도 합니다. 글쓰기의 물질성에 대한 이러한 감각은 전적으로 대륙적인 것 같습니다. 그 외의 사람들에게 생각은 그저 흘러 다니는 것이고, 아이디어가 이 책에 그리고 저 책에 있다는 사실은 아무 의미도 갖지 않습니다. 우스운 일이죠. 내 말은 책에 있는 모든 것이 특정한 주제에 관한 체화된 개입이라는 것입니다. 그것은 완전히 적확한 질문인 것입니다. 나는 글쓰기로서는 내가 쓴 것에 대해 책임감을 느낍니다. 그러나 책을 떠난 아이디어로서는? 결코 아닙니다!

존재 양식들

엔센: 이제 당신을 풀어드려야 할 테지만 마지막으로 현재 당신이 하고 있는 언명 체제들과 존재 양식들에 관한 작업에 대해 물어보고 싶습니다. 이 기획의 주요 목적에 대해, 당신의 전체 지적 활동에서 그 위치와 현재 진행 상태에 대해 얘기해 주십시오.

라투르: 사실 그것은 거기서 다른 기획들이 이끌려 나오는 진짜 기획입니다. 그레이엄 하먼(Graham Harman)이 말했듯이 나는 "첫 번째 라투르"

와 "두 번째 라투르"에 관해 동시에 작업하는 유일한 철학자입니다.[8] 왜냐하면 사실 20년 동안 나는 실제로 언명 체제 또는 언명 체제들에 대한 작업을 감춰진 방식으로, 그러나 체계적인 방식으로 해왔기 때문입니다. 그래서 그건 정말로 진짜 프로젝트입니다. 법, 종교, 정치에 대한 나의 상이한 작업들은 말하자면 그 기획의 예시 또는 실험이라고 할 수 있습니다. 요약하기 쉽지 않겠지만 원래의 포인트는 한마디로 "우리가 근대인이었던 적이 없다면 우리는 무엇이었나?"라는 것입니다.

사실 지금까지 내가 해온 작업의 대부분은 근대인에 대한 인류학을 비판적이 아닌 긍정적으로 하기 위한 길을 여는 것입니다. 물론 그것은 근대의 비판적인 버전이 아니라 긍정적인 (너무나 긍정적인) 버전입니다. "좋아. 우리는 우리가 이 행성을 근대화하는 사람들이라고 말함으로써 말하자면 스스로를 잘못 제시한 것이다. 그런 것은 이제 끝났다. 우리는 근대화하지 않는다. 사실은 중국인, 인도인, 브라질인들이 우리 대신 근대화하고 있다. 그러니 그것을 잊어라. 우리는 이제 탈지배 또는 탈통치의 위치에 있고 그래서 상황이 흥미로워지고 있다."고 말하는 것입니다.

그것은 내가 과학을 연구하면서 배운 것에 기반합니다. 과학 분야에서는 과학의 실천과는 전혀 통약 불가능한 방식으로 하나의 가치로서 과학을 옹호하려 합니다. 그래서 문제는 이렇습니다. 과학을 옹호하느냐, 아니면 과학의 실천을 옹호하느냐 하는 거죠. 그것은 완전히 상이한 협상입니다. 법, 기술, 경제 등도 마찬가지입니다. 그래서 존재 양식들에 대한 기획은 말하자면 이런 것입니다. "이러한 가치들 각각의 공식적 버전을 상호 간에 그리고 그 실천들과도 비교해 보자. 그러니까 그것들을 2 대 2로 비교해 보자." 하는 것이지요. 종교와 과학을 예로 들어 봅시다. 그 두 가지를 이데올로기 수준에서 비교한다면 과학 대 종교의 논쟁으로 들어가게 되고 거기엔 희망이 전혀 없습니다. 그러나 실천의 수준에서 비교하면 결과는 놀랍습니다. 멀리 떨어져 있는 것에 대한 것이 과학이며 밀접한 것에 관한 것이 종교임을 깨닫게 되기 때문입니다. 그리고 그 두 가지는 똑같이 상식과는 다릅니다. 과학도 상식과 단절하고 종교도 상식과 단절합니다. 하나는 멀리 있는 것에 대한 접근을 제공하기 때문이고, 다른 하나는 밀접한 곳으로 다가갈 수 있게 해주기 때문입니다. 그래서 만약 이러한 체제가 14가지가 있고 각각은 다른 13가지와 비교되어야 하고, 게다가 실재적인 수준에서 (즉 공식 버전과 실천 수준 모두에서) 비교되어야 한다면, 그렇다면 근대인들에 대한, 그리고 그들이 추구하는 것에 대한 긍정적이고 체계적인 묘사를 얻는 것이 가능하다고 생각합니다.

그래서 나의 기획은 말하자면 근대화하는 힘에 대한 후속 작업이라 할 수 있습니다. 어느 누구도 그것이 어떤 모습이 될지 정확하게 알지 못합니다. 우리는 이제 생태 위기 때문에 근대인이기를 그만두어야 하지만, 어떻게 그만두어야 할지는 알지 못합니다. 게다가 나머지 세계가 여전히 낡은 전통적인 방식으로 근대화하고 있기 때문에 탈동조화의 문제까지 있습니다.

블록: 너무나 흥미롭습니다. 책이 나오길 고대합니다.

라투르: 프랑스어로 1,000쪽 정도일 텐데….

블록: 그러면 번역본을 기다려야 하겠군요. 또 하나 내게 매우 흥미로운 사실은 내가 아는 한 당신이 『자연의 정치학』의 용어들을 사용하면서 일종의 유럽 집합체를 제시한다는 점입니다. 물론 이는 나로 하여금 그 책에서 당신이 제기하는 것과 같은 질문을 제기하도록 합니다. 우리는 얼마나 많은 집합체들인가, 그리고 어떤 조건들로 우리는 우리가 살고 있는 공동의 코스모스를 협상할 것인가? 유럽 집합체에 대해 보다 구체적으로 얘기해 주십시오. 당신의 기획은 유럽 문명에 대한 일종의 비가입니까?

라투르: 좋은 질문입니다. 이 프로젝트는 매우 유럽적인 차원을 갖는 것 같습니다. 내가 말하는 "유럽적"이란 유럽연합 집행위원회 같은 것은 아닙니다. 그것은 한때 가장 강력했지만 지금은 다원적인 위치들 가운데 하나에 놓여 있으며, 과거에는 우리가 **타자**들을 세계화시켰던 데 반해 이제는 그 **타자**들에 의해 우리가 세계화되는 것을 걱정하고 있는, 세계의 한 흥미로운 존재에 대한 질문입니다. 그러니까 그것은 미국보다는 유럽에 관한 것이지요. 유럽에 있어서 나의 기획의 이러한 버전은 일종의 실천적인 가치를 가진다고 생각합니다. 그러나 이미 말했듯이 그것은 유럽의 모든 축구 경기가 시작할 때 연주되는 베토벤의 〈환희의 송가〉에 대한 계승자를 만드는 문제는 아닙니다. 오히려 약간 도발적인 탈식민주의적 질문에 더 가깝습니다. 실상 식민주의적 질문에 관심을 두는 모든 이들은 타자들을 신경 쓰지 않습니다. 그러나 타자들은 매우 강하고 그들 스스로 헤쳐나갑니다. 이제 우리 자신을 좀 더 돌봅시다. 그래서 그것은 약간 민감한 주제입니다.

스텡거스의 용어로 말하자면 이런 주장입니다. 외교를 하길 원한다면(우리는 모두 세계적 외교에 관여하고 있습니다) 우리가 정말로 진실이라고 믿는 것에 관해 외교관에게 권한을 주어야 합니다.[9] 그렇지 않으면 협상의 여지는 전혀 없습니다. 만약 외교관을 보내서 과학은 보편적 법칙이고 어떠한 타협도 받아들일 수 없다고 말하게 한다면 협상은 중단될 것입니다. 그렇다면 "보편적 법칙"이란 것이 무엇을 의미합니까? 그러나 외교관을 보내면서 "좋아요, 자연의 법칙은 잊읍시다. 당신이 변호해야 할 것은 순환 지시체입니다."라고 말한다면 이것이 우리가 정말로 관심을 갖는 것, 즉 과학적 객관성의 생산을 유도하는 방식입니다. 그러면 협상은 속도를 냅니다. 그리고 자신을 유럽인이라고 생각하는 사람들을 위한 모든 가치들에 대해 그렇게 한다면(나는 "가치"가 아주 좋은 용어가 아니라는 것을 압니다), 다시 말해 외교관에게 모든 가치의 주장에 관한 권한을 준다면(그 주장에 대한 이데올로기와 그 실천이 명백히 분리된 지점에서 말입니다), 이젠 협상의 여지가 있을 것이고, 그 여지는 과거에는 강했지만 지금은 약한 유럽인들에게 열려 있게 됩니다. 따라서 상황은 훨씬 더 흥미로워집니다. 협상의 여지가 열려 있고 우리는 무슨 일이 일어날지 알지 못한다는 점에서 그렇습니다. 아마 우리가 중국에 의해 세계화될지도 모르죠. 그러나 해볼 만한 가치가 있다고 생각합니다. 왜냐하면 이제는 전 세계가 우리의 근대화 충동을 공유한다고 볼 수 없기 때문입니다. 정치에서 그렇지 않고 명백히 경제에서조차 그렇지 않습니다. 그리고 과거에 있었던 **자연**의 형태는 사라져 버렸습니다. 그러니 그 안에서 문명이 지속될 만한 레퍼토리는 어떠한 것일까요? 그것이 바로 문제입니다.

핵심용어 해설

행위자-연결망 이론 Actor-network theory (ANT)

1980년대에 브뤼노 라투르, 미셸 칼롱, 존 로가 독창적으로 정식화한 사회기술적 분석에 대한 특수한 접근법. ANT는 모든 단어가 전적으로 다른 용어들과의 관계에 의해 정의된다고 보는 알기르다스 그레마스의 기호학 연구에서 영감을 얻었다. ANT는 이러한 관계적 기호학을 모든 종류의 물질, 행위자, 사건으로 확장하고 적용한다. 그래서 ANT는 "물질적 기호학"으로도 알려져 있다. ANT의 분석적 기획은 ("행위소"라 불리는) 특정한 존재들이 어떻게 다른 행위소들과 연결되고, 특정한 경우에 어떻게 이 과정이 상대적으로 지속적이며 확장되는 행위자-연결망의 확립으로 이어지는가를 탐구하는 것이다. 그러한 연결망 형성 과정은 종종 **번역**으로 묘사된다. 그래서 ANT는 "번역의 사회학"으로도 불린다. 이 책의 저자들은 나아가 ANT를 라투르가 과학인류학 연구를 통해 발전시킨 반인식론적 장르에 대한 일종의 성문화로 볼 수 있다고 주장한다.

절합 Articulation

라투르가 제기하는 규범적 과학이론의 핵심 개념으로, 특히 후기 저작에서 등장한다. 이 개념은 더 성공적인 이해를 제공하는 명제와 덜 성공적인 이해를 제공하는 명제 간의 차이를 분명히 하기 위해 제시되었다("명제"라는 용어는 화이트헤드에게서 유래한 것이다). 절합은 **집합체**라는 공유된 세계를 이루는 객체들 속에서 더 유의미한 차이, 더 미세한 뉘앙스, 더 활발한 연결들이 인식되고 인정되는 과정을 의미한다. 라투르는 과학적 지식이 참이냐 거짓이냐(절대치)를 말하는 대신에, 과학적일 수도 있고 비과학적일 수도 있는 지식이 어느 만큼 잘 절합되었는지(정도)에 대해 말할 것을 제안한다. 논쟁적인 **하이브리드**, 즉 우려물의 절합은 **사물의 의회**에 참가하는 참여자들이 다루어야 할 중심 과제들 가운데 하나다.

결합 Association

사회적 관계에 대한 라투르의 주요 개념이자 **행위자-연결망 이론**에서 탄생한 ("결합의 사회학"이라 불리는) 사회학의 기본 요소. "결합"이라는 용어는 사건들의 사회적 연쇄를 통해 인간 및 비인간 행위자들 사이에서 확립되는 모든 연결을 가리킨다. 라투르는 새로운 연결이 창출되고 변화되어 가는 역동적인 과정을 강조하기 위해 이 개념을 사용한다. 그래서 그는 사회적인 것을 이미 안정된 장이나 영역 또는 구조로 이해하는 주류 사회학을 비판한다. 동시에 그는 사회적인 것을 이종적인 요소들을 연결하는 과정으로, 즉 인간, 기술, 제도, 도구, 동물 등이 모두 결합될 수 있는 과정으로 이해할 것을 주장한다. 결합은 행위자-연결망의 창출에 관한 라투르의 다른 개념들(번역, 매개, 하이브리드화 등)과 대체로 동등한 가치를 지니지만, 이 개념들에 비해 무엇이 사회적 **집합체**를 결집하고 유지하는가에 관한 논의와 더 밀접히 관련된다.

계산 센터 Center of calculation

데이터 또는 **기입**의 흐름을 규칙적으로 수집하고 조합하는 과학적, 경제적, 상업적, 군사적 조직들에 대한 라투르의 일반적인 용어. 계산 센터는 연결망 내에 있는 다양한 행위소들을 요약하고 대변하며 그에 반응한다는 사실로 인해 시간이 지나면서 대개 상당한 강점을 축적하게 된다.

순환 지시체 Circulating references

과학적 사실/순환 지시체 참조

집합체 Collective, the

인간 및 비인간 존재들의 포괄적이고 상대적으로 지속적인 **결합**. 다른 맥락에서 보면 대략 "사회" 또는 "문화"라고 불리는 것에 상응한다고 할 수 있다. 라투르가 "집합체"라는 용어를 선호하는 것은 그것이 사회/문화를 비인간적 "자연"과 독립된 존재론적 영역으로 분리시키는 **근대 헌법**의 전제에 기초하지 않기 때문이다. 라투르는 또한 "집합체"라는 개념을 통해 많은 사회학적 전통과는 달리 "사회"를 국민국가와 동일시하는 것을 피한다. 라투르가 보기에 세계가 얼마나 많은 집합체들로 이루어져 있는지, 그리고 집합체들이 서로에 대해 상대적으로 얼마나 **국지적**이거나 **세계적**인지는 전적으로 열린 문제로 남아 있다.

구성주의 Constructivism

라투르가 지지하는 과학철학적 입장이자 그의 실험실 연구를 추동한 원동력. 구성주의는 **과학적 사실**에는 특유한 물질적이고 사회적인 생산의 역사가 있으며, 이 과정이 과학적 진술의 유효성을 구성한다고 본다. 철학적 실재론과 달리 구성주의는 실재를 인간의 기술적, 상징적 활동으로부터 독립해서 존재하는 것이 아니라 그러한 실천을 통해 구성되는 것으로 인식한다. 라투르의 구성주의는 지식과 세계를 창출하는 과정에서 (특히 실험실이라는 기술적이고 인위적인 실재적 틀 내부에서) 벌어지는 물질적 요소와 인간적 요소 간의 역동적인 상호관계를 강조한다는 점에서 사회구성주의나 해체주의적 입장과 구분된다.

비판 Critique/criticism

일반적으로 말해 행위자가 상대방(비판의 대상)이 충족하지 못하는 규범적 준거점을 정의하는 실천으로 볼 수 있다. 라투르에 따르면 **근대 헌법**의 특징은 자연과 사회의 **정화**에 기초하여 특정 유형의 비판을 수행하기 위한 다양한 기회를 가지고 있다는 것이다. 이러한 비판의 한 가지 유형이 이른바 비판사회학이며, 라투르는 이와 같은 사회학에 대해 매우 회의적인 태도를 보인다. 그 대신 볼탕스키와 테브노로부터 영감을 받은 라투르는 비판에 대한 사회학, 즉 특정 맥락에서 행위자들이 동원하는 비판적 역량들을 경험적으로 분석하는 사회학을 실천할 것을 제안한다. 보다 규범적인 측면에서 라투르는 특정한 주제에 관한 지속적이고 깊이 있는 분석적 개입을 통해서만 비판을 책임 있게 수행할 수 있다고 본다. 라투르는 이를 비판적 거리를 두는 지식인의 관념과 구분해 "비판적 근접성"이라 부른다.

생태화 Ecologization

라투르의 용어법에서 "생태화"는 **근대화**에 대한 긍정적인 대립항이다. 생태화는 인간과 비인간의 집합적인 삶에서 일어나는 광범위한 변형에 대한 경험적이고 규범적인 전망을 가리킨다. **근대화**가 **집합체**를 자연과 문화로 분리하는 데 반해, 생태화는 현재의 생태 위기로 증명되는 인간, 동물, 생태계, 기술 간의 점점 더 복잡해지는 상호 얽힘을 인정한다. 이러한 맥락에서는 불확실성, 사전예방, 집합적 무지가 정치적 행동을 위한 불가피한 조건이 된다. 동시에 생태화는 비인간 세계의 가치를 명시적으로 고려하는 관계주의적 윤리를 지향한다. 예를 들어 동물의 권리에 관한 논의에서 이를 엿볼 수 있다.

경험 철학 Empirical philosophy

경험적 방법, 특히 인류학에서 유래한 방법을 통해서 철학적 문제를 추구하는 라투르의 지적 스타일을 일컫는 용어. 이 접근법은 과학철학과 관련해 참된 지식에 관한 인식론적 질문들을 논리적이고 추상적인 방법으로 연구할 것이 아니라, 그러한 질문들을 경험적이고 역사적으로 위치 지어진 것으로 연구해야 한다고 제안한다. 동시에 이 접근법은 (예컨대 시간, 공간, 우주의 구성과 관련해) 세계의 특성에 관한 철학적 질문들을 어떻게 행위자들 자신이 제기하고 해결하는지에 대해 사회 과학과 문화 과학이 경험적으로 연구해야 한다는 것을 강조한다. 따라서 라투르는 철학과 경험적 사회 연구 간의 새로운 노동분업을 구상하며 양자는 이를 통해 지속적으로 대화해야 한다고 주장한다. 이 새로운 노동분업은 **대칭적 인류학**으로도 불린다.

세계화 Globalization

국지화/세계화 참조

하이브리드/하이브리드화 Hybrid/hybridization

라투르에게 "하이브리드"라는 용어는 일반적으로 인간 및 비인간 요소들 간의 혼합을 의미한다. 이는 이종적이고 복합적인 현상을 가리키는 그 단어의 통상적인 의미와 유사하다. 하이브리드는 1600년대 보일의 진공에서부터 오늘날의 기후변화와 유전자변형식품과 같은 생태 문제에 이르기까지 모든 것을 포함한다. 근대성의 철학에서 제기된 라투르의 핵심 주장은 **근대 헌법**이 자연과 문화 간의 분리를 생산하고 이로 인해 근대인들이 하이브리드 현상을 인식하는 것이 어려워졌다는 것이다. 그러나 동시에 근대 헌법은 점점 더 확장되는 세계의 하이브리드화를 용인하는데, 이는 특히 (사회와 분리된 자연이라는 근대 헌법의 공식적 이미지에도 불구하고) 그 실천 속에서 자연과 문화를 반복적으로 혼합하는 과학 실험실의 확립을 통해 이루어진다. 정치생태학에 관한 오늘날의 논의는 이제 **사물의 의회**라는 틀을 통해서 하이브리드의 의미를 새롭게 인식할 수 있는 가능성을 열고 있다.

하이브리드화 hybridization

하이브리드/하이브리드화 참조

불변의 가동물 Immutable mobile

형태 변화 없이 멀리 떨어진 곳으로 보내질 수 있는 객체. 불변의 가동물은 **기입**, 기계, 장치, 그리고 간혹 예측 가능한 연쇄적 행동을 수행하도록 훈련 받은 사람들처럼 여러 가지 형태로 나타날 수 있다. 불변의 가동물은 테크노사이언스 연결망의 **세계적** 분포에서 중요한 역할을 수행한다. 즉 불변의 가동물은 **계산 센터**로부터 파견되고 추후 계산 센터로 복귀하는 믿을 만한 대리자로 기능할 수 있는 것이다.

기입 Inscription

물질적 실체가 종이 위에 인쇄된 기호, 표시, 그래프로 변형되는 모든 과정을 일컫는다. 과학인류학에서 라투르는 어떻게 기입이 "기입장치"(도구, 기구)의 도움으로 획득되는가를 주목하며, 과학 실험실을 "문헌적 기입의 공장"으로 규정한다. 기입은 일종의 **불변의 가동물**을 형성한다. 즉 형태 변화 없이 보내질 수 있다. 기입은 또한 다양한 방식으로 서로 조합될 수 있다. 이러한 특성 때문에 기입은 실험실 내부에서 그리고 **세계적** 테크노사이언스 연결망의 구성과 분포에서 핵심적인 역할을 수행한다. 후자의 맥락에서 기입은 멀리 떨어진 곳으로 보내지고 계산 센터에서 조립된다. 계산 센터에서는 기입들이 비교되고 요약되며 다른 방식으로 조립될 수 있다. 그러한 과정은 (예를 들어 국민총생산이나 지리적 지도 같은) 새로운 상위질서적 기입을 확립한다. 기입 과정은 일반적으로 **번역**의 한 예로 볼 수 있다. 두 가지 존재를 연결하고 하나의 존재(기호가 인쇄된 종이)가 다른 것("실체" 또는 "현상")을 대변할 수 있도록 해주기 때문이다.

국지화/세계화 Localization/globalization
라투르의 **결합**의 사회학에서 나오는 두 가지 용어로 미시와 거시라는 표준적인 사회학적 문제, 즉 사회적 삶에서의 규모와 수준의 차이라는 문제에 대한 대안에 해당한다. 주목할 점은 크고 작은 사회 현상들(집단, 기업, 국가 등) 간의 차이를 본질적이고 영구한 것이 아니라 지속적인 과정을 통해 창출되고 협상되는 것으로 봐야 한다는 것이다. "국지화"란 "국지적 상호작용"이 (교실 같은 곳에서) 등장할 수 있도록 **행위자-연결망**의 연쇄가 틀 지워지는 과정을 가리킨다. 반대로 "세계화"는 현상이 맥락들을 가로질러 퍼져 나가고 (예컨대 과학적 계산 센터 같은 형태로) 압도적으로 중요한 지위를 확보하는 과정을 의미한다.

매개 Mediation
세계가 범주적 구분들과 자기동일적 존재들이 아니라 변화하는 **행위자-연결망**들로 구성된다고 보는 라투르의 관계적 존재론의 맥락에서 주로 사용되는 용어. 미셸 세르에게서 영감을 받은 "매개"라는 용어는 시간적 시대, 공간적 영토, 분석적 범주들 간의 일반적인 경계를 초월하는 기본적인 존재론-형이상학적 과정을 가리킨다. 이러한 의미에서 매개는 **번역** 및 **하이브리드화** 같은 개념과 연관된다. 그러나 매개는 (존재론적 의미에서) 역동적인 관계가 일차적이며 "자연"과 "사회" 같은 정태적인 존재는 그러한 관계의 단지 일시적인 파생에 불과하다는 가정에 강조점을 둔다. 그 개념은 또한 좁은 의미에서 **결합**의 연쇄와 관련해 사용되기도 하는데, 그러한 연쇄에서 연결은 "매개자"로, 즉 혁신과 변형의 잠재적인 자원으로 묘사된다.

근대 헌법 Modern Constitution, the

라투르가 근대성의 철학에서 사용하는 사고 구성물. 라투르는 1700년대 이래 소위 근대 서구사회를 구성하는 것으로 가정되는 가장 기본적인 존재론적 원칙을 "근대 헌법"이라는 용어로 지칭한다. 근대 헌법의 핵심적인 가정은 세계가 비인간적 자연과 인간적 문화라는 두 가지 분리된 영역으로 구성된다는 것이다. 근대 헌법이 규정하는 이러한 분리는 근대인들이 타자를 **비판**하는 방식에서, 근대인들의 역사 이해에서, 그리고 자연과 문화를 분리하려는 일련의 실천(정화)에서 분명히 드러난다. 그러나 근대 사회는 자연과 문화를 혼합하고 결합하며 상호 연결하는 일련의 실천(하이브리드화) 또한 포함한다. **하이브리드화**는 예를 들어 과학 실험실에서 생산되는 **번역**에서 비롯한다. 하지만 근대 헌법은 근대인들의 정화된 자기이해와 근대인들의 하이브리드화 실천이 결코 상호 연관될 수 없다고 규정하고 있다. 근대 헌법은 그 자체로 역설에 기초하고 있는 것이다. 라투르는 근대 헌법이 세계에 대한 정확한 묘사였던 적이 전혀 없으며 갈수록 흔들리고 있다고 주장한다. 그래서 그는 **사물의 의회**로도 불리는 대안적인 **비근대** 헌법을 제안한다.

근대화 Modernization

근대 헌법의 원칙에 따라 세계를 적극적으로 질서화하는 것을 가리킨다. 이를 통해 집합체는 "자연"과 "문화"로 분리되고 그 각각은 자연과학과 정치체제에 의해 대표된다. 이러한 분리는 또한 상이한 유형의 근대적 비판을 위한 기초를 형성한다. 이러한 측면에서 라투르는 근대화가 극히 생산적이라고 주장한다. 자연과 문화 간의 공식적인 분리는 한편으로 모든 하이브리드들을 비가시화하면서, 다른 한편으로 실천에 있어서는 근대인들로 하여금 결과에 대해 걱정할 필요 없이 하이브리드들을 무수히 만들어낼 수 있도록 해왔다. 그러나 라투르에 따르면 현재의 생태 위기는 하이브리드에 대한 그러한 무책임한 접근법이 더 이상 가능하지 않다는 것을 의미한다. 라투르는 근대화에 대한 긍정적인 대안으로 생태화를 제시한다.

비근대/비근대성 Non-modern/non-modernity

근대 헌법의 전제 내에서 작동하기를 그만두는 실천이나 사고 방식. 비근대성은 근대주의적인 자연-문화 이분법을 벗어나며 따라서 하이브리드의 역할을 가시화하는 것과 관련된다. 라투르는 비근대적 이론(또는 양립 가능한 분석적 접근법)의 예로 해럴드 가핑클의 민속방법론, 뤽 볼탕스키와 로랑 테브노의 비판에 대한 사회학, 그리고 (물론) 행위자-연결망 이론을 제시한다.

사물의 의회 Parliament of things

라투르가 정치생태학에 관한 자신의 생각을 명확히 하기 위해 사용하는 사고 구성물. 인간과 비인간의 **비근대 집합체**를 질서화하는 혁신적인 방법을 제안한다는 점에서 **근대 헌법**에 대한 대안적 개념이다. 사물의 의회는 인간과 사물을 동시에 고려하며 민주적으로 정당한 과정을 통해 **하이브리드** 현상을 다룬다. 과학적 대표와 정치적 대표 간의 (사실과 가치, 자연과 문화, 객체와 주체 간의) 근대적 이분법을 대체하기 위해 라투르는 과학자, 정치인, 경제학자, 도덕적 권위자들이 동일한 **하이브리드** 포럼에 한데 모이는 새로운 기관을 구상한다. 사물의 의회에서 참여자들은 자연과 문화의 구분을 넘어 좋은 공동세계를 마련하기 위해 두 가지 근본적인 질문에 답한다. "우리는 얼마나 많은가?" 그리고 "우리는 함께 살 수 있는가?"

정화 Purification

자연과 문화를 존재론적으로 분리된 두 가지 범주로 구분하는 실천적, 담론적 작업. 동시에 정화는 **하이브리드**를 비가시화하는 과정이기도 하다(근대화와 근대 헌법 참조).

언명 체제들 Regimes of enunciation

존재 및 언명 체제들 참조

존재 및 언명 체제들 Regimes of existence and enunciation

과학, 기술, 종교, 법, 예술, 정치처럼 다원적인 **비근대** 세계를 함께 구성하는 상이한 형태의 실천들이 갖는 일종의 사회적 문법에 대한 공통 용어. 라투르의 **결합**의 사회학은 특정한 **매개**의 연쇄와 안정화 양식이라는 관점에 기반하여, 이러한 상이한 체제들의 고유한 성격에 관한 조심스럽고 깊이 있는 탐구를 가능하게 한다. 예를 들어 라투르는 법의 실천이 주로 의무의 연쇄를 다루는 반면 종교는 특별한 종류의 현전의 생산과 관련된다는 것을 보여준다. 따라서 과학에서의 **순환 지시체**의 생산은 세계에 대한 인식과 행동과 관련되는 여러 체제들 가운데 단지 하나로 묘사된다. 일반적으로 존재 및 언명 체제들은 존재론적으로 동등하면서도 근본적으로 상이한 것들이라 할 수 있다. 이는 과학과 종교의 경우에 특히 명백하다고 라투르는 주장한다.

과학적 사실/순환 지시체 Scientific facts/circulating references

인식론자들은 "과학적 사실"을 외부적으로 주어진 실재에 대응하는 진술로 정의한다. 이와 대조적으로 라투르는 과학적 사실을 구성물로 묘사한다. 즉 과학적 사실은 (특정한 경우에만) 상대적으로 안정된 **번역**의 연쇄로 이어질 수 있는 경합적 과정의 결과라는 것이다. 과학적 사실에 대한 라투르의 **구성주의적** 묘사는 그의 과학인류학 연구에 기초한다. 과학 실험실은 물질적 실체들을 **기입**들로 변형하며 그러한 **기입**들은 다른 실험실에서 나온 논문 같은 다른 **기입**들과 비교된다. 만약 모든 실험실들이 특정한 진술을 더 이상 반박하지 않고 그 진술이 광범위하게 분포된다면, 그때 과학적 사실이 확립된다. 그러나 여기서 강조해야 할 것은 라투르가 과학적 사실을 단순히 사회적 행위자들 간의 사회적으로 협상된 합의의 결과로 보지 않는다는 점이다. 더 이상 경합되지 않는 진술은 광범위하고 이종적인 연결망의 산물이다. 그러한 진술의 강점은 그 진술 자체, 여타 진술들, **기입**들, 도구들, 물질들, 실험동물들 사이에서 안정화된 **번역**의 연쇄에 기초한다. 라투르는 그처럼 안정화된 이종적인 **번역**의 연쇄를 묘사하기 위해 **순환 지시체**라는 용어를 사용한다. 이러한 연쇄가 바로 행위자-연결망이며 진술은 그러한 행위자-연결망을 대변한다. 순환 지시체라는 개념은 과학적 사실이 단지 실재를 반영한다고 보는 인식론자들의 소위 "대응이론"에 대한 라투르의 대안이다. 순환 지시체를 통해 라투르는 과학적 실천이 진행되는 과정에서 사물과 언어 사이에 확립되는 무수히 작고 실용적인 **번역**들을 나타낼 수 있게 된다. 이는 사물의 세계와 언어의 세계 사이에 큰 간극이 있다고 보는 인식론적 관념과 날카롭게 대립한다.

대칭적 인류학 Symmetrical anthropology
전근대인의 세계관에 대해 근대인의 세계관을 우선하지 않으며, "자연"과 "문화" 간의 근대주의적 이분법을 출발점으로 삼지 않는 인류학을 지칭하는 라투르의 용어. 그 출발점으로서 대칭적 인류학이 채택하는 **집합체**에 대한 묘사 방식은 **하이브리드화**의 유형과 규모에 대한 분석이다. 하이브리드를 그 유형의 수준에서 구분하는 것은 집합체들 간의 질적 차이를 만들어낸다. 하이브리드화의 규모에 있어서의 차이는 특정한 집합체로 하여금 더욱 광범위한 행위자-연결망을 형성하고, 더 많은 존재를 동원하며, 따라서 다른 집합체들을 지배할 더 커다란 잠재력을 획득하도록 해준다. **존재 및 언명 체제들**에 대한 라투르의 지도 그리기는 서구 세계에 대한 대칭적 인류학이라 할 수 있다.

번역 Translation

미셸 세르에게서 유래한 개념. 세르는 하나의 신호를 전송하면서 동시에 왜곡하는 일종의 **매개**를 묘사하기 위해 이 개념을 사용한다. 라투르의 과학인류학(그리고 ANT)에서 번역은 한 행위자가 다른 행위자의 강점을 빌려오는 방식으로 두 행위자가 연관되는 과정을 나타낸다. 이를 통해 첫 번째 행위자는 두 번째 행위자를 대신해서 발언하거나 행동하게 된다. 예를 들어 라투르는 특정한 기술적 프로젝트의 옹호자들이 일련의 필수적인 동맹자들을 설득하고 동원하며 보유하는 많은 번역 전략들의 지도를 그린다. 이러한 번역의 분석은 확산이론과 예리한 대조를 보여준다. 라투르에 따르면 확산이론은 혁신을 퍼뜨리는 데 필요한 작업과 동맹들에 대한 비현실적인 설명을 제시할 뿐이다. 번역은 **결합**, **매개**, **하이브리드화** 같은 행위자-연결망의 창출에 대한 라투르의 다른 용어들과 유사하다. 그러나 번역은 이러한 용어들에 비해 투쟁, 갈등, 동맹의 변화, 동맹자 동원을 위한 전략적 시도 등으로 특징 지워지는 "마키아벨리적" 상황을 더 많이 함축한다.

주(註)

머리말

1 영어로는 The Technical University of Denmark.

2 예를 들어 후자는 라투르의 형이상학에 대한 훌륭한 입문서인 그레이엄 하먼(Graham Harman)의 『네트워크의 군주: 브뤼노 라투르와 형이상학』(*Prince of Networks: Bruno Latour and Metaphysics*, 2009)의 접근법이다. 하먼의 책은 라투르 사상의 철학적 중요성을 강조한 훌륭한 연구이며, 독자들은 하먼의 책과 본서의 내용이 많이 중첩되지 않는다는 것을 알게 될 것이다(물론 우리는 두 책 모두 읽을 것을 강력히 추천한다).

1장

1 생물학자 폴 그로스(Paul R. Gross)와 수학자 노먼 레빗(Norman Levitt)의 책 『고등 미신: 강단 좌파와 과학에 대한 그들의 헛소리』(*Higher Superstition: The Academic Left and Its Quarrels With Science*, 1994)는 이 논쟁 동안에 특히 미국에서 제기된 라투르(와 다른 "사회구성주의자들")에 대한 (잘못된) 비판의 두드러진

예를 보여준다.

2 명백히 도발적인 이 표현은 **창조하다**와 **행하다**를 뜻하는 라틴어 "facere"에서 유래하는 "fact"와 "fabricated"라는 단어들의 공통된 어원을 이용한 언어 유희라고 할 수 있다(Latour 2003c).

3 이 절은 STS에 관한 위키피디아 웹페이지를 부분적으로 참조하고 있다. http://stswiki.org

4 와인에 관심 있는 독자들은 다음 웹페이지를 참조하라. http://www.louislatour.com

5 http://www.bruno-latour.fr 참조.

6 영어로는 Center for Art and Media, Karlsruhe.

7 Crawford(1993)의 라투르 인용문을 알기 쉽게 바꾸어 표현했다.

8 영어로는 "Exegesis and Ontology: An analysis of the texts of resurrection."

9 영어로는 The French Scientific Research Institute for Development and Cooperation.

10 영어로는 Center for the Sociology of Innovation.

11 이 토론회에 대해서는 http://tarde-durkheim.net 참조.

12 라투르는 STS 동료인 카린 크노르 세티나(Knorr Cetina 1981)를 인용하면서 실험실 연구를 요약한다.

13 프랑스 사회학의 성립 시기에 벌어진 에밀 뒤르켐과 가브리엘 타르드의 논쟁에 대한 연구에서 테리 클라크(Clark 1973)는 "데카르트주의"와 "자발성"(생기론)이라는 용어들을 사용해 역사적 사상들의 배치에서 나타나는 유사한 차이를 묘사한다. 이와 더불어 타르드의 영향을 고려하면, 라투르의 사유를 주로 생기론적 관점에서 묘사할 수도 있을 것이다. 이러한 맥락에서 라투르가 세 명의 가장 중요한 생기론 철학자들, 즉 스피노자, 니체, 베르그송으로부터 영감을 받았다는 것을 주목할 만하다(Lash 2005; Bruun Jensen & Selinger 2003 참조). 특히 니체에 관해서는 라투르 자신이 그를 "나의 첫 번째 철학자"라고 말한 바 있다(인터뷰, Crease *et al.* 2003: 21).

14 이러한 영감 또한 라이프니츠의 모나드와 화이트헤드의 과정철학과 관련해서 생각해야 한다. 이 두 가지는 주류 데카르트주의와 대조되는 철학적 일원론의 전통을 구축하려는 들뢰즈의 자기의식적 노력을 이루는 주요 구성요소이기도 하다(Deleuze 1993 참조).

15 "행위소"는 라투르의 또 다른 개념적 차용물로 기호학자 알기르다스 그레마스(Algirdas J. Greimas)에게서 유래한 것이다. 이 내용에 대해서는 이 장의 후반부와 2장에서 다시 논한다.

16 라투르가 가핑클에게서 그렇게 많은 영감을 받은 이유 가운데 하나는 『실험실 생활』(1979)의 공저자인 스티브 울가가 스스로도 선언했듯이 민속방법론자라는 사실 때문이다.

17 우리가 라투르 자신이 제시하는 사상가로서의 호칭에 주목하고 있긴 하지만, 인류학과 사회학 등에 대한 그의 다양한 학제적 개입을 논하고 구분하는 우리의 방식이 반드시 혹은 모든 측면에서 라투르 자신의 생각과 일치하는 것은 아니라는 점을 강조하고자 한다. 여기서 우리는 해석자이자 번역자로서 약간의 자유를 누린다.

18 저자로서 우리의 경험은 주로 덴마크의 맥락에 뿌리를 두고 있다. 그러나 국제적 STS 학계에 참여했던 공동의 경험에 비추어볼 때 우리는 수용자들을 두 가지 주요 이념형 집단으로 구분하는 것이 다른 맥락들에서도 충분히 타당할 것이라고 믿는다.

19 DASTS로 불리는 덴마크 최초의 STS 학회는 2006년에 설립되었다. 관심 있는 독자들은 학회의 영어 웹사이트를 참조하라. www.dasts.dk. 이 책의 공저자인 토르벤 엘고르 옌센은 DASTS의 회장이다. 우리는 적어도 덴마크 및 국제 STS 학계에 대해서 냉담하거나 무관한 관찰자는 아니다.

20 예를 들어 Hacking(1999), Fuller(2006), Collin(2011)에서의 비판적이고 정교한 (다른 면에서는 매우 상이한) 논의들을 참조하라. 이러한 유형의 진지한 철학적 수용은 다양한 "과학 전사"들이 보여주는 라투르에 대한 단조롭고 나태한 거부와는 분명히 구분되어야 한다(좋은 예로 Weinberg 2001 참조).

2장

1 1장에서 언급했듯이 라투르는 저작 전체에 걸쳐서 개념어의 일관성을 거의 유지하지 않는다. Latour & Woolgar(1986)에서는 "기입장치"(inscription device)라는 용어를 사용하지만 Latour(1987)에서는 "도구"(instrument)라는 용어를 선호한다.

2 라투르와 울가는 자신들의 구성주의적 입장을 실험실 연구의 동료들(즉 린치, 크노르 세티나, 트라윅)과 공유한다. 나중에 라투르는 구성주의를 ANT로 한층 더 발전시킨다. 이러한 구성주의 입장을 "사회구성주의"와 구분하는 것은 결정적으로 중요하다. 이에 대해서는 뒤에서 다시 살펴볼 것이다.

3 테크노사이언스적 발견과 새로운 사회 집단들 간의 관계에 대한 라투르의 분석은 여러 면에서 소위 "기술의 사회적 구성"(SCOT) 접근법과 유사하다. 이 접근법은 1980년대에 기술사회학의 한 분야로서 발전되었다(예를 들어 Pinch & Bijker 1984). 그러나 다시 한번 라투르의 분석이 그 특성상 "사회구성주의"가 아니라는 점을 인식하는 것이 중요하다. 라투르에게는 새로운 사회 집단을 창출하는 것이 **사실 구축자**들인 것이지 (SCOT가 주장하는 것처럼) 그 반대가 아니다.

4 여기서 언급되지 **못한** 전략들은 사실 구축자들이 특정 기술에 대한 완전히 새로운 목표를 만드는 전략, 참여자들로부터 우회로를 감추는 전략, 프로젝트의 신용을 둘러싼 경쟁에서 승리하는 전략, 마지막으로 자신들을 필수불가결한 존재로 만드는 전략 등이다(Latour 1987: 115-21 참조).

5 라투르에 따르면 확산이론은 특히 "사상사 또는 과학의 개념사 또는 인식론" 같은 학문 분야에 널리 퍼져 있다(Latour 1987: 134). 현대적 관점에서 볼 때 고고학, 예술사, 신제도주의적 조직이론도 여기에 포함될 수 있을 것이다. 인류학, 민족학, 문화연구 같은 몇몇 분야들에서도 지금은 다소 약화되었지만 과거에는 확산론적 연구 경향이 강했다.

6 대칭의 원칙은 ANT에서 중요한 요소이기 때문에 뒤에서 다시 논의할 것이다. 이와 관련해 라투르가 나중에 대칭의 원칙에 대한 정확한 해석을 놓고 데이비드 블루어(David Bloor)와 열띤 논쟁을 벌였다는 것에 주목할 필요가 있다. 블루어는 1970년대에 등장한 과학사회학의 소위 "강한 프로그램"의 주요 주창자이다. 그동안 이 학파는 라투르의 ANT를 강력히 비판해왔다(Bloor 1999 참조).

7 "테크노사이언스"는 벨기에 철학자인 질베르 오투아(Gilbert Hottois)가 1970년대 후반에 처음 제안한 용어다.

8 라투르는 여러 동료들과 이러한 관심을 공유했는데 가장 대표적인 인물은 영국의 사회학자 존 로(John Law)다. 그는 당시(1980년대 초) 15-16세기에 포르투갈이 어떻게 인도로 향하는 무역 항로를 확보했는지에 관하여 상세한 분석을 하고 있었다(Law 1986). 로는 어떻게 특정 유형의 배(캐럭 carrack)가 선원, 바람, 해적 등의 다양한 동맹들과 적들을 적소에 위치시키고 선체, 돛, 밧줄, 항해 도구 등의 요소들을 결집시킴으로써 효과적인 기계로 작동하는지를 논한다.

9 라투르는 이미 다른 많은 연구자들이 서구의 확장에서 인쇄기가 갖는 중요성을 기술해왔다는 것을 잘 알고 있다. 그는 특히 엘리자베스 아이젠슈타인(Elizabeth Eisenstein)을 참조한다. 그러나 라투르는 행위자들이 설득력을 얻고자 할 때 저술 및 이미지 기술의 동원 효과를 활용한다는 점에 초점을 맞춘 (마키아벨리적) 분석을 통해서 독창적인 공헌을 했다.

10 예를 들어 기상관측소는 시간에 따른 기온 변동에 관한 데이터를 지구온난화 가스 배출에 관한 데이터와 조합할 수 있으며, 이를 통해 우리 시대에 가장 논란이 되고 있는 "지구적인 날씨 현상", 즉 인간에 의한 기후변화 문제에 대해 즉각적으로 적실성을 가질 수 있게 된다(4장 참조).

11 지식이론의 지평에서 라투르를 보다 체계적으로 분류한 사례에 대해서는 Ward(1996)를 참조하라. 또한 본서의 결론을 참조하라.

12 보다 상세한 소개를 위해 우리는 특히 존 로의 저작(Law 1992, 1997)을 참조한다.

13 ANT는 **번역의 사회학**으로도 불린다. 예를 들어 Callon(1986) 참조.

14 **대칭의 원칙**은 원래 1970년대에 사회구성주의적 과학이론가인 데이비드 블루어가 제안한 것이다. 블루어는 과학사회학자 로버트 머튼(Robert K. Merton)이 그의 설명에서 두 가지 잣대를 사용한다고 비판했다. 머튼은 과학자들이 옳을 때는 그들의 논문 속에서 **자연**이 모습을 드러낸다고 주장하지만, 과학자들이 틀릴 때는 사회적 요인, 예를 들어 속임수나 능력 부족 때문이라고 주장했던 것이다. 블루어는 대칭의 원칙을 적용해 과학자들의 성공과 실패 모두를 **동일한** 유형의 요인으로 설명해야 한다고 주장한다. 블루어에 따르면 두 가지 결과 모두가 사회적으로 구성된 것이다. ANT는 머튼에 대한 블루어의 비판에 동의하며 한 가지 유형의 설명을 적용해야 한다는 관점을 이어받는다. 그러나 우리가 이미 본 것처럼 ANT에서 설명의 잣대는 모든 종류의 인간적 **그리고** 비인간적 행위소를 포함한다. 따라서 행위자-연결망 이론가는 **일반화된** 대칭의 원칙을 주장하며 그와 동시에 블루어 및 다른 사회구성주의자들이 일종의 사회적 결정론을 고수하고 있다고 비판한다.

15 이러한 비판에서 영감을 얻은 존 로는 ANT를 한층 더 발전시켜 부재하는 것들과 배제된 것들에 점점 더 초점을 맞추고 있다(예를 들어 Law 2004). 그러나 미셸 칼롱은 이러한 비판에서 큰 영향을 받지 않은 것으로 보인다. 그 예로 시장에 대한 그의 사회학적 연구가 주로 시장 구축자의 관점에서 정식화된다는 점을 들 수 있다(Callon 1998).

16 5장 참조. 5장에서 우리는 소위 "존재 및 언명 체제들"에 대한 라투르의 분석을 살펴본다. 본서의 결론과 라투르와의 인터뷰도 참조하라.

3장

1 『우리는 결코 근대인이었던 적이 없다』는 1991년에 프랑스에서 처음 출간되었고 1993년에 약간 개정된 영어 번역본이 나왔다.

2 이러한 정식화는 『세계들의 전쟁』(*War of the Worlds*)이라는 제목의 소책자에서 영감을 받은 것이다. 이 소책자에서 라투르는 근대성의 철학을 축약된 버전으로 제시하고 있다. "근대주의와 그 역사를 해석하는 많은 방식이 있지만, 나는 '근대주의'를 서구가 참여하는 사건들에 대한 시대착오적인 해석으로 다루는 것이 최선의 방식이라고 믿게 되었다."(Latour 2002d: 19)

3 이러한 관점을 시각적으로 묘사한 것 가운데 가장 유명한 것은 토머스 홉스의 책 『리바이어던』의 표지 그림이다. 여기서 주권자는 수많은 작은 시민들로 구성된 거대한 몸을 가진 지배자로 그려진다. 시민들이 지닌 의지(들)의 총합이자 그에 대한 통치자인 하나의 "정치적 신체"로 묘사되는 것이다. 이를 포함해 사회적 총체에 대한 시각적 표상의 다른 많은 사례들을 통찰력 있게 분석한 것으로는 Gamboni(2005)를 참조하라.

4 라투르에 따르면 섀핀과 섀퍼는 **자연**에 대한 지식이 어떻게 확립되는지를 **구성주의적**으로 분석하면서도 여전히 **사회**가 단순히 저기 바깥에 존재한다는 **실재론적** 가정을 믿고 있다. 이러한 이유에서 그들은 홉스보다 보일을 더 세밀히 분석한다. 라투르는 자연과 사회 모두가 하이브리드-번역 과정의 정화된 결과이며 따라서 대표의 두 가지 형태 모두가 구성주의적 관점에서 연구되어야 한다고 주장한다.

5 이것은 근대성의 역동성에 대한 매우 특유한 해석이라는 것을 주지할 필요가 있다. 예를 들어 라투르의 연구에서 근대성은 새로운 계몽적 이상과 새로운 정신성(칸트), 민주주의와 시민적 자유의 확립(토크빌), 생산력의 갑작스러운 변화(마르크스), 비근대, 비서구 세계에 대한 착취적 관계(월러스틴)에서 추동력을 얻는 것이 아니다.

6 라투르는 번역 작업이 비밀도 아니며 인식되지 않은 것도 아니라는 것을 강조한다. 근대인들은 자신들이 무엇을 하는지 잘 알고 있고, 번역 작업을 비판을 위한 기초로 동원하는 데 아무런 문제도 겪지 않는다. 라투르의 주장은 단지 번역 실천이 그 역설적인 대응물인 정화 작업과 결코 명시적으로 병치되지 않는다는 것이다.

7 볼탕스키와 테브노는 여섯 가지 (시민적, 시장, 영감적, 명성, 산업적, 국내적) 정당화 체제를 제시한다(Boltanski & Thévenot 2006 [1991]).

8 우리는 이 예를 Jagd(2007)로부터 가져왔다. 그는 이 문제를 더 깊이 논의한다.

9 이는 특히 (이 책의 저자들 가운데 한 사람처럼) 공적인 맥락에서 자신을 묘사하는 방식에 익숙한 공학 연구자라면 누구나 알 수 있는 일이다. 책상 위에 정기적으로 배달되는 교내 신문에 등장하는 이야기들은 늘 이런 식으로 쓰여지는 것 같다. "우리 대학의 연구자들이 세계를 바꿔놓을 획기적인 성과를 거뒀다."

10 Robin Engelhardt, "Hvem er bange for Det Etiske Råd", *Information*, February 15, 2008.

4장

1 『자연의 정치학』(2004d: 252, 주 4)에서 라투르는 이 두 책을 함께 읽는 것이 좋다고 명시적으로 말한다.

2 이는 러시아 농학자 트로핌 리센코(Trofim Lysenko)의 이름에서 유래한 것이다. 그는 스탈린 체제하에서 소비에트의 생물학 연구를 지휘했고 "역사적 유물론"을 근거로 생물학자 그레고어 멘델(Gregor Mendel)의 유전학 이론을 거부한 것으로 잘 알려져 있다.

3 2차 대전 이후 시기에 이러한 비판은 위르겐 하버마스(Jürgen Habermas)의 초기 연구에서 특히 전형적으로 나타난다(Habermas 1970 참조).

4 세르의 책 『자연 계약』은 프랑스 지식인 사회에서 1990년대, 특히 뤽 페리(Luc Ferry)가 "반인간주의적"이고 "비민주적"이라고 비판하면서 광범위한 논쟁의 대상이 되었다. 더 자세한 내용은 Whiteside(2002: 4장) 참조.

5 아마도 기후변화에 대한 훨씬 더 "파국적인" 전망의 영향으로 인해 라투르가 제시하는 정치생태학의 기본 논조가 최근 다소 바뀌었다. "생태신

학"의 기치하에 그는 이제 "비인간들은 구원될 것인가"라고 명시적으로 묻는다(Latour 2009a).

6 이러한 이중적 존중은, 정치적인 것보다 더 "아이러니, 풍자, 폭로, 조롱의 대상이 되는" 영역이 없는 현대 사회에서는 "희귀한 자원"이라고 라투르는 말한다(Latour 2005a: 29).

7 "무엇이든 허용된다"는 표현은 (그리고 이 표현을 낳은 과학철학적 생각은) 파이어아벤트의 책 『방법에 반하여』(*Against Method*)에서 나온 것이다(Feyerabend 1993 [1975]).

8 여기서 언급한 분석의 차원은 『판도라의 희망』(1999b: 3장)에서 라투르가 발전시킨 "과학의 혈류"라는 새로운 모델에서 유래한다. 지면 제약 때문에 상세히 살펴보지는 못하지만 이 모델은 여러 면에서 라투르의 과학인류학의 표준적인 버전에 해당한다.

9 1장에서 이미 시사했듯이 라투르는 스텡거스를 현대 프랑스어권에서 가장 중요한 과학철학자 가운데 하나로 간주한다(Latour 1997 참조).

10 코끼리 사례는 임의로 선택한 것이 아니다. 라투르는 케냐 생태주의자 데이비드 웨스턴(David Western)의 연구를 잘 알고 있고 그 연구에 크게 매료되었다. 그의 연구는 마사이족 사람들의 권리와 코끼리들의 곤경, 보존과 사파리 여행에 관한 것이다. 라투르는 『자연의 정치학』을 (이자벨 스텡거스 및 그녀의 동료인 뱅시앤 데스프레Vinciane Despret와 더불어) 데이비드 웨스턴에게 헌정하기도 했다.

11 라투르는 자신의 저작 여러 군데에서 스스로를 하이데거의 철학과 엄밀히 구분한다. (적어도 라투르의 관점에서는) 하이데거가 과학을 존중하지 않기 때문이다(Latour 1999b: 3 참조). 그러나 두 사상가의 관계는 그러한 명시적인 비판이 시사하는 것보다 훨씬 더 복잡하다(Riis 2008 참조).

12 "하이브리드 포럼"이라는 개념은 라투르의 동료인 미셸 칼롱의 작업에서 유래한다(Callon & Rip 1992). 그러나 라투르는 그 표현을 차용해서 자신의 "사물의 의회"와 거의 동의어로 사용한다. 예를 들어 카스트리시아나키스의 라투르와의 인터뷰(Kastrissianakis 2003) 참조.

13 이 포럼들의 공식 명칭은 "Commissions locales de l'eau", 즉 '지역 물 위원회'다.

14 환경정치의 관료화 경향이 "서구적" 현상을 넘어서는 것인지는 장기적이고 어려운 토론을 요한다(Meyer *et al*. 1997 참조). 그러나 그것은 라투르가 관여한 주제는 아니다. 그의 분석은 프랑스의 (보다 일반적으로는 유럽의) 경험에 기초한다.

15 라투르가 지적하듯이(Latour 1998c) 환경운동의 쇠퇴는 1800년대에 위생학 운동이 일반 보건 정치로 인해 점차 불필요한 것이 되어버린 것과 유사하다.

16 비록 라투르가 명시적으로 언급하지는 않았지만 환경정책 연구에서 가장 영향력 있는 사회과학적 패러다임 가운데 하나가 바로 "생태적 근대화"로 불린다는 것을 주목할 필요가 있다(Mol & Spaargaren 1993 참조). 이와 같이 라투르의 이론적 진단은 더 넓은 환경사회학 문헌에서 반향을 일으키고 있다.

17 라투르는 칸트의 『순수이성비판』에서 "오직 인간만이 (…) 그 자체로 목적이다"라는 유명한 도덕성 정의를 인용한다(Latour 1998c: 231에서 인용).

18 우리가 아는 한 라투르는 **인간** 권리의 문제를 명시적으로 숙고한 적이 없다. 그래서 비판자들은 흔히 라투르를 (연관되지만 약간 상이한 이유들로) "반인간주의자"로 묘사하곤 한다(예를 들어 Vandenberghe 2002; Fuller 2000 참조). 그러나 라투르가 인권 문제를 (적어도 이론적으로는) 이미 끝났고 완수된 하나의 역사적 "실험"으로 본다고 생각하는 것이 더 합당한 것 같다. 반면 동물들과 다른 비인간들의 권리 문제는 여전히 상당히 열려 있고 불확실한 문제다.

19 "목적성"(finality)은 라투르 자신이 사용한 용어다(Latour 1998c: 233). 이 개념은 아리스토텔레스의 목적인(*causa finalis*) 개념을 연상시키지만 여기서는 그보다 덜 제한적인 의미로 이해되어야 한다. 라투르의 정치생태학에 대한 아리스토텔레스적 독해에 관해서는 de Vries(2007)를 참조하라.

20 "숙의민주주의"는 자유롭고 평등한 시민들의 공적인 토론을 정치적 결

정의 정당성에 핵심적인 것으로 보는 민주주의 이론의 한 분파를 가리킨다. 현대 민주주의 이론에서 이 관점은 주로 위르겐 하버마스에 의해 대표된다(Habermas 1992 참조). 이에 대한 라투르 정치철학의 공헌은 명백히 사물의 역할과 관련된다.

21 『자연의 정치학』에서 라투르는 이에 대해 매우 상세히 설명한다(Latour 2004d: 3장). 지면의 제약 때문에 여기서는 자세히 살펴볼 수 없다. 관심 있는 독자들은 라투르 자신의 설명을 직접 살펴보기를 권한다. 그 설명은 따라가지 못할 만큼 어렵지는 않다.

22 이 네 가지 고려사항에 덧붙여 라투르는 사물의 의회의 세 가지 추가적인 기능을 구상한다. 즉 상원과 하원 간의 권력 공유, 집합체의 전체성 "연출", 다른 집합체들과의 외교적 협상이다(Latour 2004d: 5장). 여기서 권력 공유나 "연출" 기능에 대해서는 논하지 않지만 외교의 역할에 대해서는 이 장의 말미에서 다시 살펴볼 것이다.

23 라투르는 나머지 직업들 각각의 공헌에 대해 전체적이고 종합적인 개관을 제시한다(Latour 2004d: 162f). 그 내용은 무척 흥미로우며, 특히 라투르가 정치인이나 경제 전문가들에 대해 어떻게 생각하는지를 살펴보려는 독자들에게는 더욱 그러하다.

5장

1 예를 들어 라투르는 과학적 작업의 "사회화"를 과장하는 부르디외의 경향을 다음과 같이 비판한다. "두 번째 인물[부르디외]이 권력의 장에 대해 말할 때 과학, 기술, 텍스트, 실제 활동의 내용은 사라진다."(Latour 1993: 6) 부르디외는 『과학의 과학과 성찰성』(*Science of Science and Reflexivity*, 2004)에서 사실상 라투르의 비판에 답하고 있다. 우리는 이 책의 결론에서 라투르의 사유에 대한 부르디외 관점에서의 비판을 (그리고 왜 그것이 만족스럽지 못한지를) 다시 살펴볼 것이다.

2 라투르는 흔히 "과학"이라는 개념으로 이해되는 것(특히 자연과학)을 재묘사하는 데 전념했다. 이런 배경에서 그는 당연히 "사회과학"이라는 용어에 대해서도 마찬가지로 회의적이다. 우리는 앞 장들에서 이미 "과학"의 재정의에 대해 깊이 살펴보았고 이 장에서는 "사회적인 것"에 대한 라투르의 재정의에 초점을 맞출 것이다.

3 이 맥락에서 라투르가 "상대적"이라는 용어를 알베르트 아인슈타인의 이론 물리학적 상대성 이론에 대한 자신의 해석에 따라 사용하고 있음을 인식하는 것이 중요하다. 라투르는 다른 곳에서 상대성 이론을 다루고 있다(Latour 1988a). 여기서 "상대주의"의 의미는 "모든 지식이 똑같이 유효하다"는 규범적인 인식론적 입장과는 무관하다. 이런 측면에서 라투르는 "상대주의는 진리의 상대성이 아니라 관계들의 진리"라는 들뢰즈의 말에 전적으로 동의한다(Latour 2005b: 95, 주 119). 그래서 라투르는 "상대주의"(relativism)라는 용어를 "관계주의"(relationalism)와 같은 의미로 사용한다.

4 라투르가 나중에 부르디외와 논쟁을 벌이는 것을 생각하면 라투르와 울가가 명성의 순환이라는 개념을 부르디외에게서 차용한 것은 다소 아이러니하다.

5 라투르의 사유에서 이러한 발전을 보여주는 가장 좋은 예는 『실험실 생활』 2판의 부제에서 "사회적"이란 단어가 빠진 것이다. 1979년에 초판이 출판될 때는 부제가 "과학적 사실의 사회적 구성"이었지만 1986년에는 "과학적 사실의 구성"으로 바뀐다. 사회구성주의에 대한 라투르의 보다 상세한 입장은 2장을 참조하라.

6 여기서 사회적 설명에 대한 라투르의 주장은 반증할 수 없는 이론에 대한 칼 포퍼(Karl Popper)의 규범적인 인식론적 비판에 가깝다. 그러나 포퍼와 달리 라투르는 인식론을 다른 이론들의 유효성을 최종적으로 판단할 수 있는 "슈퍼 과학"으로 전환하려는 의도를 갖지 않는다. 라투르는 사회학에서든 물리학에서든 이론적 문제들을 단번에 해결할 수 있는 완전히 결정적인 실험은 존재하지 않는다는 것을 잘 알고 있다. 이러한 이유

에서 그는 사회적인 것의 사회학에 대한 자신의 거부가 절대적 진리라고 주장할 수 없다. 그가 할 수 있는 것은 단지 대안을 제시하고 그보다 유효한 전망을 보여주는 것이다(Latour 2005b: 109f).

7 라투르는 "ANT를 반은 가핑클, 반은 그레마스라고 묘사하면 어느 정도 정확할 것"이라고 말한다. 그레마스는 앞에서 본 것처럼 라투르의 기호학적 영감의 주요한 원천이다.

8 라투르는 이러한 정식화와 그 근본적인 이상을 가핑클에게서 빌려온다(Latour 2000b: 112).

9 이는 ANT를 일종의 "관리적 마키아벨리주의", 즉 투쟁과 지배, 강력한 승리자를 우상화하는 것으로 보는 비판론의 기초를 이룬다. 이에 대한 우리의 논의는 2장을 참조하라. 또한 라투르의 대응에 대해서는 Latour(1999a) 참조.

10 합리성과 규범에 기초한 행위자 모델들은 베버와 뒤르켐 이후 사회학의 이론적 전통을 상당한 정도로 지배해왔다(Joas 1993 참조). 라투르는 그러한 모델들에 대한 대안을 발전시키기보다는 아예 그러한 논쟁을 회피하려 한다. 이는 라투르가 사회학에 대한 매우 비정통적인 해석을 발전시켜왔다는 인상을 주는 데 일조한다.

11 상징적 상호작용론은 라투르의 가장 중요한 토론 상대자들이 있는 과학학 분야에서 매우 중요하다. 이 이론에 대한 소개로는 Clarke & Leigh Star(2008) 참조.

12 라투르는 "존재 양식"이라는 개념을 프랑스 철학자 에티엔 수리오(Etienne Souriau)에게서 차용한다. 그는 또한 수리오를 화이트헤드와 미국 실용주의자 윌리엄 제임스의 맥락에서 해석한다.

13 라투르는 아직 종교에 관한 그의 사유를 책으로 출간하지는 않았다. 그러나 그는 영어와 프랑스어로 종교에 관한 많은 논문을 썼으며 우리의 논의는 그 논문들에 기초한다.

14 전시회는 독일의 카를스루에 소재 ZKM에서 개최되었다. 이곳은 2005년에 라투르가 기획한 예술 전시회 "사물을 공공적인 것으로 만들기"가

열린 곳이기도 하다(Latour & Weibel 2005).

15 라투르는 매개자(메신저)로서 천사에 대한 관심을 스승인 미셸 세르에게서 계승한다. 세르는 전적으로 그 주제만을 다룬 책을 쓴 바 있다(Serres 1995a). 또 다른 영감의 원천은 아마 윌리엄 제임스일 것이다. 그는 종교적 체험의 다양성에 대한 저작으로 유명하며(James 1902 [2007]), 라투르는 존재 양식으로서의 지식에 대한 최근 저작에서 그를 언급하고 있다(예를 들어 Latour 2008a).

16 미시, 거시 사회학에 대한 이 선집에는 앤서니 기든스, 니클라스 루만, 위르겐 하버마스 같은 저명한 사회학자들의 글도 실려 있다(Knorr Cetina & Cicourel, eds, 1981).

17 미셸 푸코는 1975년에 출간한 근대 형벌체계의 등장에 대한 연구인 『감시와 처벌: 감옥의 탄생』(*Surveiller et Punir: Naissance de la Prison*)을 통해 벤담의 판옵티콘을 사회이론에서 불멸의 지위에 올려놓았다. 라투르가 올리곱티콘 개념을 판옵티콘과의 대조 속에서 논의한 것은 어느 정도 푸코에 대한 암묵적인 비판이기도 했다.

18 최근 (라투르의 가까운 동료인) 미셸 칼롱은 경제적 시장의 구체적, 실천적, 물질적 생산에 초점을 맞추는 새로운 유형의 경제사회학을 개발하는 데서 주도적인 역할을 해왔다. 이에 대한 소개로는 Callon(1998)을 참조. 비교할 만한 연구로는 Latour & Lépinay(2009).

19 프랑스어 원문을 저자들이 번역한 것이다.

20 예를 들어 덴마크에서는 라투르에 대한 사회학적 수용이 거의 없다는 것이 합당한 평가일 것이다. 그 이유 가운데 하나는 그러한 수용이 STS에 의해서 고무되는 일련의 학제적 연구의 환경에서 이루어지고 있다는 데 있다.

6장

1 이 책을 쓰고 있던 2010년 가을에 라투르가 비근대적 존재 양식들에 대한 그의 "긍정적인" 사유를 요약하는 방대한 작업을 마무리하고 있다는 소식이 들려왔다. 그는 총 14개의 존재 양식들을 확인한 것 같다. 그러한 연구가 진행 중이라는 것은 알고 있지만 라투르의 전반적인 지적 기획에서 그것이 갖는 중요성을 예측한다는 것은 불가능하다. 하지만 독자들은 다음 장에서 나오는 라투르와의 인터뷰를 통해 그의 향후 작업을 살짝 들여다볼 수 있을 것이다.

2 가브리엘 타르드가 라투르의 새로운 사회학적 역할모델로 등장했다는 것을 주목할 필요가 있다. 이는 라투르의 해석에 따르면 타르드의 이론이 과학과 사회적인 것에 대하여 라투르와 상당히 유사한 생각을 갖고 있기 때문이다(Latour 2009 참조).

3 이는 특히 1970년대와 1980년대에 ANT와 나란히 성장한 이론적 프로그램인 바스(Bath) 학파의 이른바 "경험적인 상대주의 프로그램"(EPOR)에 적용된다.

4 화이트헤드에 대한 라투르의 독해는 그가 선호하는 현대 과학철학자 동료인 이자벨 스텡거스와의 진지한 대화 속에서 이루어지고 있다는 것을 주지할 필요가 있다(Latour 1997 참조).

5 그러나 부르디외의 비판은 『실험실 생활』(1979)에서 제시된 과학과 기술의 인류학이라는 라투르의 초기 작업을 목표로 삼고 있다는 것을 지적할 필요가 있다. 부르디외의 많은 특유한 비판의 논점은, 맥락이 이처럼 제한되어 있다는 것을 감안해야 하긴 하지만, 이후 라투르 사상의 이동에 비추어볼 때 상당히 오도적인 것으로 보인다.

6 "하위 정치"(sub-politics)라는 개념은 앞에서 언급했던 울리히 벡의 위험사회 논의(Beck 1992)에서 유래한다.

7 여기서 한 가지 예외는 라투르가 지속적으로 대화를 나누고 있는 이자벨

스텡거스일 것이다(Latour 1997 참조).

8 우리가 방금 그랬듯이 라투르의 스타일을 세계의 "재주술화"로 묘사하는 것은, 근대의 자본주의적이고 합리적인 세계가 근본적으로 "탈주술화"되었다는 막스 베버의 유명한 관념에 대한 명백한 유희라고 할 수 있다. 베버의 진단은 다양한 형태의 질문들에 열려 있으며(Bennett 1997 참조), 물론 라투르 역시 그에 대해 비판적인 질문을 제기할 필요가 있다. 즉 우리가 결코 근대인이었던 적이 없기 때문에 우리는 결코 (진정으로) 탈주술화된 적도 없는 것이다. 그러나 재주술화라는 범주는, 라투르의 사유가 일관된 근대주의자들의 생각에 미칠 효과를 묘사하는 데 상당히 적합한 것으로 보인다.

9 우리가 "아마도"라고 말한 것은 라투르 앞에 그의 가장 중요한 스승인 미셸 세르가 있기 때문이다(Serres & Latour 1995 참조). 그러나 비근대성의 전사(前史, pre-history)는 아직 쓰여지지 않았다.

10 그러나 해석자로서 우리는 개인적으로 그러한 제안은 사실 오도적이라고 보는 편이다. 이는 라투르의 기획이 종교적 해석으로부터 제외되어야 한다고 생각하기 때문이 아니라, 단지 그의 존재론이 궁극적으로 가톨릭교보다는 일종의 정교한 애니미즘과 공통점이 더 많기 때문이다(Viveiros de Castro 2004; Bruun Jensen & Blok 2011 참조).

11 이 지점에서 또한 라투르는 그의 프랑스 동료인 질 들뢰즈에 가까워진다. 들뢰즈는 자신의 존재론적 입장을 "다원주의=일원론"이라는 (언뜻 보기에는) 수수께끼 같은 공식으로 요약한다(Deleuze & Guattari 1987: 20).

7장

1 인터뷰 자체는 두 시간 조금 넘게 영어로 진행되었다. 텍스트는 여러 번의 정리와 수정을 거쳤지만 우리는 인터뷰의 전체적인 "흐름"과 의미를 살리려 노력했다.

2 이후 라투르는 파리 소재 시앙스포로 옮겨 교수 및 연구 부총장을 맡고 있다. 이에 대해서는 인터뷰에서 다시 언급된다.

3 2009년 봄 현재 국립광업학교, 시앙스포, MIT 및 다른 3개 대학에서 동시에 진행된 이 강좌의 웹사이트는 다음과 같다. http://www.demoscience.org/ (2009년 7월 3일 방문).

4 『기포』, 『지구』, 『거품』이라는 제목으로 출간된 슬로터다이크(Sloterdijk 2004)의 "구체"(Spheres) 3부작 참조. 최근 저작에서 라투르는 슬로터다이크의 구체에 관한 연구로부터 많은 영감을 받으며 "나는 타고난 슬로터다이크주의자"라고 말하기도 했다(Latour 2009b).

5 예를 들어 Holm & Nielsen(2007) 참조. 또한 페터 홀름은 사이보그 물고기에 대한 연구 프로젝트 웹사이트를 가지고 있다. http://www.cyborg-fish.net/ (2009년 7월 3일 방문).

6 이 책은 이후 2008년 9월에 불어로 출간되었고(Paris: Demopolis) 라투르가 서문을 썼다(http://www.bruno-latour.fr/에서 구해볼 수 있다).

7 라투르의 지적 자서전(Latour 2010a 참조)에서 불트만과 구성주의에 대한 이러한 논점을 상세히 볼 수 있다.

8 그레이엄 하먼은 이집트 카이로에 거주하는 미국인 철학자로, 라투르와 형이상학에 관한 훌륭한 책을 저술했다(Harman 2009). 라투르가 말한 인용구의 출처는 정확히 확인되지 않지만 아마도 하먼과의 사적인 대화에서 나온 것으로 추측된다.

9 스텡거스는 자신의 외교 개념을 라투르의 작업과의 대화 속에서, "코스모폴리틱스"를 주제로 한 일련의 저작을 통해 발전시킨다. 이에 대한 소개로는 Stengers(2005) 참조.

참고문헌

Austrin, Terry and Farnsworth, John (2005): "Hybrid genres: fieldwork, detection and the method of Bruno Latour," *Qualitative Research*, 5(2): 147–65.

Bauman, Zygmunt (1989): *Legislators and Interpreters: On Modernity, Postmodernity and Intellectuals*. London: Polity Press.

Beck, Ulrich (1992): *Risk Society: Towards a New Modernity*. London: Sage Publications.

—— (2004): "The truth of others. A cosmopolitical approach," *Common Knowledge*, 10(3): 430–49.

Bennett, Jane (1997): "The enchanted world of modernity: Paracelsus, Kant, and Deleuze," *Cultural Values*, 1(1): 1–28.

Bertilsson, Margareta (2003): "The social as trans-genic: on bio-power and its implications for the social," *Acta Sociologica*, 46(2): 118–31.

Bertilsson, Margareta and Järvinen, Margaretha (eds.) (1998): *Socialkonstruktivisme. Bidrag til en kritisk diskussion*. Copenhagen: Hans Reitzels Forlag.

Betros, Gemma (1999): "François Furet: Finding 'Revolution' within the French Revolution," *Access: History*, 2(2): 53–64.

Bijker, Wiebe E. (1997): *Of Bicycles, Bakelites, and Bulbs. Towards a Theory of Socio-technical Change*. Cambridge, MA: The MIT Press.

Bingham, Nick and Thrift, Nigel (2000): "Some new instructions for travellers: the geography of Bruno Latour and Michel Serres," pp. 281–301 in M. Crang and N. Thrift (eds.): *Thinking Space*. London: Routledge.

Blok, Anders (2007a): "Actor-networking ceta-sociality, or, what is sociological about

contemporary whales?," *Distinktion*, 15, no. 15: 65–89.
—— (2007b): "Experts on public trial: on democratizing expertise through a Danish consensus conference," *Public Understanding of Science*, 16(2): 163–82.
Bloor, David (1999): "Anti-Latour," *Studies in the History and Philosophy of Science*, 30(1): 81–112.
Bohman, James (1999): "Democracy as inquiry, inquiry as democratic: pragmatism, social science and the cognitive division of labour," *American Journal of Political Science*, 43(2): 590–607.
Boisvert, Raymond D. (1996): "Re-mapping the territory," *Man and World*, 29(1): 63–70.
Boltanski, Luc and Thévenot, Laurent (2006 [1991]): *On Justification: Economies of Worth*. Princeton: Princeton University Press.
Bourdieu, Pierre (2004): *Science of Science and Reflexivity*. Chicago: University of Chicago Press.
Bova, John and Latour, Bruno (2006): "John Bova in conversation with Bruno Latour: on relativism, pragmatism and critical theory," *Naked Punch*, 6 Issue 06 (Spring 2006): 107–121.
Bowker, Geof and Latour, Bruno (1987): "A booming discipline short of discipline: (social) studies of science in France," *Social Studies of Science*, 17(4): 715–48.
Brown, Steven D. (2002): "Michel Serres: science, translation and the logic of the parasite," *Theory, Culture and Society*, 19(3): 1–27.
Bruun Jensen, Casper (2005): "Citizen projects and consensus building at the Danish Board of Technology: on experiments in democracy," *Acta Sociologica*, 48(3): 221–35.
—— (2006): "Review essay: experimenting with political ecology," *Human Studies*, 29(1): 107–22.
Bruun Jensen, Casper and Blok, Anders (2011): "Techno-animism in Japan: Shinto cosmograms, actor-network theory, and the enabling powers of non-human agencies", under review in *Theory, Culture & Society*.
Bruun Jensen, Casper; Lauritsen, Peter and Olesen, Finn (ed.) (2007): *Introduktion til STS. Science, Technology, Society*. København: Hans Reitzels Forlag.
Bruun Jensen, Casper and Selinger, Evan (2003): "Distance and alignment: Haraway's

and Latour's Nietzschean legacies," pp. 195–212 in D. Ihde and E. Selinger (eds.): *Chasing Technoscience. Matrix for Materiality*. Bloomington: Indiana University Press.

Burchell, Jon (2002): *The Evolution of Green Politics: Development & Change within European Green Parties*. London: Earthscan Publications Ltd.

Callon, Michel (1986): "Some elements of a sociology of translation: domestication of the scallops and the fishermen of St Brieuc Bay," pp. 196–233 in J. Law (ed.): *Power, action and belief: A new sociology of knowledge?* London: Routledge.

—— (1998): "An essay on framing and overflowing: economic externalities revisited by sociology," pp. 244–69 in M. Callon (ed.): *The Laws of the Markets*. Oxford and Keele: Blackwell and Sociological Review.

Callon, Michel and Latour, Bruno (1981): "Unscrewing the big Leviathan: how actors macrostructure reality and how sociologists help them to do so," pp. 277–303 in K. Knorr-Cetina and A.V. Cicourel (eds.): *Advances in social theory and methodology. Towards an Integration of Micro- and Macro-Mociologies*. Boston: Routledge and Kegan Paul Ltd.

—— (1997): "'Tu ne calculeras pas!' – ou comment symétriser le don et le capital", *MAUSS*, 9. Paris: La Découverte.

Callon, Michel; Law, John and Rip, Arie (eds.) (1986): *Mapping the dynamics of science and technology: sociology of science in the real world*. London: The Macmillan Press Ltd.

Callon, M. and Rip, A. (1992): "Humains, non-humains morale d'une coexistence," pp. 140–56 in J. Theys and B. Kalaora (eds.): *La Terre Outragée, Les experts sont formels!* Paris: Autrement.

Candea, Matei (2010): "Revisiting Tarde's house", pp. 1–24 in M. Candea (ed.) *The Social after Gabriel Tarde*. Milton Park: Routledge.

Castells, Manuel (1996): *The Rise of the Network Society*. Cambridge, MA: Blackwell.

Castree, Noel (2006): "Review: A Congress of the World," *Science as Culture*, 15(2): 159–70.

Cetina and A.V. Cicourel (eds.): *Advances in social theory and methodology. Towards an Integration of Micro- and Macro-Mociologies*. Boston: Routledge and Kegan Paul Ltd.

—— (1997): "'Tu ne calculeras pas!' – ou comment symétriser le don et le capital," *MAUSS*, 9. Paris: La Découverte.

Clark, Terry N. (1973): *Prophets and Patrons: The French University and the Emergence of the Social Sciences*. Cambridge, MA: Harvard University Press.

Clarke, Adele E. and Leigh Star, Susan (2008): "The Social Worlds Framework: A theory/methods package," pp. 113–38 in E. J. Hackett; O. Amsterdamska; M. Lynch and J. Wajcman (eds.): *The Handbook of Science and Technology Studies* [third edition]. Cambridge, MA: The MIT Press.

Collin, Finn (1996): "Bruno Latour og virkelighedskonstruktionens dimensioner", *Philosophia*, 25(3–4): 65–82.

—— (2011): *Science Studies as Naturalized Philosophy*. New York: Springer.

Collins, Harry M. and Evans, Robert J. (2002): "The third wave of science studies: studies of expertise and experience," *Social Studies of Science*, 32(2): 235–96.

Collins, Harry M. and Yearley, Steven (1992): "Epistemological chicken," in A. Pickering (ed.): *Science as Practice and Culture*. Chicago: The University of Chicago Press.

Crawford, T. Hugh (1993): "An interview with Bruno Latour," *Configurations*, 1(2): 247–68.

Crease, Robert; Ihde, Don; Bruun Jensen, Casper and Selinger, Evan (2003): "Interview with Bruno Latour," pp. 15–26 in D. Ihde and E. Selinger (eds.): *Chasing Technoscience. Matrix for Materiality*. Bloomington: Indiana University Press.

Cummings, Dolan (ed.) (2005): *The Changing Role of the Public Intellectual*. London: Routledge.

Deleuze, Gilles (1993): *The Fold: Leibniz and the Baroque*. London: Athlone.

Deleuze, Gilles and Guattari, Félix (1987): *A Thousand Plateaus: Capitalism and Schizophrenia*. Minneapolis: University of Minnesota Press.

Demeritt, David (2006): "Science studies, climate change, and the prospects for constructivist critique," *Economy and Society*, 35(3): 453–79.

Descola, Philippe (2005). *Par-delà nature et culture*. Paris: Éditions Gallimard.

Dewey, John (1927): *The Public and Its Problems*. New York: Holt.

Dratwa, Jim (2002): "Taking risks with the precautionary principle: food (and the environment) for thought at the European Commission," *Journal of Environmental Policy and Planning*, 4(3): 197–213.

Elam, Mark (1999): "Living dangerously with Bruno Latour in a hybrid world," *Theory, Culture & Society*, 16(4): 1–24.

Elam, Mark and Bertilsson, Margareta (2003): "Consuming, engaging, and confronting science: the emerging dimensions of scientific citizenship," *European Journal of Social Theory*, 6(2): 233–51.

Elder-Vass, Dave (2008): "Searching for realism, structure, and agency in Actor Network Theory," *British Journal of Sociology*, 59(3): 455–73.

Elgaard Jensen, Torben (2001): "Performing social work: competence, orderings, spaces, and objects," PhD Thesis. Copenhagen University: Institute of Psychology.

—— (2005): "Aktør-netværksteori – Latours, Callons og Laws materielle semiotic," pp. 185–210 in A. Esmark, C.B. Laustsen and N.Å. Andersen (eds.): *Socialkonstruktivistiske analysestrategier*. Frederiksberg: Roskilde Universitetsforlag.

—— (2008): "Future and Furniture: A study of a New Economy Firm's Powers of Persuasion," *Science, Technology & Human Values*, 33(1): 28–52.

Epstein, Steven (1995): "The construction of lay expertise: AIDS activism and the forging of credibility in the reform of clinical trials," *Science, Technology & Human Values*, 20(4): 408–37.

Feyerabend, Paul (1993 [1975]): *Against Method*. London: Verso.

Finnemann, Niels Ole (1996): "Moderniteten – alt forladt eller blot fornyet? – Latour og det moderne", *Philosophia*, 25(3–4): 221–42.

Forman, Paul (1971): "Weimar culture, causality, and quantum theory, 1918–27: Adaptation by German physicists and mathematicians to a hostile intellectual environment", in R. Mccormmach (ed.): *Historical Studies in the Physical Sciences*. Philadelphia: University of Pennsylvania Press.

Foucault, Michel (1975): *Discipline and Punish: the Birth of the Prison*. New York: Random House.

Fraser, Mariam (2006): "The ethics of reality and virtual reality: Latour, facts and values," *History of the Human Sciences*, 19(2): 45–72.

Freed, Mark M. (2003): "Latour, Musil, and the discourse of non-modernity,"

Symploke, 11(1/2): 183–96.

Fuller, Steve (2000): "Why science studies has never been critical of science: some recent lessons on how to be a helpful nuisance and a harmless radical," *Philosophy of the Social Sciences*, 30(1): 5–32.

—— (2006): *The Philosophy of Science and Technology Studies*. New York: Routledge.

Furet, Francois (1981): *Interpreting the French Revolution*. Cambridge: Cambridge University Press.

Gad, Christopher and Bruun Jensen, Casper (2010): "On the Consequences of Post-ANT," *Science, Technology, & Human Values*, 35(1): 55–80.

Gamboni, Dario (2005): "Composing the body politic: composite images and political representation, 1651–2004," pp. 162–95 in B. Latour and P. Weibel (eds.): *Making Things Public: Atmospheres of Democracy*, Cambridge, MA: The MIT Press.

Garfinkel, Harold (2002). *Ethnomethodology's Program: Working Out Durkheim's Aphorism*. Lanham, MD: Rowman & Littlefield.

Gibbons, Michael; Nowotny, Helga; Limoges, Camille; Schwartzman, Simon; Scott, Peter and Trow, Martin (1994): *The New Production of Knowledge. The Dynamics of Science and Research in Contemporary Societies*. London: Sage Publications.

Gross, Paul R. and Levitt, Norman (1994): *Higher Superstition: The Academic Left and Its Quarrels With Science*. Baltimore: The John Hopkins University Press.

Guggenheim, Michael and Nowotny, Helga (2003): "Joy in repetition makes the future disappear. A critical assessment of the present state of STS," pp. 229–58 in B. Joerges and H. Nowotny (eds.): *Social Studies of Science and Technology: Looking Back, Ahead*. Dordrecht: Kluwer Academic Publishers.

Habermas, Jürgen (1992): *Between Facts and Norms: Contributions to a Discourse Theory of Law and Democracy*. Cambridge, MA: The MIT Press.

—— (1970): *Technology and Science as Ideology*. Boston: Beacon Press.

Hacking, Ian (1999): *The Social Construction of What?* Cambridge, MA: Harvard University Press.

Haraway, Donna (1980): "Review of B. Latour and S. Woolgar, Laboratory Life: The social construction of scientific facts," *Isis*, 71(3): 488–89.

—— (1991): *Simians, Cyborgs, and Women: The Reinvention of Nature*. London:

Routledge.

—— (1994): "A game of cat's cradle: science studies, feminist theory, cultural studies," *Configurations*, 2(1): 59–71.

—— (2003): *The Companion Species Manifesto. Dogs, People, and Significant Otherness*. Chicago: Prickly Paradigm Press.

Harman, Graham (2009): *Prince of Networks: Bruno Latour and Metaphysics*. Melbourne: re.press.

Hayles, Katherine N. (1999): *How We Became Posthuman: Virtual Bodies in Cybernetics, Literature and Informatics*. Chicago: University of Chicago Press.

Hess, Martin and Coe, Neil M. (2006): "Making connections: global production networks, standards, and embeddedness in the mobile-telecommunications industry," *Environment and Planning* A, 38(7): 1205–27.

Holbraad, Martin (2004): "Response to Bruno Latour's 'Thou shall not freezeframe,'" available at http://nansi.abaetenet.net/abaetextos/response-to-brunolatours-thou-shall-not-freeze-frame-martin-holbraad. (Last accessed January 7, 2011)

Holm, Petter (2007): "Which way is up on Callon?," pp. 225–43 in D. MacKenzie, F. Muniesa and L. Siu (eds.): *Do Economists Make Markets? On the Performativity of Economics*. Princeton: Princeton University Press.

Holm, Petter and Kåre Nolde Nielsen (2007). "Framing fish, making markets: the construction of individual transferable quotas (ITQs)," *The Sociological Review*, 55 (supplement 2): 173–95.

Ihde, Don (2003): "Introduction," pp. 1–7 in D. Ihde and E. Selinger (eds.): *Chasing Technoscience. Matrix for Materiality*. Bloomington: Indiana University Press.

Ihde, Don and Selinger, Evan (eds) (2003). *Chasing Technoscience: Matrix for Materiality*. Bloomington: Indiana University Press.

Jagd, Søren (2007): "Economics of convention and new economic sociology: mutual inspiration and dialogue," *Current Sociology*, 55(1): 75–91.

James, William (1902 [2007]): *The Varieties of Religious Experience*. New York: Cosimo Classics.

Jasanoff, Sheila (2003): "Technologies of humility: citizen participation in governing science," *Minerva*, 41(3): 223–44.

Joas, Hans (1993): *Pragmatism and Social Theory*. Chicago: University of Chicago

Press.

Johnson, Jim [Latour, Bruno] (1988): "Mixing humans and nonhumans together: the sociology of a door-closer," *Social Problems*, 35(3): 298–310.

Kastrissianakis, Konstantin (2003): "Bruno Latour – We are all reactionaries today. An interview," *Re-public*, available at: http://www.republic.gr/en/?p = 129* (Last accessed January 7, 2011).

Keller, Catherine (2002): "Introduction: The process of difference, the difference of process," pp. 1–30 in C. Keller and A. Daniell (eds.): *Process and Difference: Between Cosmological and Poststructuralist Postmodernisms*. New York: State University of New York Press.

Knorr Cetina, Karin (1995): "Laboratory studies," pp. 140–66 in S. Jasanoff, G.E. Markle, J.C. Peterson and T. Pinch (eds.): *Handbook of Science and Technology Studies*. London: Sage Publications.

—— (1997): "Sociality with objects. Social relations in postsocial knowledge societies," *Theory, Culture & Society*, 14(4): 1–30.

Knorr Cetina, Karin and Cicourel, Aarob V. (eds.) (1981): *Advances in Social Theory and Methodology. Towards an Integration of Micro- and Macro-Sociologies*. Boston: Routledge and Kegan Paul.

Kuhn, Thomas S. (1962): *The Structure of Scientific Revolutions*. Chicago: University of Chicago Press.

Kukla, André (2000): *Social constructivism and the philosophy of science*. London: Routledge.

Lahsen, Myanna (2005): "Technocracy, democracy, and U.S. climate politics: the need for demarcations," *Science, Technology & Human Values*, 30(1): 137–69.

Lash, Scott (1999): "Objects that judge: Latour's Parliament of Things," pp. 312–38 in *Another Modernity, A Different Rationality*. Oxford: Blackwell Publishers Ltd.

—— (2005): "Lebenssoziologie: Georg Simmel in the Information Age," *Theory, Culture & Society*, 22(3): 1–23.

Latour, Bruno (1983): "Give me a laboratory and I will raise the world," pp. 141–70 in M. Mulkay and K. Knorr-Cetina (eds.): *Science Observed*. London: Sage Publications.

—— (1984): *Les microbes, guerre et paix*. Paris: Editions A. M. Métaillié.

—— (1987): *Science in Action*. Cambridge, Massachusetts: Harvard University Press.

—— (1988a): "A relativistic account of Einstein's relativity," *Social Studies of Science*, 18(1): 3–44.

—— (1988b): *The Pasteurization of France*. Cambridge, MA: Harvard University Press.

—— (1990): "Drawing things together," pp. 19–68 in M. Lynch and S. Woolgar (eds): *Representation in Scientific Practice*. Cambridge, Massachusetts: The MIT Press.

—— (1991): "The impact of science studies on political philosophy," *Science, Technology & Human Values*, 16(1): 3–19.

—— (1993): *We Have Never Been Modern*. New York: Harvester Wheatsheaf.

—— (1996a): *Aramis, or the Love of Technology*. Cambridge, Massachusetts: Harvard University Press.

—— (1996b): "On actor-network theory: a few clarifications," *Soziale Welt*, 47(4): 369–81.

—— (1996c): "On interobjectivity," *Mind, Culture, and Activity*, 3(4): 228–45.

—— (1997): "Stengers's Shibboleth," foreword, pp. vii–xix in I. Stengers, *Power and Invention: Situating Science*. Minneapolis: University of Minnesota Press.

—— (1998a): "Ein Ding ist ein Thing – a (Philosophical) platform for a Left (European) Party," paper presented at Cologne meeting "Innovation in Science, Technology and Politics". available at: http://www.bruno-latour.fr/poparticles/poparticle/p076.html (Last accessed January 7, 2011).

—— (1998b): "From the world of science to the world of research?" *Science*, 280(5361): 208–9.

—— (1998c): "To modernise or to ecologise? That is the question," pp. 221–42 in B. Braun and N. Castree (eds.): *Remaking Reality – nature at the millennium*. London: Routledge.

—— (1998d): "'The man that freed the non-humans'. An interview with Bruno Latour,," *VEST*, 11(1): 61–66.

—— (1999a): "On recalling ANT,," pp. 15–25 in J. Law and J. Hassard (eds.): *Actor Network Theory and After*. Oxford: Blackwell Publishing.

—— (1999b): *Pandora's Hope. Essays on the Reality of Science Studies*. Cambridge,

MA: Harvard University Press.
—— (2000a): "A well-articulated primatology – reflexions of a fellow traveller,," pp. 358–81 in S. Strum and L. Fedigan (eds.): *Primate Encounters*. Chicago: University of Chicago Press.
—— (2000b): "When things strike back: a possible contribution of 'science studies' to the social sciences,," *British Journal of Sociology*, 51(1): 107–23.
—— (2002a): "Gabriel Tarde and the end of the social," pp. 117–33 in Patrick Joyce (ed.): *The Social in Question: New Bearings in History and the Social Sciences*. London: Routledge.
—— (2002b): *La fabrique du droit. Une ethnographie du Conseil d'État*. Paris: La Découverte/Poche.
—— (2002c): "Morality and technology: the end of the means,," *Theory, Culture & Society*, 19(5/6): 247–60.
—— (2002d): *War of the Worlds: What about Peace?* Chicago: Prickly Paradigm Press.
—— (2002e): "What is iconoclash? Or is there a world beyond the image wars?," pp. 14–37 in B. Latour and P. Weibel (eds.): *Iconoclash*. Karlsruhe: Center for Art and Media/Cambridge, Massachusetts: The MIT Press.
—— (2003a): "Critical proximity or critical distance," unpublished (so-called) pop article, available at: http://www.bruno-latour.fr/poparticles/poparticle/P-113%20HARAWAY.html (Last accessed January 7, 2011).
—— (2003b): "Is re-modernization occuring – and if so, how to prove it? A commentary on Ulrich Beck," *Theory, Culture & Society*, 20(2): 35–48.
—— (2003c): "The promises of constructivism," pp. 27–48 in D. Ihde and E. Selinger (eds.): *Chasing Technoscience. Matrix for Materiality*. Bloomington: Indiana University Press.
—— (2004a): "How to talk about the body? The normative dimension of science studies," *Body & Society*, 10(2–3): 205–29.
—— (2004b): "Whose cosmos, which cosmopolitics? Comments on the peace terms of Ulrich Beck," *Common Knowledge*, 10(3): 450–62.
—— (2004c): "Why has critique run out of steam? From matters of fact to matters of concern," *Critical Inquiry*, 30(2): 225–48.

—— (2004d): *Politics of Nature: How to Bring the Sciences into Democracy*. Cambridge, MA: Harvard University Press.

—— (2005a): "From Realpolitik to Dingpolitik, or how to make things public," pp. 14–43 in B. Latour and P. Weibel (eds.): *Making Things Public: Atmospheres of Democracy*. Karlsruhe: ZKM/Cambridge, MA: The MIT Press.

—— (2005b): *Reassembling the Social: An Introduction to Actor-Network-Theory*. Oxford: Oxford University Press.

—— (2005c): "What is the style of matters of concern? Two lectures in empirical philosophy," Amsterdam, April/May 2005. Available at: http://www.brunolatour.fr/articles/article/97-STYLEMATTERS-CONCERN.pdf (Last accessed January 7, 2011).

—— (2005d): "'Thou shall not freeze-frame,' or, how not to misunderstand the science and religion debate," pp. 27–48 in J.D. Proctor (ed.): *Science, Religion, and the Human Experience*. Oxford: Oxford University Press.

—— (2006): "Powers of the fascimile: a turing test on science and literature," unpublished paper, available at: http://www.bruno-latour.fr/articles/article/94-POWERS-TURING.pdf (Last accessed January 7, 2011).

—— (2006b): "Sur un livre d'Etienne Souriau: Les Différents modes d'existence," unpublished paper, available at: http://www.bruno-latour.fr/articles/article/98-SOURIAU.pdf (Last accessed January 7, 2011).

—— (2007): "'It's the development, stupid!', or how can we modernize modernization?," in J. Proctor (ed.): *Postenvironmentalism*. Cambridge, MA: The MIT Press.

—— (2008a): "A Textbook Case Revisited – Knowledge as a Mode of Existence," pp. 83–112 in E. J. Hackett; O. Amsterdamska; M. Lynch and J. Wajcman (eds.): *The Handbook of Science and Technology Studies* [third edition]. Cambridge, MA: The MIT Press.

—— (2009a): "Will non-humans be saved? An argument in ecotheology", *The Journal of the Royal Anthropological Institute*, 15(3): 459–75.

—— (2009b). "Spheres and Networks: Two Ways to Reinterpret Globalization," lecture at Harvard Graduate School of Design, Cambridge, MA; to be published in *Harvard Design Magazine*, 2009. Available at: http://www.bruno-latour.fr/

articles/index.html (Last accessed July 3, 2009).
—— (2010a): "Coming out as a philosopher," *Social Studies of Science*, 40(4): 599–608.
—— (2010b): *The Making of Law: An ethnography of the Conseil d'État*. Cambridge: Polity Press.
Latour, Bruno and Woolgar, Steve (1979): *Laboratory Life: The social construction of scientific facts*. Beverly Hills and London: Sage Publications.
—— (1986): *Laboratory Life: The construction of scientific facts* [second edition]. Princeton: Princeton University Press.
Latour, Bruno and Weibel, Peter (eds.) (2005). *Making Things Public: Atmospheres of Democracy*. Cambridge, MA: The MIT Press.
Latour, Bruno and Lépinay, Vincent A. (2009): *The Science of Passionate Interests: An introduction to Gabriel Tarde's economic anthropology*. Chicago: Prickly Paradigm Press.
Law, John (1986): "On the methods of long distance control: vessels, navigation and the Portuguese route to India," pp. 234–63 in J. Law (ed.): *Power, Action and Belief: a new Sociology of Knowledge*. London: Routledge and Kegan Paul.
—— (1987): "Technology and heterogeneous engineering: the case of Portuguese expansion," pp. 111–34 in W.E. Bijker, T.P. Hughes and T. Pinch (eds.): *The Social Construction of Technological Systems*. Cambridge, MA: Massachusetts Institute of Technology.
—— (1992): "Notes on the theory of the Actor Network: ordering, strategy and heterogeneity". Centre for Science Studies, Lancaster University, http://www.lancs.ac.uk/fass/sociology/papers/law-notes-on-ant.pdf (Last accessed January 7, 2011).
—— (1994): *Organizing Modernity*. Oxford: Blackwell.
—— (1997): "Traduction/trahison: notes on ANT," Department of Sociology, Lancaster University, http://www.lancs.ac.uk/fass/sociology/papers/law-traductiontrahison.pdf (Last accessed January 7, 2011).
—— (2002): *Aircraft Stories: Decentering The Object In Technoscience*. Durham: Duke University Press.
—— (2004): *After Method: Mess in Social Science Research*. London: Routledge.

Lewowicz, Lucia (2003): "Materialism, symmetry and eliminativism in the latest Latour," *Social Epistemology*, 17(4): 381–400.

Lippmann, Walter (1993 [1925]). *The Phantom Public*. New Jersey: Transaction Publishers.

Lyotard, Jean-François (1979): *The Postmodern Condition*. Manchester: Manchester University Press.

Maasen, Sabine and Weingart, Peter (eds.) (2005): *Democratization of Expertise? Exploring Novel Forms of Scientific Advice in Political Decision-making*. New York: Springer.

McCright, Aaron M. and Dunlap, Riley E. (2003): "Defeating Kyoto: the conservative movement's impact on U.S. climate change policy," *Social Problems*, 50(3): 348–73.

Meyer, John W, Frank, David J., Hironaka, Ann, Schofer, Evan and Tuma, Nancy B. (1997): "The structuring of a world environmental regime, 1870–1990," *International Organization*, 51(4): 623–51.

Miller, Clark (2001): "Hybrid management: boundary organizations, science policy, and environmental governance in the climate regime," *Science, Technology & Human Values*, 26(4): 478–500.

Mol, Arthur P.J. and Spaargaren, Gert (1993): "Environment, modernity and the risk society: the apocalyptic horizon of environmental reform," *International Sociology*, 8(4): 431–59.

Murdoch, Jonathan (2001): "Ecologizing sociology: actor-network theory, co-construction and the problem of human exceptionalism," *Sociology*, 35(1): 111–33.

Newton, Tim (2007): *Nature and Sociology*. London: Routledge.

Nowotny, Helga; Scott, Peter and Gibbons, Michael (2001): *Re-Thinking Science. Knowledge and the Public in an Age of Uncertainty*. Oxford: Polity Press.

Næss, Arne (1989): *Ecology, Community, and Lifestyle*. Cambridge: Cambridge University Press.

Pinch, Trevor J. and Bijker, Wiebe E. (1984): "The social construction of facts and artefacts: or how the sociology of science and the sociology of technology might benefit each other," *Social Studies of Science*, 14(3): 388–441.

Riis, Søren (2008): "The symmetry between Bruno Latour and Martin Heidegger," *Social Studies of Science*, 38(2): 285–301.

Saldanha, Arun (2003): "Actor-network theory and critical sociology," *Critical Sociology*, 29(3): 419–32.

Schinkel, Willem (2007): "Sociological discourse of the relational: the cases of Bourdieu & Latour," *The Sociological Review*, 55(4): 707–29.

Serres, Michel (1982): *The Parasite*. Baltimore: The John Hopkins University Press.

—— (1995a): *Angels: A Modern Myth*. Paris: Flammarion.

—— (1995b): T*he Natural Contract*. Ann Arbor: University of Michigan Press.

Serres, Michel and Latour, Bruno (1995): *Conversations on Science, Culture, and Time: Michel Serres with Bruno Latour*. Ann Arbor: University of Michigan Press.

Shapin, Steven (1988): "Following scientists around," *Social Studies of Science*, 18(3): 533–50.

Shapin, Steven and Schaffer, Simon (1985): *Leviathan and the Airpump: Hobbes, Boyle, and the experimental life*. Princeton, NJ: Princeton University Press.

Sloterdijk, Peter (1999): *Sphären II: Globen*. Frankfurt am Main: Suhrkamp.

—— (2004). *Sphären I–III: Blasen, Globen, Schäume*. Frankfurt am Main: Suhrkamp Verlag.

Sokal, Alan (1997): "Professor Latour's philosophical mystifications," *Le Monde*, January 31 (in English translation).

Star, Susan Leigh (1991): "Power, technologies and the phenomenology of conventions: on being allergic to onions," pp. 26–56 in J. Law (ed.): *A Sociology of Monsters? Essays on Power, Technology and Domination*. London: Routledge.

Stehr, Nico (2005): *Knowledge Politics: Governing the Consequences of Science and Technology*. Boulder, CO: Paradigm Publishers.

Stengers, Isabelle (2000): *The Invention of Modern Science*. Minneapolis: University of Minnesota Press.

—— (2005). "Introductory notes on an ecology of practices," *Cultural Studies Review*, 11(1): 183–96.

Strum, Shirley and Latour, Bruno (1987): "The meanings of social: from baboons to humans," *Social Science Information*, 26(4): 783–802.

Teubner, Gunther (2006): "Rights of non-humans? Electronic agents and animals as new actors in politics and law," *Journal of Law and Society*, 33(4): 497–521.

Thompson, Charis (2002): "When elephants stand for competing models of nature," pp. 166–90 in J. Law and A. Mol (eds.): *Complexities. Social Studies of Knowledge Practices*. Durham and London: Duke University Press.

Thorlindsson, Thorolfur and Vilhjalmsson, Runar (2003): "Introduction to the special issue: science, knowledge and society," *Acta Sociologica*, 46(2): 99–105.

Tilley, Nicolas (1981): "The logic of laboratory life," *Sociology*, 15(1): 117–26.

Tucker, Aviezer (2007): "The political theory of French science studies in context," *Perspectives on Science*, 15(2): 202–21.

Turner, Stephen P. (2003): *Liberal Democracy 3.0: Civil Society in an Age of Experts*. London: Sage Publications.

Vandenberghe, Frèdèric (2002): "Reconstructing humants: a humanist critique of actant-network theory," *Theory, Culture & Society*, 19(5–6): 51–67.

Van Der Veken, Jan (2000): "Merleau-Ponty and Whitehead on the concept of nature," *Interchange*, 31(2–3): 319–34.

Viveiros de Castro, Eduardo (2004): "Exchanging perspectives. The transformation of objects into subjects in Amerindian ontologies," *Common Knowledge*, 10(3): 463–84.

de Vries, Gerard (2007): "What is political in sub-politics? How Aristotle might help STS," *Social Studies of Science*, 37(5): 781–809.

Ward, Steven C. (1996): *Reconfiguring Truth*. London: Rowman & Littlefield Publishers.

Weber, Max (1978): *Economy and Society: An Outline of Interpretive Sociology*. Edited by Guenther Roth and Claus Wittich. Berkeley: University of California Press.

Weinberg, Steven (2001): *Facing Up: Science and its Cultural Adversaries*. Cambridge, MA: Harvard University Press.

Whatmore, Sarah (1997) "Dissecting the autonomous self: hybrid cartographies for a relational ethics", *Environment and Planning D: Society and Space*, 15(1): 37–53.

Whiteside, Kerry H. (2002): *Divided Natures: French Contributions to Political Ecology*. Cambridge, MA: The MIT Press.

Whittle, Andrea and Spicer, André (2008): "Is actor network theory critique?," Organization Studies, 29(4): 611–29.

찾아보기

가브리엘 타르드 10, 30, 31, 36, 43, 203, 205, 265, 275, 280, 311-313, 338, 351
간계 77, 82-85, 87
갈릴레오 갈릴레이 262
개인화 213
객체지향적 민주주의 169, 171, 192, 198
거시 행위자 234-236, 240
거시 현상 233, 238, 239
결합의 사회학 13, 23, 30, 47-50, 56, 150, 199-249, 263-265, 275, 282, 324, 330, 333
경제학 28, 124, 187, 189, 192, 212, 213, 293, 298, 299, 333
경험 철학 16, 23, 35, 53, 192, 195, 248, 264, 272, 282, 284, 285, 327
계몽 18, 123, 124, 157, 207, 251-287, 343
계산 센터 64, 92, 94, 96, 97, 104, 109, 122, 204, 222, 235, 325, 329, 330
계산적 합리성 239
고트프리트 라이프니츠 36, 37, 339
과정철학 32, 37, 38, 208, 339
『과학의 과학과 성찰성』 274, 347
과학의 민주화 273, 277, 278, 285
과학인류학 12, 17, 21, 22, 47, 48, 50, 56, 59-106, 109, 111, 122, 127, 144, 157, 164, 165, 205, 222, 226, 235, 246, 264, 267-269, 282, 291, 323, 329, 334, 336, 345
과학적 대표 34, 39, 119, 155, 158, 333
과학적 사실 11, 27, 32, 33, 35, 48, 56, 61, 62, 69, 76, 77, 97, 109, 127, 131, 171, 214, 230, 279, 291, 325, 326, 334, 335, 348
과학적 실재론 96, 97, 254
과학전쟁 17, 157, 214, 253, 254, 265
과학학(STS) 10, 12, 24, 27, 28, 34, 38, 49-51, 63, 109, 115, 127, 141, 145, 146, 148, 157, 162-164, 177, 181, 193, 198, 201, 211, 214, 222, 227, 265-267, 269, 289, 292, 293, 297, 303, 312, 316-318, 349
관계주의 10, 254, 268, 274, 283, 327, 348
관료화 157, 346
광우병 163, 189, 192
구성주의 10, 22, 71, 72, 97, 98, 127, 177, 254, 262, 265-267, 326, 334, 340, 343, 353
구조주의 26, 281
국민국가 192, 206, 233, 240, 249, 256, 325
국지적 상호작용 226, 237-239, 330
국지화 232, 233, 236, 238, 239, 256, 328, 330
그레고어 멘델 344
근대 헌법 49, 112-132, 134, 136, 141, 144, 153, 155, 157, 158, 160, 161, 163, 173, 182, 184, 186, 206, 253-255, 257, 261-264, 276, 325, 326, 328, 331-333

근대성의 철학 13, 21, 47-49, 56, 64, 107-150, 156, 176, 205, 206, 222, 243, 263, 264, 282, 328, 331, 343
근대화 149, 154, 163, 174, 175, 180, 181, 191, 206, 238, 261, 298, 300, 312, 319, 320, 322, 327, 332, 333, 346
근본주의 231, 262
글쓰기 25, 46, 310, 312, 314-318
기계 29, 63, 64, 70, 72, 77-88, 97, 98, 103, 104, 204, 207, 329, 341
기술혁신 28, 29, 55, 77
기입장치 69-71, 74, 76, 87, 98, 99, 222, 329, 340
기하학 93, 100, 261, 294
기호학 44, 98-100, 210, 215, 223, 247, 248, 314, 318, 323, 339, 349
기후변화 147, 161, 163, 177, 178, 188, 191, 197, 198, 241, 298, 299, 303, 328, 341, 344
기후변화에 관한 정부 간 협의체(IPCC) 173, 189, 197

내재성 35, 39, 43, 55, 264, 284
내재성의 철학 40
내재성의 평면 39, 40, 42
노먼 레빗 337
논쟁의 지도 그리기 292
니콜로 마키아벨리/마키아벨리주의 43, 84, 88, 98, 265, 269, 336, 341, 349
니클라스 루만 55, 226, 350

다중우주 286
대응이론 62, 66, 85, 87, 96, 97, 335
대칭의 원칙 100, 341, 342
대칭적 인류학 23, 30, 262, 263, 279, 328, 335
데이비드 블루어 87, 341, 342
데이비드 웨스턴 296, 345
도덕성 239, 346
돈 아이디 51
동물권/동물의 권리 179, 182, 194, 196, 327
디젤 엔진/디젤 기관 78, 79, 81, 82, 85, 86

로랑 테브노 128, 129, 144, 176, 241, 249, 276, 326, 332, 344
로버트 머튼 342
로버트 보일 116-122, 129, 131, 138, 328, 343
로저 기유맹 27, 65
루돌프 디젤 78-87, 99, 100
루돌프 불트만 10, 104, 105, 307, 353
루이 16세 94
루이 파스퇴르 29, 32, 61, 88-90, 100, 206, 211, 221
뤽 볼탕스키 128, 129, 144, 176, 241, 249, 276, 326, 332, 344
뤽 페리 344
르네 데카르트/데카르트주의 36, 37, 262, 338, 339
리센코주의 157
리좀 39, 41, 102

마거릿 대처 204, 205
마르크 오제 27, 43, 64, 98, 103
마르크스주의 26, 125, 126, 247, 271
마르틴 하이데거 36, 171, 280, 345
마이크 린치 65, 66, 340

마이크로소프트 247
마크 엘람 149
막스 베버 175, 349, 352
매개 33, 35, 38, 42, 46, 56, 80, 105, 171, 190, 245, 258, 259, 264, 283, 284, 307, 315, 318, 325, 330, 331, 333, 336, 350
매개의 존재론 33, 42, 283
메종 루이 라투르 24, 25
메타 언어 42, 54, 213, 216, 232, 244, 315
명성의 순환 211, 348
명제 38, 167, 168, 186, 197, 239, 263, 268, 279, 324
목적성 181, 346
문서의 병렬 73
문헌적 기입 34, 70, 73, 76, 80, 87, 329
문화적 상대주의 137-140
물의 의회 173
미셸 세르 33, 36, 37, 41-43, 80, 98, 133, 134, 144, 159, 160, 281, 330, 336, 344, 350, 352
미셸 칼롱 28, 50, 64, 99, 109, 233-235, 323, 342, 345, 350
미셸 푸코 26, 259, 350
미시 행위자 234, 235
미시/거시 문제 201, 226, 233, 236, 240
민속방법론 44, 204, 215, 221, 332, 339
민족지 27, 33, 109, 134, 218, 226, 228, 243

반이원론 35, 36, 39
뱅시앤 데스프레 345
번역 28, 38, 40, 42, 46, 55, 80, 87, 89, 90, 99, 100, 102-106, 115, 116, 122, 135, 138, 166, 182, 203, 219, 222, 234, 279, 325, 330, 331, 335, 336, 343
번역의 사회학 28, 30, 80, 323, 342
번역의 연쇄 155, 165, 281, 334, 335
『법의 공장』 227
법적 객관성/객체 없는 객관성 227, 229
부가 확장 239
분화 이론 226, 227, 232
불변의 가동물 92, 94, 96, 122, 222, 329
블랙박스 77, 78, 86, 101, 222, 234, 235
비근대(성) 10, 35, 49, 50, 56, 127, 136, 137, 139, 140-142, 147, 154, 163, 182, 183, 192, 193, 206, 227, 230-232, 238, 244, 254, 255, 257, 258, 262-264, 272, 277, 279-287, 332, 333, 343, 351, 352
비근대 헌법 141, 142, 148, 155, 182, 189, 331
비인간 행위자 29, 44, 207-209, 224, 273, 274, 324
비인간주의 259, 272-274
비정부기구(NGO) 244
비판사회학 201, 236, 240, 246, 248, 326
비판적 근접성 249, 274, 280, 327
『비환원』 25, 109

"사물을 공공적인 것으로 만들기" 25, 302, 303, 305, 349
사물의 의회 141, 143, 147, 155, 158, 159, 162, 164, 168, 169, 172-174, 182, 184-187, 189-192, 194, 195, 197, 198, 256, 261, 270, 279, 324, 328, 331-333, 345, 347
사물정치 164, 169-172, 175, 181, 183, 192
사실물 171
사이먼 섀퍼 116, 117, 120, 144, 343
사이버네틱스 77

사전예방 원칙 163, 179, 193, 194, 256, 257, 327
사회구성주의 10, 18-20, 53, 61, 96, 97, 124, 214, 253, 254, 265-267, 326, 337, 340, 342, 348
사회기술적 질서 221, 222, 269
사회적 설명 202, 210-215, 217, 220, 242, 248, 348
사회적 질서 122, 130, 142, 220-226, 269, 270
『사회적인 것의 재조립』 30, 46, 48, 202-204, 309, 310, 314
사회학적 논쟁 309-313
산업화 110, 212
상대성 이론 209, 213, 267, 348
상대주의 10, 253, 254, 265, 267, 268, 348, 351
상식 34, 189, 197, 281, 296, 304, 320
상징적 상호작용론 52, 215, 223, 224, 349
상호객관성 220, 224-226, 247
상호주관성 220, 224
생산적인 역설 116
생태중심주의 179
생태정치 154, 156, 159, 161, 162, 175, 177, 181, 182, 187, 189, 193, 194, 256
생태화 154, 156, 163, 174-182, 191, 298, 327, 332
샤론 트라윅 65, 66, 340
세계은행 247
세계적 조망 226
세계화 9, 203, 207, 209, 212, 232, 233, 237, 238, 256, 258, 260, 261, 271, 283, 321, 322, 328, 330
셜리 스트럼 29, 166
숙의민주주의 183, 346
순환 38, 40, 42, 46, 50, 75, 88, 163, 165, 166, 227, 236, 239
순환 지시체 164-166, 228, 263, 267, 268, 279, 322, 325, 334, 335
스토아학파 262
스티브 울가 27, 65, 66, 70-72, 76, 97, 211, 266, 339, 340, 348
스티븐 섀핀 116, 117, 120, 144, 343
스피노자 338
슬라보예 지젝 270
시장 체제 176
실재론 19, 52, 61, 96, 97, 124, 133, 166, 214, 254, 267, 297, 326, 343
실험실 11, 27, 28, 32-34, 48, 56, 61-77, 85, 87-90, 93, 98, 99, 104, 105, 109, 118-120, 122, 123, 127, 129-131, 135, 139, 158, 165, 211, 229, 314, 326, 328, 329, 331, 334, 338, 340
『실험실 생활』 25, 27, 48, 61, 63, 97, 103, 264, 266, 310, 339, 348, 351

아르네 내스 179
아리스토텔레스 346
알렉시 드 토크빌 343
알기르다스 그레마스 44, 98, 99, 323, 339, 349
알베르트 아인슈타인 267, 348
알프레드 노스 화이트헤드 10, 26, 32, 36-39, 43, 167, 208, 265, 268, 280, 324, 339, 349, 351
앙리 베르그송 338
앤서니 기든스 350
양태 44, 74-76, 80

어빙 고프먼 224
에밀 뒤르켐 31, 203, 205, 206, 208, 209, 242, 275, 276, 312, 338, 349
엔지니어 28, 34, 44, 63, 78, 79, 81, 83, 84, 94, 98, 173, 180, 218, 219, 285, 292, 294, 295
영장류학 29, 166
올라퍼 엘리아슨 305, 306
올리곱티콘 235-238, 247, 350
우려물 172-174, 177, 184, 192, 198, 270, 293, 294, 324
『우리는 결코 근대인이었던 적이 없다』 30, 42, 45, 48, 52, 109, 111, 113, 143, 148, 150, 155, 201, 256, 342
"우상충돌" 25, 230
우주론 37, 112, 281, 283, 284
울리히 벡 154, 190, 194, 237, 238, 257, 262, 351
원근법/원근화법 91, 92, 294
월터 리프먼 303
위계 137, 178, 185-188, 222
위르겐 하버마스 36, 144, 262, 270, 344, 347, 350
위험사회 154, 190, 194, 237, 238, 254, 256-258, 280, 351
윌리엄 제임스 286, 349, 350
유럽연합 189, 194, 321
유사객체 42, 156, 169, 172
유전자변형식품 163, 170, 328
유전자변형생물체(GMO) 244
의견의 문제 118, 119
의무의 연쇄 229, 334
이매뉴얼 월러스틴 343
이자벨 스텡거스 37, 43, 161, 167, 322, 345, 351-353
이중적 대표 169
인간중심주의 179
인권 346
인쇄기 91, 92, 341
인프라 언어 216, 242
일반화된 대칭의 원칙 100, 273, 342
일원론 36, 37, 40, 43, 55, 183, 232, 264, 339, 352
임마누엘 칸트 36, 144, 179, 262, 271-273, 343, 346

자문화중심주의 261
자본주의 54, 212, 233, 241, 245, 247, 260, 270, 276, 352
자연의 이분화 39, 268
『자연의 정치학』 30, 48, 143, 153, 155, 156, 160, 182, 183, 296-298, 301, 310, 321, 344, 345, 347
자크 데리다 36
장-자크 루소 300, 311
절대적 상대주의 137, 138
절합 163, 167, 168, 174, 176, 178, 186, 192, 197, 263, 268, 279, 320, 324
『젊은 과학의 전선』 25, 48, 61, 77
정당화 체제 128, 176, 344
정치생태학 13, 23, 30, 38, 47-49, 56, 150, 151-198, 205, 257, 263, 264, 268-270, 273, 282, 300, 328, 332, 344, 346
정치적 대표 34, 39, 119, 120, 155, 158, 333
정치적 행동주의 177
정화 115, 116, 121-124, 127-131, 138, 147, 206, 255, 259, 276, 326, 331, 333, 343

제도/제도화 30, 51, 96, 146, 155, 168, 182, 183, 185-190, 195, 279, 305, 311, 312, 324, 340
조지 이스트먼 82
존 듀이 43, 158, 162, 183, 265, 270, 281, 286
존 로 10, 29, 50, 64, 99, 323, 341, 342
존 로크 39
존재 및 언명 체제 64, 105, 226, 227, 229, 230, 232, 262, 263, 277, 279, 280, 318, 319, 333-335, 342
주디스 버틀러 259
지그문트 바우만 206
지도제작법 261
지식사회 17, 51, 55, 203, 256-258, 274, 280
지식인 10, 11, 45, 270-272, 277, 280, 300, 304, 327, 344
지적 전체론 254
질 들뢰즈 32, 36, 37, 39-41, 43, 102, 267, 339, 348, 352
집합체 49, 50, 56, 112, 123, 138-143, 148, 155, 158, 161, 168, 173, 184-193, 196, 198, 200, 204-210, 224, 225, 231, 237, 241-243, 255, 256, 259, 260, 262, 263, 276, 278, 321, 324, 325, 327, 332, 333, 335, 347
초월성 40

카르노 78, 86
카를 슈미트 43, 162
카린 크노르 세티나 65, 66, 338, 340
칼 마르크스 26, 45, 301, 343
칼 포퍼 33, 348
켈빈 경 78, 214
코스모폴리틱스 161, 162, 168, 169, 191, 192, 197, 244, 261, 270, 296, 297, 299, 300, 303, 353
콜린 파월 170, 171
클로드 레비-스트로스 137-139

탈근대주의 10, 19, 20, 53, 96, 97, 144, 164, 253
테크노사이언스 53, 84, 85, 88, 91, 94, 95, 97, 99, 101, 106, 122, 123, 149, 154, 160, 169-171, 180, 184, 190, 191, 206, 211, 222, 226, 244, 261, 266, 269, 271, 278, 314, 329, 340, 341
토머스 쿤 66
토머스 홉스 43, 116-122, 135, 138, 142, 221, 222, 234, 269, 343
특수한 보편주의 137, 138
튀코 브라헤 94

파노라마 237, 238
『판도라의 희망』 19, 30, 156, 157, 164, 214, 345
판옵티콘 235, 236, 350
패러다임 51, 66, 220, 271, 275, 346
페르디난드 소쉬르 26
페터 슬로터다이크 261, 297, 304, 353
페터 홀름 299, 353
폴 그로스 337
파울 파이어아벤트 164, 345
프랑수아 퓌레 125, 126, 144
프랑스혁명 125, 127, 271
『프랑스의 파스퇴르화』 61, 88, 221
프레이밍 224, 238, 247

프리드리히 니체 43, 280, 338
피에르 부르디외 26, 53, 201, 212, 226, 270, 274-276, 312, 347, 348, 351
필리프 데스콜라 43, 112, 297

하위 정치 278, 351
하이브리드/하이브리드화 11, 13, 14, 20, 21, 40-42, 46, 49, 54, 55, 88, 114-116, 120-123, 126, 127, 129-131, 133-136, 138-143, 145-147, 149, 154-156, 158, 160, 163, 168, 169, 172-174, 177, 183-192, 194, 203, 208, 244, 254, 256-258, 260, 266, 272, 276, 279, 281, 283-287, 324, 325, 328-333, 335, 336, 343, 345
해럴드 가핑클 44, 204, 215, 221, 312, 313, 315, 332, 339, 349
행위소 41, 44, 50, 99, 100, 102, 103, 141, 154, 173, 178, 180, 192-194, 210, 215, 218, 223-225, 230, 233, 237, 240, 242, 258, 259, 266, 268, 281, 296, 315, 323, 325, 339, 342
행위자-연결망 이론(ANT) 10, 12, 20, 22, 24, 28, 29-31, 38, 41, 44-46, 49-51, 54, 55, 64, 80, 97-103, 109, 145, 193, 202, 234, 240, 244, 249, 265, 266, 281, 295, 315, 323, 324, 332, 336, 340-342, 349, 351
헤겔 36, 144, 262
혁신사회학센터(CSI) 28, 30, 99
현실정치 169, 170, 172, 181, 192
현장연구 16, 27, 48, 61, 64, 65, 103, 164, 292, 302
협의 185-189
형이상학적 지구 262
확산이론 85-87, 336, 340
환경운동 113, 162, 174, 175, 177, 178, 181, 193, 196, 197, 346
힘의 간계 82